Forever's Gonna Start Tonight

Clara Blais

ZEILENFLUSS

Playlist

(What A) Wonderful World – Sam Cooke

Home – Edith Whiskers

Soul Mate – flora cash

Vienna – Billy Joel

Into Your Arms – Giant Rooks

One – U2

In the Wind – Lord Huron

Without Your Love – The Paper Kites, Julia Stone

Total Eclipse of the Heart – Sleeping At Last

It's Ok – Tom Rosenthal

Atlantis – Seafret

Go Solo – Tom Rosenthal

When We Were Young – Adele

Better Days – Dermot Kennedy

Hugging You (Acoustic) – Tom Rosenthal, Billie Marten

Liability – Lorde

Dancing With Your Ghost – Sasha Alex Sloan

Talk – Kodaline

All I Want – Kodaline

Fairytale of New York – Vance Joy, Atlantic Holiday

The Book Of Love – Peter Gabriel

TEIL EINS

I really need you tonight
Forever's gonna start tonight
Forever's gonna start tonight

Bonnie Tyler – Total Eclipse of the Heart

I

NELLY

Konzerthäuser haben eine Seele. Das wusste ich bereits, als ich im Alter von fünf Jahren das erste Mal die Carnegie Hall in New York besuchte, um eine von Moms Schülerinnen bei ihrem Debütkonzert zu bejubeln. Sie war Pianistin, ein geborenes Wunderkind. Ihre Finger flogen wie im Wahn über die Tasten, und ihre geschlossenen Augen spiegelten die Emotionen wider, die ihre Tonfolgen verkörperten.

Im Gegensatz zur Carnegie Hall ist der Musiksaal des *Burley*-Hotels fast winzig, nicht für mehr als fünfzig Besucher angedacht. Das veraltete Burggemäuer in Verbindung mit dem modernen Anbau lässt das Hotel an Greglons felsenbesetztem Hang wie aus dem Märchen entsprungen erscheinen. Schon als wir vor zwei Jahren für unsere Hausbesichtigung in die irische Kleinstadt hineinfuhren und ich das Anwesen aus der Ferne entdeckte, konnte ich meinen Augen kaum trauen.

Es vermittelt weniger den Eindruck eines angesehenen Hotels heutiger Zeit, sondern wirkt eher, als würden auch hunderte von Jahren nach dem Ableben des Adels königliche Bälle unter dem Dach stattfinden.

Als ich dann durch die Front gehen durfte, verstand ich, warum das *Burley* zu den am meisten gebuchten Hotels des Landes zählt, obwohl es einige Kilometer von den belebten Städten Irlands entfernt liegt. Doch waren es nicht der Wellnessbereich oder der große Festsaal mit den Kronleuchtern, die mich anzogen. Das ist es auch bis heute nicht.

Wie bei den vielen vergangenen Besuchen in diesem Hotel stehe ich inmitten des Musiksaals und lege den Kopf in den Nacken, um dessen majestätische Präsenz in vollem Umfang wahrzunehmen. Die Decke ist eine ovale Kuppel und von gemalten Pflanzenranken geziert. Die kleine, aber umwerfende Bühne, auf der einst Musiker aus aller Welt standen und den Raum mit Sinfonien und Liebe erfüllten, ist heute leer geräumt. Die Wände schmücken gerahmte Schwarz-Weiß-Aufnahmen, Eindrücke vergangener Abende. Auf manchen spielen Jazzbands, andere zeigen kleine Streicher-Ensembles. Jedes Mal, wenn ich meinen Blick über die Fotos gleiten lasse, erklingen Melodien in meinen Ohren.

Denn ja, dieser Raum hat eine Seele. Eine alte, die darum bittet, ihn wieder mit Klängen zu erfüllen. Das jedoch ist nicht geschehen, seit Lewis Burley das Gemäuer an seinen Sohn William überschrieben hat. Dads Geschäftspartner und damit der Grund, warum wir aus New York fortzogen, um uns in diesem beschaulichen Städtchen niederzulassen.

Der einzige Hinweis auf die Musikkompositionen, die einst unter dieser Kuppel erklungen sind, ist der prachtvolle, schwarz glänzende Flügel, den ich meist aus der Ferne bewundere. Die Vorstellung, mich an ihn zu setzen und die Akustik des Raumes zu erforschen, ist verlockend. Nicht, dass ich je gewagt hätte, diesen Gedanken in die Tat umzusetzen.

Heute gehe ich jedoch auf ihn zu, hebe den Klaviaturdeckel hoch und führe meinen Zeigefinger so sanft über die weißen Tasten, dass sie keinen Laut von sich geben.

Eine Tür knarzt. Mit einem Luftschnappen weiche ich von dem teuren Instrument zurück und drehe mich um.

Zack Burley steht im Eingang des Saales. Sein dunkles Hemd

bildet einen Kontrast zu der ausgewaschenen Jeans und den Sneakern, deren Sohlen vom Matsch des Skateparks umrandet werden. Er vergräbt die Hände in den Taschen und lächelt verlegen.

»Deine … deine Mom hat dich gesucht.«

Die Wände des Saals schenken seiner warmen Stimme einen Hall, der mir eine Gänsehaut bereitet. Zack räuspert sich.

»Ich hatte so eine Ahnung, dass du hier bist.«

Mit langsamen Schritten durchquere ich den Raum. Mir poltert das Herz gegen den Brustkorb, so kostbar sind diese Momente, in denen Zack und ich uns begegnen ohne unsere Eltern an der Seite.

»Dieser Saal ist … einzigartig. Ich habe das Gefühl, dass die Musik in den Wänden steckt«, sage ich.

Mittlerweile bin ich Zack so nahe, dass ich das Funkeln in seinen grünen Augen und das Grübchen in seinem Kinn betrachten kann.

»Grandpa Lewis hat den Musiksaal geliebt. Meine Großmutter war Geigerin und soll hier gespielt haben, als er sie das erste Mal gesehen hat.«

»Wow«, hauche ich, während die Bilder eines Streichkonzertes in meiner Vorstellung erscheinen. Wie ein Hotelbesitzer sich restlos in die Frau mit der Geige verliebte. In ihre Melodien, die Träume, die sie durch ihr Instrument zum Leben erweckte.

Als ich den Blick hebe, ergründen Zacks Augen meine Miene. Sie streicheln meine Schläfen, meine Wange und bleiben dann an meinen Lippen hängen. Röte schießt mir unter die Haut, und ich zupfe an dem Saum meines Kleides, um meine Nervosität in den Griff zu bekommen.

Immer, wenn das Leben uns diese Momente schenkt, weiß keiner von uns, welche Worte ihrer würdig sind. Ich möchte sie nicht mit Small Talk verschwenden, für alles Weitere ist mein Kopf jedoch bei einem Blick in diese Augen zu leergefegt. An seinem krampfhaften Schlucken bemerke ich, dass es ihm ähnlich geht. Dass er um Worte ringt, die nicht belanglos, nicht unpassend sind. Doch als er den Mund öffnet, poltern Schritte auf den Fliesen des Korridors.

»Schau in die Kamera, Sammy«, ruft die hohe Stimme meiner kleinen Schwester. Unser Havaneser-Welpe kläfft zustimmend, und wir wenden unsere Köpfe, um die beiden zu sehen.

»Phoebe!«, rufe ich ihr zu. »Das Hotel ist nicht für Haustiere geeignet. Wir können froh sein, dass William und Caroline erlaubt haben, dass er bleibt.«

Phoebe beugt sich zu dem kleinen Zottel hinunter und hebt ihn auf den Arm. Zacks Kamera hält sie mit drei Fingern in ihrer anderen Hand. Ich kann mir vorstellen, dass dieser Anblick bei ihm Schweißausbrüche auslöst. Die Kamera ist sein Ein und Alles. Schon so oft habe ich ihn auf dem Schulweg beobachtet, wenn er auf seinem Skateboard die Straße überquerte, seine Kamera in den Händen. Konzentriert darauf, die Balance zu halten, um so gleichzeitig die Schönheit seiner Umgebung einfangen zu können.

»Ich wollte Sammy nur das *Burley* zeigen«, rechtfertigt sich Phoebe und kichert, als Sammys Zunge ihre Nase streift.

»Gefällt es ihm?«, fragt Zack schmunzelnd. Jedes seiner Worte bewirkt, dass mein Herz aus seinem Rhythmus geschleudert wird.

»Es ist okay, sagt er. Zu wenig Spielgefährten.« Phoebe zuckt die Schultern und setzt Sammy auf dem Boden ab. Er kommt auf Zack zu und platziert seine Vorderpfoten auf dessen Sneaker.

Mit einem Lächeln beugt Zack sich hinunter und krault unseren Welpen hinter den Ohren. »Vielleicht kann er William ja überzeugen, Haustieren im Hotel eine Chance zu geben. Ein bisschen Leben im Haus kann nicht schaden.«

Ich gebe mir einen Ruck und bücke mich ebenfalls zu Sammy hinunter. Während ich meine Fingerspitzen in seinem Fell kreisen lasse, nähert sich mein kleiner Finger Zacks. Ein paar winzige Momente streichelt er nicht Sammy, sondern meinen Fingerrücken, ehe er seine Hand zurückzieht und verlegen hüstelt.

»Sind William und Lincoln fertig mit ihrer Besprechung?«

Phoebe nickt eilig, den Blick auf den Bildschirm von Zacks Kamera gerichtet. »Ich glaube, wir werden gleich essen. Caroline hatte bereits ein Glas Wein in der Hand.«

Zack stößt einen belustigten Laut aus und wirft mir einen

Seitenblick zu. Dennoch lässt er Phoebe in ihrem Glauben. »Stimmt, das ist ein Anzeichen. Lassen wir sie nicht auf uns warten.«

Als wir gemeinsam zum Speisesaal aufbrechen, laufen Zack und ich so nahe nebeneinander, dass es nur eine Prise Mut benötigen würde, um seine Hand zu ergreifen.

Doch die Zweifel lassen nicht lange auf sich warten.

Nicht der Sohn von Dads Geschäftspartner.

Nicht der baldige Erbe der Burley-Linie.

Nicht du, die schüchterne Pianistin, die nicht ein vernünftiges Wort in seiner Nähe zustande bringt.

Statt seine Hand zu ergreifen, lege ich die Arme um meinen Bauch. Dann begleite ich meine Schwester und den Jungen, den ich seit zwei Jahren anhimmele, in den belebten Teil des Hotels.

2

ZACK

WÄHREND KIANA, eine Servicekraft für die Termine meines Vaters, die Tür des privaten Speisesaals zuschiebt, lassen wir uns an der gedeckten Tafel nieder. Mom quatscht Nellys Mutter Stella bereits mit irgendeinem belanglosen Kram über das Essen voll, William und Lincoln sind noch immer tief versunken in die Planung für den *Burley*-Neubau in Washington. Während ich nicke und vorgebe, ihre Themen zu verfolgen, schaue ich zu Nelly, die Phoebes Fotos auf meiner Kamera durchgeht. Verstohlen lasse ich den Blick über ihr Gesicht schweifen. Wie an jedem Tag, wenn ich ihr in den Schulfluren über den Weg laufe, sind ihre dunklen Haare zu einem dichten Zopf geflochten, aus dem sich einige Strähnen gelöst haben und ihr vor die Augen fallen.

»Das ist gut geworden«, höre ich Phoebe aufgeregt rufen. Sie tippt mit dem Zeigefinger auf das Display, und ich muss die Zähne zusammenbeißen, um sie nicht zu ermahnen. Ich störe mich nicht an Kratzern, wenn es um Autos, Uhren oder andere Luxusaccessoires geht. Aber meine Kamera ist ein wunder Punkt. Vielleicht weil ich die letzten Sommerferien heimlich in der Bäckerei der Familie meines besten Freundes ausgeholfen habe, um sie mir unabhängig von Williams Vermögen leisten zu können? Weil sie nicht das Eigentum des *Burleys* ist, sondern ganz allein mir gehört?

»Das sieht wieder wunderbar aus«, lobt Stella unsere Hausköchin, als sie die Teller vor uns platziert. Fiona lächelt dankbar und streicht Stella liebevoll über die Schulter. Dass meine Eltern die Harlows in der *Burley*-Familie willkommen geheißen haben, bedeutete, Licht ins Dunkel zu lassen. Den Eisberg der Burleys, hart und beinahe unzerstörbar, durch die Sonnenstrahlen nun an einigen Ecken zum Schmelzen zu bringen. Doch das Eis ist schon zu lange Bestandteil des Hotels. Den Klumpen bekommt nicht einmal die Herzenswärme der Harlows gänzlich zum Auftauen.

In den fünf Jahren, die Fiona bereits für uns arbeitet, habe ich meine Mutter noch nie so dankbar mit ihr sprechen hören.

»Danke, Fiona«, sage daher auch ich und lasse mir von ihr durch die Haare wuscheln.

Gleich bemerke ich, wie meine Mutter die Lippen zusammenpresst, um sich ihren spitzen Kommentar gegenüber ihrer Angestellten zu verkneifen. Natürlich nur, damit die Harlows weiterhin in dem Glauben schweben, meine Eltern besäßen ein ebenso reines Herz, wie sie es tun. Dabei gleicht für die beiden jede gefühlvolle Geste in diesem Gemäuer einer Straftat.

»Du wirst viel zu schnell erwachsen, habe ich dir das schon mal gesagt?«, murmelt Fiona, während sie mein Glas mit Wasser auffüllt.

»Nur ungefähr jeden zweiten Tag«, erwidere ich grinsend.

»Apropos erwachsen, hast du schon etwas von einer Universität gehört?«, fragt Lincoln forschend. Er meint seine Worte nicht böse, nicht stichelnd. Und doch sind sie die Kohle, die das Feuer aus Scham und Ekel in mir zum Leben erweckt. William hebt neugierig das Kinn.

Ich räuspere die Unsicherheit aus meiner Stimme und setze zu Worten an: »Ich habe ein Angebot vom Trinity College und von Oxford.«

»England«, stellt Stella überrascht fest und nickt anerkennend. Der amerikanische Akzent in ihrer Stimme erinnert mich augenblicklich an Nellys Art und Weise, Worte zu betonen. Die Ähnlichkeit lässt mich trotz des unangenehmen Themas kurz lächeln. Auch wenn Nelly in der Schule zu einer Clique beliebter Mädchen zählt, wird sie häufig mit ihrem Akzent aufgezogen. Nicht, dass sie mir je davon berichtet hätte. Ich habe einige Mädchen aus ihrem Jahrgang in den Schulfluren über sie lachen hören. Dabei bin ich mir sicher, dass sie vor Neid glühen, wenn sie über die Amerikanerin aus der Großstadt lästern. Sie wünschen sich, auch nur einen Tag New York erleben zu dürfen, während Nelly Manhattan vom Sonnenaufgang bis zum nächsten Morgengrauen kennt.

»Ja, aber ich bin mir noch nicht sicher.« Ich zucke die Schultern und vermeide, zu William zu schauen. Er wird bemerkt haben, dass es meiner Stimme an Begeisterung gefehlt hat. Mit Sicherheit sind seine Augenbrauen vor Ärger zusammengezogen. Ich kenne jede Variante von Wut in seinem Gesicht. Die Furche zwischen den Augenbrauen gehört zu jeder von ihnen. Und auch, wenn die Gewissheit über seinen Unmut ein Gefühl von Angst in mir auslöst, darf ich dies um keinen Preis nach außen zeigen. *Schließlich muss der Schein gewahrt werden.*

»Welches Fach möchtest du studieren?«, fragt Stella interessiert.

»Business Management«, erwidere ich monoton und spare mir den Kommentar, dass meine Wahl nichts mit Wollen zu tun hat. Jetzt schaue ich doch zu William, und wie erwartet ist sein faltiges Gesicht von einem stolzen Lächeln geschmückt. Eines, das nur zum Vorschein kommt, wenn ich von meiner Zukunft in diesem Hotel spreche. Eine Zukunft, die für mich einem Albtraum gleicht.

»Ganz der Vater«, sagt Lincoln und nimmt den ersten Bissen seines Steaks.

Bei Gott, ich hoffe nicht.

Um diesen grauenhaften Gedanken loszuwerden, schaue ich erneut in Nellys Richtung. Sie hat ihren Stuhl etwas zurückgeschoben und ist leicht unter den Tisch gerutscht. Erst als sie sich mit vor Unsicherheit verzogenen Lippen ihrem Teller zuwendet, bemerke ich, dass auch ihr Steak serviert wurde. Dabei weiß Mom ganz genau, dass Nelly Vegetarierin ist. Offenbar hat sie noch immer nicht daran gedacht, es unserer Küchenleitung mitzuteilen. Oder sie schwebt in dem Glauben, Nelly umstimmen zu können. Schließlich besteht die Familie Burley aus Herzblutjägern, die mit fleischloser Ernährung wenig anfangen können.

Nelly spießt einen Happen des Fleischstücks auf ihre Gabel, doch anstatt es sich in den Mund zu schieben, wirft sie einen raschen Blick zu meinen Eltern, ehe sie es zwischen Daumen und Zeigefinger nimmt und unter den Tisch hält. Die überlappende Seite der Tischdecke bewegt sich, als Sammy sich nach dem Bissen streckt.

Nur einen Moment später blickt sie auf. Röte legt sich auf ihre Wangen, auch wenn niemand etwas sagt oder sie auch nur ansieht – außer mir. Ich bin mir sicher, dass sie gerade deswegen nicht in meine Richtung schaut. Ihr muss bewusst sein, dass unsere Blicke sich treffen würden. So wie sie es immer tun, wenn sie sich mir zuwendet.

»Eleanor, hast du schon eine Ahnung, an welche Universität du nach der Schule möchtest?«, fragt meine Mutter und beugt sich erwartungsvoll zu Nelly hinüber.

»Nicht wirklich«, gesteht sie und umfasst ihr Wasserglas. Eine für mich bereits so vertraute Geste, wenn ihr Fragen gestellt werden, die sie nicht beantworten möchte.

»Ach, du hast ja auch noch alle Zeit der Welt«, beteuert mein Vater von der Seite.

Ich verkneife mir ein Schnauben. *Alle Zeit der Welt* ... Wo war diese Zeit, als er mir in der siebten Klasse einredete, dass mein Leben in keine andere Richtung als die Hotelbranche verlaufen dürfe?

»Aber eine Richtung hast du sicherlich schon, oder etwa nicht?«, fragt mein Vater.

Nellys Griff verstärkt sich. »Schon, aber ...«

»Aber?«, hakt Mom forsch nach.

Nelly fährt sich mit der Zunge über die Unterlippe und blickt auf ihren Teller. Ich kann förmlich hören, wie es in ihrem Kopf rattert, damit sie bloß nichts Falsches von sich gibt. Die

Antworten für meine Mutter müssen immer perfekt durchdacht werden.

»Ich würde gern unterrichten. Klavier, meine ich.«

Zu gern würde ich ihr sagen, wie beeindruckend ich ihre Zukunftspläne finde. Doch Mom schreitet ein, bevor ich zu Worten ansetzen kann. »Unterrichten? Wieso denn, wenn dir mit deinem Talent so viele Türen offen stehen?«

Nelly holt Luft, doch ehe sie antworten kann, redet Mom weiter. »Ich meine, die Juilliard wäre doch die beste Option für junge Konzertpianistinnen wie dich. Und einen Versuch wäre es wert. Du bist mit New York ja bestens vertraut. Meine Cousine Caitlin –«

»Ich stehe nicht gern im Mittelpunkt«, unterbricht Nelly meine Mutter. »Deswegen möchte ich unterrichten. Wenn ich vor anderen spielen muss, wird mir übel.«

»Das hat sie von mir«, erklärt Stella mit einem Lächeln und streicht ihrer Tochter über den Unterarm.

Stella Harlow war selbst Klavierlehrerin an einer der bekanntesten Musikschulen in Manhattan. Nelly soll das Talent von ihr geerbt haben und eine großartige Pianistin abgeben. Nur kann ich das leider nicht beurteilen, da sie nie vor anderen spielt. Auch nach Moms fünfzigster Aufforderung nicht. Ich mag es, dass sie zu ihren Prinzipien steht. Selbst wenn meine Mutter jedes Mal für Nelly unmerklich den Kopf schüttelt und mir irgendetwas von verschwendetem Potenzial zuflüstert.

Genau das tut sie auch jetzt wieder, nur dass ich zum ersten Mal etwas erwidere. »Das geht dich doch gar nichts an.«

Meine Stimme ist ein zynisches Zischen. Ich bin es leid, dass sie alles verurteilt, was nicht ihren Vorstellungen entspricht. Das tun sie beide.

Ich vermeide es, sie anzuschauen, und mustere stattdessen Nellys Finger, die sich vor Nervosität kneten. Wahrscheinlich sind die Pupillen meiner Mutter gerade nichts weiter als zwei kalte Eisbrocken. Aber das ist mir egal, denn Nellys braune Augen geben mir die Wärme, die ich in diesem regnerischen Herbst vermisse.

3

ZACK

»Hast du das?«, fragt Steven und hebt sein Skateboard auf, um es sich unter die Achsel zu klemmen. Mit einer gekonnten Bewegung springt er von der Rampe und kommt auf mich zugelaufen. Ich öffne die Galerie meiner Videokamera und betrachte den letzten Clip. Steven macht einen *Hardflip*. Eine nicht besonders einfache Kombination eines *Frontside Pop Shove-It* und eines *Kickflips*. Während seine Füße sich in die Luft erheben, dreht sich das mit blauem Graffiti bedeckte Skateboard unter seinen Vans hinweg. Trotz der Geschwindigkeit gelingt es ihm, wieder auf dem Board zu landen. Seit Wochen trainiert er diesen Trick, damit ich sein Talent in meinem Film verwerten kann. Ich hebe den Daumen und grinse so breit, dass es fast wehtut. »Ja, ist drauf. Dein Training hat sich ausgezahlt. Das sieht krass aus.«

Ein zufriedenes Lächeln zeichnet sich auf Stevens Gesicht ab. »Passt das noch ins Video?«

»Es wird sich gut am Ende machen. Mir fehlen sowieso noch fünfzehn Sekunden.« Ich klappe das Display meiner Kamera ein und streiche mit dem Ärmel die frischen Regentropfen von dem Gerät. »Morgen Mittag ist Einsendeschluss. Warum muss ausgerechnet heute Abend diese Feier für die Neueröffnung in DC stattfinden?« Ich seufze ergeben und schiebe die Kamera in meinen Rucksack, wo sie wohl bleiben wird, bis ich morgen in aller Frühe an den letzten Feinzügen des Skate-Clips arbeiten werde. Die Veranstaltungen des Familienunternehmens haben die Eigenschaft, mich von dem abzuhalten, wofür mein Herz schlägt. Manchmal kommt es mir so vor, als würde William die Termine des Hotels absichtlich so legen, dass sie mich von Fortschritten in meiner Filmkarriere abhalten. Auch wenn er nicht die leiseste Ahnung hat, dass ich meinen Clip beim Kurzfilmfestival in Dublin einreichen werde.

Steven schiebt die Unterlippe vor und nickt anerkennend. »Ein weiteres Hotel in DC? Nobel, nobel.«

Er hat keinen Schimmer, wie so ein Abend abläuft und dass ›nobel‹ nicht gleich ›unterhaltsam‹ bedeutet. Klar, die Reichsten der Reichen erscheinen im *Burley*, schütteln meinem Dad und auch mir – dem baldigen Geschäftsführer der Hotellinie – die Hände. Vielleicht würden andere behaupten, dass es sich um eine schicke Feier handle. Ich hingegen sehe in alldem nur eine Welt voller falscher Freundlichkeit, Neid und Missgunst. Dass ich in wenigen Jahren Teil davon sein soll, jagt mir schon jetzt ein scharfes Ziehen in den Magen.

»Wie man es nimmt«, presse ich hervor und vergrabe die Hände in meinen Jackentaschen. Der Stoff ist bereits vom Regen durchnässt und klebt auf meiner Haut. Aber das hat uns nicht vom Skaten abgehalten. Hat es noch nie.

Dicke Tropfen prasseln in den Leybon-River, der den kleinen Park umgibt. Ärgerlicherweise dauert es vom Skatepark knapp einen Kilometer, bis die ersten Einfamilienhäuser auftauchen. Bis wir zu Hause ankommen, werde ich bis auf die Socken mit Regenwasser getränkt sein. Wie gut, dass meine Kamera wasserdicht ist.

»Es ist das zweite Hotel in den USA. Langsam wird er größenwahnsinnig.« Es gelingt mir nicht, mein verachtendes Lachen zu unterdrücken. Schnell presse ich die Lippen zu einer Linie, bevor Steven meinen Frust zu spüren bekommt.

»Solang er sich nicht verschätzt und dir nichts weiter als einen großen Haufen Schulden vererbt …«, erwidert Steven grinsend.

»Wird er nicht. Dafür hat er Lincoln.«

»Nellys Vater?«

»Genau.«

Ich bemerke Stevens schelmische Miene und stoße ihm gegen die Brust. »Spar's dir, Kumpel.«

»Was soll ich mir sparen? Zu fragen, ob du sie endlich mal auf ein Date eingeladen hast? Die Antwort kenne ich schon. Schließlich ist sie immer die gleiche.« Stevens Erwiderung wird von einem belustigten Unterton begleitet. Als hinter uns eine Mischung aus Satzfetzen und Gekicher erklingt, landet seine Faust in meiner Seite. »Aber hey, vielleicht ist jetzt deine Chance.«

Bevor ich kapiere, von welcher Chance er spricht, hebt mein bester Freund lässig seinen Arm und ruft: »Hey Holly!«

Das Lachen der Mädchen verstummt. Vielleicht blendet mein Gehirn aber auch nur jeden Laut aus bei dem Gedanken, dass Holly, Aideen und Nelly auf Stevens Rufen anspringen und sich uns nähern könnten.

Zaghaft drehe ich mich um und entdecke die drei. Doch meine gesamte Aufmerksamkeit gilt augenblicklich nur dem Mädchen, das ihren Hund an der Leine hält. Sammys Fell ist vom Matsch gefleckt, und auch Nellys Stiefelsohlen werden von braunen Klumpen umrandet. Ihr Haar ist zu einem dichten Zopf geflochten, dessen gelöste Strähnen ihr durch die Nässe auf den Wangen kleben. Ich atme die Aufregung durch die Nase aus und vergrabe die bibbernden Finger in den Innentaschen meiner Jacke. Meine Mundwinkel heben sich vorsichtig, als ich glaube, dass auch sie mich aus der Ferne entdeckt. Ein stummes Hallo, das sie nicht lauter erwidert. Warum genügt allein die Gewissheit, dass sie in der Nähe ist, um meine Knie weich werden zu lassen?

»Hey Steven«, ruft Holly, Nellys beste Freundin, und winkt ihm schüchtern. »Oh und hey Zack.«

Aideen, die Dritte im Bunde, kichert und stößt Nelly ihren

Ellbogen in die Seite. Holly geht ihren Freundinnen voraus und wirft uns – oder besser gesagt Steven – ein strahlendes Lächeln zu.

»Was geht?«, fragt Steven übertrieben leger und verschränkt die Arme vor der Brust.

Ich verkneife mir ein Grinsen. Sollte er mir noch einmal vorhalten, wie hypnotisiert ich mich in Nellys Gegenwart gebe, werde ich ihn an diese Situation erinnern. *Daddy cool.*

»Nicht viel und bei euch?«

»Ach, nichts Besonderes. Nur ein bisschen trainieren.«

Holly richtet die mit Fell besetzte Kapuze, die ihr blondes Haar vor dem Regen schützt, und lächelt verzückt. »Cool, du musst mir demnächst mal ein paar Tricks zeigen.«

»Mache ich«, erwidert Steven in seiner Flirtstimme.

»Sammy, warte«, sagt Nelly, als dieser sein Tempo beschleunigt und uns begrüßen möchte. Er hechelt angestrengt, als er sich auf die Hinterbeine stellt und mein Bein hochspringt.

Ich begegne ihm mit Streicheleinheiten und einem »Hey Kleiner«.

»Tut mir leid.« Nelly wirft mir einen entschuldigenden Blick zu. Ihre Stimme zittert ein wenig, und der Wind lässt den offenen Regenmantel um ihren Körper flattern. »Er soll das eigentlich nicht. Besonders nicht bei diesem Wetter, damit ruiniert er jedem die Kleidung.«

»Schon gut, ich habe genug Hosen«, erwidere ich und frage mich gleich darauf, ob meine Antwort eingebildet klingt. *Ich habe genug Hosen. Reicher Schnösel.*

»Was macht ihr bei dem Wetter draußen?«, fragt Steven, dessen blondes Haar ihm nass an der Stirn klebt.

»Wir haben einen Horrorfilm-Marathon geplant, aber Nelly wollte lieber mit dem Hund raus«, erklärt Aideen, die sich einen rot gepunkteten Regenschirm über den Kopf hält. »Ehrlich gesagt glaube ich, dass Nelly nur eine Ausrede brauchte, weil sie Angst hat.« Aideen gackert über ihre eigenen Worte und schaut sich Zuspruch suchend in unserer Runde um.

Ich danke dem Universum dafür, dass sie keinen erhält. Weder von Holly und Steven noch von Nelly selbst und erst recht nicht von mir. Einen kurzen Augenblick keimt der Instinkt in mir auf, Nelly zu verteidigen, doch ich weiß, dass mir das nicht zusteht. Ich bin nicht ihr Freund, nicht ihr Held, der sie vor dieser doofen Zicke beschützt. Ich bin nur der Kerl, bei dem sie einmal im Monat zu Abend isst und der sie vergöttert, ohne je dazu in der Lage gewesen zu sein, es ihr zu sagen. Also balle ich meine Hände in den Jackentaschen zu Fäusten und schlucke meinen Kommentar herunter.

Möglichst unauffällig blicke ich zu Nelly. Wie sie dasteht, die Lippen aufeinandergepresst, kann ich nicht einordnen, ob Aideens Kommentar sie gekränkt hat oder sie nur wegmöchte. Dann sieht sie auf. Und genau in dem Moment, als sich unsere Blicke treffen, kann ich die Antwort meiner unausgesprochenen Frage anhand ihrer Augen ablesen. Aideens Kommentar ist nicht spurlos an ihr vorübergegangen, daher wundere ich mich nicht, als sie ihren Freundinnen erklärt: »Ich muss gleich nach Hause. Die Party heute Abend, ihr wisst schon.«

»Zack weiß mit Sicherheit, wovon du redest«, schiebt Aideen ein und zwinkert Nelly zu. Anders als sonst zeichnet sich jetzt der Ärger in deren Gesicht ab. Ihre Stupsnase zieht sich kraus, und ich kann die ungesagten Worte laut in ihrem Kopf toben hören.

»Aideen!«, zischt Holly. Wenigstens eine, die Nelly verteidigt.

Ich gebe vor, Aideens Tonfall überhört zu haben, und sage: »Stimmt. Bis heute Abend dann.«

»Bis heute Abend.« Nellys Mundwinkel heben sich zögernd. Meine Mundwinkel heben sich zögernd.

Als sie den Skateplatz verlassen, starre ich ihr hinterher wie ein Trottel und bin mir dessen vollkommen bewusst. Eine weitere Reaktion, die zur Normalität geworden ist.

»Zwei Jahre, Zack, und du verwandelst dich in ihrer Gegenwart noch immer in einen Fünfzehnjährigen.«

»Was?«, frage ich getroffen und schnaube. Mit dem Fuß kicke ich mein Skateboard hoch und fange es auf. Natürlich bin ich mir bewusst, dass er das Kind nur beim Namen genannt hat, aber den Beifall werde ich ihm nicht geben.

»Du kannst ja nicht einmal mit ihr reden.«

»Wir *haben* geredet.« Nur nicht mit Worten. Mit Blicken, wie eine stumme Geheimsprache.

»Ach ja?« Steven hebt die Augenbrauen. »Zack, in einem halben Jahr sind wir weg von hier, verstehst du? Es ist offensichtlich, dass sie dich genauso gern mag wie du sie. Warum nutzt ihr nicht die Chance, bevor du von hier verschwindest?«

Ich setze mich in Bewegung, meine Schuhe werden durch die Pfützen, die ich achtlos durchquere, durchnässt. »Das ist alles nicht so einfach, wie du vielleicht denkst.«

»Wegen deines Dads?«

»Wegen William, ja.« *Dad.* Für diese Bezeichnung reichen seine Qualifikationen bei Weitem nicht aus.

»Das war eine unüberlegte Drohung damals. Da hat dein Vater dich offensichtlich noch für einen rücksichtslosen Herzensbrecher gehalten. Du hast dich in den letzten Jahren als Gentleman erwiesen. Das ist Schnee von gestern.«

»Du kennst William nicht.« Nicht so, wie ich es tue. Seine Worte, als er mir klarmachte, dass ich die Tochter seines Partners nicht ansehen sollte, wie ich es von Tag eins an tat, waren kalt und hart wie Stahlbeton. ›Du musst lernen, Privates von Geschäftlichem zu trennen. Alles, was die Familie Harlow betrifft, ist von heute an Teil des *Burleys*, mehr nicht.‹

Steven seufzt erschöpft. »Such nicht immer irgendwelche Ausreden, um nicht über deinen Schatten springen zu müssen. Das alles ist nicht so schwer, wie du es dir einredest.«

Ich schnaube genervt und umklammere mein Skateboard fester. Wie soll ich von Steven erwarten, dass er meine Misere nachvollziehen kann? Niemand, der von außen auf unsere Familie schaut, könnte auch nur erahnen, wie wackelig dieses Konstrukt ist.

»Für dich nicht, weil du mit normalen Eltern aufgewachsen bist, die dich seit dem Kindergarten unterstützen. Selbst als du beschlossen hast, eine Schneckenfarm zu gründen und euer gesamter Vorgarten von Schleimspuren übersät war.« Ich hingegen hänge in der Excel-Tabelle fest, die mein Vater schon nach dem ersten Ultraschallbild angefertigt hat. Keine Spalte für Film, Regie, für meine Träume. Keine Spalte für Nelly.

Steven neigt den Kopf zur Seite, als schwelgte er in den Tiefen seiner Erinnerung. »Das war ziemlich cool.«

Ein belustigter Laut ist meine Antwort.

»Hör zu. Heute Abend steigt im *Strangers* eine Party, mein Bruder ist Türsteher und lässt einige aus der Schule durch. Ich werde dort sein und Savannah –«

»Was wird das?«, unterbreche ich Steven. Am liebsten würde ich mein Skateboard zurück auf den nassen Beton fallen lassen, aufspringen und losfahren.

»Ich lasse nicht zu, dass mein bester Freund als Jungfrau an die Uni geht. Und da du es mit Nelly nicht auf die Kette bekommst, wäre Savannah doch –«

Meine Faust prallt in Stevens Magengrube, fester als geplant, wie sein Stöhnen beweist.

»Sorry«, schiebe ich hinterher und verziehe entschuldigend die Lippen.

»Verdammt, ich will doch nur das Beste für dich. Savannah ist total scharf auf dich. Sie schreibt mir schon seit Tagen, ob du auch kommen wirst.«

»Dann sag ihr Nein«, erwidere ich tonlos. »Heute Abend ist die Hotelfeier und …«

»Und du stehst nicht auf Savannah, sondern auf Eleanor Harlow. Ich hab's kapiert.«

Ich nicke zustimmend, auch wenn es eine Zeit gab, in der ich mir eingeredet habe, Savannah auf die gleiche Weise mögen zu können wie sie mich. Vor fünf Monaten auf Stevens Geburtstagsparty. Es war nur ein Kuss, gut, vielleicht auch etwas mehr. Einer Menge Alkohol und schlechten Entscheidungen geschuldet. So bescheuert es klingen mag, bei den darauffolgenden Geschäftsessen mit den Harlows konnte ich Nelly nicht einmal mehr in die Augen schauen. Das ist der Nachteil des Kleinstadtlebens: Es lebt vom Buschfunk. Sie wird es wenige Stunden nach der Party von Holly oder Aideen erfahren haben.

Erleichtert atme ich auf, als wir uns der Kreuzung nähern, die unsere Wege voneinander trennt.

»Viel Spaß heute Abend.« Er hebt die Hand, legt sein Skateboard ab und fährt los.

»Danke«, rufe ich ihm freudlos hinterher.

Mit einem Seufzen setze ich mich in Bewegung, das Skateboard unter dem Arm. Ich könnte fahren, aber dafür schwirrt mir zu sehr der Kopf. Er ist nur bei ihr. Nichts Ungewöhnliches, aber heute ist das Chaos intensiver. In manchen Teilen hat Steven recht. In einem halben Jahr werde ich von hier verschwinden, was gut ist. Aus diesem goldenen Käfig auszubrechen, erleichtert mir den Gedanken, genau das zu studieren, was ich seit meiner Kindheit verabscheue. Aber sie wird bleiben, mindestens ein weiteres Jahr. Dann wird es auch sie in die Welt hinaustreiben. Im Grunde genommen verliere ich Nelly schon jetzt, ehe ihr je näher gewesen zu sein als jeder andere auch. Und das nur durch meine Feigheit.

Meine Finger fahren in meine Jackentasche und ziehen mein Handy hervor. Ich suche Nellys Nummer. Seit knapp zwei Jahren befindet sie sich nun in meinen Kontakten, doch seither ist die einzige Nachricht, die mir entgegenleuchtet, ein einfacher Glückwunsch zu ihrem Geburtstag.

Was habe ich zu verlieren? Die Anerkennung meines Vaters? Als hätte die mir je gegolten. Der Gedanke daran, dass Williams gelallte Drohungen mich bis zum heutigen Tag davon abgehalten haben, mich Nelly anzunähern, bewirkt, dass ich die Zähne aufeinanderpresse. Das hat heute ein Ende. Ich lasse mir von ihm nicht länger verbieten, um das zu kämpfen, was ich liebe. Das Filmen *und* Nelly.

Ich atme einmal zittrig Luft aus und Mut ein. Meine Finger sind eisgefroren, als ich tippe:

Der einzige Grund, warum ich mich auf heute Abend freue, bist du.

Mein Daumen drückt auf das *Senden*-Symbol, und eine Sekunde später bestätigen zwei Häkchen, dass die Nachricht auf ihrem Handy eingegangen ist.

Verdammte Scheiße.

Ich starre auf die Buchstaben, als könnte ich sie damit zurückholen. Verfluche mich innerlich für diese Kurzschlussreaktion, ohne die ich diesen Satz niemals auch nur getippt hätte. Mein Herz drückt gegen meinen Brustkorb, viel zu schnell, zu unrhythmisch. Mir wird schwummrig bei dem Gedanken, dass sie meinen Text liest und mit einem Lachen ihren Freundinnen unter die Nase hält. *Zack Burley, dieser blauäugige Idiot.*

Aber das will ich nicht glauben. Nicht bei Eleanor Harlow. Es dauert zwei Minuten voller Panik – Panik und Hoffnung. Doch dann gibt mein Handy einen Ton von sich. Die fünf Buchstaben ihres Spitznamens erscheinen auf meinem Bildschirm. Vor Aufregung verschwimmen sie vor meinen Augen, als würden sie mit den Regentropfen verschmelzen, die auf dem Display landen. Doch ihre Bedeutung entziffere ich ganz genau. Ich lese sie wieder und wieder und wieder. Und bin mir sicher, mich ein weiteres Mal in Eleanor Harlow zu verlieben.

Denn ihre Nachricht lautet:

Du bist auch mein Grund.

4

NELLY

Mein Herz ist aus dem Takt geraten, dessen bin ich mir sicher. Anders kann ich mir das Zittern in meinen Gliedern nicht erklären.

Ich bin sein Grund. Sein einziger Grund.

Ich umfasse das Handy, klammere mich förmlich an diese Nachricht, bevor ich die Haustür aufschließe und Sammy in den Flur hineintapsen lasse.

»Stopp, Sammy, ich muss dich noch abtrocknen«, murmele ich und ignoriere, dass er weder auf mich hören noch mir eine Antwort schenken wird. Fröhlich tapst unser Familienhund in den Eingangsbereich und hinterlässt dunkle, nasse Spuren auf den weißen Fliesen.

Ich kichere, auch wenn ich weiß, dass Mom erst heute Morgen den Boden gewischt hat. Dann streife ich Mantel und Stiefel vom Körper und greife nach einem Handtuch über der Garderobe, um Sammys Pfoten abzutrocknen. Kein versauter Fußboden der Welt kann mir diesen Abend zerstören. Das denke ich, bis ich Phoebe am Küchentisch entdecke. Allein. Verweint. Die Hände auf die Ohren gepresst.

»Phoebe«, stoße ich aus und renne auf meine zehnjährige

Schwester zu. Sie scheint mich erst zu registrieren, als ich ihren Stuhl zurückziehe, um mich vor sie zu hocken. »Was ist denn los, meine Süße?«

Sie reißt die Augen auf, ein feuchter Schimmer mischt sich unter das dunkle Braun. Einige Perlen glitzern in ihren geschwungenen Wimpern.

»Mom und Dad lieben sich nicht mehr«, schluchzt sie in solch einer kindlichen Verletzlichkeit, dass es in meiner Brust zieht.

Ich umfasse ihr Gesicht und streiche mit den Daumen die Tränen von ihren Wangen. »Aber nein, wie kommst du denn darauf?«

»Sie haben geschrien. Ganz laut. Als du weg warst. Erst jetzt haben sie aufgehört.« Eine weitere Träne löst sich aus Phoebes Augenwinkeln.

Etwas überfordert öffne ich den Mund, nur um ihn gleich wieder zu schließen. Was soll ich ihr sagen? Dass es normal ist, wenn Eltern sich streiten? Im Regelfall entspricht das der Wahrheit. Nur bei unseren Eltern nicht. Zumindest nicht in einer Lautstärke, durch die wir davon mitbekommen hätten. Das wussten sie stets zu verhindern. Seit der Scheidung der Eltern ihrer besten Freundin Juliet wird meine kleine Schwester von Verlustängsten geplagt, die bereits für einige schlaflose Nächte gesorgt haben.

»Das heißt doch nicht, dass sie sich nicht mehr lieben, Phoebe.«

Genau in diesem Moment bringt der Knall einer Tür die Wände zum Wackeln. Als hätten meine Eltern ein Startsignal gebraucht, um meine Worte zu widerlegen. Und als würde all unser Familienglück mit den Wänden einstürzen, uns verschütten.

»Das denkst du wirklich? Nach fünfzehn Jahren Ehe?«, kreischt meine Mutter. Ihre Stimme enthält geballte Wut, Fassungslosigkeit. Dass sie uns in diesem Lautstärkepegel erreicht, obwohl sie sich allem Anschein nach im ersten Obergeschoss aufhalten, lässt mich erschaudern.

»Siehst du!«, ruft Phoebe panisch und schlägt erneut die Hände auf die Ohren. Ein weiterer Schwall Tränen schießt ihr aus den Augen.

Mit zitternden Armen greife ich unter Phoebes Achseln, hebe sie hoch. »Pass auf, ich hab eine ganz tolle Idee.«

Ich trage sie ins Wohnzimmer, den Raum, der am weitesten vom Schlafzimmer meiner Eltern entfernt ist, und lasse sie auf dem Sofa runter. »Bin sofort wieder da.«

Phoebe nickt schnell, ohne die Hände von den Ohren zu nehmen.

Schon als ich an der Treppe ankomme, die zu unseren Schlafräumen führt, höre ich das Schreien meiner Eltern durch das Treppenhaus hallen.

»Wie kannst du mir so etwas antun? Ihr habt mich belogen!«, brüllt mein Vater.

»Warum bin ich diejenige, die du verurteilst? Ich habe dir erklärt, wie es war!«

Unter die Worte meiner Mutter hat sich ein tiefes Schluchzen gemischt, und mich überfällt der unbändige Drang, in ihr Zimmer zu stürmen und sie in den Arm zu nehmen. Aber ich ahne nicht einmal, was der Auslöser dieses Streits gewesen sein könnte. Heute Mittag saßen wir noch gemeinsam am Tisch. Dad hatte ein so breites Grinsen im Gesicht, als Mom die Witze auf der Kinderseite der Tageszeitung vorlas, dass ich ihm an den Augen ablesen konnte, wie sehr er seine Frau liebt. All das soll jetzt vorüber sein?

Ich sprinte die Stufen hinauf, stürme in mein Zimmer und krame nach den Kopfhörern, die mir Dad zu meinem letzten Geburtstag geschenkt hat. Betend, dass ich nicht mehr von ihren Vorwürfen aufschnappen muss, gehe ich an ihrem Zimmer vorbei. Und auch wenn die Worte meines Vaters nicht mehr gebrüllt werden – nein, sie sind eher ein erschöpftes Seufzen –, höre ich sie so deutlich, dass sie mir durch Mark und Bein schießen.

»Vielleicht hat das keinen Sinn mehr, Stella. So nicht.«

Ich schnappe nach Luft, taumele weg von der Tür, die mir nichts weiter als die Abgründe vor Augen führt, vor denen meine Eltern stehen. Nein, sie stehen nicht nur vor ihnen, sie machen sich bereit für den Absprung. Ohne einander. Ohne uns.

Die Hand um das Geländer geklammert, zwinge ich mich die Stufen runter und bis ins Wohnzimmer.

»Schau mal.« Ich hebe die roten Kopfhörer hoch und vernehme ein kurzes Zucken in Phoebes Mundwinkeln. Den Anschluss stecke ich in den Verstärker meines E-Pianos.

»*Vienna*, bitte«, flüstert Phoebe mit bereits geschlossenen Augen.

»Das weiß ich doch«, murmele ich mit einem sanften Lächeln und lege meine linke Hand, bereit für den ersten Akkord, auf die schwarzen und weißen Tasten. Mit der rechten spiele ich die Melodie von Billy Joels *Vienna* an. Phoebes Song zum Einschlafen, wenn sie krank ist oder wenn Kinder in der Schule fies zu ihr waren. Es ist ungewohnt, nicht zu hören, was ich spiele, aber die Töne sind in meinen Fingern abgespeichert, sodass ich mich nicht einmal sorge, die falschen Tasten zu erwischen. Phoebe summt die Melodie mit. Auch wenn sie keinen Klavierunterricht nehmen möchte, ist sie im tiefen Inneren doch eine Pianistin. Sie ist eben eine Harlow.

Ich beobachte meine Schwester, stelle mir vor, Billy Joels Melodie gemeinsam mit ihr zu hören. Die Musik ersetzt das Geschrei meiner Eltern über unseren Köpfen.

»Nelly?«, flüstert Phoebe irgendwann, als ich den Refrain ein letztes Mal gespielt habe. »Wir bleiben immer zusammen, oder?«

Meine Mundwinkel heben sich. Dabei weiß ich genau, dass ihre Angst vor dem Verlust unseres Familienzusammenhalts wahnsinnig stark ist. Auch wenn es bis heute nie einen Grund für diese Annahme gab.

Vielleicht hat das keinen Sinn mehr, Stella. So nicht.

Mit einem Mal wirkt dieser sonst so abwegige Gedanke erschreckend real. So real, dass ich meine Schwester zu mir in den Arm ziehe und mein Gesicht in ihren Haaren vergrabe, nur um den Geruch von Vanille aufzusaugen, der sie stets umgibt. »Wir bleiben immer zusammen, Phoebe. Wir alle.«

5

ZACK

Ich stehe auf der Empore des ersten Obergeschosses, von der man einen Blick auf den Eingangsbereich hat, in dem das Hotelpersonal hektisch die letzten Handgriffe erledigt. Dieser Abend soll perfekt werden. Das sind die Worte meines Vaters vor jedem Event, bei dem es um das Wachstum seines Unternehmens und seines Vermögens geht. Jetzt steht er neben mir und beobachtet mit schmalen Augen seine Angestellten, nur um einschreiten zu können, sobald jemand einen falschen Schritt wagt.

Ich seufze und schaue mich in unserem Altbau, dem schönen Teil des Hotels, um. Der Kern des *Burley*-Hotels ist geprägt von den Burgmauern, deren Anblick mir jedes Mal den Atem raubte, wenn ich als Kind auf das Anwesen zulief. Grandpa hat so viel Liebe in sein Familienerbe gesteckt, dass sie noch heute die Wände zum Leuchten bringt. Das *Burley* war immer eine willkommene Bleibe für Familien, die eine Weile ihrem Alltag entschwinden wollten. An den Feiertagen tanzten die Gäste zur Live-Musik im Innenhof, Kindergeschrei hallte durch die Korridore, und das fest eingeschworene Personal servierte Gerichte, die mit besonderer Hingabe zubereitet waren.

Wenn ich heute den Berg zum *Burley* ansteuere und den modernen Anbau neben dem burgähnlichen Grundgerüst sehe, strahlt es solch eine Kälte aus, dass sich ab und an eine Gänsehaut auf meinen Armen ausbreitet. Heute ist das Innere nicht mehr von Kinderlachen geprägt. Nein, es würde die reiche Zielgruppe der *Burley*-Linie nur verärgern. Die Gesichter des Personals kann ich mir nicht einmal mehr merken, so oft fliegen die Kündigungen auf dem Tisch meines Vaters ein. Und statt Live-Musik erklingen Melodien à la Mozart im Speisesaal. Vom Band, natürlich.

Alles, was mein Großvater liebte, vernichtete William, sobald sein Name neben dem Titel der Geschäftsführung stand. Als ich jung war, habe ich mich immer gefragt, warum Grandpa sich vom Hotel fernhielt, wo es doch so lange sein Ein und Alles gewesen war. Heute weiß ich es genau: Er konnte nicht mit ansehen, wie der Drang meines Vaters nach Geld und Prestige das heimische *Burley* in einen Nullachtfünfzehn-Luxusbunker verwandelte.

Glaub mir, Grandpa, hätte ich die Wahl, würde auch ich die Augen verschließen.

Meine Mutter, in einem lachsfarbenen Cocktailkleid, kommt die Treppe herauf und mustert meine Aufmachung bereits aus der Ferne. »Zack, habe ich dir nicht das weiße Hemd herausgelegt?«, fragt sie aufgebracht und zieht die Augenbrauen zusammen. »Das ist angemessener für solch einen wichtigen Anlass. Schwarze Kleidung sieht aus, als würdest du zu einer Beerdigung gehen.«

Richtig. Doch sie verbirgt die Schweißflecke, die sich dank Nellys baldiger Anwesenheit schon jetzt auf dem Stoff gebildet haben.

»Eigentlich müsstest du längst wissen, wie du dich zu kleiden hast.« Bevor ich vor ihr zurückweichen kann, geht sie mit den Händen durch meine Locken. »Ich hätte Miss Ó Cinnéide noch herbitten sollen, damit sie dir die Strähnen kürzt. Deine Haare sind ein einziges Durcheinander. Hast du sie etwa nicht gewaschen, nachdem du den ganzen Tag durch den Regen gelaufen bist?«

»Ist gut, Mom, ich weiß es fürs nächste Mal«, erwidere ich

gepresst und entziehe mich ihrer Berührung, indem ich zurückweiche.

»Nächstes Mal«, ruft sie empört aus und schüttelt hektisch den Kopf.

Ich spare mir mein genervtes Seufzen, wohl wissend, dass sich meine Mutter vor jeder Veranstaltung dieser Art verrückt macht. Schließlich muss der Schein perfekt sein. Der baldige Geschäftsführer darf es sich nicht erlauben, Schwarz statt Weiß zu tragen und die Haare auch nur einen Millimeter zu lang zu haben.

Sie verschwindet, um den Waschraum im Obergeschoss zu kontrollieren, und lässt mich mit William zurück.

»Die Pläne für Washington liegen auf meinem Tisch, falls du Interesse hast, sie anzuschauen.« Die Worte meines Vaters könnten ein freundliches Angebot sein, mich in seine Anliegen einzubinden. Aber nein, sie sind spitz, fast klagend, dass ich nicht eigenständig eingefordert habe, sein neustes Projekt zu verfolgen.

Die Filiale, deren Baugenehmigung heute gefeiert wird.

Ich schlucke, nicke teilnahmslos.

Das Gesicht meines Vaters gewinnt an Härte, das Glas Bourbon in seiner Hand hält dem verkrampften Griff seiner Finger stand. Dabei müsste es in Scherben zerspringen, so sehr bringt mein Desinteresse meinen Vater zum Kochen. Ich kann den Vulkan ausbrechen hören.

Bevor er mir seine Vorwürfe vor den Kopf donnern kann, erhellen Stimmen den Eingangsbereich des *Burleys*.

»Siehst du, wie mein Kleid schwingt, wenn ich mich drehe, Nelly?«, höre ich die hohe Stimme von Phoebe Harlow fragen. Ihr Kichern lässt die Angestellten an ihre Plätze verschwinden. Ich habe förmlich vor Augen, wie sie und ihre Schwester sich wiegen, um ihre Kleider zum Tanzen zu bekommen. Allein die Vorstellung bewirkt, dass mir heiß wird. Wie soll ich ihr gegenübertreten nach dem Geständnis an diesem Nachmittag? Vor ihren Eltern? Vor William? Ich schlucke trocken und spüre, wie die Nervosität meine Beine wackelig werden lässt.

Du bist auch mein Grund.

Entschlossen balle ich die Hände zu Fäusten und überrede mich innerlich dazu, ins Erdgeschoss zu gehen und sie zu begrüßen. Vielleicht könnte ich später, wenn unsere Eltern abgelenkt und die Gäste vom Champagner berauscht sind, mit ihr sprechen. Über all das, was mich gerade in Aufruhr versetzt. Vielleicht könnten wir rausgehen, die Kälte des Dezembers ignorieren und nachholen, was wir die letzten Jahre verpasst haben.

Doch bevor ich mir all das auch nur zu Ende ausmalen kann, zischt William: »Gib dir Mühe, Junge. Wenn schon nicht die letzten achtzehn Jahre, dann heute.«

Meine Zähne müssen knirschen, so fest presse ich sie aufeinander. William wendet sich zum Gehen, bevor ich die Chance bekomme, ihm den dämlichen Whiskey aus der Hand zu pfeffern. Er ist auch nüchtern ein Arsch, aber der Alkohol bringt ihn dazu, seinen miesen Gedanken Worte zu verleihen.

»Guten Abend, wen haben wir denn da?«, ruft mein Vater erfreut, während er die Treppe hinunterschreitet, als wäre er der Adel, der einst auf diesem Anwesen lebte. Diese Rolle spielt er perfekt, das hat er schon immer getan.

Die Harlows treten in mein Sichtfeld, und auch wenn Nellys Anblick mich sonst jede Sorge der Welt vergessen lassen kann, echoen gerade nur Williams Worte in meinem Kopf. *Wenn schon nicht die letzten achtzehn Jahre, dann heute.* Sie übertönen sogar Nellys *Du bist auch mein Grund.*

»Das werde ich, William, keine Sorge«, zische ich und beuge mich zu meinem Rucksack hinunter, in dem ich mein Equipment lagere. Während die Stimmen sich im Eingangsbereich vermehren, streife ich durch den Korridor des ersten Obergeschosses und visiere die Türen des Außenbereiches an. Draußen stehen Feuerstellen, an denen die noblen Geschäftsfreunde meines Vaters sich später die vom Champagner kalt gewordenen Hände wärmen werden. Ich trete hinaus und lasse meinen Rucksack auf den Boden sinken. Der breite Balkon schwebt über dem Innenhof des Hotels, der heute glücklicherweise nicht zur Partylocation gehört. Die nächsten Minuten dürfte also niemand mitbekommen, wo ich mich aufhalte.

Ich sinke an der Mauer herab und spüre die eisige Kälte des Dezembers unter meinem Hintern. Die dünnen Ärmel meines Hemdes schützen mich nur mäßig vor den Windböen, und mit Sicherheit wird meine Stoffhose gleich feucht sein, doch für den Moment ist mir das egal. Meinen Laptop positioniere ich auf meinen Oberschenkeln, während mein Schnittprogramm im Hotel-WLAN lädt.

Keine Sorge, William, ich werde mir Mühe geben. In allem, fernab deiner Vorstellungen.

Nach einer Weile brennen meine Augen vom hellen Licht des Bildschirms. Steven hat mir bereits gestern ein paar Nachrichten gesendet, in denen er mich auf Schnittfehler oder unsaubere Übergänge aufmerksam gemacht hat. Die letzte Stunde habe ich damit verbracht, den größten Teil davon zu beheben und auch die einzelnen Sequenzen, die glanzlos ineinander übergehen, weiter zu verfeinern. Zufrieden grinsend schaue ich mir den Clip ein fünfzigstes Mal an und suche mit schmalen Augen nach Stellen, die noch Verbesserungsbedarf aufweisen.

Als ich mich recke und gähne, bemerke ich eine dunkle Gestalt im Augenwinkel. Erst denke ich, es mir eingebildet zu haben, doch dann tritt ein kleines Wesen näher an mich heran und ruft: »Hab dich!«

Auch wenn Phoebe alles andere als furchteinflößend ist, erwache ich erschrocken aus meiner Trance.

»Ich wusste nicht, dass wir Verstecken spielen«, erwidere ich neckend.

Phoebe wiegt sich auf den Fersen ihrer schicken Schuhe. »Tun wir auch nicht. Aber die Leute da drinnen haben dich gesucht.«

»Mich gesucht?«

Sie nickt eifrig.

»Aber warum?«

»Dein Dad hat eine Rede gehalten und dich zu sich gerufen. Aber du warst nirgendwo.« Phoebe erzählt diesen Fakt mit einer

Belanglosigkeit, die ich mir für diese Situation wünschen würde. Mir jagt die Erkenntnis jedoch ein ängstliches Herzklopfen in die Brust.

»Scheiße.« Ich erinnere mich daran, dass ich mit einer Zehnjährigen spreche, und presse die Lippen zu einem Strich aufeinander.

»Ist doch nicht schlimm. Hätte ich deine Kamera gehabt, hätte ich seine Rede für dich aufgenommen.«

»Du möchtest sie haben, richtig?« Ich hebe amüsiert die Augenbrauen und hole meinen Rucksack zu mir.

Ein verlegenes Lächeln ist ihre Antwort.

»Na gut.« Ich krame nach meinem Heiligtum und ziehe aus der Seitentasche die Speicherkarte hervor, die ich für Phoebes Clips und Fotografien verwende. So gern ich Nellys Schwester habe, hunderte verwackelte Fotos auf meiner Kamera machen mir mehr Arbeit als Phoebe Freude. Als das Gerät bereit ist, winke ich Phoebe zu mir heran und hänge ihr das Band um den Hals. »Du weißt ja, wie sie funktioniert. Bring sie mir einfach zurück, wenn du keine Lust mehr hast.«

»Das heißt, ich darf sie mit nach Hause nehmen?«, fragt Phoebe mit großen Augen. Ihr Lachen beweist, dass sie bloß spaßt, und bevor ich etwas anderes erwidern kann, läuft sie zurück ins Hotelinnere.

Seufzend streiche ich mir über die vor Müdigkeit geschwollenen Lider. Hier einfach sitzen zu bleiben, bis die Gäste auf ihre Zimmer verschwinden, ist wahnsinnig verlockend. Aber ich weiß, dass es keinen Weg um mein Erbe herum gibt und ich alles dafür tun werde, mindestens Grandpa Lewis stolz zu stimmen. Dazu gehört leider, alten weißen Männern die Hände zu schütteln und ihnen von den neuen *Burley*-Filialen zu erzählen, als würde mich das wahrlich interessieren. Dabei ist alles, woran ich gerade denke, der Filmwettbewerb in Dublin, bei dem ich meinen Clip morgen einreichen werde, und … Nelly.

Sie ist irgendwo da unten. Vielleicht hat sie mitbekommen, dass ich nicht aufgetaucht bin, als Dad meinen Namen erwähnt hat. Vielleicht fragt sie sich, ob ich verschwunden bin, bevor ich ihr persönlich sagen konnte, dass sie der einzige Grund ist, mich diesem Grauen zu stellen. Da sie da ist, gibt es wenigstens eine einzige Motivation, um mich in das Getümmel zu stürzen.

Als ich mich dem Kernstück des Hotels nähere, richte ich den Kragen meines Hemdes. Das Stimmenwirrwarr vermischt sich mit aneinanderstoßenden Gläsern und Gelächter. Als ich die Treppe hinabsteige, halte ich den Blick gesenkt. Das ist der Nachteil dieser Empore: Einfach jeder starrt mich an, als wäre ich die Ballkönigin des Prom in irgendeinem amerikanischen Musicalfilm. Innerlich gehe ich unter ihrem Tuscheln ein. Manchmal frage ich mich, wie ich das Kind meiner Eltern sein kann.

Unten angekommen schaue ich mich scheu nach einem bestimmten Paar brauner Augen um.

Heute ist der Tag, an dem ich über meinen Schatten springen werde. Nicht nur mit dieser einen Nachricht. Das reicht nicht aus. Schon gar nicht seit ihrer Antwort.

Ich entdecke sie in einem dunkelgrünen Kleid an der Fensterfront des Festsaals. Die Scheibe spiegelt ihr höfliches Lächeln, mit dem sie den Worten meiner Mutter begegnet. Auch wenn sie heute so viel erwachsener erscheint, ist der Flechtzopf das Gewohnte in dem Neuen. Wer hätte gedacht, dass ein so winziges Detail ein vertrautes Ziehen in meiner Magengrube hervorruft?

Ich schlucke trocken und schiebe innerlich jedes Fünkchen Mut und Selbstbewusstsein zusammen. Steven hat mir so viele Tipps gegeben, um Mädchen anzusprechen, dass ich daraus einen Ratgeber zusammenbasteln könnte. Nur bin ich nicht Steven, der mit seiner Sicherheit, seinen Muskeln und seinem Humor bei jedem Menschen punkten kann. Ich bin Zack Burley, ein verdammtes Weichei, das sich nicht einmal traut, das Mädchen seiner Träume zu begrüßen.

Entschlossen balle ich die Hände zu Fäusten und will gerade auf sie zugehen, als sich etwas auf meine Schulter legt.

»Da bist du.« Die Kälte seiner Stimme bewirkt, dass ich mich in mein Schneckenhaus zurückziehe und aufblicke. Stotternd suche ich nach einer Ausrede, doch da hat mein Vater sich schon in Bewegung gesetzt und schiebt mich mit sich aus dem Territorium der Reichen und Schönen hinaus.

»Was ist los?«, frage ich verunsichert.

Seine Schritte sind energisch, und ich kann mir kaum ausmalen, welcher Sturm in ihm toben muss. Wenn er will, dass wir uns fernab der Menge unterhalten, kann ich nur erahnen, wie schlimm seine Standpauke diesmal ausfallen wird. Innerlich wappne ich mich schon für die verbale Flut an Enttäuschung, Unverständnis und Verbitterung. Doch als er mich in den Musiksaal schiebt, die Tür hinter uns zupfeffert und der Knall verklingt, ist es still. Sein Schweigen soll vielleicht bewirken, dass ich mich auf Knien bei ihm entschuldige und schwöre, es nächstes Mal besser zu machen. Doch ich stehe nur vor ihm wie ein überforderter kleiner Junge, der nichts zu sagen und nichts zu tun weiß.

Dann, nach einer mir endlos erscheinenden Stille, zischt er: »Nie wieder wirst du mich so blamieren, hörst du?«

Der Ton seiner Stimme ist voller so vieler Eiskristalle, dass meine Arme eine Gänsehaut überzieht. Augenblicklich wünsche ich mir sein Schweigen zurück.

Der Raum ist nicht beleuchtet, sodass das Licht vom Außenbereich, das durch die Rundglasfenster strömt, nur einen Vorgeschmack auf den Zorn in seinen Augen bietet.

»Ich habe an einem wichtigen Projekt gearbeitet und die Zeit vergessen.« Meine Stimme klingt, als hätte ich zwei Nächte lang durchgefeiert. Sosehr ich darum kämpfe, ihr die Stärke zu verleihen, die ich gegen William benötige, es gelingt mir nicht.

»Ein wichtiges Projekt? Gibt es etwas Wichtigeres als diesen Abend? Als zukünftiger Geschäftsführer ist es deine Pflicht, das Gewerbe schon jetzt zu deiner höchsten Priorität zu erklären!« Seine Stimme überschlägt sich und wird von wirren Handbewegungen unterstrichen, die dafür sorgen, dass ich einen Schritt zurückweiche. William hat mich noch nie geschlagen, aber seine Wut war auch selten so übermäßig, dass er mit dieser Stimme gesprochen hat.

»Ja. Ja, es gibt etwas Wichtigeres, kannst du dir das vorstellen? So ziemlich alles in meinem Leben ist wichtiger als das Hotel.«

Etwas überrascht hänge ich meinen Worten nach. So ehrlich war ich bisher nie. Nicht zu mir selbst und erst recht nicht zu William. Anscheinend bleibt es heute nicht nur bei meinem Vorsatz, Nelly offen und aufrichtig zu zeigen, was ich ihr gegenüber fühle. Nie hätte ich erwartet, dass ein kleiner Entschluss wie dieser einen Hurrikan an Entscheidungen mit sich bringen kann. *Nein, ich werde kein Leben führen, das von Bedauern und Unzufriedenheit beherrscht wird. Nein, ich werde mich nicht länger von dir verbiegen lassen.*

Die Empörung übernimmt seine Mimik. Ich könnte schwören, dass sie gleich dafür sorgt, dass er den Raum in Schutt und Asche legt. Doch stattdessen kommt er auf mich zu. Die Schritte langsam und konträr zu dem wütenden Atem, der sich durch seine Lippen presst. »Du hältst dich vielleicht für intelligent, aber ohne deinen Nachnamen bist du nichts. Nicht für das Trinity, nicht für Oxford. Alle sehen nur das *Burley* in deinem Lebenslauf. Ohne das bist du ein Niemand.«

Meine Schultern fallen hinab, gleichzeitig vermengen sich die Gefühle von Hass und Schmerz in mir, sodass ich ihm starr in die Augen blicke und zische: »Du bist mein Vater. Welcher Vater sagt so etwas Abscheuliches zu seinem Kind?«

Die Antwort ist offensichtlich, denn William tritt zurück und verlässt schweigend den Raum.

6

ZACK

SEIT EINER GESCHLAGENEN halben Stunde bohren sich die unebenen Steine der Mauer, die den Musiksaal umgibt, in meinen Rücken. Mein Hinterkopf donnert zum hundertsten Mal gegen deren Kälte, als sich Dads Worte in meinen Gedanken wiederholen wie von einem implantierten Tonband abgespielt.

Alle sehen nur das Burley in deinem Lebenslauf. Ohne das bist du ein Niemand.

Ich schlucke gegen die aufsteigende Panik an.

Vielleicht hat er recht. Vielleicht wirst du nie mehr als der Sohn des erfolgreichsten Hoteldirektors Europas sein.

Ein Teil von mir weigert sich, diesen erniedrigenden Fakt zu akzeptieren, ein anderer weiß genau, dass ich ohne meine Eltern nichts wäre. Nicht der Jahrgangsbeste, keiner der Sportler. Im Grunde bin ich nichts weiter als der Junge mit der Kamera, dem Skateboard und den Träumen. Den Träumen von einer Zukunft in der Filmbranche, weit weg von Greglon.

Ich ziehe mein Handy aus der Tasche dieser viel zu engen Stoffhose und tippe auf meinen Chatverlauf mit Steven.

Steven: Wie sieht es aus? Bist du dabei?

Vor einer Stunde habe ich seine Nachricht gekonnt ignoriert, wohl wissend, dass ich mir eine Flucht aus diesem Abend nicht erlauben darf. Jetzt übermannt mich das Gefühl, dass die Wände des Hotels mir immer näher rücken. Sie umzingeln mich mit ihrem Gestein und wollen mich für den Rest meines Lebens gefangen halten. Das darf nicht passieren.

Zack: Ich hole dich ab.

Seine Antwort sind vier Party-Emojis und eine Sprachnachricht, in der man sein angetrunkenes Jubeln hört. Vermutlich hat er schon so einige Bierflaschen mit Darren in seinem Keller geleert.

Mit rollenden Augen stecke ich mein Handy weg und fahre mir ein letztes Mal über mein mit Schweiß überzogenes Gesicht, als sich die Tür des Saals öffnet.

Die grelle Beleuchtung des Flures durchbricht die Dunkelheit des Raumes und schenkt mir gleichzeitig einen Blick auf die Konturen des Eindringlings. Wenn man sie als solchen bezeichnen kann. Schließlich ist Eleanor Harlow so etwas wie der Stammgast des Musiksaals, wenn sie hier zu Besuch ist. Sie hat diesen Raum zu ihrer Zufluchtsstätte erklärt. Niemand strahlt diese Art von Liebe und Begeisterung wie sie aus, wenn er sich hier befindet. Ganz besonders nicht sein Eigentümer.

Eigentlich bin *ich* der Eindringling.

Als Nelly mich in dem Lichtkegel entdeckt, entweicht ihrem Mund ein erschrockener Laut. So wie immer, wenn ich sie hier erwische, geht sie einen Schritt zurück, als hätte ich sie gerade bei einer schlimmen Straftat überrascht.

»Sorry, ich … ich wollte nicht …«

»Du wolltest nicht dieser schrecklichen Party entkommen? Glaub mir, ich könnte es dir nicht verübeln.« Ich richte mich auf und strecke meinen Rücken durch. Nellys Hände verschränken sich vor ihrem Bauch. Sie schweigt mit angespannter Miene.

Mit einem sanften Lächeln schiebe ich hinterher: »Der Musiksaal gehört Ihnen, Miss Harlow.«

Langsam gehe ich auf sie zu und überlasse ihr so ihren Rückzugsort, während sie mich nicht aus den Augen lässt. Sie bewegt sich auch nicht, als ich mich an ihr vorbeischiebe und zufällig ihren Ellbogen streife. Meine Arme überzieht eine Gänsehaut, und ich atme gegen die Welle von Freude und Zuneigung, aber auch Enttäuschung und Traurigkeit an.

Du bist nichts. Nicht einmal für deinen Vater. Dann kannst du auch einer Harlow mit warmen braunen Augen und glühendem Herzen nicht gerecht werden.

»Willst du ihr auch entkommen?« Ihre Stimme lässt mich innehalten. Sie ist leise, fast zittrig.

Ich drehe mich über die Schulter blickend nach ihr um und nicke langsam.

Sie tritt einen Schritt in den Saal hinein, wendet sich mir zu und hebt fragend die Arme an. »Ich glaube, das ist ein geeignetes Fluchtquartier für zwei Personen.«

All die grausamen Gedanken, die mir gerade noch wie eine Droge den Kopf vernebelt haben, geben die Sicht auf meinen Horizont wieder frei. Ein Lächeln, ein wahrlich ehrliches, erscheint in meinem Gesicht, als ich »In Ordnung« sage und auf sie zugehe.

Von meinem Platz in der ersten Reihe aus beobachte ich Nelly bei ihrem Rundgang entlang der Fotowand. Die altmodischen Wandlampen, die ich eingeschaltet habe, beleuchten ihre geröteten Wangen und ihr verträumtes Lächeln.

»Ich habe sie mir schon hunderte Male angeschaut, doch ich entdecke immer wieder neue Details.« Sie tippt auf die Glasscheibe einer Schwarz-Weiß-Aufnahme. »Siehst du die junge Frau mit dem Cello auf der Bühne? Sie ist malerisch. Eine Person, die immer wieder all meine Aufmerksamkeit auf sich gezogen hat.« Ich stehe auf und trete direkt neben Nelly. Ich scanne das Bild. Als ich die Frau entdecke, nicke ich. »Die beiden Männer in der ersten Reihe. Sie schauen nicht auf die Musikerin, so wie alle anderen es tun. Sie haben nur Augen füreinander.«

Ich blinzele, bis ich das kleine Detail in der linken Ecke entdecke. Zwei Besucher, die den Klängen lauschen, ganz ohne sich von der Schönheit der Musikerin beirren zu lassen.

»Dieser Moment gehört nur ihnen. Was glaubst du, wie lange sie sich an das Konzert zurückerinnert haben? Mit einem ebenso verliebten Lächeln im Gesicht und ihren Melodien im Ohr.« Ich sehe ihr in jedem Teil ihres Seins an, wie der Gedanke ihr Herz zum Leuchten bringt. »Das ist es, was Musik erschaffen kann. Momente, die Menschen zusammenbringen. Jeder dieser Besucher hat dieselben Töne gehört, doch bei jedem bleiben sie anders in Erinnerung. Das ist wunderschön.«

Selten habe ich jemanden so gerührt von etwas reden hören wie sie, sobald es um Musik geht. Mein Vater liebt ebenfalls, was er tut. Aber nur, weil es einem Zweck dient. Weil es ihm Geld und Ansehen und einen gehorchenden Sohn verspricht. Sie hingegen tut all das nur für dieses Gefühl in ihrem Herzen, das sich hier und jetzt in dem Strahlen ihrer Augen abzeichnet.

»Das ist wunderschön«, bestätige ich, obwohl ich von etwas ganz anderem spreche. *Du bist wunderschön.*

Sie erwidert meinen Blick mit halbgeöffneten Lippen. Ich kann mich nicht erinnern, ihr je so nahe gewesen zu sein. Weder auf emotionaler noch auf physischer Ebene.

Ich könnte sie küssen. Genau jetzt. Ich könnte sie um Erlaubnis bitten, diesen Schritt zu gehen, von dem ich seit zwei Jahren träume. Vielleicht würde sie Ja sagen, ganz leise, wie immer, wenn sie nervös ist. Vielleicht dürfte ich meine Hand auf ihre Wange legen, danach meine Lippen auf ihre. Der Moment ist da. Doch meine Zweifel zerstören ihn, indem ich frage: »Warum spielst du nicht vor Zuschauern? Du könntest auch Momente wie diese erschaffen.«

Nachdenklich neigt sie den Kopf, ihr Flechtzopf fällt ihr über die Schulter. »Klavierspielen ist für mich ein Ventil. Mit den Noten, den Tasten verbinde ich nur Hoffnung und Mut. Sobald ich vors Publikum trete, mir vor Nervosität übel wird und meine Finger so sehr zittern, dass ich mich gleich verspiele, ist der Zauber vorüber. Alle wünschen sich von mir, dass ich auf die große Bühne gehe und die Menschen begeistere. Aber ich möchte nur für mich spielen, im Stillen, an einem Ort, an dem niemand für mich klatscht. Ich erschaffe diese Momente nur für mich.«

Ihre ehrlichen Worte bringen mein Herz zum Wummern, meinen Kopf zum Schwirren. Nelly löst in mir aus, was die stärkste Droge nicht hervorbringen könnte. Schwitzige Hände, erhöhter Pulsschlag – eine unbändige Sucht nach ihr. Ich will mehr hören. Jedes ihrer Worte in hundertfacher Ausführung.

»Deine Einstellung beneide ich. Liebe ist oft nur so lange schön, bis sie mit der Welt geteilt wird.«

Ihre Mundwinkel heben sich und schmücken ihre Wangen mit Grübchen. »So schützt man sie vor den Urteilen anderer.«

Mit jeder Sekunde, die ich Nelly gegenüberstehe, werde ich nervöser. Wir kennen uns seit zwei Jahren, und doch hat es eine solche Situation nie gegeben. Keine heimlichen Gespräche, während unsere Eltern sich über das Geschäftliche austauschten. Nicht einmal, wenn wir uns auf dem Schulweg begegneten. Unsere Bindung bestand immerzu aus kurzen Blicken, aus dem aufmunternden Lächeln, wenn ein Gespräch angeschnitten wurde, von dem nur sie spürte, wenn das Thema mich traf. Aus kurzen Berührungen und seit heute Nachmittag auch einzeiligen Textnachrichten.

Du bist auch mein Grund.

»Hast du deine Filme je jemandem gezeigt?« Ihre Frage trifft mich unerwartet. Träge schüttele ich den Kopf.

»Ich bin noch am Anfang. Eigentlich … ist es nichts.«

»Du machst daraus eine Kleinigkeit, obwohl es für dich das Größte ist.«

»Es ist bloß Zeitverschwendung. Das Leben hält einen anderen Weg für mich bereit.«

»Einen Weg, für den du dich nicht entschieden hast.«

Für einen kurzen Moment schließe ich die Augen, fast betroffen darüber, dass sie die wohl Einzige ist, die mich jemals lesen konnte. »William hat ihn für mich entschieden.«

»Du lebst dein Leben nicht für ihn.« Ihre sonst so zarte Stimme ist nun standhaft. Sie bringt mich zum Schmunzeln, was sie mit einem verwirrten »Was?« kommentiert.

»Du bist süß«, spreche ich meine Gedanken aus und beiße mir gleich darauf auf die Zunge.

Ihr Handrücken streift meine Brust, und sie stößt einen empörten Laut aus, auch wenn ich genau sehe, wie ihre Mundwinkel sich heben, bevor sie den Kopf senkt.

Von ihrer Reaktion ermutigt, schlucke ich meine Furcht herunter und ergreife die Hand, die mich gerade noch berührt hat. Sie erschaudert unter meiner Geste und blickt erschrocken auf. Ich bin nicht weniger überrascht von diesem Schritt, der sonst immer einer Wanderung auf dem Mount Everest gleichkam. Jetzt stehe ich hier im Musiksaal des *Burleys*, halte ihre Hand, als wäre es keine große Sache. Doch das ist es. Für mich, für sie. Der Beginn von etwas Großem.

Da klingelt mein Handy. Mein genervtes Seufzen kommt so unwillkürlich aus meinem Mund geschossen, dass ich die Enttäuschung nicht einmal überspielen kann. Zumal jetzt *I Want It That Way* von den Backstreet Boys von der Akustik durch den ganzen Raum getragen wird. Stevens Lieblingssong, sobald er einen bestimmten Promillewert überschritten hat. Er hat den Song letztes Jahr zu seinem Erkennungszeichen auserkoren.

Peinlich berührt ziehe ich mein Handy hervor und tue so, als würde ich Nellys amüsiertes Grinsen gar nicht bemerken.

Mit einem »Ja?« nehme ich den Anruf an.

»Wo bleibst du?«, fragt mein bester Freund. Im Hintergrund wummern Beats durch den Keller der Campbells.

»Ich … bin noch nicht los.«

»Was?« Er seufzt genervt. »Zack, die Party ist seit zwei Stunden in vollem Gange. Darren hat mir bereits Videos geschickt, der Club ist brechend voll.«

Ich kneife die Augen zusammen und verfluche mich, Steven zugesagt zu haben, nicht ahnend, dass Nelly wenige Momente später den Musiksaal betreten würde. Mit Sicherheit hätte ich seine volle Unterstützung, nicht zur Party zu kommen, wenn ich ihm nur deutlich machen könnte, dass ich bis gerade eben noch ihre Hand gehalten und sie habe loslassen müssen, um den Anruf anzunehmen. Ihre Hand, die sich jetzt unsicher auf ihren Bauch legt.

Als ich nicht antworte, schiebt Steven hinterher: »Ich hab mich auf dich verlassen, sonst hätte Darren mich mitgenommen. Mom würde durchdrehen, wenn sie wüsste, dass ich ins *Strangers* will. Sie glaubt, ich wäre dein seelischer Beistand bei der *Burley*-Feier.«

»Okay.« Ich kann die Enttäuschung in meiner Stimme kaum unterdrücken. Steven wird sich selbst dafür versohlen, sobald er erfährt, dass er mich aus der Annäherung an das Mädchen meiner Träume herausgerissen hat. Aber vor ihr zuzugeben, dass ich einen gemeinsamen Abend in diesem unterkühlten Saal jederzeit einer vollen Party vorziehen würde, bringe ich noch nicht über mich. »Bis gleich.« Damit lege ich auf und blicke wieder in Nellys Gesicht. Ihre Miene ist abwartend.

»Du hattest recht. Ich wollte dieser Party entkommen. Steven erwartet mich im *Strangers*, ich bin seine Mitfahrgelegenheit«, erkläre ich mit einem Seufzen.

Nelly legt die Stirn in Falten. »Das *Strangers*? Ist das dieser Club? Ist Steven denn schon achtzehn?«

»Sein Bruder ist Türsteher, er schleust Steven und alle anderen, die noch nicht achtzehn sind, rein.«

»Wirklich? Kriegt er deswegen keinen Ärger?« Ihre Augen weiten sich ungläubig, und ich unterdrücke ein Lachen. »Wenn es nicht allzu viele sind, ist das kein Problem.«

Sie verzieht nachdenklich den Mund und wippt auf den Fußballen. Heute Abend ist sie etwas stärker geschminkt als an anderen

Tagen. Ihre Lippen sind rot gefärbt und die Wimpern dunkel und geschwungen.

»Wäre in deinem Fluchtwagen noch ein Platz für mich?« Ihre im Grunde so unschuldige Frage lässt Hitze durch meinen Körper strömen.

Als ich den Mund öffne, bringe ich nicht mehr als einen ungläubigen Laut zustande, nur um mir dann hektisch durch die Haare zu streichen und zu fragen: »Wirklich? Du willst mitkommen?«

Sie nickt mit einem vorsichtigen Lächeln. »Wenn das in Ordnung für dich ist?«

In Ordnung?! Verdammte Scheiße, ich könnte die Welt umarmen. Doch dann schießt mir ein Gedanke durch den Kopf. »Was ist mit deinen Eltern? Ist das okay für sie?«

Sie blinzelt und wirkt einen Moment wie aus der Bahn geworfen. Fast traurig blickt sie hinunter auf ihre halbhohen Schuhe, ehe sie die Schultern zuckt und murmelt: »Sie müssen nicht immer alles wissen, was ich tue.«

»Okay«, hauche ich kratzig, auch wenn ich ihrer Gleichgültigkeit nicht traue. Nelly und ihre Familie sind eine Einheit. Sie gehen ihren Weg zusammen, unterstützen sich in ihren Entscheidungen und sprechen sich Mut zu. Ich bin mir beinahe sicher, dass sie ihr erlaubt hätten mitzukommen, wenn sie gefragt hätte. Doch jetzt kämpft sich ein Lächeln durch ihre plötzliche Traurigkeit hindurch, und ich verwerfe meine Einwände. Dieser Abend gehört uns beiden. Ihr und mir.

7

NELLY

Was tust du hier, Eleanor? Während ich auf dem Beifahrersitz des Range Rovers Platz nehme, keimt eine Mischung aus Zweifel und Vorfreude in mir auf. Zweifel, weil ich meinen Eltern versprochen habe, sie am Ende des Abends nach Hause zu bringen, jetzt, da ich meinen Führerschein habe. Weil ich zurück sein muss, bevor ihnen auffallen wird, dass ich das Weite gesucht habe. Und, dass ich unsere Familienregel gebrochen habe: Keine Lügen, keine Heimlichtuereien. Doch ehrlich? Meine Eltern sind mir wohl keine guten Vorbilder.

Zacks Geruch verteilt sich im Inneren des Wagens, als hätte er sich in den teuren Ledersitzen festgesetzt. Ich inhaliere die Luft, schließe die Augen und versuche, jeden Skrupel von meinen Schultern zu streichen. Dann werfe ich Zack einen Blick zu. Er betätigt den Blinker und lenkt das Auto auf die Hauptverkehrsstraße. Sein Profil ist ein Kunstwerk. Anders kann ich es nicht beschreiben. Seine glatte Haut, sein jugendliches Gesicht. Die geschwungenen Wimpern, das winzige Grübchen in seinem Kinn. Ich zwinge mich, nach vorn zu schauen, bevor er meine schmachtenden Blicke wahrnimmt. Obwohl es dafür mit Sicherheit längst zu spät ist.

»Stevens Eltern gehört die Bäckerei, richtig?«

Zack nickt. »Die *Campbell-Bakery*.«

»Dort holt Dad sonntags Croissants für uns. Die sind so gut, ich könnte mich ein Leben lang nur davon ernähren.«

»Hast du die mit Schokoladencreme probiert? Steven und ich durften in der Grundschule oft die essen, die am Abend übriggeblieben waren. An einem Tag waren es um die zehn Stück. Ich hatte drei Tage lang Magenschmerzen, aber das war es so was von wert.« Unser Lachen vermischt sich im Innenraum des Autos. Es harmoniert miteinander, seines und meines. Unsere eigene kleine Sinfonie.

Wir halten vor Greglons einziger Bäckerei, und Zack teilt Steven per Sprachnachricht mit, dass wir da sind. Während wir auf seinen besten Freund warten, trommelt Zack mit den Fingern auf dem Lenkrad herum.

»Bist du nervös?«, frage ich schmunzelnd.

Seine Augenbrauen schießen in die Höhe. Ertappt räuspert er sich. »Ich? Wieso?«

Ich neige den Kopf, noch nicht ganz sicher, woher mich diese plötzliche Welle an Selbstbewusstsein überschwemmt. »Keine Sorge, es ist doch nur Steven.«

Sein Mund klappt auf. Dann schüttelt er den Kopf, als könnte er nicht glauben, dass diese Worte ausgerechnet von mir gekommen sind. Kichernd lehne ich mich zurück.

Plötzlich wird die Beifahrertür aufgerissen, und ein breit grinsender Steven tritt in unser Sichtfeld.

»Burley, ich glaub es nicht. Habe fast nicht mehr damit gerechnet, dich …« Seine angetrunkenen Worte verhallen, als er bemerkt, dass sein vermutlicher Stammplatz bereits belegt ist. »Nelly!«, ruft er überrascht aus.

Ich glaube, meinen Namen noch nie aus seinem Mund gehört zu haben. Es ist ungewohnt, überfordert mich fast ein bisschen. Ich kenne keinen von Zacks Freunden, und in einem Club war ich auch noch nie. Aber diese Zweifel bringen mich nicht aus dieser Situation heraus, also straffe ich die Schultern und sage »Hi«, als wäre meine Anwesenheit etwas ganz Natürliches. »Ich habe gehört, dein Bruder schleust Minderjährige ins *Strangers*.«

Steven beugt sich zu mir herunter und legt einen gespielt skeptischen Blick auf. »Bist du etwa eine dieser Minderjährigen?«

Ich nicke und ernte ein helles Jubeln, was Zack mit einem Grummeln kommentiert. Steven schmeißt sich förmlich auf die Rückbank und klopft seinem Freund aufgeregt auf die Schulter.

»Schön, euch zu sehen«, sagt er, und ich höre sein Grinsen.

»Finde ich auch«, bestätige ich und bin überrascht, dass es mir gelingt, Zack dabei in die Augen zu schauen.

»Bereit?«, fragt Zack mit einem Lächeln und nickt in Richtung der Menschenschlange, die sich um das urige Gebäude des Nachtclubs zieht. Neonleuchten werfen die Buchstaben des *Strangers* in den Nachthimmel, der von winzigen Lichtern geschmückt ist.

Ich nicke unsicher, weswegen Zack die Augenbrauen hebt. »Nelly, wir müssen nicht …«

»Ich bin so bereit wie noch nie«, versuche ich es daher etwas überzeugter, auch wenn ich selbst den zittrigen Unterton heraushöre. Mit Sicherheit ist er auch von Zack nicht unbemerkt geblieben.

Es ist ja nur mein erster Clubbesuch. Illegal. Neun Monate vor meiner Volljährigkeit. Ausgerechnet an der Seite des Jungen, der mir schon seit Monaten Herzklopfen bereitet. *Alles cool.*

Steven legt einen Arm um mich und einen um seinen besten Freund und grölt in die Nacht hinein: »Wenn das mal nicht nach der Party des Jahres schreit.«

Er neigt seinen Kopf und zwinkert mir zu. Auch wenn die Unsicherheit noch nicht gänzlich verschwunden ist, bringe ich ein ehrliches Lachen zustande und lasse mich von Steven mitziehen.

Wir schreiten an der Menschenmenge vorbei, als wären wir Prominente mit besonderen Bonussen. Dabei spüre ich genau, dass alle um uns herum mich anstarren. Sie wissen, dass ich hier nicht hingehöre. Meine Taktik, so unauffällig wie möglich durchs Leben zu gehen, muss ich an diesem Abend wohl oder übel beiseitelegen.

»Darren!« Steven wedelt übertrieben mit dem Arm. Sein Bruder nickt ihm zu, hebt den Zeigefinger und bedeutet uns damit, dass wir an der Absperrung warten sollen. Nachdem er die zwei Frauen, die ungefähr zehn Jahre älter als ich sein müssen, an sich vorbeigelassen hat, kommt er auf uns zu und begrüßt sowohl Steven als auch Zack mit einem Handschlag. »Ich dachte schon, du hättest es nicht an Mom vorbei geschafft.«

»Glaub mir, als sie unsere geleerten Bierdosen im Keller gefunden hat, hätte sie mich fast nicht mehr gehen lassen. Aber wenn meine Ausreden die Familie Burley beinhalten, lässt sie sich meistens bequatschen. Vor euch hat sie irgendwie …«

»Respekt«, ergänzt Darren an Zack gewandt und wuschelt ihm neckend durch die Haare. »Außerdem bist du Moms Lieblingssohn. Echt unfair.«

»Bin ich das?«, fragt Zack mit einem belustigten Schmunzeln. Als Darren und Steven nicken, schiebt er ein »Gut, wo sind die Adoptionsunterlagen?« hinterher.

Seine Freunde brechen in Gelächter aus, ihnen scheint der ernste Zug um seine Lippen zu entgehen.

»Rein mit euch. Und Steven, Finger weg vom Hochprozentigen. Ich habe meinen Job und meinen Schlafplatz bei unseren Eltern zu verlieren.« Darren hebt das Absperrband an und lässt Steven und Zack hindurchgehen.

Da meine Füße sich nicht von der Stelle bewegt haben, bleibt mir nichts anderes übrig, als mich unsicher zu räuspern und ein verlegenes Lächeln aufzusetzen. »Ehm … Entschuldigung, ich würde gern auch in den Club.«

Hitze schießt meinen Hals empor. Ich würde gern auch in den Club? Eleanor, du bist der Pinguin im Elefantengehege.

»So?« Darren hebt das Kinn. »Bist du denn auch schon achtzehn?«

Meine Gesichtsmuskeln verkrampfen, und das höfliche Lächeln rutscht mir von den Lippen. Gerade als mein Mund aufklappt, bereit, peinliche und gestotterte Rechtfertigungen hinauszubringen, gibt Steven seinem Bruder einen Hieb von hinten. »Du bist so ein Arsch, Darren. Nelly ist cool, sie gehört zu uns.«

Lachend rollt Darren seine hellblauen Augen und hebt das Absperrband auch für mich an. Mit einer Verneigung säuselt er »Miss Harlow« und kommentiert meinen erschrockenen Ausdruck mit einem Zwinkern. *Er kennt meinen Namen?* Fast hätte ich die Frage an meine Begleitung gerichtet, doch die logische Antwort macht sich gleich darauf in meinem Kopf breit: *Eleanor Harlow, die Amerikanerin aus der Großstadt. Die mit dem reichen Daddy.* Meine Herkunft und meine Familie scheinen das Einzige zu sein, das mich in Greglon definiert. Vielleicht bin ich hier jemand, den die Leute mit etwas verbinden. Doch wirklich kennen tut mich, also *mich*, Eleanor Harlow, hier keine Menschenseele. Auch wenn ich es mir von diesem Paar grüner Augen einrede, deren Blick nun meinen trifft, als wir durch die Eingangstür des *Strangers* treten.

»Nervös?«, fragt er. Sein Atem kitzelt in meinem Ohr, und ich danke den lauten Beats schon jetzt dafür, dass sie bewirken, dass wir uns wohl oder übel näherkommen müssen, um uns zu unterhalten.

»Ist es peinlich, wenn ich Ja sage?« Bereits im Eingangsbereich versammelt sich eine gewaltige Menge von Menschen, die ihre Cocktails in die Höhe heben und mit anderen anstoßen oder ihre Freunde laut kreischend in Empfang nehmen. Mir erscheint es, als würden wir durch eine gigantische Wolke hindurchgehen, bestehend aus jeder erdenklichen Kategorie von Parfüm, Schweißgeruch und Alkohol.

»Überhaupt nicht. Partys wie diese bedeuten die reinste Reizüberflutung. Ich bin auch kein Fan davon.« Zack schenkt mir ein ermutigendes Lächeln, und ich spüre schon jetzt, wie ein Teil der Last von meinen Schultern verschwindet.

Entschlossen recke ich das Kinn und begutachte jeden, der mir einen dieser typischen abschätzenden Blicke zuwirft, mit Entschlossenheit in den Augen. *Heute Abend bist du die Version, die du immer sein wolltest.*

Weil diese Worte nicht nur ein bloßer Wunschgedanke bleiben

sollen und die Vorfreude auf unseren gemeinsamen Abend die Zweifel überwiegt, lasse ich meine Finger in Zacks gleiten und fokussiere weiterhin die Menschenmenge, die sich für uns teilt.

Ich will nicht in sein Gesicht blicken und Empörung darin finden. Aber als ich die federleichte Berührung seines Daumens auf meinem Fingerrücken wahrnehme, ist mir bewusst, dass ich etwas ganz anderes entdecken würde: ein Lächeln. Vielleicht ein etwas überfordertes, verwundertes. Aber ich spüre, dass es da ist. Einzig und allein dank unseres Muts.

Wir betreten die Tanzfläche des Clubs, noch immer Hand in Hand, was Steven, der vor uns hergeht, nicht mitzubekommen scheint. Er ist, wie ich vermute, viel zu sehr damit beschäftigt, nach Holly Ausschau zu halten.

Ich weiß, dass die beiden des Öfteren gemeinsam Partys verlassen, doch wirklich viel spricht meine beste Freundin nicht von ihm. Sie war schon immer die geheimnisvolle Holly. Makellos und fehlerfrei. Das glaubte ich zumindest bis zu dem Tag, an dem ich sie und ihren kleinen Bruder bei einem Rülps-Wettbewerb bewerten musste. Sie war die Gewinnerin.

Mit einem Mal legt sich eine Hand auf meine Schulter und hält mich vom Weitergehen ab. Als ich mich erschrocken umdrehe, blicke ich in die grauen Augen meiner besten Freundin.

»Nelly!«, kreischt Holly, und eine Alkoholfahne schlägt mir entgegen. Sie zieht mich an ihre Brust und entreißt mich somit Zacks Berührung. »Wie um alles in der Welt bist du denn hierhergekommen? Ich dachte schon, ich sehe nicht richtig.«

Was im Übrigen nicht einmal so unrealistisch wäre, schließlich trägt sie nie die Brille, die ihre Augen so dringend benötigen.

»Ich wurde gewissermaßen entführt«, erwidere ich und deute mit dem Daumen auf meine Begleitung. Verrückt, dass mir seine Hand in meiner schon jetzt fehlt. Waren es nicht nur zwei Minuten, in denen unsere Finger sich ineinanderfügten wie die Teile eines Puzzles?

Für einen Moment glaube ich, Hollys Haut würde ihr vom Gesicht bröckeln, so sehr versteinern sich ihre Muskeln vor Unglauben. Dann schüttelt sie sich aus ihrer Trance und wirft mir einen wissenden Blick zu. Einen der Sorte: *Darüber reden wir später noch, verstanden?*

»Okaaay«, sagt sie stattdessen gedehnt und strafft die Schultern. »Darauf müssen wir trinken, habe ich recht?«

Bevor ich ihr antworten kann, legt sich Stevens trainierter Arm um ihre Schultern. Zacks bester Freund begrüßt sie mit einem warmen Lächeln und haucht ihr einen Kuss auf die Schläfe.

Hinter Steven taucht ein Mädchen auf, mit eisblauen Augen und hellbraunen, glatten Haaren. Ich habe nie ein Wort mit ihr gewechselt, doch kenne ich ihren Namen. Savannah.

Nelly, du bist zu spät. Savannah hat sich ihn gekrallt.

So lautete Aideens Nachricht in der Nacht von Stevens Geburtstagsparty, auf der ich durch Holly sogar eingeladen war. Doch ich verbrachte den Abend lieber in meinen vertrauten vier Wänden. So wie immer, wenn es darum geht, meine gemütliche Komfortzone zu verlassen.

Du bist zu spät.

Savannahs abwertender Blick möchte mir vermutlich genau das mitteilen.

Ich bin zu spät. Sie ist seinetwegen hier, er ihretwegen. Und ich? Ich habe mich an seinen Arm gehängt wie ein Welpe, unwissend, dass er seinen Abend mit diesem hübschen Mädchen verbringen wollte.

Unwillkürlich sacken meine Mundwinkel nach unten, und ich entferne mich unauffällig einen Schritt von ihm.

Savannah begrüßt jede meiner Begleitungen mit einer Umarmung. Mir entgeht nicht, dass sie Zacks Berührung deutlich länger genießt als die der anderen. Auch wenn ich nicht deuten kann, ob es ihm genauso geht. Nur vor mir macht sie halt und lässt ihren Blick über meinen Körper gleiten. Unsicher tue ich es ihr nach und schaue an mir herab. Das dunkelgrüne, festliche Kleid war wie gemacht für die Feier des *Burleys*. Aber für einen Clubbesuch? Viel zu pompös, viel zu auffallend. Savannah hingegen trägt eine enge Jeans und ein ärmelloses Shirt, das kurz über ihrem Bauchnabel endet. Sie ist in jeder Hinsicht attraktiv, was sie dem Ausdruck ihrer Augen nach nicht von mir behaupten würde.

»Eleanor, richtig?«

Ich nicke perplex.

»Bist du nicht erst fünfzehn oder so was?« Sie neigt den Kopf und lässt ihre Frage so unschuldig erscheinen. Damit bloß niemand mitbekommt, dass sie nichts anderes möchte, als mich bloßzustellen.

»Siebzehn. Seit drei Monaten.« Doch meine Antwort scheint sie gar nicht zu interessieren, denn sie hat sich längst abgewandt und Zack gewidmet.

Froh, dass mein enttäuschter Laut in den Beats des DJs untergeht, drehe ich mich zu Holly und Steven. »Vielleicht sollte ich gehen. Ich rufe mir ein Taxi.«

Hollys Augen weiten sich, und sie ergreift meinen Arm, noch ehe ich mich überhaupt in Bewegung setzen kann. »Nicht bevor wir uns etwas zu trinken geholt haben.«

Gewillt zu protestieren, öffne ich den Mund, doch da hat auch Steven einen Arm um meine Schultern gelegt und schiebt mich durch die Menschenmenge hindurch zur Bar. Ellbogen rammen in meine Rippen, und ich befürchte, mit meinem Absatz den Zeh irgendeines Mannes zerquetscht zu haben.

Der Bereich der Bar hingegen ist wie leergeräumt und bietet Raum, um Luft zu holen. Genau das tue ich, zittrig, fast japsend. Mein Herz schlägt zu schnell, überfordert mit der Lautstärke, der Hitze und all den fremden Menschen.

Steven beugt sich zu dem Barkeeper und begrüßt ihn mit einem Handschlag. Er scheint im *Strangers* so etwas wie ein zweites Zuhause gefunden zu haben.

»Ist es wegen Savannah? Du willst ehrlich gehen und ihr freie Bahn lassen?«, fragt Holly aufgebracht.

»Sie haben sich geküsst«, erinnere ich sie und bin mir nicht einmal sicher, ob meine Worte durch die grölende Menschenmenge dringen. »Sie hat längst freie Bahn.«

Hollys Lächeln besteht aus einer seltsamen Mischung aus

Mitgefühl und Entschlossenheit, als sie mir eine gelöste Strähne aus der Stirn streicht und mir tief in die Augen blickt. »Savannah ist hübsch, aber sie ist nicht Eleanor Harlow.«

Ich schlucke trocken, schüttele den Kopf. »Ich weiß nicht einmal, wie ich mit ihm reden soll, wenn sie da ist. Nur ein Blick von ihr und die Worte bleiben mir im Hals hängen. Das ist absolut peinlich.«

»Weißt du, wir können dein Selbstbewusstsein jetzt weiter mit Füßen treten, oder wir feiern deinen ersten Clubbesuch so, dass du ihn niemals vergessen wirst.« Holly hebt eine Augenbraue, etwas, das sie verdammt gut kann und ich schon so oft vergeblich im Spiegel geübt habe.

Steven hält mir ein Glas gefüllt mit dunkler Flüssigkeit und einem Berg Eiswürfel hin. Ich rieche an meinem Getränk, doch Steven erklärt schnell: »Das ist nur Cola.«

Ich schenke ihm ein dankbares Lächeln, erleichtert, mich nicht dafür rechtfertigen zu müssen, keinen Alkohol zu trinken. Nachdem ich einen großen Schluck genommen habe und die Hitze aus meinen Wangen verschwindet, nicke ich Holly zu. »Du hast recht, das ist mein erster Clubbesuch. Ich möchte ihn nicht vergessen.«

Ein siegessicheres Grinsen liegt auf Hollys Lippen, als sie ihre Wange an meine presst und »Genau das wollte ich hören!« ruft.

Steven stößt sein Glas gegen meines. »Machst du dir Sorgen wegen Zack?«

»Macht sie. Siehst du ihre Bambi-Augen?«, antwortet Holly für mich, weswegen ich empört ihren Namen ausstoße.

Steven lacht belustigt, weshalb auch er einen finsteren Blick von mir erntet. »Das ist wirklich nicht nötig, Nelly.«

»Wieso?«

»Das fragst du noch? Er ist verrückt nach dir.«

Er ist verrückt nach dir. Jede Zelle meines Körpers wirft Flammen. Meine Mundwinkel heben sich zu einem so breiten Grinsen, dass meine Wangen bereits nach wenigen Sekunden schmerzen.

»Und du offenbar auch nach ihm«, stellt Steven fest und lächelt über den plötzlichen Schock, der mein Grinsen ablöst. »Alles gut, ich sage ihm nichts«, schiebt er schnell hinterher. »Auch wenn ich hoffe, dass er es schon weiß.«

»Er weiß es«, sage ich etwas zu leise dafür, dass wir uns in einem brechendvollen Club aufhalten. Zack weiß, dass er mein einziger Grund ist, gern bei den Burleys aufzutauchen. Und er ist der einzige Grund, warum ich heute Abend meine Komfortzone verlassen habe und mich nun inmitten eines Haufens schwitzender Menschen aufhalte.

Ein Gong ertönt, ähnlich wie der einer Schulglocke. Dann ruft jemand genuschelte Worte durch ein Mikrofon, die bewirken, dass die Tanzgäste jubeln.

»Was ist da los?«, frage ich.

»DJ-Wechsel. Jede Stunde legt ein anderer unter einem bestimmten Motto auf.«

»Welches beginnt nun?«, fragt Holly.

Gleich darauf beantwortet der breit gebaute DJ an seinem Pult Hollys Frage. »Seid ihr bereit für unsere Zeitreise?«

Als das Publikum zustimmend grölt, verstummt der gesanglose Bass und geht in die ersten Töne von Madonnas *Like a Prayer* über.

Hollys Gesicht erhellt sich vor Begeisterung. »Oh mein Gott!« Auch ich lächele zustimmend, bis sie ruft: »Komm, Nelly, wir gehen tanzen.«

Mein erschrockenes »Was?« überhört sie wohl, denn sie zieht mich mit in die Mitte der Tanzfläche und singt die ersten Worte von Madonna mit. Etwas unbeholfen schaue ich mich um, analysiere, wie die anderen Partygäste sich verhalten. Einige setzen die wildesten Tanzmoves in Szene, andere stehen mit geschlossenen Augen zwischen ihren Freunden und singen die Zeilen des Songs, als würden sie jedes Wort fühlen, wieder andere reiben sich förmlich an ihren Tanzpartnern. Kein Mensch scheint sich darum zu scheren, was über ihn gedacht und gesagt wird. Eine Gabe, die ich mir zu gern aneignen würde.

Holly greift nach meiner Hand und wirbelt mich um meine eigene Achse. Kurz verliere ich den Halt und falle in ihre Arme, doch sie lässt sich dadurch nicht abbringen und wiegt mich mit sich hin und her. Ich beginne zu lachen.

Mit einem Mal kommen mir all diese Gedanken nur noch winzig vor. Ich liebe Madonna. Selbst Dad hat all ihre Platten in seiner Sammlung. An manchen Sonntagmorgen, wenn Phoebe und ich vor unseren Eltern wach waren, haben wir uns in ihr Musikzimmer geschlichen und Tanzpartys um den Plattenspieler veranstaltet. Ich kenne jede Zeile, jedes Wort von *Like a Prayer*, daher fällt es mir nicht einmal schwer, mit in den Song einzusteigen

Holly grinst zufrieden, als ich mich auf die Situation einlasse, und gemeinsam halten wir uns an den Händen, drehen einander, lassen uns von dem Song führen. Fast bin ich enttäuscht, als die letzten Worte in einem Übergang verschwimmen, doch als Amy Winehouse' Stimme erklingt, steige ich in das Jubeln der anderen Partygäste mit ein.

Holly streckt eine Hand nach mir aus, dreht mich hin und her, zieht mich in ihre Arme. Ich tue es ihr nach, während meine Hüften sich zu dem Rhythmus von *Valerie* bewegen. In diesen wenigen Minuten schießen so viele Glücksgefühle durch meinen Körper, dass ich das gesamte Jahr davon leben könnte. Ich sauge jeden Moment auf, präge mir die Emotionen ein, die wie elektrische Impulse durch mich hindurchschießen.

Selbst als ich im Augenwinkel bemerke, wie sich Zack, Steven und sogar Savannah uns nähern, kann ich nicht aufhören. Es ist wie ein Rausch, der einzig und allein durch die Musik entstanden ist. Dabei glaubte ich immer, dass nur Klassik mir dieses Gefühl geben könnte. Dass die trüben Gedanken nur beim Klavierspielen verschwinden. Aber hier und jetzt weiß ich, dass ich nie damit aufhören kann. Dass ich tanzen will, zu Amy Winehouse, Madonna und jedem erdenklichen anderen Musiker.

Als der Song verklingt, liegen Holly und ich uns kichernd in den Armen. Ihre Stirn ist genauso verschwitzt wie meine, unsere Wangen sind vor Freude gerötet.

»Das war der Hammer!«, kreischt sie.

Steven pfeift durch die Zähne, ehe er Holly einen Arm um die Taille legt. »Ihr habt es drauf.«

»Nicht nur Pianistin, sondern auch Tänzerin. Ich bin beeindruckt«, raunt mir eine bekannte Stimme ins Ohr und jagt damit eine Gänsehaut über meine Arme. Sein warmer Atem kitzelt an meinem Ohr, auch wenn sein Mund längst fort ist.

Ich drehe mich zu Zack um, ein breites Grinsen im Gesicht. »Ich bin immer für eine Überraschung gut.«

Zacks Augen funkeln. Einen Moment glaube ich, sein Blick würde mein gesamtes Gesicht erforschen. Nichts bleibt vor ihm versteckt.

»Das weiß ich«, sagt er dann, und ich bemerke an seinem Adamsapfel, wie er hart schluckt.

Savannah gesellt sich zu uns, ihr Gesichtsausdruck ist nicht mehr gestellt niedlich, sie zeigt offen und ehrlich, wie sehr sie Zacks und mein Anblick verärgert.

»Ich bin dann weg«, zischt sie und hebt die Hand, bevor sie sich umdreht und in der Menschenmenge verschwindet.

»Was ist denn los?«, frage ich verblüfft.

Zack seufzt erschöpft und schaut sich über die Schulter zu Savannah um. Ihr Haar wippt bei jedem ihrer übermütigen Schritte mit.

»Ich habe ihr erklärt, dass aus uns nichts werden wird. Steven sagt, dass sie sich Hoffnungen gemacht hat, und ich will nicht, dass sie Energie in etwas verschwendet, das keine Zukunft hat.«

Meine Augen verwandeln sich in die von Holly getauften Bambi-Augen. »Aus euch wird nichts?«

»Nein.« Keine Ahnung, wie das möglich ist, aber sein Blick verlässt keine Sekunde mein Gesicht. Auch wenn ich wahnsinnig schlecht darin bin, Augenkontakt zu halten, fällt er mir bei Zacks grünem Leuchten nicht schwer.

Mich überkommt die Nervosität, und ich sage hastig: »Ich besorge mir schnell etwas zu trinken. Das Tanzen hat mich fertiggemacht.«

Bevor ich mich von ihm abwenden kann, hält er mir mit einem »Hier« seinen Becher hin.

»Ist da kein Alkohol drin?«

Er schüttelt den Kopf. »Wir sind schließlich mit dem Auto hier.«

Peinlich berührt verziehe ich den Mund und nehme einen Schluck seiner Cola. Der dubiose Gedanke, dass meine Lippen an der Stelle anliegen, an denen auch seine an der Cola genippt haben, lässt den Boden unter meinen Füßen schwanken. »Danke.«

Der DJ wechselt den Song und verkündet, dass es nun etwas ruhiger zugehen wird. Ich verstehe, worauf er anspielt, als *One* von der Band U2 den Tanzbereich des *Strangers* erfüllt.

Die Melodien unterstreichen die Bedeutung dieses Moments und machen aus ihm einen derjenigen, die mir immer ins Gedächtnis stoßen werden, wenn Dad seine *Greatest Hits* von U2 auflegt. Von dieser Erkenntnis überwältigt, wende ich den Blick ab und entdecke Holly und Steven, die sich eng umschlungen im Takt des Songs umherwiegen und sich küssen. Zack lacht leise, als er meiner Beobachtung nachgeht.

»Hollys Herz wird zerbrechen, wenn er im Sommer an die Uni verschwindet«, sage ich mit dem Blick auf meine beste Freundin.

»Aber sie haben das Hier und Jetzt. Vielleicht ist es besser, die Zeit zu nutzen und mit so vielen Momenten zu füllen, dass sie den Herzschmerz überwiegen.« *Ist das etwa eine versteckte Botschaft?*

Während ich meinem Gedanken nachhänge, finden meine Augen zurück zu seinen. Zaghaft legen sich seine Hände um meine Taille, und ich bemühe mich zu verbergen, welche Stromschläge seine Berührung auf meiner Haut auslöst. Ich schlucke trocken, beseitige jeden Hauch von Zweifel, ehe ich meine Arme hebe und meine Finger um seinen Nacken verschränke. Die Musik wird leiser, als ich seinen Geruch so intensiv wahrnehme, dass er jeden meiner Sinne benebelt. War der Raum eben noch belebt von Lärm und den hektischen Bewegungen der Tanzenden, kommt er mir jetzt vor wie ausgestorben.

»Sprichst du von einem Kosten-Nutzen-Faktor?«

Seine Wangen werfen Grübchen. »Das klingt jetzt weniger romantisch als geplant.«

Mein Kichern verstärkt sein Lächeln, und seine Finger beginnen meinen Rücken zu streicheln. Ganz vorsichtig, behutsam. Als würde er noch um Erlaubnis bitten. Es ist nichts Fremdes, diese zaghaften Berührungen. Davon gab es in den letzten zwei Jahren dutzende. Das Streicheln meiner Hand, wenn ich ihm die Salatschüssel herübergereicht habe. Unsere Ellbogen, die einander streiften, wenn unsere Wege sich im Türrahmen kreuzten. Aber heute ahne ich, dass mehr dahintersteckt.

Dann landet eine Hand auf meiner Schulter, und ich weiche vor Schreck zurück. Der ekelerfüllte Schauder, den der Griff in mir auslöst, lässt mich gleich erkennen, dass es sich weder um Zack noch um unsere Freunde handelt.

»Hey.« Die Stimme des Mannes, der sich hinter mir befindet, ist eiskalt. Zack wendet sich dem Kerl zu und betrachtet angewidert dessen Finger, die mich noch immer festhalten.

»Wie alt seid ihr?«, fragt der Mann. Ich trete einen Schritt vor und suche Zacks schützende Nähe.

Der Kerl, der erst vor Sekunden ungefragt in meine Komfortzone eingeschritten ist, hat sein vierzigstes Lebensjahr mit Sicherheit schon überschritten, trägt ein offenes Hemd mit Goldkettchen und ein düsteres Funkeln in den Augen.

»Achtzehn«, sage ich selbstbewusst.

»Ach ja? Dürfte ich deinen Ausweis sehen?«

Bevor ich mein Schauspiel fortführen kann, packt Zack meine Hand und zieht mich in Windeseile durch die zappelnde Menschenmenge. Ich höre die kalte Stimme rufen: »Hey! Bleibt stehen!«

Doch seine Kondition scheint nicht auszureichen, um uns hinterherzulaufen.

Frostige Luft begrüßt uns, als wir die Tore des Clubs verlassen und schweratmend zum Stehen kommen. Zack fährt sich über die Stirn, blickt sich zum Eingang um, doch es scheint uns niemand gefolgt zu sein.

Das Lachen, das sich durch den übriggebliebenen Atem

hindurchkämpft, ist laut und erfüllt. Glücksgefühle zerplatzen in mir wie Wasserbomben. Als Zack in mein Lachen einsteigt, lasse ich mich in seine für mich ausgebreiteten Arme fallen und lege die Stirn an seine Halsbeuge.

»Danke, dass du mich mit hergebracht hast.«

Einen langen Moment steigen meine Worte in den Nachthimmel empor. Dann höre ich ihn murmeln: »Wir haben fast ein Uhr nachts. Sollen wir zurückfahren?«

Ich löse mich aus unserer Umklammerung und blicke zu ihm auf. *Nein.*

Wir sollten hierbleiben, durch die Straßen ziehen und einander die Fragen beantworten, die ich mir seit Jahren auf einer gedanklichen Liste notiere. Wir sollten diese Sinfonie nicht enden lassen, das ist noch nicht ihr finaler Satz.

Doch ich denke an meine kleine Schwester, der langsam die Augen zufallen werden. Meine Eltern, die das Hotel nach mir absuchen und darauf angewiesen sind, von mir nach Hause gefahren zu werden. Zum ersten Mal in meinem Leben hasse ich es, die Vernünftige zu sein, doch ich schlucke diesen Ärger herunter und nicke.

Als sie nickt, halte ich die Schultern aufrecht, damit sie nicht bemerkt, wie die Enttäuschung auf ihnen lastet. Es ist die richtige Entscheidung. Das weiß sie, das weiß ich. Die vernünftige Variante.

Als ich den Wagen starte und der Radiosprecher den Song *One* von U2 anmoderiert, meine ich ihr Lächeln hören zu können. Für einen Augenblick überfällt mich das Gefühl, einfach weitermachen zu können. Als hätte der Geschäftsführer des Clubs uns nie aus unserem Moment gerissen. Als würden wir noch immer auf der Tanzfläche stehen, so eng beieinander, dass ich ihren Puls hören kann. Doch wir werden zurückkehren, die Masken aufsetzen und unser Leben wie bisher getrennt voneinander fortführen. Vielleicht werden wir uns daran zurückerinnern, dass es diese magische Nacht gegeben hat. Aber das ist alles, was sie bleiben wird: eine schöne Erinnerung.

Ich lenke den Range Rover in die Straße ein, die uns auf direktem Weg zum Anwesen des *Burleys* zurückführen wird. Mit jedem Meter, den wir unseren Eltern näherkommen, sinken meine Mundwinkel weiter und weiter nach unten. Die Stille im Auto zeigt mir, dass es Nelly nicht anders geht. Ein Seitenblick beweist, dass sie ihre Finger in den Ledersitzen vergräbt und den Blick starr geradeaus richtet.

Dann, als wäre ihr meine Aufmerksamkeit nicht entgangen, meint sie: »Ich weiß, dass ich Ja gesagt habe, aber … ich will nicht, dass dieser Abend schon endet.«

Zwischen jeder Silbe lese ich Worte, die sich hinter den Buchstaben verstecken, als hätten sie Angst, zu schwer im Raum zu stehen — *Ich will nicht, dass das mit uns schon endet.*

Weil sie meine Gedanken in Worte umgewandelt hat, fahre ich an der Abzweigung, die uns zum *Burley* führen würde, vorbei auf die Bergspitze Greglons zu.

»W-was …«, stammelt Nelly und schaut mit geweiteten Augen dem leuchtenden Leben des Hotels hinterher.

»Du hast recht. Wir sollten den Abend noch nicht enden lassen.«

Ein verblüffter Laut verlässt ihren Mund, und fast automatisch findet ihre Hand meine. In diesem Moment bin ich mir sicher, nie eine bessere Entscheidung getroffen zu haben.

8

NELLY

»Bist du sicher?«, frage ich und schlinge die Arme um meinen Oberkörper. Der Stoff meines Kleides geht mir knapp über die Ellbogen, aber er ist dünn und lässt den frostigen Wind über meine Haut pusten. Ich streife mir den dunklen Mantel über und ziehe die Schlaufe so fest, dass die kalte Luft an ihm abprallt.

Zack klopft auf die Motorhaube seines Range Rovers, wo er mit ausgestreckten Beinen auf mich wartet. Als Unterlage hat er eine Wolldecke ausgebreitet, fast so, als wäre er stets auf Nächte unter dem Mondlicht vorbereitet. »Wofür sind Motorhauben sonst da?«

Ihn scheint es entgegen meiner Erwartung nicht zu interessieren, ob der Lack des teuren Autos ein paar Kratzer von den Knöpfen seiner Winterjacke abbekommt. Er lehnt sich vor und hält mir die Hand hin. Nach kurzem Zögern ergreife ich sie mit einer ähnlichen Vertrautheit wie vor wenigen Minuten im Auto.

Erleichtert atme ich aus, als die Motorhaube meinem Gewicht standzuhalten scheint und ich mich direkt neben Zack niederlasse.

»Du warst wirklich noch nicht allzu häufig rebellisch, oder?«, fragt er mit einem Grinsen.

Ich lege die Stirn in Falten, während sich meine Mundwinkel

unvermeidbar anheben. »Mom hat mal so furchtbaren Pudding zu meinem Geburtstag zubereitet, dass ich ihr sagte, ich wäre satt und würde den Nachtisch später essen. Ihn wegzuwerfen wäre aufgefallen, also habe ich drei Servietten befüllt und in Phoebes Papiermüll geworfen. Nach einer Woche hat ihr Zimmer so gestunken, dass sie bei mir eingezogen ist und Dad den Raum nach einem toten Tier abgesucht hat.«

Bei der Erinnerung schüttele ich den Kopf und muss kichern.

»Hast recht«, erwidert er ebenso grinsend. »Ich habe mich vollkommen in dir geirrt. Du bist eine Rebellin durch und durch.«

»Sagte ich doch«, bestätige ich und setze eines der gewinnendsten Lächeln auf, das ich je im Gesicht getragen habe. In irgendeiner Weise habe ich schließlich gewonnen. Diesen Abend. Er hat dem *Burley* den Rücken gekehrt, nur um mit mir an diesem verlassenen Ort die Geschwindigkeit der Welt für eine Weile zu verringern. Von hier aus haben wir eine einmalige Aussicht auf das nächtliche Kleinstadtleben vor uns. Die erleuchteten Fenster versammeln sich in der dunklen Szenerie zu einer Horde Glühwürmchen.

»Riechst du das?«, fragt Zack.

»Die Luft?« Der Dezemberwind lässt das hohe Gras wiegen, als würden die Halme Walzer tanzen.

»Regen. Es riecht nach Regen.« Ich schließe die Augen und ziehe die Luft durch meine Nase ein. »Es ist mit Sicherheit fast null Grad, wenn es regnen sollte …«

»Wird der Regen gefrieren. Es würde schneien«, ergänzt Zack meinen Gedanken.

»Wow, das wäre … wow.«

»Das kannst du laut sagen. Schnee bleibt hier wirklich sehr selten liegen. Vor Jahren hat es im Januar geschneit, daran erinnere ich mich noch. Es war nur eine minimale Puderschicht, die sich nach drei Stunden schon wieder aufgelöst hat. Aber Steven und ich haben sie genutzt, um den Berg über der Bäckerei hinunterzurollen.«

Ich ziehe die Beine zu einem Schneidersitz und wende mich ihm zu. »Rollen? Du meinst, ohne Schlitten?«

Zacks Mundwinkel heben sich amüsiert. »Ohne Schlitten. Wir kannten keine geschlossenen Schneedecken, daher haben wir nie welche besessen. Du kannst dir nicht vorstellen, wie schnell wir geworden sind. Es war beinahe unmöglich, uns zu stoppen.«

Mein Blick verfolgt die Kurve des Berges unseres Aussichtspunktes, und ich kann die Kindheitsversionen der beiden förmlich vor meinen Augen spielen sehen. Ihr Lachen echot in der Nacht. »Ich wünschte, ich wäre dabei gewesen.«

»Du hast in New York gelebt. Die Stadt mit dem Central Park, dem Rockefeller-Weihnachtsbaum und *echtem* Schnee. Das muss doch unglaublich gewesen sein.« Trotz der Dunkelheit kann ich die Begeisterung in seinen Augen lesen.

»Ich glaube fest daran, dass jeder Mensch zu einem Ort gehört. Manhattan war hell, laut, polarisierend. Es war schön, einfach eine unter Millionen zu sein. Aber … ich war eher das Gegenteil dieser Stadt. Es sind Orte wie diese.« Ich deute auf die Wohnhäuser unter unserem Ausblick. »Diese Kleinstädte. Irland. Hier gehöre ich her.«

Als ich einen scheuen Blick zur Seite werfe, entdecke ich, dass Zack meine Worte mit einem Lächeln empfängt. Sanft, zaghaft.

»Außerdem hätte in Manhattan mit Sicherheit jemand die Polizei gerufen, wenn ihr ohne Schlitten einen Berg runtergerollt wärt. Oder das Jugendamt.«

»Glaub mir, das hätte Mom auch fast getan, als ich nass bis auf die Socken in unseren Flur gestampft bin.« Sein Lachen macht das Dunkel ein bisschen heller. »Aber der Gedanke gefällt mir. Nicht das mit der Polizei, sondern … dass jeder Mensch zu einem Ort gehört. Ich weiß noch nicht, welcher meiner ist.«

»Du wirst es noch herausfinden«, sage ich leise. »Und bis dahin warten wir einfach auf den Schnee.«

»Das kann dauern. Der irische Winter ist tückisch.«

Ich lege den Kopf in den Nacken und blicke den vorbeistreifenden Wolken entgegen. Ab und an blitzen Sterne durch die lichten

Stellen. Als die Windböen für einen Moment aussetzen, ist es so still, dass ich nichts anderes als unseren Atem höre.

»Ich habe eine Idee«, schießt es aus mir heraus. Wenige Sekunden später lege ich mich ausgestreckt auf die Motorhaube und lehne meinen Kopf an die Frontscheibe.

Ohne eine weitere Erklärung abzuwarten, tut Zack es mir nach und lässt sich so nah neben mir nieder, dass unsere Ellbogen einander berühren. »Okay?«

»Schließ die Augen«, flüstere ich.

»Es ist dunkel, ich sehe sowieso –«

»Nein, das gehört dazu. Deine Augen müssen geschlossen sein.«

»In Ordnung, sie sind geschlossen.« Sein unterdrücktes Lachen versteckt sich hinter jedem Wort.

»Okay. Du hast den Regen gerochen, richtig?«

»Mhm.«

»Wie sieht er aus? Der Schnee in deiner Vorstellung?«

»Was hast du vor?«

»Wir träumen ihn uns herbei.« Einen Augenblick befürchte ich, er könnte mich für kindisch halten, doch dann fängt er leise zu erzählen an: »Er fällt langsam, wie rieselnde Sterne. Zu Beginn sind die Flocken klein, doch je mehr auf den Feldern aufkommen, desto größer werden die, die noch vom Himmel fallen.«

»Und wie fühlt er sich an?« Meine Stimme klingt tonlos.

»Du fürchtest, dass er zu kalt ist und deine Kleidung durchnässt. Aber du nimmst die Kälte für seine Schönheit in Kauf.«

Meinen Körper überzieht eine Gänsehaut, als hätten Zacks Flocken meine Unterarme getroffen. »Und hörst du, wie er aufkommt?«

»Es ist …« Er lacht leise. »Wie ein Windspiel.«

»Ich höre es auch«, hauche ich und horche den Klängen, die Zacks Worte in meinen Ohren erschaffen haben. »Es ist entfernt, als würde jemand das Rieseln von einem Tonband abspielen.«

»Hoffen wir, dass das niemand tut«, erwidert Zack grinsend, und ich bemerke, wie er sich bewegt. Ich neige den Kopf zur Seite, in der festen Sicherheit, er hätte sich von unserem gemeinsamen

Traum abgewandt. Doch als ich blinzelnd die Augen öffne, sind seine geschlossen. Vor seinen Lidern tanzt noch immer der Schnee, also senke ich meine, um das Winterwunderland weiter erkunden zu können.

»Du hast recht«, sagt Zack nach einer Weile. »Unsere Vorstellungskraft ist gigantisch. Um uns herum ist es weiß.«

Ich lächele und hoffe, dass er es bemerkt.

»Darf ich mir noch etwas vorstellen?« Er schluckt hörbar.

»Ja«, hauche ich verblüfft.

Eine lange Zeit festigt sich sein Schweigen.

»Ich stelle mir vor, Eleanor Harlow zu küssen.« Seine Worte sind nichts weiter als ein Windhauch, der sich sanft um jede Pore meines Körpers wickelt. Doch anstatt mich zum Frösteln zu bringen, erfüllt er mich mit Wärme und Vollkommenheit. Vorsichtig wende ich mich ihm zu.

»Wie fühlt es sich an?« Ich bin mir nicht einmal sicher, ob mir die Worte verständlich über die Lippen gehen. Alles, was mir im Kopf schwirrt, ist so laut, dass meine Stimme mir vorkommt wie stummgestellt.

»Wie Schnee an Weihnachten«, erwidert er.

Seine Worte hallen in der Nacht, werden von seiner Sanftheit getragen. Meine Augen sind geschlossen, und dennoch weiß ich, wo meine Hand seine Wange findet. Vorsichtig streiche ich mit dem Daumen sein Kinn entlang, ertaste das Grübchen. »Es ist noch nicht Weihnachten.«

Zack umfasst meine Hand und legt sie mit seinen Fingern vereint auf seine Brust.

»In meiner Vorstellung ist es das bereits. Und in deiner?«

Ich lache leise, überwältigt von den Gefühlen, die meine Finger zittern lassen. »Hast du die Kirchenglocken nicht gehört? Es ist Heiligabend.«

Seine Nasenspitze stößt gegen meine, während unsere Münder einander suchen. Als Zack mich küsst und sein Herzschlag auf meinen trifft, halte ich den Atem an. Meine Beine verlieren an Gefühl, und ich schwöre, ich wäre umgefallen, wenn wir nicht schon liegen würden. Die Berührung seiner Lippen ist vorsichtig, sie bitten noch um Erlaubnis, diesen Schritt über die unsichtbare Grenze gehen zu dürfen. Dann verharren sie in einem Lächeln.

»Was?«, flüstere ich.

Doch statt einer Antwort küsst er mich erneut, diesmal intensiver, fast hungrig. Der Druck unserer Lippen verstärkt sich. Mir erscheint es, als hätte er genau in dieser Sekunde den Entschluss gefasst, all die fiesen Zweifel über Bord zu werfen.

Ohne jegliche Kontrolle gleiten meine Hände in sein Haar, seine Finger auf meine Hüften. Der Moment überwältigt mich auf eine Weise, die mich fast nicht hätte bemerken lassen, wie sich winzige Flocken auf Zacks Schopf niederlassen. Einen Augenblick lösen wir uns voneinander, die Köpfe in den Nachthimmel erhoben. Der gefrorene Regen rieselt in Zeitlupe auf die Erde hinab. Er trifft mein Gesicht und rinnt meine Wange hinunter. Zacks Lachen, mit dem er mir die Flüssigkeit fortstreicht, ist im Gegensatz zu der Dezemberluft warm wie Kaminfeuer.

»Wie war das noch mit unserer Vorstellungskraft?« Unsere Küsse fangen unser fassungsloses Lachen auf.

»Ich habe so oft davon geträumt, Nelly. Bitte lass das hier kein Traum sein.«

»Ist es nicht«, erwidere ich zittrig. »Wir sind hellwach.«

9

NELLY

ZACKS HERZ TROMMELT gegen mein Ohr, schenkt mir die süßeste Melodie aus Liebe und Aufregung, aus Fassungslosigkeit und grenzenloser Freude. Meine Fingerspitzen streichen über den Reißverschluss seiner Jacke, die uns seit einer geschlagenen Stunde vor der eisigen Kälte der Nacht bewahrt. Über meinem Kleid trage ich ein blaues Sweatshirt, das Zack für mich aus dem Kofferraum seines Wagens gekramt hat, und ich atme den Duft des Stoffes durch die Nase ein. Grinsend, in der Gewissheit, dass ich mich zu Hause eingehüllt in Zacks Duft in den Schlaf lächeln werde.

»Es ist verrückt. Gestern noch glaubte ich fest, nie ein vernünftiges Wort mit dir wechseln zu können. Doch jetzt kommt mir diese Angst ganz klein vor.«

»Das habe ich auch gerade gedacht.« Ich höre das Frösteln in seiner Stimme und klammere die Jacke fester um unsere eng umschlungenen Körper. Möglicherweise werde ich die Weihnachtstage mit einer Nierenentzündung im Bett verbringen. Doch ehrlich? Dieser Moment wäre mir jede fiese Grippe der Welt wert. Mein Weihnachtsgeschenk habe ich schließlich längst bekommen.

Der Schneefall hat aufgehört, fast so, als hätten wir den Winter mit unserer Wunschvorstellung herbeigerufen und gleich darauf wieder von hier verjagt. Die Erde ist noch bedeckt von Frost, doch die kleinen Wolken am Himmel ziehen in mäßiger Geschwindigkeit an uns vorbei.

»Ich glaube, heute ist die schönste Nacht meines Lebens.«

»Sie übertrifft die Nacht zum Weihnachtsmorgen?«

Ich nicke mit einem verträumten Lächeln. »Sogar Thanksgiving.«

Früher hat es mich berauscht, sein Lachen zu hören. Heute darf ich es sogar spüren. Seine Brust vibriert wie ein kleines Erdbeben, als er sagt: »Ich habe vergessen, dass du Amerikanerin bist. Ich schätze, dass ich das als Kompliment nehmen darf?«

Seine Worte klingen eher nach einer Frage. Grinsend hebe ich den Kopf und stütze meine Ellbogen auf der Motorhaube auf, damit ich ihn ansehen kann. Statt zu antworten, küsse ich ihm die Kälte von den Lippen. Wieder und wieder, einfach, weil ich nicht damit aufhören kann.

Als Zacks Hände unter das Fell meines Mantels streifen, rutscht mein Handy aus dessen Tasche. Mit einem dumpfen Laut kommt es auf dem Blech auf und strahlt sein grelles Licht in den Sternenhimmel. Von dem Geräusch aus unserem Moment gezogen, schauen wir dem leuchtenden Bildschirm entgegen. Er ist geschmückt von Pushup-Benachrichtigungen, roter Farbe, verpassten Anrufen. Meine Finger sind starr vor Kälte, als ich das Gerät ergreife, um die entgangenen Nachrichten zu überfliegen.

Wo bist du? Dein Vater hat das ganze Hotel abgesucht, wir können dich nicht finden.

Wir machen uns Sorgen.

Phoebe ist bereits eingeschlafen, wir müssen nach Hause. Wenn du in einer halben Stunde nicht auftauchst, nehmen wir ein Taxi. Wir haben beide getrunken, das Auto lassen wir am Hotel stehen, damit kannst du zurückfahren. Und melde dich! Wir sind krank vor Sorge.

Mein Atem wirft ungleichmäßige Wölkchen in die Luft. Sie machen sich Sorgen. Natürlich. Es ist mitten in der Nacht, und ich bin nirgends aufzufinden, weil ich mich nicht bei ihnen abgemeldet habe. Weil ich eingeschnappt durch den Streit meiner Eltern fortgelaufen bin, um mich gewissermaßen an ihnen zu rächen.

In dem Moment, als ich den Nachrichten entgegenblinzele, kommen mir bloß zwei Begriffe in den Sinn: Kindisch. Egoistisch.

Moms letzte Nachricht ist vor über einer Stunde eingegangen. Wenn sie ihre Worte in die Tat umgesetzt hat, werden sie also längst zu Hause sein. Meine Finger sind vor Kälte gelähmt, als ich tippe:

Mir geht es gut! Ich bin gleich zu Hause, versprochen.

»Alles in Ordnung?« Zacks Stimme ist nicht mehr als ein Windhauch. Nicht wie jener, der in eisiger Form den Saum meines Kleides zum Schwingen bewegt, sondern warme Sommerluft. Als er sein Kinn auf meinen Scheitel stützt, schließe ich die Augen, um diese wohlige Wärme in meinem Bauch im Gedächtnis abzuspeichern. *So fühlt sich Glück an.*

Mit Sicherheit werde ich es morgen früh in einer neuen Komposition verewigen, damit ich unseren Abend spielen kann, sobald wir die Erinnerung daran verlieren.

Ich kneife die Augen fester zusammen, wehre mich innerlich gegen die folgenden Worte, dann flüstere ich: »Wir sollten gleich zurück. Meine Eltern haben nach mir gesucht.«

Zack haucht mir einen Kuss auf den Haaransatz und flüstert: »Okay.«

Ich frage mich, was ihn dazu befähigt, gleich darauf von der Motorhaube zu rutschen und mir die Hand hinzuhalten. Trotz der Gewissensbisse meiner Familie gegenüber bin ich nicht dazu in der Lage, diesem Moment zu entkommen.

Ich blicke auf seine Finger, die im Mondschein ganz bleich aussehen.

»Zack?« Ich frage mich, ob meine Stimme aufgrund der kalten Temperaturen zittert, oder weil der folgende Gedanke schon jetzt sämtliche Mauern in mir zum Einsturz bringt: »Das war nicht nur für heute Nacht, oder? Wenn das so ist, weiß ich nicht, ob ich jetzt schon gehen kann.«

Seine Augen weiten sich einen Moment, als wäre ihm der Grund meiner Sorge gar nicht in den Sinn gekommen. Dann werden sie so sanft wie sein Lächeln.

»Nach heute Abend wirst du mich nicht mehr so schnell los, Eleanor Harlow.«

Als wir zurückfahren, ist der Äther von Spuren des Mondes gezeichnet. Der Morgentau glitzert auf den Feldern, gepaart mit den wenigen Schneeflocken, die sich auf den Grasspitzen niedergelassen haben. Feiner Nebel trennt den Himmel von der Erde. Während ich den abklingenden Tag bestaune, finden Zacks Finger meine. Wir nähern uns dem Anwesen des *Burleys,* das umrundet von grünen Wiesen dem Anblick eines Schlosses gleichkommt. Als ich den Kopf drehe, sehe ich, dass Zacks Schneidezähne sich nervös in seine Unterlippe bohren. Ich drücke seine Hand und schenke ihm ein aufmunterndes Lächeln. »Diese Nacht gehört nur uns, okay? Egal was sie sagen werden.«

Er nickt wissend, den Blick angespannt auf das Hotel gerichtet. Er kennt seinen Vater weitaus besser, als ich es tue. Dennoch weiß ich, dass wir unseren Weg finden werden. Dass es immer einen Grund dafür gab, warum wir diese Worte und Berührungen bis zu diesem Abend aufgehoben haben, um sie dann zu einem riesigen Feuerwerk explodieren zu lassen. Mit jedem Blick, jedem Gedanken der letzten zwei Jahre hat sich das Dynamit angestaut. Doch so schön ein Feuerwerk auch sein mag, eine Explosion hinterlässt immer Spuren. Die Luft am Neujahrsmorgen ist verraucht, die Überreste der Feuerwerkskörper verteilen sich an den Straßenrändern. Manchmal ist eine Explosion so gigantisch, dass sie ein ganzes Leben in Schutt und Asche verwandeln kann. Das weiß ich, als wir das Gelände befahren und ich aus der Ferne das leuchtende Polizeiauto erblicke.

»Sie haben die Polizei gerufen«, sagt Zack tonlos und kneift die Augen zusammen. »Ich bin geliefert.«

Doch aus irgendeinem Grund beunruhigt mich das Blaulicht weitaus mehr, als die versprochene Standpauke unserer Eltern es tun würde.

Zack hält gleich neben dem unbesetzten Streifenwagen und stößt die Autotür auf. Ich folge ihm zitternd und umklammere den Saum seines Sweatshirts.

Als wir durch die Eingangstür des Hotels gehen, vernehme ich Gemurmel. Nicht die Stimmen einer abklingenden Party, sondern Laute gefüllt mit Angst, Sorge, mit Fassungslosigkeit. All das geht von Caroline Burleys »Zack!« aus, als sie auf hohen Schuhen in unsere Richtung gesprintet kommt. Schon aus der Ferne bemerke ich, dass ihre sonst immer perfekte Frisur zerstört ist und ihre Mascara sich von den Wimpern gelöst hat. Ihre offensichtliche Sorge um unser Verschwinden verwundert mich, doch was mich noch mehr überwältigt, ist der Moment, als sie an ihrem Sohn vorbeistürmt und in meinen Arm hastet.

»Eleanor, wir dachten schon …« Ihre Worte enden in einem Schluchzen.

»Was?«, frage ich mit gerunzelter Stirn. »Ihr dachtet was?«

Doch ihr Körper wird so von den bebenden Emotionen beherrscht, dass ich keine Antwort erhalten werde. Erst als die Polizisten den Speiseraum verlassen und William Burley in meine Richtung deutet, ahne ich, dass Carolines Emotionen nicht mir gelten. Ich verkrampfe mich unter ihrer Berührung, schiebe sie von mir, nur um zu den Polizisten zu rennen. Einen Moment fühlt es sich so an, als hätte ich meinen Körper verlassen und könnte das Geschehen von oben beobachten. Da ist Zack, dem jede Farbe aus dem Gesicht gewichen ist und der alles mechanisch verfolgt. Da ist Caroline, die jetzt zu Boden sackt und darum kämpft, ihre Tränen unter Kontrolle zu bringen. William, der seine aufrechte Haltung verloren hat, doch gleichzeitig alles gibt, um seine Fassung zu bewahren. Und da sind die Polizisten, die sich vor dem Mädchen mit dem zerwühlten Flechtzopf und den vor Glück geröteten Wangen aufrichten und nach ihrem Namen fragen. Die mitleidig den Blick senken, da sie nicht mit ansehen können, was die folgenden Worte mit ihrem Leben anrichten werden. Dem Mädchen, das in dem Sonnenschein ihrer Familie aufwuchs, sich davon ernährte. Sie wissen genau, dass sie ihr Leben jetzt in zwei Hälften zerteilen werden. In ein Davor und ein Danach. Dies ist der Moment, den sie nie wieder aus ihrem Gedächtnis streichen kann.

Laster. Unfall. Leybon-River. Mom, Dad, Phoebe. Sie haben es nicht überlebt.

Als die fremden Beamten ihre Sätze ausgesprochen haben, kehre ich in meinen Körper zurück. Dennoch fühlt es sich nicht an, als wäre ich wieder Herr meiner Sinne. Da ist kein Herzschlag, kein Atem. All das setzt aus, als das Nachbeben der Explosion mich zu Boden zwängt und ich auf die Knie sacke. Der Knall hinterlässt nichts weiter als ein Piepen in meinen Ohren, das die Beileidsbekundungen der Polizisten übertönt.

Ein Feuerwerk kann bewundernswert sein, malerisch. Doch schätzt man das Dynamit falsch ein, kann die Explosion ein ganzes Leben in Schutt und Asche verwandeln. Diese Explosion, getarnt in einem wunderschönen Mantel aus Vollkommenheit, hatte es auf mein Leben abgesehen.

10

ZACK

Zack: Hey. Ich kann nicht glauben, dass morgen schon die Beerdigung stattfindet. Brauchst du etwas? Jemanden? Deine Tante Karen war gestern bei uns, um mit Fiona über das Essen zu sprechen. Wie absurd, oder? Wieso wird von Trauernden erwartet, sich schon wenige Tage später um etwas so Belangloses wie Essen zu kümmern? Ich möchte nicht zu viel für dich sein. Gleichzeitig habe ich das Gefühl, nicht genug zu tun. Melde dich einfach, wenn du jemanden brauchst, okay? Wir müssen auch nicht reden. Ich kann einfach nur bei dir sein.

Zack: Mom hat erzählt, dass du gestern mit Karen abgereist bist. Hat sie damit recht? Ist dein Aufenthalt in New York begrenzt oder … oder werde ich dich nicht mehr wiedersehen?

Das Versenden der Nachricht ist fehlgeschlagen. Bei Fragen kontaktieren Sie Ihren Anbieter.

Zack: Nelly??

Das Versenden der Nachricht ist fehlgeschlagen. Bei Fragen kontaktieren Sie Ihren Anbieter.

TEIL ZWEI

Once upon a time I was falling in love
But now I'm only falling apart
There's nothing I can do
A total eclipse of the heart

Bonnie Tyler – Total Eclipse of the Heart

II

5 JAHRE SPÄTER

NELLY

Blinzelnd öffne ich die Augen. Für einen Moment stecke ich in der Schwebe zwischen Traum- und Wachzustand fest. Benebelt von der Müdigkeit, die über all die bösen Erinnerungen einen Filter legt.

Nicht einmal zwei Minuten führe ich ein Leben, das sich an den Unfall vor fast fünf Jahren nicht erinnern kann.

Doch die Erkenntnis lässt nicht lange auf sich warten. Die dunklen Puzzleteile prasseln auf mich ein wie der Regen auf das Dachfenster über meinem Bett. Der dumpfe Schmerz in meiner Brust ist gleich zur Stelle, begrüßt mich mit einem bittersüßen *Guten Morgen*. Benommen kneife ich die Augen wieder zu, atme gegen das Gefühl von Bedeutungslosigkeit und überwältigender Trauer an.

Das Scheppern von Beccas Zimmertür kämpft sich durch die Papierwände meines zwanzig Quadratmeter großen Schlafzimmers. Ihre darauffolgenden Worte sind nichts weiter als ein erschöpftes Wimmern, aber laut genug, um mir den Grund für ihre Traurigkeit zu übermitteln. Ich brumme in mein Kissen, rolle mich zur Seite. Ein Blick auf meinen analogen Wecker zeigt mir, dass wir erst sieben Uhr morgens haben. Aber diese Uhrzeit ist für meine Mitbewohnerin und ihren Freund Austin kein Hindernis. Nicht für lauten Sex, nicht für Geklapper in der Küche und auch nicht für ihre kleinen Streitereien. Seufzend streife ich die Decke von mir und steige aus dem Bett. Fast bin ich Becca dankbar, da sie mich aus diesem Sog aus grauen Gefühlen herausgezogen hat, ohne überhaupt davon zu wissen. Meine Mitbewohnerin hat keine Ahnung, wie sich die erste halbe Stunde nach dem Aufwachen für mich anfühlt. Dass ich mit mir kämpfe, aus diesem Zustand herauszufinden, um überhaupt aus dem Bett zu steigen. Sie ist gerade dabei, sich schluchzend auf unser türkisfarbenes Ecksofa niederzulassen, als ich mit geschwollenen Lidern den Wohnbereich betrete.

»Was hat er getan?« Meine Stimme ist noch rau von der Nacht und rau von der Trauer, die ich Tag für Tag trocken herunterschlucke. Sie ist wie Schmirgelpapier. Zerstört mich von innen.

»Die Frage ist eher, was *ich* getan habe.« Ihre Worte ertrinken in einer Welle neuer Tränen, die ihren Mund füllen.

Ich laufe auf das Sofa zu und setze mich neben sie, da mein Kreislauf so viele Informationen am Morgen nicht mitmacht. Sammy richtet sein Köpfchen, schüttelt sich und kommt zu mir herübergetappt, um sich seine morgendliche Streicheleinheit abzuholen. Das erste halbe Jahr nach Beccas Einzug habe ich mich wirklich darum bemüht, ihm beizubringen, dass er sich von ihren mitgebrachten Möbelstücken fernhält. Mittlerweile ist der türkisfarbene Stoff jedoch zu etwas wie Sammys Eigentum geworden, weswegen er sich zu uns auf die Couch gesellt, als wäre er unser dritter Mitbewohner.

»Worum ging es denn?«

»Na ja, er wollte gestern Abend eigentlich noch herkommen, aber irgendwann hat er sich nicht mehr zurückgemeldet. Ich habe dann auf einem Bild von Ben gesehen, dass er bei ihm am Zocken ist.« Eine Sekunde mischt sich ein Funken Ärger unter ihren Kummer. »Ich war total sauer und habe ihm an den Kopf geworfen, dass ich ihm nicht wichtig genug bin. Wer versetzt seine Freundin für eine Playstation?« Sie wendet sich mir Bestätigung suchend zu. »Dann habe ich mein Handy ausgeschaltet und mich schlafen gelegt. Heute Morgen habe ich gesehen, dass er mich fast zwanzigmal angerufen hat. Ich habe ihn einfach ignoriert, und er hat mit Sicherheit die ganze Nacht nicht geschlafen. Dabei hat er doch heute seinen Vortrag bei Professor Benett, verstehst du?«

Sammy schnauft müde und lässt seinen Kopf in meinen Schoß fallen. Eine bestätigende Reaktion seinerseits.

Ich tätschele Beccas bebende Schultern und greife nach meinem Handy. In der Regel werde auch ich mit Anrufen und Textnachrichten von Austin überschüttet, sobald Becca ihre Benachrichtigungen auf stumm schaltet. Sosehr ich die beiden liebe, ein Pärchen seine besten Freunde zu nennen, hat nicht immer bloß Vorteile.

Tatsächlich entdecke ich neben fünf verpassten Anrufen auch drei Mitteilungen in unserem Chat.

Ist Becca noch wach? Kann ich vorbeikommen?

Sie ist total enttäuscht von mir. Wenn ich nicht wüsste, dass ich euch wecken könnte, wäre ich längst vor eurer Tür

Falls sie nicht mit mir reden will, sagst du ihr, dass es mir leidtut? Ich habe die Zeit vergessen.

Ein Seufzen verlässt meinen Mund, als ich den Bildschirm sperre und meine Arme um den eingefallenen Körper meiner Mitbewohnerin lege. »Es tut ihm leid.«

»Mir auch«, erwidert sie und streicht sich die Tränen von den Wangen. Ein Lächeln stiehlt sich um meine Mundwinkel. Schon eine einzige Meinungsverschiedenheit reicht aus, um in Becca und Austin sämtliche Gefühlslagen ans Tageslicht zu bringen. Ich wünschte, ich könnte ihnen klarmachen, dass nicht mal eine Explosion ihr Band lösen kann. Liebe wie diese ist eine Seltenheit und genau das, worauf manch einer sein Leben lang hinarbeitet.

»Ich würde am liebsten sofort zu ihm. Aber Mrs Evans hat die Seminare auf heute Morgen verschoben.«

»Ich habe mich schon gewundert, warum du um sieben Uhr morgens in deiner Uniform steckst.« Um meine Worte zu unterstreichen, zupfe ich an dem Kragen ihres weißen Hemdes. Die Uniform der Averston University besteht aus einem dunkelblauen, knielangen Rock, einer weißen Bluse mit dem Siegel der Hochschule und einem grauen Blazer. Unsere Universität ist eine der wenigen Irlands, die auf eine Uniformierung besteht. Etwas, das Becca nur unter Protest akzeptieren konnte. ›Wie kann man eine Modestudentin dazu zwingen, jeden Tag das gleiche Outfit zu tragen?‹, zischte sie einmal wütend, als ihre Petition an der konservativen Dekanin scheiterte. Heute hat sie ihr Outfit mit einer goldenen Statement-Kette gepimpt, die auf ihrer Haut zwischen der aufgeknöpften Bluse leuchtet. Vor drei Tagen war es ein Choker mit silbernen Edelsteinen, letzte Woche ein rotgemustertes Bandana. Auf die rote Krawatte verzichtet sie seit einem halben Jahr gänzlich. Dass sie mit diesen Veränderungen seit zwei Semestern durchkommt, grenzt an ein Wunder.

Sie zuckt die Schultern und streicht sich die Hundehaare vom Rock. »Ich muss jetzt los, sonst drehe ich durch.«

Als sie sich aufrichtet, versuche ich die aufkeimende Enttäuschung herunterzuschlucken. Normalerweise verbringen wir den Montagmorgen am großen Esstisch, um unsere Vorlesungen nachzuarbeiten und vor Beginn unserer Seminare eine Runde mit Sammy zu gehen.

»Dann muss ich wohl oder übel alleine mit Sammy losziehen. Bin mir nicht sicher, ob er dir verzeihen wird.«

Mit einem traurigen Lächeln beugt sich Becca zu meinem mittlerweile nicht mehr ganz so kleinen Wegbegleiter hinunter und krault ihm die weiß-gekräuselten Ohren. »Er wird mir verzeihen, weil ich meinen Bacon mit ihm teile. Da bin ich die bessere Hunde-Mom.« Seine Bestätigung ist ein Schlecken ihrer Finger, ehe sie nach ihrer Tasche greift und die letzten Unterlagen für den Vormittag verstaut. »Heute Abend Pizza?«

»Steht in meinem Kalender«, bestätige ich. »Was ist mit Austin?«

Ich erhalte nur ein trübes Schnauben, gleich darauf ruft sie »Wir sehen uns« und verschwindet durch die Haustür unserer gemeinsamen Dachgeschosswohnung. Seufzend ziehe ich die Beine an meinen Körper und lege das Kinn auf den Knien ab. Der Drang, einfach sitzen zu bleiben, bis die Uhrzeit mich zwingt, mich für die Seminare vorzubereiten, ist mächtig. Doch Sammys Hecheln und sein aufgedrehtes Umhergetappe halten mich davon ab, ihm nachzugehen. Ich suche Leine und Leckerlis zusammen, statte mich mit einem braunen Herbstmantel und Halstuch aus, ehe auch ich unseren Wohnblock verlasse.

Die Straßen Averstons sind ein Kunstwerk aus Orange und Rot. Das Mehrfamilienhaus aus braunem Klinker, in dem ich seit knapp drei Jahren lebe, ist umhüllt von rotgefärbtem Efeu. Auch wenn unser Wohnblock weiß Gott nichts Besonderes darstellt, sticht er mit seinem dunklen Gestein zwischen all den Reihenhäusern, die sich kaum voneinander unterscheiden, heraus.

Die Farben des Oktobers breiten sich auf den Straßen aus, und ich beobachte, wie meine Ankle Boots durch die Blätterhaufen streifen.

Während der Wind die Äste zum Wiegen bringt, blenden die ersten Sonnenstrahlen meine Augen. Wie jedes Mal, wenn die behutsame Wärme meine Haut küsst, stelle ich mir vor, dass einer von ihnen mir ›Das wird schon wieder‹ zuflüstert. Wie damals, wenn Mom ein Pflaster auf meine Wunde geklebt und die Heilung mit einem Kuss besiegelt hat. *Das wird schon wieder*. Damit sagte sie stets die Wahrheit. Die Wunden waren verheilt. Manchmal dauerte es zwar länger, wenn die Ungeduld mich dazu trieb, den Schorf abzuknibbeln, aber die Tränen waren schnell getrocknet, der Schmerz verging. Zurück blieb meistens nicht einmal eine Narbe.

Heute besitzt mein Herz eine Million davon. Narben, die nie

verheilen wollen, sooft meine Therapeutin, meine Tante und auch ich es mir eingeredet haben.

Wir drehen unsere Runde durch den Park und kreuzen den Weg einiger Morgensportler, die Sammy leider zu gern beschnuppert. Die von Birken umrundete Allee unter der langsam aufsteigenden Sonne ist ein Anblick, wie aus dem Bilderbuch entsprungen. Aus der Ferne sehe ich Averstons grünes Bergland und die Spitze der verlassenen Burg, von der nicht mehr als der Turm von dem Wetterwechsel der letzten fünfhundert Jahre übriggelassen wurde. An manchen Tagen erinnern mich die entfernten Umrisse des Gemäuers an das *Burley*-Hotel und wie sehr mich dessen Anblick umgehauen hat, als ich noch in Greglon lebte.

Da ich weiß, dass mich in der Wohnung nur der Duft von Beccas unzähligen Kerzen und eine beengende Stille erwarten, werfe ich Sammy Stöckchen, bis dem armen Kerl vor Anstrengung die Zunge aus dem Maul hängt.

Als ich wieder in der Wohnung ankomme, bleibt mir noch eine gute halbe Stunde, um meine Unterlagen zusammenzulegen und die letzten Notizen der Didaktik-Vorlesung zu überfliegen, sollte es Mr Reagan wie so häufig nicht allzu gütig mit mir meinen.

In der Garage unseres Wohnhauses entwirre ich mein Fahrrad, das sich in der Mitte von mindestens zwanzig Studentenrädern befindet. Ächzend befreie ich meinen treuen Gefährten, wodurch drei andere Räder zur Seite kippen und mit einem lauten Scheppern auf dem Boden aufkommen.

»Verdammt«, zische ich genervt und ziehe meinen Fuß unter einer Pedale hervor.

»Kann man Ihnen helfen, junge Frau?«, ertönt eine Stimme hinter meinem Rücken. Austins neckendes Grinsen hat sich in seinem Ton verankert. Dass ihm nach letzter Nacht wieder zum Lachen zumute ist, deute ich als gutes Zeichen.

»Mir kann man nicht helfen. Nicht mein Tag.« *Nicht mein Tag, nicht mein Jahr.* Hatte es je anders ausgesehen?

»Was? Deiner auch nicht?« Austin beugt sich hinunter und gliedert die Räder zurück in eine Reihe ein. »Becca wäre mir gestern

Nacht fast durchs Handy an die Gurgel gegangen. Ehrlich, ich habe nur darauf gewartet, dass ihre Hände aus meinem Display stoßen.«

Ich kichere leise. »Davon hab ich gehört.«

Austin verzieht das Gesicht und klopft sich die Hände ab. Der Dreck des Herbstes, der sich unter den Reifen befindet, klebt an seinen Fingern.

»Becca ist schon los, Mrs Evans hat die Nachmittagsvorlesungen auf heute Morgen verschoben.«

Ich schiebe mein Fahrrad aus der Garage und lege meine Tasche, in der sich nicht nur mein Laptop, sondern auch meine Bücher befinden, in den Korb am Lenkrad. Austin zuckt die Schultern. »Schon okay, ich warte. Lässt du mir eure Schlüssel da?«

»Du willst echt bis heute Nachmittag warten? Hast du keine Vorlesungen?«, frage ich, während ich nach meinem Schlüsselbund krame.

»Doch, aber ich werde mich sowieso nicht konzentrieren können, wenn Becca mich ignoriert.«

Einen kurzen Moment lasse ich meinen Blick über Austin gleiten, dessen eingefallene Schultern ihn aussehen lassen wie Sammy, wenn er nichts von meinem Lunch abbekommt. Sein Anblick bringt mich fast dazu, die Didaktik-Vorlesung sausen zu lassen und ihm oben eine heiße Schokolade anzurühren, so wie an den vielen anderen Tagen, wenn die beiden im Streit auseinandergegangen sind. Stattdessen reiche ich ihm unsere Schlüssel und sage: »Der Kakao ist im obersten Regal. Du weißt, was zu tun ist.«

Austins Mundwinkel heben sich. »Du bist die Beste, El.«

»Ich weiß!«, rufe ich ihm über die Schulter zu, als ich mich aufs Fahrrad schwinge und den vertrauten Weg zum Campus radele.

12

ZACK

»UND DU WILLST SICHER NICHT, dass ich vorbeikomme? Ich könnte mir freinehmen, und wir läuten dein neues Leben mit ein paar Bier ein. Averston soll einige gute Pubs haben.« Stevens Stimme dröhnt aus dem Handy auf meinem Beifahrersitz. Dessen Stoff dämpft seine Stimme, doch anders als mein Range Rover ist mein neuer gebrauchter Golf 4 mit keiner Freisprechanlage ausgestattet. Genauso wenig wie mit allen anderen Extras, die in den Luxuswagen meiner Eltern vorhanden waren.

»Das machen wir, sobald ich mich eingelebt habe. Ich habe die Einführungswoche schon verpasst, morgen beginnen die ersten Regelkurse. Da muss ich fit sein.«

Als ich in Averstons Innenstadt einfahre, verlangsame ich das Tempo, um meinen Blick über mein neues Zuhause streifen zu lassen. Die Reihenhäuser sind bunt und von LGBTQ- und Guinness-Fahnen gezeichnet. Zwei Logos, die Averston schon in wenigen Minuten mit Sympathie untermalen.

Die letzte Stadt, die ich auf meinem Weg hierher durchquert habe, ist bestimmt zwanzig Minuten entfernt, was mir erneut in Erinnerung ruft, welch abgelegene Universität ich auserkoren habe.

Doch alles an den urigen Gebäuden, den kleinen Cafés, deren verschnörkelte Tische sich auf den unebenen Pflastersteinen verteilen, macht einen einladenden Eindruck. Zum Glück. Schließlich werde ich hier die nächsten Jahre meines Lebens verbringen.

Vielleicht ist Averston dein Ort. Ich schüttele den Kopf, als könnte ich ihre Stimme somit loswerden. Als wüsste ich nicht längst, dass sie in meinem Gedächtnis festgekettet ist, auch wenn der Rest von ihr verschwunden ist.

»Tu nicht so, als wärst du bei einem deiner Wirtschaftskurse je fit gewesen.« Sein Lachen ist höhnisch.

Mit einem Augenrollen schüttele ich den Kopf. »Das hier ist etwas anderes.«

Das hier. Das Leben, von dem ich geträumt habe, seit ich denken kann. Frei und unabhängig von meinen Eltern, ihrem Vermögen, auf dem Weg zu einer Universität, die mir die Türen für meine Zukunft in der Filmbranche öffnen wird.

»Schon gut. Du meldest dich, wenn du es dir anders überlegst, ja? Ich muss dringend hier raus. Mom geht in ihrer Mutterrolle total auf, seit ich wieder eingezogen bin.«

»Dabei war ich doch immer ihr Lieblingssohn«, erwidere ich neckend und erblicke das Straßenschild, das den Weg zum Campus mit einem dicken Pfeil nach rechts kennzeichnet.

»Bist du, wirst du auch immer sein. Wenn du dieses Weihnachten wieder bei uns –«

»Schon gut«, unterbreche ich ihn. »Bis Dezember ist noch einiges an Zeit.«

An seinem plötzlichen Schweigen merke ich, dass er sich des unpassenden Themas bewusst ist. »Okay. Melde dich einfach, ja? Ich muss jetzt Darren helfen. Er und Saoirse ziehen heute in die Wohnung neben der Bäckerei.«

Ich lächele. Dass Stevens Bruder so schnell die Frau findet, die ihn auf den Boden holt und sogar dazu bringt, die Leitung der Bäckerei zu übernehmen, hat keiner von uns erwartet. »Das freut mich für die beiden.«

»Mich auch. Mach's gut!«

Das Telefonat beendet sich mit einem Tuten, als ich den Wagen auf den Campusparkplatz lenke. Als die Zusage bei mir einging, habe ich mir bereits einige Bilder der Universität angeschaut. Sie ist wie die meisten Bildungsstätten in Irland alt, neunzehnhundertelf erbaut. Der rote Backstein harmoniert mit den Herbstfarben, die die Bäume auf ihren Köpfen tragen. Vom Parkplatz aus habe ich fast das gesamte Gelände im Blick. Die Universität ist auf wenige Studiengänge spezialisiert. Bildungswesen, Psychologie und Medizin und den kreativen Zweig. Wenige Fachbereiche, wenige Gebäude. Ganz im Gegensatz zur Oxford University, deren gesamten Campus ich bis heute nicht kenne. Was allerdings auch daher rührt, dass ich mich wenig für das Unileben interessiert habe.

Während ich mich nach dem Wohnheim umblicke, das angeblich direkt neben den Lehrgebäuden anliegen soll, atme ich tief gegen den überwältigenden Schwindel an. Für manch anderen mag diese namenlose Universität etwas wie einen Rückschritt darstellen. Für mich hingegen ist sie der Weg zu alldem, was ich mir vom Leben erhoffe. Grinsend greife ich meine beiden Koffer, in denen sich nicht mehr als Kleidung, Hygieneartikel und meine Kameraausstattung befinden, und schließe den Wagen ab. Es dauert gut zehn Minuten, bis ich das Wohnheim aus der Ferne erblicke. Es ist passend zur Universität mäßig modern. Der beige Putz blättert an einigen Stellen ab, und das Holz der Eingangstür ist von der Sonne ausgeblichen. Das Foyer hingegen scheint frisch renoviert worden zu sein. Der grünliche Linoleumboden ist zwar alles andere als ansehnlich, aber die Wände sind von bunten Graffitis geschmückt und hübschen die Fassade auf. Überall stehen kleine Sofas, auf denen es sich einige Studierende mit Büchern bequem machen. Andere versammeln sich um die Billardtische und Tischtennisplatten.

Die Empfangsdame – eine alte Frau, deren Brille dem verkrampften Gesichtsausdruck nach zu urteilen nicht mehr ausreicht – trägt meine Ankunft ein und schiebt mir alle Unterlagen für mein neues Zimmer herüber. Die ersten drei Monate habe ich bereits von meinem Ersparten bezahlt. Demnächst werde ich mir allerdings einen Job suchen müssen, um nicht auf das angelegte Geld meiner Eltern angewiesen zu sein.

Die Flure des Wohnheimes sind vergilbt, der Teppich an manchen Stellen ausgeblichen oder mit Flecken übersät. Studenten strömen aus ihren Zimmern und beachten mich und mein Gepäck nicht einmal, so sehr sind sie in ihre Gespräche oder ihr Handy vertieft. Ein weiteres Mal blicke ich auf die Schlüsselnummer. *Zimmer dreihundertvierzehn.* Das vierzehnte Zimmer auf der dritten Etage. Oder auch: dreihundertvierzehn, das Label meines neuen Lebens.

Da ich keine Ahnung habe, ob mein Mitbewohner auf mein Erscheinen vorbereitet ist, klopfe ich an die Tür, bevor ich eintrete. Das Zimmer ist klein, vom Eingang aus vollständig einsehbar. Zwei Betten stehen an der rechten und der linken Wand. Dazwischen die Schreibtische, deren Rücken einander berühren. Wären an den Wänden der rechten Hälfte keine persönlichen Fotos, hätte ich vermutet, dass mein Mitbewohner selbst noch nicht angereist ist. Der Raum ist von Chaos befreit, die Ablagen wirken sauber und staubfrei.

Ich lasse meine Koffer mitten im Zimmer stehen, was dazu führt, dass der Teppich schon fast vollständig bedeckt ist. Dann falle ich rücklings auf das Bett, das noch nicht mit Bettwäsche überzogen ist, und schrecke nur wenige Sekunden später wieder auf. Wie viele Studenten hier vor mir drin geschlafen, gegessen und … andere Aktivitäten unternommen haben? Ich erspare mir die Suche nach Flecken und beziehe das Bett mit einem Laken. Für einen Moment lege ich mich auf den grauen Stoff und strecke die Beine aus. Die Fahrt war anstrengend, auch wenn die Teilstrecke an der Küste des Landes atemberaubend schön gewesen ist. Viel zu oft sind meine Gedanken nach Hause geschweift. Zu William, meiner Mutter, dem Hotel. Und nicht zuletzt zu dem enttäuschten Ausdruck in ihren Gesichtern. Geprägt von Wut, von Unverständnis.

Ich habe mich nicht erklärt. Es hätte nichts genützt. Schlussendlich wird es die Mobilbox unseres Haustelefons sein, die meinen Eltern verkündet, dass ich das Business-Management-Studium endgültig in den Sand gesetzt habe. Als ich vor zwei Wochen die Zähne zusammengebissen und ihre Nummer gewählt habe, hätte ich die Welt dafür umarmen können, dass sie den Hörer nicht abgenommen haben.

Es tut mir leid. Ich kann nicht.

Kann mich nicht selbst belügen. Kann euch diese Geschichte nicht weiter vorspielen. Vier Jahre eine Fassade aufrechtzuerhalten, mit vollem Einsatz einen Bereich zu erlernen, der mich nie interessierte, hat mich wahnsinnig viel Schlaf gekostet. Nächtelang habe ich an die Decke gestarrt, während das Licht meines Laptops mir ins Gesicht strahlte. Auf dessen Desktop der bereits ausgefüllte Exmatrikulationsantrag. Und doch habe ich ihn nie abgesendet. Bis vor zwei Monaten.

Fast automatisch ziehe ich mein Handy aus der Hosentasche und aktualisiere die Webseite des *Burley*-Hotels. Die letzte Schlagzeile unter der Rubrik *Neuigkeiten* ist das jährliche Sommerfest vor vier Monaten. Keine Neuankündigung einer weiteren Filiale. Seit fünf Jahren nicht. Seit …

Nein. Ich wage es nicht, diesen Gedanken zu Ende zu führen. Auch dieser hat mich bereits meinen Schlaf, und wenn man so will, meinen Verstand gekostet.

Seufzend schleudere ich mein Handy auf die andere Seite des Bettes und verfluche mich innerlich dafür, die Webseite des Grauens aufgerufen zu haben. *Warum stört es dich, dass sie enttäuscht von dir sind?*

Kopfschüttelnd krame ich die restliche Bettwäsche hervor. Als ich mir das Kissen vorknöpfe, öffnet sich die Tür mit einem kreischenden Ton. Mein Mitbewohner. Hoffentlich mache ich mit dem Chaos, das ich in nur wenigen Minuten hier angerichtet habe, nicht gleich einen miesen Eindruck. Schließlich werde ich mit diesem Menschen demnächst auf engstem Raum zusammenleben. Möglicherweise werde ich sein Schnarchen ertragen müssen oder seine unzähligen Wecker, weil er morgens nicht aus dem Bett kommt. All das waren Dinge, um die ich mich in England nie kümmern musste. Die Wohnung, die William mir als Unterstützung für mein Studium finanziert hat, war groß genug für vier Mitbewohner. Dabei gehörten der Wohnbereich, die Küche, die zwei Bäder alleine mir. Warum ein allein lebender Student genau zwei Toiletten benötigte, konnte ich mir nie erklären. Aber ich habe es hingenommen, wie so ziemlich alles von William, um dieses Studium auch nur irgendwie angenehmer zu gestalten. Doch auch das hat nicht ausgereicht. Wieder ein gutes Beweisstück, dass Geld Glück nicht ersetzt. Nicht einmal annähernd.

Ich richte mich auf, setze ein freundliches Lächeln auf und öffne den Mund. Doch die Worte bleiben mir im Hals hängen, als die zierliche Person sich auf dem gegenüberliegenden Bett niederlässt. Sie ist gekleidet in die Uniform der Hochschule, von der ich ebenfalls fünf Garnituren in die Hand gedrückt bekommen habe. Jedoch sehen die Blau- und Grautöne durch den Schmuck, der ihren Hals und ihre Ohren bedeckt, fast wie ein neuer Modetrend aus. Ihre schwarzen Locken trägt das Mädchen in einem lockeren Knoten, und der Blick ihrer Katzenaugen geht starr auf den graumelierten Teppich. Habe ich mich etwa im Zimmer geirrt? Aber dann würde sie mich anschreien und aus ihrem Reich verbannen, oder? Einen Moment bin ich mir nicht sicher, ob sie mich überhaupt registriert hat. Wobei das bei meinen verstreuten Klamotten ein Akt der Unmöglichkeit wäre.

Ein unbeholfenes Räuspern verlässt meinen Mund. Langsam richte ich mich auf und krempele verlegen die Ärmel meines dunkelgrünen Flanellhemds bis zu den Ellbogen. »Hey, ich bin Zack.« Meine plötzlichen Bewegungen scheinen sie aus ihrer Trance zu reißen. Etwas benommen blickt sie auf meine Finger, die bereit sind, ihr die Hand zu reichen. Erst jetzt fällt mir auf, dass ihre Augen mit Tränen gefüllt sind. Als sie blinzelt, löst sich eine aus ihren Wimpern und rollt ihren Nasenflügel entlang. »Bist du okay?«

Endlich schaut sie mich direkt an. »Ist Austin da?«

»Austin?«, wiederhole ich mit gerunzelter Stirn.

Sie nickt vorsichtig. »Er wohnt hier.«

Ich versuche mein erleichtertes Lächeln zu unterdrücken. Nicht, dass ich etwas gegen dieses Mädchen habe, zumal ich das nach den drei Worten nicht einmal beurteilen könnte, doch ein Zimmerwechsel aufgrund eines Irrtums wäre das Letzte gewesen, wonach ich mich nach meiner Reise sehne.

»Ich habe ihn noch nicht kennengelernt, also … keine Ahnung.«

Sie verzieht den Mund zu einer traurigen Miene. »Hast du ein Problem damit, wenn ich hier auf ihn warte?«

Beklommen schüttele ich den Kopf. »Wenn es dich nicht stört, dass ich meine Sachen auspacke?«

Ein vorsichtiges Lächeln tritt in ihr Gesicht. »*Ich* bin der Eindringling hier. Du kannst tun und lassen, was du möchtest.«

Womit sie recht hat. Daher verbringe ich die nächste halbe Stunde damit, meinen Kram unterzukriegen und mich nicht von der neugierigen Musterung des Mädchens irritieren zu lassen. Immer wieder verlässt ein Schniefen ihren Mund, als würde sie die Tränen nur schwer zurückhalten können. Ich erwische mich mehr als einmal dabei, ihr ein Taschentuch anbieten zu wollen, doch die befinden sich irgendwo in den Abgründen meines Reiserucksacks.

Erst als ich die Klarsichtfolie herauskrame, in der ich die Andenken meiner Skateboards aufbewahre, fängt sie an zu reden: »Du nimmst Müll mit? Sag nicht, du bist so jemand, der in jeder Kleinigkeit noch einen Nutzen findet. Unser Nachbar in Dublin hat das getan. Der musste später aus seinem Haus ausziehen, weil kein Platz mehr für ihn dort war.«

Mit erhobenen Augenbrauen drehe ich mich zu dem Mädchen um. »Das … ist schräg. Aber nein, das sind Teile von Skateboards, die ich mal zerstört habe. Es waren ziemlich viele. Irgendwie hängt da meine Kindheit dran.« *Die einzig schöne Erinnerung.* »Du kannst deinem Freund Entwarnung geben, ich werde unser Zimmer nicht zumüllen.«

»Wie kommst du darauf, dass Austin mein Freund ist?« Ihr Ton ist skeptisch.

»Ist er das denn nicht?«

Ihre Lippen stocken in ihrer Bewegung. Offenbar wurde sie von meiner Gegenfrage aus der Bahn geworfen. »Doch, ist er«, erwidert sie dann leise. »Zumindest hoffe ich, dass er das noch ist. Es würde mich nicht wundern, wenn er seine Meinung geändert hat.«

Okay. Das war verdammt persönlich. Sie weiter einsam auf meinen Mitbewohner warten zu lassen, steht nicht mehr zur Debatte. Sie möchte darüber reden. Also lasse ich mich auf den harten Holzstuhl vor seinem Schreibtisch nieder und werfe ihr einen abwartenden Blick zu. »Ihr habt euch gestritten?«

Sie zuckt die Schultern, während ihre Finger sich gegenseitig kneten. »Irgendwie schon, aber … ich habe überreagiert.« Ihr Mund verzieht sich traurig. »Er hat mich versetzt, und das habe ich ihm wirklich übel genommen. Dabei habe ich vergessen, dass er heute Nachmittag einen Vortrag bei diesem grantigen Professor hat. Deswegen hat er schon seit Tagen Bauchschmerzen. Ich habe diesen Streit provoziert, obwohl er so viele andere Sorgen hat.«

Das Mädchen, dessen Namen ich absurderweise immer noch nicht kenne, schnieft erschöpft.

»Ich bin mir sicher, dass es bessere Gründe gibt, um seine Beziehung zu überdenken. Schließlich hast du ihn nicht betrogen.« Ihr Kopf schießt in die Höhe, weswegen ich ein »Hoffe ich zumindest« hinterherschiebe.

Sie reißt die Augen auf. »Natürlich nicht. Wir sind seit der achten Klasse zusammen. Ich kenne kein Leben ohne Austin und möchte es auch gar nicht.«

»Seit der achten Klasse? Das klingt nach einer halben Ewigkeit.«

»Kann man so sagen.« Keine Ahnung, welchen wunden Punkt ich damit getroffen habe, doch ihr Gesicht verzieht sich erneut. Unsicher blicke ich mich im Raum um, während ich vorsichtig ihre Schulter tätschele. Oh Mann, was Beziehungsprobleme angeht, bin ich absolut der falsche Ansprechpartner.

Was daran liegen kann, dass das einzige Mädchen, für das ich je wahre Gefühle empfunden habe, aus meinem Leben verschwunden ist, als ich noch ein Teenager war. Jetzt, fünf Jahre später, hat mein dreiundzwanzigjähriges Herz ihren Verlust noch immer nicht überwunden. Auch wenn ich seitdem nichts mehr von ihr zu sehen bekommen habe. Keine Einträge in den sozialen Medien, keine Fotos. Sie hat sich aus meinem Leben gelöscht, als hätte sie in der Nacht mit im Auto gesessen.

Mein Herz verkrampft sich, als ich mir diesen Gedanken vor Augen führe. *Beruhig dich, Zack, sie lebt. Irgendwo, nur eben ohne dich.*

»Becca?«, ertönt es von der Tür aus. Ich blicke auf und entdecke einen großen Kerl gekleidet in ein weißes Poloshirt und eine enge Jeans. Seine Haare sind eine Mischung aus Blond und Rot. Das fremde Mädchen mit dem Namen Becca springt auf die Füße und wischt sich die Tränen aus dem Gesicht. »Was machst du denn hier?«

Sie blickt schüchtern zu Boden. »Ich wollte mich entschuldigen, aber du warst nicht da.«

»Ich war bei dir zu Hause und habe darauf gewartet, dass du aus der Uni kommst.«

Ein versöhnliches Lächeln stiehlt sich auf ihre Lippen. »Ehrlich?«

Mein Mitbewohner nickt. »El hat mich angerufen und erzählt, dass du hier bist. Ich hätte vermutlich den ganzen Tag gewartet.«

Diese Worte scheinen Becca so zu berühren, dass sie auf Austin losrennt und ihm die Arme um den Hals schlingt.

»Es tut mir so leid«, murrt sie an seine Brust.

»Mir auch, Süße.« Ich fummele unbeholfen an meinem Lederarmband herum, weil ich keinen Weg finde, mich aus dieser Situation zu retten. Privatsphäre wird in diesem Zimmer offenbar nicht mehr existieren. Zumindest scheint es Austin absolut nichts auszumachen, dass ich ihr gesamtes Beziehungsdrama mitbekomme, bevor er überhaupt meinen Namen kennt.

Gerade besiegeln sie ihre Versöhnung mit einem leidenschaftlichen Kuss, bei dem die Kamera in Hollywoodstreifen weggeschwenkt wäre, um den Film auch für jüngere Zuschauer freigeben zu können.

»Oh, hey!«, ruft Austin irgendwann, sodass ich mich zu ihm umdrehe. »Sorry, Mann, wenn Becca im Raum ist, gehört meine gesamte Aufmerksamkeit ihr.« Er geht auf mich zu und reicht mir die Hand. »Ich bin Austin. Ich denke, Becca hat schon von mir erzählt.«

»Nur Gutes«, erwidere ich mit einem Grinsen und bemerke, wie Becca mahnend die Augen weitet. »Zack.«

»Kann ich mir vorstellen.« Er entblößt seine weißen Zähne, und schlagartig habe ich eine Idee davon, was für ein Pärchen die beiden in der Schule gewesen sein müssen. Mit Sicherheit waren sie der Hingucker auf dem Abschlussball.

»Du siehst nicht aus wie ein Erstsemester«, stellt Austin fest.

»Wenn man es genau nimmt, bin ich das auch nicht. Ich habe sieben Semester in Oxford studiert.«

»Oxford?«, wiederholt Becca aufgebracht. »Was machst du dann bitte in einer der unbedeutendsten Hochschulen Irlands?«

So etwas wie ein neues Leben beginnen? »Ich habe mein Fach gewechselt. Averston war eine der ersten Universitäten, von denen ich eine Zusage erhielt. Ich habe meinen besten Freund auswählen lassen. Schlussendlich war es mir egal, wo ich hinkomme.«

Das ist nicht einmal gelogen. Ich habe meine Bewerbung an jede Universität des Vereinigten Königreichs und Irlands gesendet und konnte mich bereits nach drei Wochen zwischen fünf Universitäten entscheiden. Dabei habe ich inständig gebetet, dass mein Nachname keine Rolle gespielt hat. Averston gehörte zu den Städten, die mir trotz Irlands überschaubarer Fläche noch nie etwas gesagt haben. Was für andere ein Ausschlusskriterium gewesen wäre, war für mich Grund, meinen Immatrikulationsbescheid an die Zulassungsstelle zu senden. Auch wenn Stevens Argumentation, dass die Hochschule bekannt für ihren kreativen Bildungszweig sein soll, nicht unbeteiligt an meiner Entscheidungsfindung war. Ich vermute allerdings, dass seine Wahl auf die geringe Entfernung zu Greglon zurückzuführen ist.

»Was studierst du jetzt?«

»Film und Regie«, erwidere ich, darum bemüht, das stolze Lächeln nicht arrogant wirken zu lassen.

»Hey, das klingt cool. Die Dozenten sollen ziemlich entspannt sein. Was man von denen im Education-Bereich nicht behaupten kann.« Austin kratzt sich den Hinterkopf. »Wenn du willst, können wir dir den Campus zeigen.«

»Was ist mit deinem Vortrag bei Mr Benett?«, fragt Becca.

»Verdammt«, zischt er. »Den habe ich ganz vergessen.« Mit einem Mal nimmt seine Gesichtsfarbe ein dunkles Rot an. Beccas Behauptung, er wäre schon seit Tagen von Bauchschmerzen geplagt, war wohl nicht übertrieben.

»Okay, ich bringe jetzt diesen bescheuerten Vortrag hinter mich und bete, dass der Kerl mich nicht umbringt, weil ich wieder einmal nur stottern werde. Danach können wir … was essen gehen? Oder trinken? Bowlen? Such dir was aus.«

»Ich bin heute Abend mit meiner Mitbewohnerin verabredet. Wir wollen Pizza machen. Sie hat sicher kein Problem damit, wenn ihr auch kommt.«

Austin wirft mir einen fragenden Blick zu, den ich mit einem Schulterzucken beantworte. »Wenn das in Ordnung ist, gern.«

Beccas Gesichtsausdruck wird warm und herzlich. Sie zieht ihr Handy hervor und meint euphorisch: »Super, ich sage ihr gleich Bescheid.« Ihre Finger fliegen in solch einer Geschwindigkeit über den Bildschirm, dass man denken könnte, das Tippen wäre eine Leistungssportart und sie die Rekordhalterin. »Ich führe Zack über den Campus, und du bereitest dich jetzt auf deinen Vortrag vor. Versuch gar nicht erst, dich zu drücken. Du weißt, wie das endet.«

Austin seufzt. »Ich weiß, wie das endet.«

13

ZACK

»BECCA WOHNT am anderen Ende der Stadt. Du hast ein Auto, oder? Wenn du einen Parkplatz auf dem Campus gefunden hast, würde ich dir allerdings raten, es nie mehr als notwendig zu bewegen. Legenden besagen, dass darum schon mit Pfeil und Bogen gekämpft wurde. Wir können laufen, wenn du willst. Der Bus fährt leider nur jede halbe Stunde.«

Austin streift sich ein dunkelgrünes Polohemd über den Kopf und richtet dessen Kragen in einem großen Ganzkörperspiegel.

»Man kann ans andere Ende der Stadt laufen? Wo zur Hölle sind wir hier?«

»In Averston. Die vermutlich kleinste Stadt der Welt, die eine eigene Universität besitzt. Herzlichen Glückwunsch, Mann. Du hast es geschafft.« Austin lacht und fixiert seine hellen Haare mit einer Tonne Spray. Die winzigen Partikel setzen sich gleich in meiner Nase fest und lösen ein Kribbeln aus.

»Und wie bist du hier gelandet, wenn ich fragen darf?«

»Einfache Antwort: Meine Noten waren mies. An die großen Universitäten war gar nicht zu denken. Kurz habe ich überlegt, einfach nicht zu studieren, aber ich wollte meine Eltern nicht enttäuschen.« Ein Lächeln legt sich auf seine Lippen. »Außerdem wollte Becca herkommen. Wie du schon sagtest, ist der kreative Zweig relativ fortschrittlich. Sie studiert Modedesign.«

»Ich finde Averston eigentlich ziemlich in Ordnung«, sage ich und tippe eine Nachricht an Steven in mein Handy. Er hat vor ein paar Minuten nachgehakt, ob ich heil angekommen bin.

Becca hat mich heute über den Campus geführt und mir die wichtigsten Standorte erklärt. Die Averston University erinnert mich eher an ein Internat als an ein Unigelände. Als ich das zu Becca sagte, grinste sie und erzählte, dass sie sich stets wie die Protagonistin eines Fantasyromans fühle, wenn sie auf das Hauptgebäude zuläuft. Beim Anblick der vielen Bleiglasfenster zwischen den rötlichen Backsteinen und dem riesigen Tor im Eingangsbereich verstand ich gleich, was sie meinte. Der Campuspark, in dem sich einige Grüppchen mit Decken und Proviant ausbreiteten, löste ein Gefühl von Vorfreude in mir aus. Schon bald würde ich mich nicht mehr bloß von einer Vorlesung zur nächsten schleppen, nur um mich gleich darauf selbst zu bedauern, sondern mir ein Leben in dieser Stadt aufbauen. Das habe ich mir nach unserem Rundgang fest vorgenommen.

»Echt? Ich meine, klar, wenn du auf Natur und so einen Kram stehst, ist das hier der Hammer. Es ist zwar keine Küstenstadt, aber die erreichst du auch innerhalb einer Stunde. Oberhalb des Campus ist ein Naturschutzgebiet, da gehen viele im Sommer wandern. Averston ist eine der wenigen Städte Irlands, die noch von einem Wald umgeben ist. Da gibt es auch ziemlich viele Quellen und so, ist echt nicht übel. Aber wir haben hier nur einen großen Nachtclub, daher wirst du sehen, dass du auf jeder Party mit den gleichen Leuten feiern wirst.«

Ich lache leise und suche in meiner Reisetasche nach einer Jacke für die kalten Temperaturen. »Macht nichts, ich bin in einer Kleinstadt groß geworden. Bin es quasi schon gewohnt.«

Schlagartig erscheint die Front des *Strangers* vor meinen Augen und wie ich an jenem Abend mit Nelly durch die Tür geschritten bin. Als ich ihre Hand gehalten habe, hätte ich stolzer nicht sein können. Sie gehörte zu mir, nur an diesem Abend. Jetzt kennt sie mit Sicherheit nicht einmal mehr meinen Namen.

»Dann wirst du es hier ja nicht schwer haben, dich einzuleben.« Er schmunzelt. »Können wir los?«

»Hast du eine Freundin?« Wir verlassen den Wohnheimkomplex und werden von einer Kälte begrüßt, die mich bereuen lässt, bloß meine gefütterte Jeansjacke übergezogen zu haben. Sie ist in meinem Besitz, seit ich sechzehn Jahre alt war, und die Taschen, in denen ich meine Hände vergrabe, haben bereits zwei Löcher.

»Nein«, antworte ich matt. *Gedanklich bin ich leider immer noch an die Erinnerung eines Mädchens vergeben, das sich aus meinem Leben gelöscht hat.* Ob Austin diese Antwort durchgehen ließe? Vielleicht wäre ich meinen Mitbewohner schneller los, als ich mich in Averston einleben könnte.

»Also … Beccas Mitbewohnerin sieht nicht schlecht aus. Allerdings ist sie zu Beginn oft … kalt? Unnahbar? Zu Fremden kann sie ganz schön biestig sein. Lass dich davon nicht einschüchtern.«

Verwundert lege ich die Stirn in Falten.

»Okay, das nehme ich zurück. Nicht, weil sie nicht attraktiv ist, sondern weil sie so etwas wie eine Schwester für mich geworden ist. Und weil Becca mir die Eier abreißen würde.«

Ich lache so laut, dass meine Stimme durch die engen Gassen hallt. Die mittlerweile so früh anbrechende Dunkelheit scheint einen Großteil von Averstons Bevölkerung in ihre Häuser getrieben zu haben. Wir sind die Einzigen, die sich durch den feinen Nieselregen kämpfen. Die Fenster, an denen wir vorbeistreifen, sind hingegen lichtdurchflutet und mit herbstlicher Deko geschmückt. »Das kann ich mir vorstellen.«

»Aber wenn du willst und heute einen guten Eindruck machst, kann ich da sicher was drehen, also nicht …«

Ich werfe Austin einen Seitenblick zu und bemerke, wie seine Zunge sich nervös zwischen den Lippen verhaspelt.

»Sag mal, willst du mich verkuppeln?«

»N-nein?« Austin hebt unschuldig die Schultern. »Okay, vielleicht doch. Auftrag von Becca.« Er seufzt missmutig. »Wir haben keine befreundeten Paare, und das macht sie traurig. Sie will diesen Doppeldate-Kram, verstehst du?«

»Und dafür habt ihr ausgerechnet mich auserwählt?«

»Klar, du bist der Neue. Du kennst El noch nicht.«

»Klingt sympathisch.« Ich schmunzele und lasse mir von Austin auf die Schulter klopfen.

»Du hast ja keine Ahnung.«

»Hey Babe.« Becca öffnet uns die Tür und begrüßt ihren Freund mit einem langen Kuss. Ich wende den Blick ab und schaue mich stattdessen in der Wohnung um. Sie ist klein und umgeben von Schrägen, an denen ich mir mit meiner Größe sicherlich ständig den Kopf stoßen würde. Trotzdem ist sie wohnlich eingerichtet, mit einer Menge Kerzen, Lichterketten und bunten Kissen, die auf dem türkisfarbenen Sofa verteilt liegen. Wenn ich Becca so ansehe, überkommt mich die Vermutung, dass sie den Dekorationspart übernommen hat.

»Hey Zacky, komm doch rein.« *Zacky.* Ich verziehe gedanklich das Gesicht, lächele sie aber freundlich an. Irgendwie niedlich, wie schnell sich die beiden mir geöffnet haben. In Oxford hat es ewig gedauert, so etwas wie Freunde zu finden. Und ehrlich – wirklich vermissen tue ich dort niemanden. Es gab die einen oder anderen Partygefährten, mit denen ich am Wochenende um die Häuser gezogen bin und mir jeden unguten Gedanken aus dem Kopf getrunken habe. Aber jemanden, mit dem ich über den ganzen Scheiß reden kann, habe ich nur in Steven gefunden.

Auf der Ablagefläche der offenen Küche steht bereits jeder erdenkliche Pizzabelag. Zwei Fertigteige sind auf den Blechen ausgerollt und warten darauf, von uns geschmückt zu werden.

»El ist noch schnell unter die Dusche gesprungen. Sie war bis eben auf der Arbeit.«

»War die alte Mrs Franklin heute gnädig zu ihr?«, fragt Austin und stibitzt sich eine Olive aus dem Glas.

»Wirklich begeistert hat sie nicht ausgesehen.« Becca hebt die Schultern und geht sich durch ihr Haar, das sie nun offen trägt. »Willst du etwas trinken, Zack? Bier?«

»Klingt gut.« Ich lasse mir von Becca eine kalte Flasche Heineken in die Hand drücken und frage: »Wie lang wohnst du schon hier?«

Sie öffnet unsere Bierflaschen und hält ihre eigene hoch, sodass wir anstoßen können.

»Auf dein neues Leben«, trällert sie grinsend. Sie hat keine Ahnung, wie richtig sie damit liegt.

»Seit …«, sie legt nachdenklich die Stirn in Falten, »ungefähr zwei Jahren, oder, Austin?« Er nickt zustimmend. »Im Wohnheim hat es nicht so gut geklappt. Meine Mitbewohnerin war der Horror. Total nervig, nur am Reden.« Ich unterdrücke ein Grinsen und merke im selben Moment, dass Austin es mir nachtut. »Außerdem bin ich einfach kein Fan von Gemeinschaftsduschen. Und diese Wohnung ist gar nicht so teuer. Sie liegt zu weit vom Campus entfernt. Daher ist dieses Viertel bei Studenten nicht sonderlich beliebt. Und wie du vielleicht gemerkt hast, lebt diese Stadt von den Studenten.«

»Dafür wohnt ihr in direkter Nähe zum *Paddington*.« Austin wendet sich mir zu. »Der einzige Nachtclub, von dem ich dir erzählt habe.«

»Paddington? Wie das Viertel in London?«

Becca kichert. »Nein, wie Paddington-Bär. Die Mutter des Besitzers ist ein riesiger Fan von Kinderfilmen. Da es ihre Immobilie ist, hat sie darauf bestanden, den Namen auszusuchen.«

Grinsend nehme ich einen Schluck und lehne mich mit dem Hintern an die Küchentheke. »Kennst du den Geschäftsführer persönlich?«

»Glaub mir, Zack«, sie legt einen mitleidigen Gesichtsausdruck auf, »in dieser Stadt kennst du ganz bald schon *jeden* persönlich.«

Becca streckt sich, um an das oberste Regal der Küchenzeile

heranzukommen, und zieht eine Dose hervor. Mit schmalen Augen inspiziert sie deren Inhalt, ehe sie nach einem Stück Kreide greift und auf der Tafel neben dem Kühlschrank ›Hundefutter‹ auf der Einkaufsliste ergänzt.

»Ob das dem alten Herrn ausreicht?«, fragt sie an Austin gewandt und schüttet die Überreste in den roten Napf vor ihren Füßen. Als hätte allein das Geräusch des aufkommenden Futters genügt, um Beccas Hund zu locken, ertönen Tapser auf dem Laminat. Ein mittelgroßer Havaneser stiefelt in die Küche. Sein Fell ist weiß und gekräuselt, der gutmütige Ausdruck in seinen Augen erinnert mich sofort an … *Halt*. Dass mich der Anblick eines Hundes so schlagartig in die Zeit vor fünf Jahren zurückversetzt, ist gruselig. Und doch kann ich nichts dagegen machen. Ich denke an Nellys und meine Finger, die sich in Sammys Fell gefunden haben. Wie Phoebe mit dem Welpen vor der Tür stand und stolz berichtete, dass sie endlich ein neues Familienmitglied gefunden haben. Ich schlucke trocken und beuge mich zu dem Zottel hinunter, auch wenn mich dieser Schritt einiges an Überwindung kostet. *Das ist nur ein Hund, Zack. Hunde wie Sammy gibt es überall auf der Welt.*

»Hey Kleiner.«

Beccas Hund liebkost gleich meine Hand mit seiner Zunge.

»Du scheinst ihm zu gefallen.«

»Wie hast du überhaupt einen Platz im Wohnheim bekommen? Ich musste schwören, dass ich nicht irgendwo heimlich einen Hamster oder einen Wurf Katzenbabys versteckt habe.«

»Oh, der gehört meiner Mitbewohnerin. Wohnheim und Haustiere sind an der Averston mit Hochverrat gleichzusetzen. Sie hätte sich nie von Sammy getrennt, daher hat sie sich die Wohnung genommen.«

Mein Herz macht einen Satz, gleichzeitig klappt mir der Mund auf. Hat sie gerade *Sammy* gesagt? Oder fantasiert mein vernebeltes Gehirn sich die Worte zusammen? Ich könnte mich auch verhört haben, und sie hat von einem Sascha oder Samuel gesprochen. So viel Zufall im Leben kann es schließlich nicht geben. Oder?

Um nicht in Gedanken abzuschweifen, trinke ich einen Schluck und lasse mich von Austin über meinen Lieblingspizzabelag ausfragen. Die Badezimmertür öffnet sich, und Becca läuft zu ihrer Mitbewohnerin hinüber. All das geht in Austins Gerede über seine Liebe für Oliven unter.

Dann höre ich es erneut. Beccas Mitbewohnerin ruft ihren Hund, der sich auf der Stelle vom Napf entfernt und zu seinem Frauchen herüberstürmt. Diesmal sind die Silben klar und deutlich. *Sammy.*

Sie hat ihn mit *Sammy* gerufen.

Ein Zufall. Ein gottverdammter Zufall. Vielleicht ein telepathischer Racheakt meines Vaters dafür, dass ich gegen seine Regeln gespielt habe. *Hier eine weitere Erinnerung daran, dass du das Mädchen, das du noch immer liebst, nie wieder in deinen Armen halten wirst. Gern geschehen, mein Sohn.*

Als ich mich umdrehe, donnert mir das Leben die Antwort vor die Stirn. Es gibt keinen Zufall. Gab es nie. Sammy ist auch kein Doppelgänger, nein, er ist original der Hund, in dessen Fell sich Nellys und meine Finger einst gefunden haben. Die Finger, die jetzt feuchtes Haar kneten und dunkle Strähnen entwirren. Plötzlich weiß ich nicht mehr, wo ich hinsehen soll. Meine Lider flattern unkontrolliert, während mein Mund aufklappt und den Namen ausspricht, der auf meiner Zunge festgebrannt liegt. »Nelly?«

Meine Stimme klingt halb fragend, halb verloren. Als wäre ich mir schon bewusst, dass ich gerade in der Wohnung meiner verschwundenen Liebe stehe. Ohne überhaupt davon gewusst zu haben.

Ein Zufall. Ein gottverdammter Zufall.

Sie blickt auf und lässt die Hände ruckartig aus ihrem Haar sinken. Mit einem Mal glaube ich, mich geirrt zu haben.

Nein, ich glaube es nicht nur, ich bitte darum. Denn die braunen Augen, die ich von Nelly in Erinnerung habe, sind nicht mehr sanft und warmherzig. Sie bringen den Raum nicht mit einem einzigen Wimpernschlag zum Leuchten. Viel eher sind sie in der Versuchung, mich aus ihrer Wohnung, ihrem Leben zu verbannen. Die Erinnerung an jenen Tag, als mir bewusst wurde, dass sie fort war, lässt einen Schmerz in mir aufkeimen, den ich lange unterdrückt habe. Er bringt meine Hände zum Zittern. Meine Arme überzieht eine Gänsehaut. Pure Kälte, mit jeder Sekunde, die sie mich wortlos anstarrt.

»Oh, ihr kennt euch schon?«, fragt Becca aufgeregt. »Und Nelly? Als ich dich einmal Elly genannt habe, musste ich schwören, das nie wieder zu tun.« Becca lacht. Ihr scheint die knisternde Spannung im Raum zu entgehen.

Ich hole Luft. Alles in mir schreit: Ja, natürlich kennen wir uns. Sie ist meine erste große Liebe. Das Mädchen, das mich verlassen hat, als ihre Familie von dieser Welt verschwand. Allein, verloren, ohne ein Lebewohl.

Doch das zu sagen wäre dumm, es wäre kindisch. Also warte ich ab, bis Nelly dazu in der Lage ist, sich zu rühren, und trocken schluckt, bevor sie murmelt: »Wir sind uns heute Morgen auf dem Campus begegnet. Er hat meinen Kaffee verschüttet und so. Nichts Wildes.« Sie räuspert sich, und einen kurzen Moment glaube ich, dass sie die Fassung verliert. Ihre Mundwinkel rutschen herunter. Doch sie fängt sich schnell und schiebt hinterher: »Und ich heiße El. Wie Eleanor. Das musst du falsch verstanden haben.«

Sie reckt das Kinn vor und schenkt mir einen herausfordernden Blick. Eine versteckte Drohung, ein *Spiel mit.*

Daher erwidere ich fast tonlos: »Natürlich. Hab ich falsch verstanden, sorry. Ich bin Zack.«

Die Worte schweben unter unseren Blicken, zerstören das unsichtbare Band, das sich seit unserem ersten Kennenlernen zwischen uns befand. Dabei war es stets ein Zeichen von Vertrautheit, von unausgesprochener Zuneigung. Jetzt wickelt sich dieses Band um meinen Hals, bereit, mir die Luft abzuschnüren. Ich vergesse zu atmen und muss mich von ihr abwenden, um nicht an ihrer Kälte zu ersticken.

»El, wir haben dir extra viel Kä–«

Austin verstummt, als eine Tür ins Schloss donnert. Nelly ist in den nächsten Raum verschwunden, die Wände scheinen zu vibrieren. Eine dieser Explosionen, die keiner von uns gefordert hat.

»Genau das meinte ich: Unnahbar.« Austin lacht leise und öffnet ein Glas mit Tomatensoße.

»Sie braucht immer ein bisschen, um mit Fremden warmzuwerden. Glaub mir, schon bald wirst du sie lieben.«

Ich schweige, denn die Worte, die mir auf der Zunge liegen, wurden mir vor wenigen Sekunden untersagt.

Ich liebe sie schon jetzt.

14

ZACK

Die Eieruhr macht mit einem unangenehmen Ton auf die fertig gebackene Pizza aufmerksam. Alles in mir erschaudert, obwohl es nichts zum Erschaudern geben sollte. *Nur ein Wecker. Nur eine fertige Pizza.* Nur meine große Liebe, die sich in ihrem Zimmer verbarrikadiert hat.

Dankbar beobachte ich Becca und Austin dabei, wie sie die Bleche aus dem Ofen holen. Sie mussten die Pizzen auch ohne meine Hilfe belegen und mit Käse bestreuen. Ich konnte seit Nellys Erscheinen meinen Platz am Kühlschrank nicht mehr verlassen. Das Heineken befindet sich in meiner Hand, immer noch halb voll. Mit Sicherheit ist es mittlerweile pisswarm.

»Oh, die sieht gut aus«, schwärmt Becca und schenkt mir ein Strahlen. Ob sie ahnt, dass sich etwas an mir verändert hat? Zumindest hat sie mich in der letzten halben Stunde auffallend oft angelächelt.

Die beiden setzen sich an den gedeckten Esstisch, und ich überrede meine Beine dazu, mich endlich fortzubewegen.

Zögernd hebe ich ein Stück, belegt mit Brokkoli, Mais und

Champignons auf meinen Teller, obwohl mir der Appetit für die nächsten zwei Jahre vergangen ist.

»Bist du auch vegetarisch? Da wird El sich freuen.«

Nein, wird sie nicht.

»Nur ab und zu«, murmele ich.

»Apropos«, brummt Becca. »El! Schwing deinen Hintern an den Tisch.«

Keine Antwort.

Becca hebt die Schultern und nimmt sich ein Stück Thunfischpizza. »Lassen wir sie.«

Doch gerade, als sie diese Worte ausgesprochen hat, reißt jemand die Tür auf. Nelly tritt heraus und kommt wortlos auf den Esstisch zu, um sich schräg gegenüber von mir niederzulassen.

»Zack hat sich etwas von deiner Pizza geschnappt. Ich hoffe, er darf all seine Finger behalten.«

Becca lacht, doch Nelly erwidert nur ein trockenes »Okay.« Und nimmt sich ihr eigenes Pizzastück. Sie weicht meinem Blick aus, als wäre dies hier ein ganz normales Abendessen zwischen ihrer Mitbewohnerin, Austin und ihr. Im Gegensatz dazu schaffe ich es nicht, irgendwo anders hinzuschauen als in ihre Richtung. Es ist wie bei den Geschäftsessen unserer Eltern vor Jahren. Nur, dass sie jetzt nicht mehr das Mädchen mit dem graziösen Flechtzopf ist. Nein, ihr schmales Gesicht umrunden wilde, dunkle Locken, deren Feuchtigkeit sich auf ihrem weißen Langarmshirt abzeichnet.

Du hast dich immer gefragt, wie ihre Haare offen aussehen, hier hast du die Antwort, Zack.

Ihr rechtes Nasenloch ist geschmückt von einem feinen, silbernen Ring. Niemals hätte ich mir ausmalen können, dass Nelly sich piercen lässt. Nicht Nelly, El. *Ganz vergessen.*

Je länger ich ihren roten Mund betrachte, desto deutlicher übermannt mich die Erinnerung ihrer Lippen auf meiner Haut. Ich schlucke krampfhaft, um die Vorstellung loszuwerden und in ihr Schauspiel mit einzusteigen.

Hi, ich bin Zack. Der Typ, der Els Kaffee verschüttet hat. Ob wir uns schon vorher mal gesehen haben? Nein, nur ungefähr zwei Jahre lang jeden Tag. Und weitere fünf in meinen Träumen.

»Wieso bist du erst heute angereist, Zack? Die Einführungskurse haben schon letzte Woche stattgefunden«, fragt Austin irgendwann. Ich bin dankbar, dass er die Stille durchbricht. Gleichzeitig will ich ihm gegen sein Schienbein treten, dafür, dass ich zum Reden gezwungen werde.

»Mein Umzug war sehr … holprig.« Weil es keine Eltern gab, die mir hätten helfen können. »Und ich musste noch einige Dinge in England klären, bevor ich zurück nach Irland konnte.« Mein Auto verkaufen zum Beispiel. Und ein paar Sparkonten auflösen, um genug Geld für die ersten Gebühren und das Wohnheim zu haben. »Zu den Filmgrundlagen habe ich mir schon viel selbst angelesen, daher ist es nicht allzu schlimm. Hoffe ich zumindest.«

»Wenn du mal ein bekannter Regisseur bist, kann ich dann die Hauptrolle in deinen Filmen übernehmen?« Becca reckt den Hals und grinst von der einen Wange zur anderen.

»Klar.« Ich würde gern in ihren Spaß einsteigen, aber dafür bin ich ein zu schlechter Schauspieler. Kein Wunder, dass ich *hinter* die Kamera will.

»Dann aber bitte mit einer Handlung, in der zwei Mädels aus dem Gefängnis ausbrechen und lauter lustige Dinge erleben oder so. Das könnten El und ich sicher super spielen.«

Becca legt die Hand auf die ihrer Sitznachbarin, und ich sehe, wie ein Schauer durch Nellys Körper geht. »Klar.«

Sie umklammert ihre Gabel, und ich bemerke, dass sie von ihrer Pizza noch keinen Bissen zu sich genommen hat. Schlagartig blicke ich auf mein eigenes Stück, ebenfalls unangetastet. Austin greift sich gerade sein zweites. *Miese Schauspieler, wirklich.*

»Ach und übrigens, El …«

Becca verstummt, als Nellys Gabel auf dem Porzellan aufkommt und einen schiefen Ton hervorruft. Sie richtet sich auf, viel zu hektisch, um normal zu wirken.

»Ich …«, stammelt sie, bevor sie verstummt und den Mund zu einer schmalen Linie zieht. »Ich fühle mich nicht wohl und werde eine Runde mit Sammy gehen.« Schon ist sie auf den Beinen und hastet zur Garderobe, um sich ihren Mantel überzuziehen. Sammy reagiert sofort und tappt auf sein Frauchen zu, die ihm gleich darauf die Leine anlegt.

Einen Moment glaube ich, sie würde einfach aus der Wohnung stürmen, doch dann geht sie zu Becca, beugt sich zu ihr hinunter und flüstert: »Sei mir bitte nicht böse.«

Ihre Worte werden von einem kurzen Kuss unterstrichen, den sie ihrer Freundin auf die Wange drückt. Diese lächelt traurig, als die Haustür zugeht, und ruft Nelly durch die geschlossene Pforte hinterher: »Die nächste Pizza machst du.«

Austin seufzt. »Ich schätze, das mit den Doppeldates können wir abhaken, oder?«

Becca brummt und stopft ihren Mund mit den letzten Resten ihrer Pizza voll. »Ich liebe sie, aber manchmal möchte ich sie einfach nur schütteln.«

»Du weißt, wie sie ist. Sie hat ihre schlechten Tage.«

»Ja«, erwidert Becca und schiebt nachdenklich die Unterlippe vor. »Ich frage mich nur, was der Auslöser war.«

Ich schließe die Augen. Inhaliere die verbrauchte Luft der winzigen Wohnung durch meine Nase und stoße sie über die Lippen wieder aus. *Zack Burley, der Auslöser höchstpersönlich.*

15

NELLY

EINATMEN, ausatmen. Mechanische Befehle, die ich mir selbst erteile, um nicht endgültig die Fassung zu verlieren.

Zum zweiten Mal umrunde ich die Kirche in der Eastroad. Normalerweise meide ich diese Gebäude, weil sie mich an den Tod erinnern. Die letzte Erfahrung, die ich mit dieser Art von Gemäuern geteilt habe. Und Zack war dabei.

»Nein, nein, nein«, murmele ich mir immer wieder zu, als könnte dieses Wort irgendetwas rückgängig machen. Aber wie oft habe ich mir das bereits gewünscht? Dass mein Leben mit einem *Repeat*-Knopf wieder auf Werkseinstellungen zurückgesetzt wird.

Zack zu sehen war unwirklich. Es war, als würde ich durch ein vereistes Milchglasfenster blicken. Sein Gesicht war direkt vor mir und doch so fern, so undeutlich. Handelte es sich überhaupt noch um den Jungen, dem ich früher jeden meiner Gedanken reserviert habe?

Optisch entsprach er noch immer dessen Abbild. Nur, dass seine dunkelblonden Locken nicht mehr unter einer Cap versteckt waren und sein Kinn von rasierten Bartstoppeln belegt war. Es sind noch immer diese grünen Augen, die alles an ihm zum Strahlen bringen.

Genau diese, in die ich mich damals Hals über Kopf verliebt habe. Sie sind jetzt in meiner Wohnung, lachen mit meinen Freunden. Meinen einzigen Freunden.

Wie naiv zu glauben, dass die halbe Stunde in meinem Zimmer ausreicht, um mich nicht in meinem Gefühlschaos zu verlieren. Dass sie genügt, um eine Maske anzufertigen, die mich durch diesen Abend führt und mich schützt. Damit alle glauben, Zacks Ankunft hätte rein gar nichts in mir ausgelöst. Ich bin kläglich gescheitert. Der Druck über meinem Herzen war zu groß. Das Beben meiner Finger hat es mir nicht einmal ermöglicht, meine Gabel zu halten.

Ungefähr eine Dreiviertelstunde laufe ich mit Sammy um den Block und kehre in jede kleine Seitenstraße ein. Irgendwann macht Sammy mein sinnfreies Herumlaufen nicht mehr mit und streikt unter einer Laterne. Er streckt sich und reißt das Maul auf, um mir zu zeigen, wie müde er nach diesem langen Tag ist.

»Ich bin es auch, Sammy«, murmele ich, doch ergebe mich und steuere unser Wohnhaus an. Schließlich werde ich nicht ewig vor diesem Paar grüner Augen weglaufen können, jetzt, da er in Averston sein Zuhause gefunden hat.

Als ich in meinem Mantel nach den Schlüsseln krame, öffnet sich die Tür zum Hauseingang, als hätte ich telepathische Fähigkeiten. Könnte ich diese doch nur dafür einsetzen, die Tür ganz schnell wieder zuknallen zu lassen.

Denn vor mir steht Zack, dessen Finger um den Türknauf krampfen. Innerlich feuere ich ihn an, kehrtzumachen und mich einfach so stehen zu lassen, doch das tut er nicht. Sein Blick gleitet über meine Gestalt, als würde er darauf warten, dass ich ihm weitere Befehle erteile. *Geh, bitte verschwinde. Verlass Averston. Du gehörst hier nicht her.*

»Ist die Party schon vorbei?«, höre ich mich sagen. Meine Stimme klingt seltsam entfernt. Bin ich es, die das Gespräch begonnen hat? Oder eine wirre, verlorene Version von mir?

»Erster Tag morgen, ich sollte früh ins Bett.« Er räuspert sich. Kurz stellt sich mir die Frage, ob wir unser Schauspiel gerade fortführen. Ob wir weiter so tun, als wäre ich nur eine Fremde, die ihm schon mal auf dem Campus über den Weg gelaufen ist. Will ich das? Mein Kopf schreit *»Ja!«*.

Doch mein Herz bricht bereits durch die Vorstellung.

»Okay«, sage ich und nicke.

»Okay«, erwidert Zack und löst seine Finger von der Tür, um die Treppe hinunterzulaufen. Ich bleibe wie versteinert auf der Stelle, schaffe es nicht einmal, ihm den Platz zu gewähren, um an mir vorbeizukommen. Direkt vor mir bleibt er stehen, blickt auf mich hinab. Sein vertrauter Geruch ist mit einem Mal so intensiv, dass die Worte aus mir platzen wie Wasser durch einen löchrigen Damm. Sie kämpfen sich aus meinem Kopf, schießen durch meinen Mund, und ich frage: »Warum bist du hier?«

Der neutrale Ausdruck fällt ihm aus dem Gesicht. Verwirrung und Ärger zeichnen sich in den zusammengezogenen Brauen und den schmalen Augen ab. »Was?«

»Wer hat dir verraten, dass ich hier bin?«, frage ich nun noch deutlicher.

»Niemand, ich … hatte keine Ahnung. Das ist ein bloßer Zufall.«

»Zufall?« Ich spucke das Wort förmlich aus. »Dass wir beide in einer der kleinsten Universitätsstädte Irlands studieren und du ausgerechnet der Mitbewohner einer meiner Freunde bist, nennst du Zufall?«

Zack schnaubt, und ich bin mir sicher, dieses Geräusch noch nie von ihm gehört zu haben. »Ich bin dir keine Rechenschaft schuldig, *El*.«

Er betont mein neues Kürzel voller Spott und erkämpft sich seinen Weg nach unten, indem er mich mit seiner Schulter zur Seite drängt.

»Tante Karen hat mir erzählt, dass du in Oxford studierst. Wieso bist du hier?«

Zögernd dreht er sich zu mir um, die Hände in den Jackentaschen vergraben. *Ob sie genauso zittern wie meine?*

»Weil ich beschlossen habe, mein eigenes Leben zu führen. Nicht das meines Vaters.«

Mein Herz sackt mir in die Hose. Eine Welle aus Stolz übermannt mich bei dem Gedanken, dass er William gesagt hat, was er sich für seine Zukunft vorstellt. Gleichzeitig steigt eine neue Ladung Fassungslosigkeit in mir auf, erstickt den Stolz zu einem erlöschenden Feuer. »Warum ausgerechnet Averston? Hat dir jemand bei der Suche geholfen?«

Einen Moment blinzelt er, als würde er in Gedanken abtauchen, kurz bevor er zu Boden blickt.

»Steven?«, hake ich nach. Sein Nicken ist nur eine minimale Bewegung seines Kopfes.

»Ich hätte es ihr niemals sagen dürfen.«

Er scheint gleich zu wissen, von wem ich spreche, denn er fragt: »Du hast noch Kontakt zu Holly?«

»Nicht wirklich. Sie ist irgendwie an meine neue Nummer gekommen und hat mich angerufen. Ich wollte nicht unhöflich sein, daher hab ich ihr erzählt, dass ich in Averston studiere. Irgendwie habe ich gedacht, dass sie keinen Kontakt mehr zu Steven hat …«

… und diese Information nicht zu dir gelangt.

An seinen verkrampften Mundwinkeln erkenne ich, dass wir den Gedanken teilen.

»Ich wusste nichts davon, aber … Steven hat mich dazu bewegt, mich an der Averston einzuschreiben. Er hat dich mit keinem Wort erwähnt.«

»Scheiße«, zische ich und umklammere das Metallgeländer der Treppe, da ich ansonsten an Halt verliere. »Hör zu … Das … ist jetzt eben nicht mehr zu ändern. Aber was du tun könntest, wäre …« Ich verstumme, weil die Bitte schändlich auf meiner Zunge brennt. »Du könntest dein Zimmer wechseln.«

Ein fassungsloses »Was? Sicher nicht!« verlässt seinen Mund, gefolgt von einem weiteren Schnauben.

»Austin und Becca, so schräg sie auch manchmal sein mögen, sie sind so etwas wie … Familie für mich.« *Familie.*

Dieses Wort scheint auch Zack getroffen zu haben. Sein Gesichtsausdruck wird sanfter, seine Schultern sinken. »Mit anderen Worten: Du willst, dass ich mich von dir fernhalte?«

Ich schließe die Augen. »Ja.«

Er schweigt einen langen Moment, in dem ich es nicht über mich bringe, ihn anzusehen. Ich ahne, welcher Kummer sich in seinem Gesicht verbirgt.

Dann, ganz leise, fragt er: »Was habe ich dir denn getan?«

In seinen Worten versteckt sich so viel angestauter Frust, dass es mich wundert, dass er sie mir nicht an den Kopf donnert. Ich hätte es verdient. Das und so viel mehr.

Da es keine rationale Antwort auf diese Frage gibt, sage ich nur »Gute Nacht« und kehre ihm den Rücken zu, gehe hoch und schließe die Tür zwischen uns. Ich bin mir sicher, dass er immer noch am Ende der Treppe steht, während ich mich an die Innenseite der Tür lehne und in Tränen ausbreche.

16

ZACK

»Erschieß mich bitte«, brummt ein Student in der Reihe hinter mir. *Mich bitte gleich mit.*

Anders als mein Kommilitone beziehe ich mich dabei nicht auf den alten Dozenten, der in dem Saal unterzugehen scheint. Raumbild ist für jemanden, der in die Filmbranche einsteigen will, zwar nicht allzu interessant, aber es gibt Schlimmeres. Nach dem gestrigen Abend bin ich mir darüber mehr als bewusst.

Der Hörsaal ist im Gegensatz zu den Räumen, in denen ich meine Wirtschaftsvorlesungen verbracht habe, winzig klein. Unser Studiengang zählt nicht einmal hundert Studierende, weniger als die Hälfte befindet sich gerade in diesem Raum. Mäßig motiviert, was die drei Studenten in der Reihe vor mir beweisen, die, statt zuzuhören, in ein Kartenspiel vertieft sind.

Seufzend strecke ich die Beine unter meiner Sitzbank aus und versuche, dem Professor meine gesamte Aufmerksamkeit zu widmen. Es ist die erste Vorlesung, die sich auf das Studium meiner Träume bezieht, und was tue ich?

Richtig, ich denke an Nelly. Daran, dass sie sich möglicherweise im gleichen Gebäude aufhält, dass ich ihr über den Weg laufen könnte und … sie mich nicht hierhaben will. Nicht in ihrer und ebenso wenig in der Nähe ihrer Freunde.

Nächtelang habe ich wachgelegen und mir ausgemalt, wie unser erstes Aufeinandertreffen ausfallen würde. Keine Version glich der von gestern Abend. Dabei bin ich mir stets bewusst gewesen, dass sie mich nicht in ihrem Leben haben will. Ihre unbeantworteten Briefe und meine gesperrte Nummer waren Beweis genug. Dennoch habe ich gehofft, dass sie das Mädchen mit dem herzlichen Lächeln und der Liebe in den Augen geblieben ist. Dass sie glücklich ist, irgendwo auf dieser Welt, nur eben nicht an meiner Seite. Sie ist mein Atlantis, das ich für eine Nacht erleben durfte, bevor es versank und nie wieder auftauchte.

Ich minimiere die Ansicht der schlecht zusammengestellten PowerPoint-Präsentation auf meinem Laptop und öffne meinen Onlinemessenger. Stevens Chat befindet sich ganz oben, gleich über dem Symbol eines verpassten Anrufs meiner Mutter. Ihre Anrufe häufen sich, seit ich nicht mehr in England bin. Wie ich sie kenne, wird sich ihre Wut mit jedem Mal, dass ich das Handy habe klingeln lassen, gesteigert haben. Ich kann mich ihrem Unverständnis nicht stellen. Noch nicht.

Zack: Bist du da?

Steven: Wenn du damit meinst, dass mein Körper das Handy in der Hand hält, ja. Seelisch bin ich noch im Land der Träume.

Zack: Ach ja? Dann grüß Holly von mir. Kann ich dich etwas fragen?

Steven: Immer.

Zack: Warum Averston?

Steven: Was meinst du? Ist es so beschissen dort, dass du deine Entscheidung schon jetzt infrage stellst?

Zack: Als die Zusagen reinkamen, hast du mich davon überzeugt, dass Averston die richtige Wahl ist. Hatte das einen Grund?

Einen, der nichts mit dem großartigen kreativen Zweig zu tun hat? Eine Weile sind die drei Punkte, die beweisen, dass er seine Nachricht eintippt, die einzige Bewegung in unserem Chat. Ganze zehn Minuten scheint Steven zu schreiben und die Worte wieder zu überdenken. Ich rechne schon mit einem ellenlangen Roman, einer Erklärung, einer Rechtfertigung. Aber seine Nachricht ist kurz und raubt mir für einen Moment den Atem.

Steven: Du hast sie getroffen?

Als der Professor die Vorlesung beendet, schnappe ich meinen Rucksack und verschwinde in Richtung Hauptgebäude. Auch wenn Averston weiß Gott keine große Stadt ist, zur Vorlesungszeit scheinen sich alle Studenten wie in einem einzigen Ameisenhaufen im Foyer zu verteilen. Besteht diese Stadt vielleicht nur aus Studierenden?

Als mein Blick durch die Menschenmenge schweift, wird mir erst klar, dass ich instinktiv nach einem bestimmten Paar dunkler Augen suche. Irrt Nelly hier ebenfalls irgendwo umher? Auf der Suche nach ihrem nächsten Hörsaal? Gott, was studiert sie überhaupt? Mit Sicherheit irgendetwas mit Musik. Gibt es dafür extra Säle? Irgendeine Richtung, die ich ansteuern könnte? *Gott, Zack, du bist erwachsen, komm runter.*

»Hey Zack«, ruft eine Stimme hinter mir. Als ich mich umdrehe, entdecke ich Becca in einer Runde Mädchen. Sie verabschiedet sich flüchtig von ihnen und kommt zu mir gelaufen. Vor meinem geistigen Auge erscheint Nellys mahnender Blick. *Sie sind so etwas wie Familie.*

»Oh, hey«, begrüße ich sie etwas verspätet. Statt des Blazers, der zur Averston-Uniform gehört, trägt sie eine schwarze Lederjacke mit Nieten an den Taschen. Vielleicht sollte ich mir an ihren Accessoires ein Beispiel nehmen. Mich verwandelt die triste Uniform zurück in den fünfzehnjährigen Schüler, dessen Hemden gebügelt und dampfgeglättet von unseren Angestellten in den Schrank gehängt wurden.

»Bist du schon durch mit deinen Vorlesungen?«, fragt sie mit einem freundlichen Lächeln. Sie scheint mir meinen plötzlichen Aufbruch am gestrigen Abend nicht übel zu nehmen. Wir setzen uns in Bewegung und steuern den Ausgang des Hauptgebäudes an.

»Nicht ganz, heute Nachmittag habe ich noch ein Seminar über Schnitttechniken. Jetzt habe ich Leerlauf. Und du?«

Ich schiebe die Massivholztür auf und trete ins Freie. Die Luft ist kühl und rein. Der Geruch von nasser Erde kriecht in meine Nase, und winzige Tropfen des Nieselregens prasseln auf meine Stirn.

»Dienstags ist mein kurzer Tag. Nach meiner Marketing-Vorlesung habe ich frei. Wie war dein erster Tag?«

»Gar nicht mal so spannend«, gestehe ich. Weil ich mich nicht eine Sekunde lang auf meinen Dozenten konzentrieren konnte. Weil Stevens Antwort mir seit ihrer Ankunft einen rasenden Herzschlag bereitet. Weil ich ständig die Augen geschlossen habe, in der Hoffnung, die Erinnerung an den letzten Abend würde verschwinden, sobald ich sie wieder öffne.

»Oh, das kenne ich.« Sie brummt und verzieht mitleidig das Gesicht. »Ich habe so lange davon geträumt, endlich meine eigene Kleidung designen zu dürfen, aber nein: Vorher brauchen wir drei Semester Designtheorie und Farblehre.« Sie legt den Kopf in den Nacken, während sie jemanden grüßt, der ihr »Gut siehst du aus!« hinterherruft.

»Danke!«, erwidert Becca und lächelt verzückt. »Austin und ich wollten etwas essen gehen. Möchtest du mitkommen?«

Das selbstverständliche ›Klar‹ liegt mir schon auf der Zunge, als ich innehalte.

Familie.

»Ich … Meine Seite des Zimmers ist ein einziges Chaos. Das sollte ich langsam mal beseitigen, bevor Austin mich auf dem Flur aussetzt.«

»Austin kann echt so ein Pingel sein.« Sie rollt die Augen. »Das ist der Grund, warum wir nicht gleich zusammengezogen sind. Ein weiterer Tag im Chaos wird keinem von euch wehtun. Austin am allerwenigsten, auch wenn er gern so tut.«

»Ich …«

»Komm schon.« Becca bleibt stehen, wendet sich mir zu und schaut mit vorgeschobener Unterlippe zu mir auf.

Ich seufze. Es steht mir gerade alles andere im Sinn, als sie vor den Kopf zu stoßen, daher frage ich vorsichtig: »Ist deine Mitbewohnerin dabei?«

»El?«, entgegnet sie offensichtlich verwundert über mein Interesse. *El. Mann, ich hasse diesen Spitznamen.* »Nein, sie hat den ganzen Tag Vorlesungen. Wieso fragst du?« Ihre Tonlage erhöht sich. Was auch immer sie gerade denkt, ich muss es dringend aus der Welt schaffen.

»Sie schien sich nicht sehr wohl in meiner Nähe zu fühlen. Ich will nicht, dass ich ihr den Tag verderbe.« Diese Worte sind nicht einmal gelogen. Ganz im Gegenteil.

»Blödsinn! El öffnet sich nicht so schnell. Das hat nichts mit dir zu tun.«

Oh, wie sehr ich mir wünsche, dass Becca mit dieser Theorie recht behält. Aber so einfach ist es nicht. Nicht, was unsere gemeinsame Vergangenheit betrifft.

»Also, kommst du mit? Ich verspreche dir Burger und Milchshakes.«

Ich neige den Kopf. Das schlechte Gewissen kribbelt schon in meiner Magengrube, als ich nicke und »Wie könnte ich da Nein sagen?« erwidere.

. . .

»Wow, das ist echt ekelhaft«, kommentiere ich Austins Darbietung, seine Pommes in die Sahne von Beccas Milchshake zu tunken.

»Als er das zum ersten Mal gemacht hat, dachte ich noch, er wollte mich nur zum Lachen bringen. Tja, falsch gedacht.« Becca prustet los und schüttelt den Kopf. Sie selbst hat das Mittagsmenü ganz ausgelassen, sich für Scones mit Clotted Cream entschieden und statt dem dazu üblichen Tee nicht einen, sondern gleich zwei Erdbeershakes bestellt.

»Die bekomme ich immer so schnell leergetrunken«, hat sie auf mein stirnrunzelndes Nachfragen geantwortet.

Der Langweiler unseres Tisches bin wohl oder übel ich, Zack Burley, der sich einen einfachen Cheeseburger mit Pommes bestellt hat. Ich muss mir dringend eine coole Angewohnheit zulegen.

»Ihr wisst gar nicht, was ihr verpasst«, antwortet Austin trotzig und tunkt demonstrativ eine weitere Pommes in den Sahnehaufen.

»Wie lief eigentlich dein Vortrag gestern? Ich habe gar nicht mehr nachgefragt.«

»Mies wie erwartet«, meint Austin schmatzend. »Der Kerl versteht etwas von seinem Fach, aber es unterrichten? Das tut er nur aus bloßem Hass jungen Menschen gegenüber. Ich bin mir sicher, dass er eines dieser Kinder war, die den Lehrer daran erinnert haben, dass er Hausaufgaben aufgegeben hat.«

Becca nickt zustimmend. »Letztes Semester hat er sogar El zum Weinen gebracht. Und das muss schon etwas heißen.«

Ein Stück Burger bleibt mir im Hals stecken. Ich huste und röchele, bis Austin mir sein Ginger Beer herüberschiebt, damit ich etwas trinken kann.

Während die scharf-süßliche Flüssigkeit über meine Zunge rinnt, denke ich über Beccas Aussage nach. Es muss etwas bedeuten, wenn man El zum Weinen bringt? War Nelly nicht immer eine sensible Person, der man ihre Gedanken direkt anhand des Ausdrucks ihrer Augen ablesen konnte? Oder war sie nur in meiner Erinnerung so emotional?

Gott, ich weiß nicht mehr, was Realität und was Traumvorstellung ist.

»Du studierst auch Musik?«, frage ich Austin.

»Musik?« Er zieht die Augenbrauen zusammen und wirft erst Becca und dann mir einen verwirrten Blick zu. »Wie kommst du darauf?«

Shit, Zack, denk nach.

»Ich dachte … ich dachte …«, stammele ich, doch Austin erlöst mich von meinem Gewinsel, indem er weiterredet.

»Ich studiere Sport auf Lehramt. Benett ist für den pädagogischen Vermittlungskram zuständig. Dafür gibt es auch einen Fachbegriff, aber der ist seit dem vorletzten Semester wie ausgelöscht.«

»Bildungswissenschaften«, erklärt Becca mit einem klagenden Kopfschütteln. »Warum weiß ich das besser als du?« Sie legt ihre Wange auf die Schulter ihres Freundes und blickt aus großen Augen zu ihm auf.

»Weil du unsere Intelligenzbestie bist. Und weil du diejenige warst, die mit El ihren Vortrag durchgegangen ist, den unser werter Professor wiederum in der Luft zerrissen hat.«

»Studiert … deine Mitbewohnerin auch Sport?« Meine Stimme klingt wie die eines Schuljungen. Schüchtern und verhalten. Vor Sekunden habe ich so unvorsichtig mit meinen Worten um mich geschmissen, dass ich jetzt dringend zurückrudern muss.

»El und Sport?« Becca muss lachen. »Nein, El studiert Mathe und Biologie, um es später zu unterrichten. Frag mich nicht, warum. Welcher Mensch sucht sich freiwillig die Fächerkombination des Grauens aus?«

Und Musik? Als Austin andeutete, Nelly würde ebenfalls Fächer auf Lehramt studieren, war ich mir sicher, dass sie wenigstens diesen einen Traum nicht hat fallen lassen. Die Enttäuschung raubt mir den Appetit. Ich lege mein Besteck zur Seite und strecke die Beine unter dem Tisch aus.

»Du interessierst dich doch für sie«, höre ich Becca irgendwann sagen. Als ich geschockt aufblicke, bemerke ich, wie sie mich aus schmalen Augen anschaut.

»Wie kommst du darauf?« Mein Lachen soll den Fakt vertuschen, dass sie mich auf frischer Tat ertappt hat. Aber es endet in einem solch jämmerlichen Versuch, dass meine Wangen sich vor Scham erwärmen.

»Oh mein Gott, es steht dir ins Gesicht geschrieben!« Becca wischt sich die Clotted Cream aus den Mundwinkeln. »Außerdem kann ich es dir nicht verübeln, würde ich auf Frauen stehen, wäre El meine erste Wahl.«

»Und warum ist sie so … unfreundlich?« *Unfreundlich.* Dass ich Nelly mal dieses Adjektiv zuordnen würde, war zu unserer gemeinsamen Zeit noch undenkbar. Sie war das Mädchen, das ihr Abendessen lieber an ihren Hund verfütterte, anstatt meiner Mutter vor versammelter Mannschaft vorzuhalten, dass sie Vegetarierin ist. Die von ihrer Freundin Aideen aufgezogen wurde und sich mit keinem Wort dagegen gewehrt hat. Nelly war an vielen Stellen *zu* freundlich. Dass sie jetzt das genaue Gegenteil zu sein scheint, ist hart.

»Keine Ahnung, sie ist wie gesagt nicht immer so. Anfangs bin ich auch nur eingezogen, weil ich ganz schnell aus dem Wohnheim rauswollte. Ehrlicherweise hat sie mich in den ersten Wochen total eingeschüchtert.« Becca lächelt, als würde sich die Erinnerung wie ein Filmtrailer vor ihren Augen abspielen. »Ich meine, sie hat quasi in ihrem Zimmer gelebt. Wenn ich im Wohnbereich war, hat sie den Raum gemieden, als würde ich Säure versprühen. Ich persönlich glaube, dass sie einfach schüchtern ist. Was die meisten Leute nicht verstehen können, da sie das mit ihrem Selbstbewusstsein überspielt.«

Oder, weil sie in einer einzigen Nacht ihren Vater, ihre Mutter und ihre zehnjährige Schwester verloren hat. Weil ihr Leben ihr von jetzt auf gleich aus den Händen gerissen wurde. Sie in einem System verloren gegangen ist, das nicht darauf vorbereitet ist, plötzlich einen Vollwaisen zu empfangen. Das Erwartungen hat. Erwartungen, die eine trauernde Siebzehnjährige nicht erfüllen kann.

Ich weiß nicht, ob Becca ahnt, dass hinter Nellys Fassade so viel mehr steckt. Insgeheim hoffe ich es.

»Na ja, mein Glauben an die Doppeldates ist noch nicht verloren.« Sie zuckt die Schultern mit einem erfreuten Blick und saugt die letzten Reste ihres zweiten Shakes durch den Papierstrohhalm auf.

Ich öffne den Mund, um mich gegen ihre Worte zu wehren. Aber beschließe dann, einfach zu schweigen. Vielleicht ist es gut, wenn wenigstens eine Person nicht den Glauben an uns verliert.

17

NELLY

»Wie geht es ihr heute?«, frage ich Jonathan leise, da ich fürchte, dass Mrs Franklin in ihrem Sessel eingenickt ist. Sechzehn Uhr ist die übliche Zeit für ihr Nachmittagsschläfchen.

»Gut«, erwidert er und wirft dem Sessel einen Seitenblick zu. »Heißt aber leider nicht, dass sie redet.«

Ich nicke wissend. Mittlerweile arbeite ich seit zwei Monaten für Jonathan und betreue über mehrere Stunden in der Woche seine Stiefmutter. Seit dem Tag, an dem ihr Mann verstorben ist, hat die alte Frau aufgehört zu sprechen. Jonathan und seine Frau Louise haben sich erhofft, dass eine externe Betreuerin ihr helfen könnte, wieder zu sich zurückzufinden. Was bis jetzt absolut nach hinten losgegangen ist. Vielleicht hätte ich ihnen bei unserem Kennenlerntermin beichten müssen, dass ich in Sachen Trauer eine verdammt miese Wahl bin.

»Wir haben gestern Apfelkuchen gebacken, der steht in der Küche. Wenn sie aufwacht, kannst du ihr gern ein Stück anbieten. Du kannst dich, wie du weißt, auch immer bedienen. Denk daran, dass sie nur koffeinfreien Kaffee trinkt, sonst liegt sie die Nacht über wach.« Jonathan läuft in der altmodischen Küche umher, als würde die Tatsache, Mrs Franklin alleine bei mir zurückzulassen, ihn nervös machen. Zwischen seinen Worten fuchtelt er immer wieder an seinem Kragen herum. Vermutlich hat seine Tochter wie so häufig eine Ballettaufführung.

»Und das Wichtigste: Nicht unterkriegen lassen.« Er schenkt mir ein beruhigendes Lächeln und wirft sich die Jacke über die Schulter, ehe er zu Mrs Franklins Sessel im Wohnzimmer läuft. Da er sie nur mustert und wortlos zu mir zurückkehrt, gehe ich davon aus, dass Mrs Franklin wirklich eingenickt ist.

»Dann bis heute Abend«, flüstere ich Jonathan zu und fühle mich wie jedes Mal, wenn die Tür zu dieser Wohnung zugeht, wahnsinnig fremd. Denn jetzt betrachte ich die gelblichen Fliesen an der Küchenwand, wie an so vielen anderen Herbstnachmittagen der letzten Wochen. Mittlerweile weiß ich, dass sie aus rund hundertdreiundfünfzig Kacheln besteht.

Etwas unbeholfen setze ich einen Fuß vor den anderen und gehe in das Wohnzimmer hinein. Vorsichtig beuge ich mich zur Seite, sodass ich einen Blick auf Mrs Franklins Sessel bekomme. Eine Strickdecke liegt über ihren hageren Oberschenkeln. Ihre Haare sind ergraut, doch an einigen Stellen blitzt noch ihre braune Naturhaarfarbe heraus. Überraschenderweise sind ihre Augen jedoch nicht geschlossen, weswegen ich sage: »Mrs Franklin? Nicht erschrecken. Ich bin es, Eleanor.«

Sie wirft mir einen Seitenblick zu, bevor sie die Augen wieder auf den Fernseher richtet und ungerührt ihre Nachmittagssoap schaut. Meine Schultern sinken, und instinktiv drehe ich mich zu der Fensterfront um.

Auf den Fensterbänken stehen Bilder, die das Leben der alten Dame wahren. Sie zeigen eine junge Version Mrs Franklins am Strand in Badekleidung, das Haar offen und vom Wind zerzaust. Ihr Lachen strahlt mit der Sonne um die Wette, während die Wellen des Mittelmeers im Hintergrund brechen. Ein anderes Bild verkörpert sie mit ihrem verstorbenen Ehemann. Auch hier scheinen sie sich noch in Spanien aufgehalten zu haben, denn ihre Silhouetten werfen Schatten auf feinen Sandstrand. Sie umklammern einander, als wüssten sie bereits, dass ihre Zeit ein zu frühes Ablaufdatum aufgesetzt bekommen hat. Aber ihr Lächeln beweist, dass selbst die Gewissheit darüber ihnen die Liebe nicht nehmen konnte.

Allein die Vorstellung, dass diese Bilder nichts weiter als vergangene Momente sind, die nichts mehr mit der Realität der alten Dame zu tun haben, bewirkt ein Stechen in meiner Brust.

»Mrs Franklin?«, frage ich erneut, in der Hoffnung, die Frau von den Fotos in ihr wachrütteln zu können. Doch wie erwartet bleibt ihr Blick auf den Fernsehbildschirm gerichtet, während ihre sehnigen Hände einander kneten. Innerlich seufze ich. Aber Mrs Franklin zu offenbaren, wie sehr ihr Schweigen ihr Umfeld trifft, kommt nicht infrage.

Jonathan hat seine Stiefmutter schon zu vielen Ärzten und Neurologen gebracht, doch die Ursache für ihre fehlende sprachliche Kommunikation fand bisher keiner der Spezialisten. Louise hat einmal gesagt: ›Es kommt mir vor, als hätte Callum ihre Stimme mitgenommen.‹ In diesem Augenblick brannte es so sehr in meiner Brust, dass ich den Raum verlassen musste, um nicht vor den Franklins in Tränen auszubrechen.

Als meine Familie starb, haben sie viel von mir mitgenommen. Die Musik zum Beispiel. Meine Lebensfreude. Meine Gefühle für Zack. Vom einen auf den anderen Tag ging es mir nicht mehr ums *Er*leben, sondern ums *Über*leben. Rein pragmatisch. Wenn das Leben mir die Chance gegeben hätte, wären auch mir die Worte ausgegangen.

»Möchten Sie … ein Stück Apfelkuchen? Und Kaffee? Ich weiß doch, wie sehr Sie Kaffee lieben.« Ich überwinde mich zu einem Lächeln, doch bin mir nicht einmal sicher, ob sie etwas davon mitbekommt. Ihr Kinn zuckt kurz nach vorne, und ich nehme das als Zuspruch. Froh, endlich eine Tätigkeit zu haben, verschwinde ich in die Küche und richte die altmodische Filtermaschine her. Der Apfelkuchen von Louise sieht wieder einmal aus wie original aus einem Rezeptbuch entsprungen. Sie gibt sich immer so viel Mühe.

Mit einem großen und einem halbierten Stück Apfelkuchen plus einem guten Klecks Schlagsahne kehre ich ins Wohnzimmer zurück und platziere die größere Portion auf Mrs Franklins Beistelltisch.

»Sieht lecker aus, nicht wahr?«

Sie lächelt verkniffen. Wenigstens eine Reaktion.

Schweigend essen wir unseren Kuchen, bis die Sonne hinter dem Horizont verschwindet und ich die Deckenlampe einschalten muss. Zu Beginn meiner Betreuung habe ich Mrs Franklin ungefähr alle zwanzig Minuten gefragt, ob sie Lust auf ein Brettspiel oder einen Spaziergang hat. Die Antwort war ein ernüchterndes Nichts gewesen. Daher habe ich es aufgegeben, sie zu motivieren, und belasse es dabei, vor Ort zu sein, falls etwas sein sollte.

Erfüllende Arbeit, ich weiß.

Als Jonathan mir verkündet, dass er und seine Familie jetzt wieder zurück sind, mache ich mich auf den Weg ins *Scrabbles* – dem Pub, in dem Becca, Austin und ich für gewöhnlich abhängen. Die Kneipe befindet sich in einem urigen Reihenhaus inmitten des Marktplatzes und teilt sich in zwei Stockwerke auf. Die Wände sind ein wenig schief und machen den Eindruck, als könnten sie jede Sekunde ineinanderfallen, was allerdings nie jemanden davon abgehalten hat, das Gebäude zu betreten. Neben dem *Paddington* ist das *Scrabbles* der Sammelort für Averstons Studentenschaft. Am Wochenende ist der beschauliche Pub oft so überfüllt, dass sich die Partygemeinde auf die Straßen vor dem Eingangsbereich ausweiten muss.

Bereits am Eingang entdecke ich meine Freunde in unserer üblichen Sitzecke. Sie wird geziert von einem altmodischen Kronleuchter aus Messing, der keiner der anderen Leuchten gleichkommt. Neben dem Rundglasfenster hängt ein Blechschild mit der Aufschrift *Lovely day for a Guinness* über dem bunten Schnabel eines Tukans.

Die Anspannung entweicht meinen Muskeln, als ich auf den Tisch zugehe und erkenne, dass meine schlimmsten Befürchtungen sich nicht bestätigt haben – kein Zack weit und breit. Er hält sich also an unsere Abmachung.

»Na, hattest du eine ordentliche Party mit Mrs Franklin?«, fragt Becca mit einem Lachen. In ihrer Hand befindet sich ein so großes Glas Guinness, dass ich mich wundere, wie sie dieses mit ihren zierlichen Armen an ihren Mund heben möchte.

»Oh ja und wie, drei Stunden *Law & Order* am Stück mit jeder Menge Apfelkuchen. Wenigstens hat die Frau Geschmack.«

Der junge Kellner kommt an den Tisch, und ich bestelle mir einen Cider, weswegen ich Beccas Worte fast überhöre. »Hat sich Zack schon zurückgemeldet?«

»Noch nicht«, erwidert Austin. Becca seufzt geknickt.

»Zack? Habt ihr ihn eingeladen?«, frage ich und versuche, den klagenden Unterton in meiner Stimme zu verstecken. Sie wissen nichts von meinem Verhältnis zu Austins neuem Mitbewohner. Wie könnte ich es ihnen also zum Vorwurf machen? *Oder ihm, wenn er dennoch käme?*

»Austin hat ihm geschrieben. Aber er scheint keine Lust zu haben«, erklärt Becca, und bei dem enttäuschten Schimmern in ihren Augen zieht es in meiner Brust. »Denkst du, es liegt an mir? Gehe ich euch auf die Nerven? Dein letzter Mitbewohner hat immer die Augen verdreht, wenn ich euer Zimmer betreten habe, erinnerst du dich? Vielleicht ist es wirklich meine Schuld, dass er nichts mit uns zu tun haben möchte.«

Austins Gesichtsausdruck gefriert. Ihn scheinen die Selbstzweifel seiner Freundin tief zu treffen. »Was? Nein! Er muss sich erst noch einleben, Becca, das hat mit keinem von uns etwas zu tun.«

Ich erhoffe mir, Überzeugung in seiner Stimme zu hören, doch werde enttäuscht. Er möchte Becca nur beruhigen. Auch ihm scheint nicht entgangen zu sein, wie krampfhaft Zack sich von ihnen und ihren offenen Armen fernhält. Ich senke den Blick auf den durchweichten Pappuntersetzer unter meinem Glas und presse die Lippen zu einem Strich.

Eine Egoistin. Ich bin nichts weiter als eine egozentrische Göre, die ihre Bedürfnisse vor die aller anderen stellt. Dass Zacks Abwesenheit diese Schuldgefühle in Becca auslöst, habe ich nicht kommen sehen. Und der Gedanke, dass ich ihnen nicht einmal erklären kann, dass *ich* es bin, die ihn von unserer Clique fernhält, bringt meine Glieder zum Beben.

»El?« Beccas Hand landet auf meinem Unterarm, und ich zucke zusammen. »Alles in Ordnung?«

Ich nicke schnell, fast zu schnell, um normal zu wirken.

»Okay«, erwidert Austin skeptisch und wirft Becca einen unsicheren Blick zu.

»Ich glaube, du gefällst ihm.«

»Wem?«, frage ich abwesend.

Becca rollt die Augen und nimmt einen Schluck von ihrem Bier. Der Schaum legt sich über ihre Oberlippe, und ich unterdrücke ein Grinsen, bis mein Gesicht zu Eis gefriert, als sie »Zack« mit solch einer Überzeugung ausruft, dass ich ihr am liebsten den Mund zugehalten hätte.

»Wie kommst du darauf?« Dankbar nehme ich meinen Cider von der jungen Kellnerin entgegen und genehmige mir einen großen Schluck.

»Er hat nach dir gefragt. Was du studierst und so. Und er glaubt, dass du ihn nicht leiden kannst.« *Da liegt er gar nicht so falsch.* Oder doch? Kann ich Zack wirklich nicht leiden, oder ist es ein Abwehrmechanismus, weil es schlimmer wäre, ihn nach all den Geschehnissen noch zu lieben?

Ich zucke die Schultern und sage ungerührt: »Da habe ich wohl einen ganz miesen ersten Eindruck gemacht.«

Und die beiden lachen, obwohl sie keine Ahnung haben, wie furchtbar ich wirklich zu ihm war.

18

ZACK

»Beschäftigen Sie sich über das verlängerte Wochenende weiter mit dem Programm, dann können wir im nächsten Monat in die Projektarbeit einsteigen.« Mit diesen Worten beendet der junge Lehrbeauftragte das Seminar zu Schnittprogrammen und hinterlässt ein Stimmengewirr der Studierenden.

»Bist du heute Abend im *Paddington*?«, fragt mein Sitznachbar Ronan, während wir unsere Laptops transportsicher für das regnerische Wetter verstauen.

»Im *Paddington*?«, wiederhole ich.

»Dort ist eine Halloweenparty geplant, laut meines Mitbewohners so etwas wie das *Ereignis des Jahres.*« Einen Moment tauche ich in Gedanken ab und erinnere mich, dass auch Austin mehrfach von einer Halloweenparty gesprochen hat. Ich zucke die Schultern. »Hab ich noch nicht drüber nachgedacht.«

»Wenn du es weißt, sag Bescheid.«

Er verabschiedet sich mit einem Handschlag, und ich bleibe alleine zurück, gewillt, meine handschriftlichen Notizen so zu verstauen, dass sie in meinem Rucksack nicht zerknicken.

Die Prozedur bedarf so viel Zeit, dass bereits die Studierenden für das folgende Seminar eintreffen und sich ihren Platz suchen. Mit schnellen Handgriffen werfe ich mir den Rucksack über die Schulter und steuere den Ausgang an, durch den eine kleine Menschentraube in das Innere hineinströmt. Gruppen, die tuschelnd die Köpfe zusammenstecken und über die gleichen Witze lachen. Partner, die ihre Notizen untereinander austauschen und die letzten Stichpunkte gemeinsam durchgehen. Nur eine Person folgt dieser Flut alleine, einsam, als Einzelkämpferin. Sie ist nicht in irgendwelche Unterlagen vertieft, sondern starrt geradewegs an mir vorbei, Kopfhörer im Ohr, als hätte sie mich längst aus der Ferne gesehen und beschlossen, mich aus ihrem Blickfeld auszublenden. Wie hypnotisiert bleibe ich auf der Stelle stehen, während sie an mir vorbeizieht, als wäre ich eine bedeutungslose Schachfigur in dem Unitrubel. Ich – Bauer. Sie – Dame.

Dann geht die Tür des Saales zu, und ich stehe noch immer an derselben Stelle, fokussiere den Eingang, als wäre irgendetwas von Nelly in dessen Rahmen zurückgeblieben. Aber da ist nicht mehr als die Erinnerung an das Mädchen, das mir auf den Schulfluren schüchtern zulächelte, wenn unsere Wege sich kreuzten. Damals war ihre Uniform dunkelrot, heute ist sie blau. Ihre Haare waren zusammengebunden, nun verteilen sich ihre Locken ungebändigt auf ihren Schultern. Früher war in ihren Augen Liebe, heute pure Ignoranz.

Meine Finger krampfen um die Träger meiner Tasche, und ich überrede mich selbst dazu, mich von ihrer verblassenden Erinnerung loszureißen.

Es ist die letzte Vorlesung vor dem verlängerten Wochenende. Das ist ein Grund, sich zu freuen, oder? Während meines Wegs zum Wohnheim spielt sich unsere kurze Begegnung wieder und wieder vor meinem inneren Auge ab. In den vergangenen Wochen gab es nicht viele davon. Einmal habe ich sie am anderen Ende des Campusparks gesehen, wie sie ihre Hände an einem Pappbecher wärmte und mit geschlossenen Augen den Sonnenstrahlen begegnete. Die Bäume um sie herum waren von orange-braunen Blättern geschmückt, und ich konnte kaum differenzieren, ob sie es war, die meine Sicht in ein Kunstwerk verwandelte, oder der Herbst mit seinen Farben. Ein anderes Mal fuhr sie mit ihrem Fahrrad an dem Fenster meines Seminarraumes vorbei.

Immer wieder versuche ich mir in Erinnerung zu rufen, dass sie mehr ist als eine Illusion. Dass sie wahrhaftig hier ist. Doch sie ist wahnsinnig gut darin, mir vorzutäuschen, dass es das Mädchen in meiner Erinnerung nicht mehr gibt. Dass es sie nie gegeben hat.

Als ich die Zimmertür schließe, entdecke ich Austin an seinem Schreibtisch. Sein Kopf richtet sich auf den Laptopbildschirm in einer Weise, von der ich schon beim Zusehen Nackenschmerzen bekomme.

»Verdammte Scheiße«, flucht er und vergräbt die Finger in seinen Haaren.

»Was ist los?«

»Meine Seminararbeit. Ich wollte sie gerade absenden, doch plötzlich passen die Kapitelüberschriften in der Kopfzeile nicht mehr zu dem Inhalt.«

Ich werfe meinen Rucksack neben das Bett, etwas, das Austin mit Sicherheit missfallen wird, und stelle mich hinter seinen Schreibtischstuhl, um das Problem in Augenschein zu nehmen. »Darf ich?«

Er überlässt mir seine Maus, und ich versuche mich an den Formatierungssymbolen, bis die Überschrift *Sportspiele* sich der Beschreibung in der Kopfzeile anpasst. Austins Augen weiten sich, und sein Mund klappt auf. Er blickt sich über die Schulter zu mir um und säuselt: »Wo kommst du her und womit habe ich dich verdient?«

Meine Lippen verziehen sich zu einem Grinsen. »Das ist der einzige Vorteil an sieben Semestern in Oxford: Diese Krisen habe ich alle schon durchlebt.«

»Du bist der Hammer.« Austin schüttelt sprachlos den Kopf und überfliegt die Seite. »Ich sende sie direkt ab, bevor irgendeine Geisterhand wieder alles ruiniert. Dann kann Halloween beginnen.«

Ich lache kurz auf. »Hat es das nicht längst schon?«

Das könnte man zumindest meinen, wenn man Austins Zimmerseite betrachtet. Auf seiner Fensterbank verteilen sich Figuren von Kürbissen und Miniaturgeistern. Auch ein riesiges Spinnennetz aus Wolle hat er von seinem Bettpfosten hinüber zu seiner Schranktür gespannt. Für jemanden, der Ordnung liebt, ist diese Dekoration furchtbar konträr. Aber Austin beteuert, dass der Oktober dazu da ist, das Umfeld mit düsterem Kram zu überladen.

»Mit Halloweenleugnern wie dir diskutiere ich gar nicht. Gehst du heute Abend ins *Paddington*?«

»Das angebliche *Ereignis des Jahres*?« Ich lasse mich rücklings auf mein Bett fallen.

»Die ganze Stadt wird da sein. Im Ernst, das ist der Wahnsinn.«

»Die ganze Stadt? Das ist bei Averston nicht besonders schwer.« Ermüdet fahre ich mir mit den Händen durchs Gesicht. Mein Plan für heute umfasst wohl oder übel früh ins Bett zu gehen. Der erste Monat war anstrengend auf jeder erdenklichen Ebene.

»Du kommst mit uns, oder? Wir feiern erst bei Becca, danach ziehen wir weiter.« Austins Stimme wird begleitet von einer Selbstverständlichkeit, die mir den Atem raubt.

»Ich … bin mit jemandem aus meinem Seminar verabredet.«

Austin schaut von seinem Bildschirm auf, der Blick trocken und nüchtern. »Dann bring ihn mit.«

»Ich …«

»Du willst nicht?«

»Nein, das ist es nicht. Nur …« Nur muss ich an ein Versprechen halten. Eines, das umfasst, Distanz zu euch zu wahren.

»Hör zu. Wenn du ein Problem mit uns hast, sprich es bitte an. Becca zerbricht sich schon seit Tagen den Kopf, aus welchen Gründen du uns immer absagst.«

Ich beiße die Zähne zusammen. Versuche die Wahrheit hinter Schloss und Riegel zu halten.

»Ehrlich, sie ist davon überzeugt, dass es an ihr liegt.«

»Nein, doch nicht an Becca.« Ich seufze erschöpft, nicht wissend, wie ich mich herausreden soll, ohne Nelly bloßzustellen.

»Dann an mir?«

Abrupt richte ich mich auf und suche in Austins Gesicht nach einem Anzeichen, dass er spaßt. Doch seine Mundwinkel neigen sich nach unten. Fast glaube ich, Ärger in seinen Augen zu erkennen.

»Wenn du möchtest, dass wir nur Mitbewohner bleiben, ist das in Ordnung. Ich wollte dir deine erste Zeit so angenehm wie möglich gestalten, aber offenbar –«

»Nein«, unterbreche ich ihn schnell. »Es liegt nicht an dir. Auch nicht an Becca. Ich wollte mich euch nicht aufdrängen, daher habe ich ständig abgesagt. Schließlich bin ich der Neue, ihr müsst für mich nicht den Babysitter spielen.«

»Das hast du gedacht?«, fragt Austin verwundert und kreist die Schultern, offenbar erleichtert darüber, dass sich unser Problem so schnell lösen lässt.

Die Lüge benetzt meine Gliedmaßen, als ich nicke. »Ich würde sehr gern mit euch mitkommen.«

Seine Mundwinkel heben sich. Gelassen streckt er den Rücken durch und die Beine unter seinem Tisch aus. »Tja, das muss ich mir jetzt erst mal überlegen.«

Mein Lachen bleibt mir im Hals stecken. Gleichermaßen führe ich mir vor Augen, dass ich lange genug meinen Kopf für Nelly hingehalten habe, ohne je etwas dafür zurückzubekommen. Den gesamten ersten Monat meines Studiums bin ich ihren Regeln gefolgt. Langsam ist es Zeit, die Karten neu zu mischen. Jetzt wird sie zur Nebendarstellerin meines Films.

19

NELLY

MEIN SPIEGELBILD RUFT mir in Erinnerung, dass ich kein Halloweenkostüm nötig habe. Die dunkeln Schatten unter meinen Augen wirken fast wie gewollt. Offenbar wurde ich dazu erwählt, dieses Halloween als Geist zu gehen.

Becca hingegen sieht hinreißend aus in ihrem Kostüm, das sie als *ermordetes Schneewittchen* bezeichnet. Gerade schiebt sie sich einen Haarreif in ihre Locken, auf dem ein blutverschmiertes Messer prangt.

»Und?«, fragt sie und fährt sich mit den Händen über das blau-gelbe Kleid. Becca hat ein Faible dafür, Dinge, die niedlich aussehen sollten, so grausam wie möglich zu gestalten. Auf ihrer Brust prangt eine große, runzelige Narbe, die wir mit jeder Menge rotem Lidschatten und Kunstblut ausgeschmückt haben.

»Du siehst unglaublich aus. So wie immer.«

Meine beste Freundin verzieht die Lippen zu einem Schmollmund und streicht mir über die Wange. »Du bist süß, El. Zu süß, wenn ich überlege, dass wir das Fest des Grauens feiern.«

Ich seufze. »Nein.«

»Nicht einmal eine kleine Narbe im Gesicht?« Sie weitet ihre braunen Augen.

»Du kennst meine Antwort.«

»Aber es ist Halloween!«, ruft Becca aufgebracht und stemmt die Hände in die Hüften. »Du kannst unmöglich zu einer waschechten Irin werden, wenn du Halloween nicht wertschätzt. Wusstest du, dass das Fest einen keltischen Ursprung hat? Dann kamen die Amerikaner und haben es zu ihrem Lieblingsfeiertag gekürt, um einen Haufen Süßigkeiten abzusahnen und Häuser mit Klopapier zu bewerfen.«

»Meiner ist und bleibt immer noch Thanksgiving«, erwidere ich mit erhobenem Zeigefinger. »Ich habe nie verstanden, inwiefern dieser Abend die Menschheit bereichern soll. Alle verkleiden sich als Serienmörder, Horrorclowns und Geister. Ich meine, ist das nicht paradox? Das Böse zu feiern?«

Becca neigt den Kopf und mustert ihr Gesicht im Spiegel. Mit zwei Fingern streicht sie sich roten Lidschatten unter die Augen, um sie aussehen zu lassen, als wären sie geschwollen. »Für mich ist Halloween die Möglichkeit, einmal im Jahr jemand anderes zu sein. Überleg mal, ich bin eine schwarze Frau in einem Schneewittchen-Kostüm, und kein Schwein interessiert sich dafür! *Das* ist Halloween. Nur einen verdammten Tag alle gesellschaftlichen Zwänge hinter sich zu lassen.«

Ich begegne ihrem Blick in der Reflexion und lächele sanftmütig. »Das ist das erste Argument, mit dem ich etwas anfangen kann.«

Beccas Wangen heben sich vor Stolz, und sie streckt ihre Hand nach ihrem Smartphone aus, um die Partymusik einige Nuancen höherzudrehen und ihre Hüften zu den Melodien zu bewegen.

Kurz vor Partybeginn sammle ich Sammys Habseligkeiten ein und begleite ihn in den ersten Stock, wo Mrs Reagan schon sehnsüchtig auf ihn wartet. Die Anwesenheit meines Hundes besänftigt ihre Skepsis darüber, dass sich eine Horde betrunkene Studierende in unserer kleinen Wohnung treffen wird.

»Vielen Dank, dass er heute bei Ihnen bleiben darf. Ich hole ihn morgen früh ab.«

»Ich habe zu danken«, beteuert unsere mittelalte, alleinstehende Hausverwalterin und widmet sich meinem Hund, der sie mit seiner Zunge auf ihrer Haut begrüßt. Als ich zurück in unserer Wohnung ankomme, klingelt es bereits an der Tür.

»Ich gehe schon!«, ruft Becca, zwei Flaschen Schnaps unter den Achseln. Sie hat so viel Zeit und Mühe in die Vorbereitung für diesen Abend gesteckt. Unsere Wohnung gleicht einer Partylocation, die andere mieten wollen würden. Ich entdecke Halloweenflair in jeder Ecke in Form von selbstgeschnitzten Kürbissen, schwarzen Katzen, Watte und einer Schüssel Bowle mit Augäpfeln aus Gummi.

Als ich die Stimmen ihrer Freundinnen vernehme, flüchte ich ins Bad und richte mit ein paar letzten Handgriffen meinen unabsichtlichen Geisterlook.

»Okay, Eleanor, stell dich nicht so an«, rede ich mir zu und atme tief ein und langsam aus. *Es ist nur eine Party. So wie jede andere der letzten drei Jahre, die du gemeistert hast.* Meine Finger krallen sich um das Waschbecken und suchen den Halt, den mir meine wackeligen Beine nicht mehr geben. *Warum zur Hölle bin ich so nervös?* Weil die Wahrscheinlichkeit hoch ist, dass er im *Paddington* auftaucht? So wie alle anderen Studierenden dieser Stadt? Es genügt, ihn auf den Universitätsfluren zu sehen und vorzugeben, dass seine sanften Augen, die stets meinen Blick suchen, nichts in mir auslösen würden. Dass ich die Enttäuschung seinerseits nicht im Herzen spüre, wenn ich wie heute an ihm vorbeigehe, ohne ihm meine Aufmerksamkeit zu schenken. Dabei weiß ich nur zu gut, dass ich, wenn ich einmal damit begonnen habe, ihn anzuschauen, nicht mehr aufhören kann. So war es immer.

Nach einem letzten langen Atemzug verlasse ich das Bad und schaue mich im Wohnbereich um. Wie in so kurzer Zeit diese Menge an Menschen in unsere Wohnung finden konnte, ist mir ein Rätsel. Die Grüppchen verteilen sich um unsere Couch, eröffnen den Abend mit aneinanderstoßenden Bechern.

Ich entdecke das ermordete Schneewittchen in der Küche, beschäftigt damit, Cola und Whiskey zusammenzuschütten.

»Machst du mir auch einen?«

»Ich habe mir da etwas vorgenommen. Und zwar mixe ich nur Leuten ein Getränk, die auch ein Kostüm tragen.« Sie schenkt mir einen mitleidigen Blick. »Und *määäp*, du bist leider durchgefallen.«

»Els Seele ist so dunkel, dass sie locker als Halloweenkostüm durchgeht«, ertönt Austins Stimme von der Seite. Ich stoße ihn gegen den Oberarm, kommentiere seinen geschmacklosen, aber treffenden Witz mit einem Lachen, bis ich dem Blick meines offensichtlichen Kostümpartners begegne. Und erstarre.

Schicksal, du bist ein Arschloch.

»Sieht so aus, als würdest du ebenfalls keinen Drink bekommen. Sorry, Zacky.« Becca zieht einen Schmollmund und nippt an ihrer Whiskeymischung.

»Mir ist gerade sowieso viel eher nach Tequila«, murmele ich und stelle mich auf die Zehenspitzen, um unser liebevoll eingerichtetes Schnapsregal zu plündern. Meine Finger zittern, als ich die Flaschen beiseiteschiebe. *Scheiße, scheiße, scheiße.*

»Muss nicht!«, höre ich Austin im Hintergrund rufen, gleich darauf Becca, die seine Worte grölend wiederholt.

»Bitte was?«

Ich bin froh, mit dem Rücken zu Zack zu stehen, ansonsten wäre ihm mit Sicherheit nicht entgangen, welchen Stromschlag mir seine Stimme bereitet. *Immer noch. Nach verdammten fünf Jahren.*

»Wir haben die Verantwortung, uns um El zu kümmern, sobald sie betrunken ist, in diesem Moment abgegeben. Herzlichen Glückwunsch, Zack, du bist der erfreute Gewinner.«

Die Schnapsgläser wären mir beinahe auf den Boden gescheppert.

»Oh, ehm …« Zack räuspert sich unbehaglich. »Ich denke, dass sie das schon ganz gut alleine kann. Auf sich aufpassen, meine ich.«

»Kann ich«, sage ich laut und stelle die Gläser auf dem Küchentresen ab. Das Hütchen der Tequila-Flasche fliegt einmal quer über den Tresen, mit solch einem Schwung öffne ich den Schraubverschluss. Während ich die klare Flüssigkeit eingieße, nähert sich Beccas Mund meinem Ohr. »Alles in Ordnung? Du wirkst gestresst.«

Oh, du hast ja keine Ahnung, wie gestresst ich bin.

»Alles bestens«, erwidere ich und zwinge mich zu einem breiten Lächeln.

Ich habe gelernt, mich unter Kontrolle zu haben. Zumindest dann, wenn andere hinsehen. Auf keinen Fall kann ich zulassen, dass Zack diese Mauer niederreißt und alle zu sehen bekommen, welches Wrack sich dahinter versteckt. Daher schiebe ich sowohl Becca als auch Austin einen Tequila zu und umfasse mein Glas.

»Hey, was ist mit Zack?«

Aus Schock sehe ich in seine Richtung, doch stelle beruhigt fest, dass er auf sein Handy starrt, statt mir einen ebenso vorwurfsvollen Blick zuzuwerfen, wie Becca es tut.

»Vergessen, sorry.« *Miese Lügnerin.*

Ich fülle ein weiteres Schnapsglas mit der scharfen Flüssigkeit und schiebe es in Zacks Richtung. Er schaut auf und hebt einen Mundwinkel. »Danke.«

Jetzt, da sich unsere Blicke einmal getroffen haben, ist dieses Band wieder so intensiv, dass ich keinen Schimmer habe, wie ich je wegschauen soll. Zu meinem Glück hebt Becca in diesem Moment ihr Glas an.

»Also, Leute, trinken wir auf uns.«

Auch wenn sich alles in mir dagegen wehrt, mit Zack auf so etwas wie ein *Uns* anzustoßen, halte ich meine Tarnung aufrecht und hebe mein Glas, als wären wir ganz normale junge Erwachsene, denen nichts anderes im Sinn steht, als sich volllaufen zu lassen.

Der Alkohol brennt in meinem Hals, jedoch reicht er bei Weitem nicht aus, um diesen fiesen Cocktail aus Wut, Schuld und Scham in meiner Brust zu beseitigen. Unauffällig blicke ich mich im Wohnbereich um. Da ich mir nie besonders viel Mühe gegeben habe, Freundschaften zu knüpfen, befindet sich kein bekanntes Gesicht aus meinen Vorlesungen in diesem Raum. Ein paar von Austins Leuten kenne ich durch die Didaktik-Kurse, aber auch nur beiläufig.

Zum ersten Mal in meiner Zeit in Averston bereue ich es, eine Einzelgängerin zu sein. Denn das bedeutet gleichermaßen, keine Ausweichmöglichkeit zu Zacks Gesellschaft zu haben.

»Los, stellen wir dir ein paar Leute vor, Freshman.« Austin, dessen rechtes Auge von einer Klappe bedeckt ist, klopft Zack freundschaftlich auf die Schulter, und ich bemerke, wie dieser bei der Bezeichnung der Erstsemester seinen Mund zusammenkneift.

Als die beiden unter den Leuten verschwinden, höre ich Becca seufzen. »Du könntest dir wirklich etwas Mühe geben, El.«

Schlagartig verziehe ich das Gesicht. »Ich gebe mir Mühe!«

Warum verteidige ich mich eigentlich? Meine Worte sind so offensichtlich eine Lüge, dass ich Beccas höhnisches Lachen nachvollziehen kann. »Das nennst du bemühen?«

Mit einem Mal überfällt mich ein Schamgefühl, das mich dazu bringt, die Finger in den Unterarm zu vergraben. Ich bin nicht nur eine miese Freundin, ich bin auch eine miese Fremde. Zumindest in den Augen meiner Mitbewohnerin.

»Du musst ihn nicht mögen. Aber Austin und ich tun es, damit musst du leben.« Sie verlässt mich mit einem dramatischen Abgang und quetscht sich durch eine Gruppe Mädchen hindurch.

»Scheiße«, zische ich und starre ihr nach. Tränen treten mir in die Augen. Reicht es nicht aus, dass Zack an der Averston studiert? Muss er sich ausgerechnet in meine einzigen Freundschaften einmischen?

Für diesen Abend bleibt mir offenbar nichts anderes übrig, als die Fassade aufrechtzuerhalten und Zacks Anwesenheit zu akzeptieren.

Entschlossen greife ich nach einem leeren Becher, befülle ihn mit einem ordentlichen Schuss Wodka und Soda und genehmige mir einen großen Schluck, bevor ich Becca hinterherlaufe.

Du spielst seit fünf Jahren diese Rolle, du bist darin geübt. Daher setze ich mein strahlendstes Lächeln auf, als ich Beccas Messer-Haarreif samt ihrer Gestalt auf unserem Sofa entdecke und mich neben ihr niederlasse.

Den Fakt, dass ich Zack so direkt gegenübersitze, ignoriere ich gekonnt mit einem weiteren Schluck Wodka-Soda.

»Du hast recht, ich habe mich idiotisch verhalten«, flüstere ich ihr zu, da sie mir immer noch nicht ihre Aufmerksamkeit schenkt, sondern abweisend in ihren Becher starrt.

»Hast du«, murrt sie.

»Verzeihst du mir?«

Sie schielt zur Seite, ihr rechter Mundwinkel hebt sich leicht. »Nur wenn du morgen amerikanisches Frühstück machst. Mit Pancakes.«

»Ich brate dir sogar diesen stinkigen Bacon, wenn du dafür vergisst, wie doof ich bin.«

»Hm, jetzt werde ich hellhörig.« Sie entblößt ihre weißen Zähne und drückt mir einen Kuss auf die Schulter. »Hab dir längst verziehen.«

Austin richtet sich von seinem Platz auf unserem Teppich auf und räumt die Getränke von Beccas Trinktisch. Das weiße Holz ist bekritzelt mit einem Spielfeld, das den Spielern Challenges vorschreibt, sobald ihre Figuren das Feld betreten. Ungefähr jedes zweite führt dazu, dass einer der Spieler – schlimmstenfalls auch alle – ihr Getränk leeren müssen. »So, Leute, wer ist dabei?«

»Ich!«, ruft Becca gleich und flucht, als etwas von ihrem Getränk dank ihrer Euphorie über ihre Hand schwappt. Einige Partygäste, die sich neben Zack auf dem Boden niedergelassen haben, bekunden ebenfalls laut ihre Zustimmung. Offenbar scheine ich die Einzige zu sein, die mit Trinkspielen nichts anfangen kann.

»Zack, was ist mit dir?«

Mein Blick zuckt in seine Richtung. Er öffnet den Mund, offenbar überfordert damit, wie er Austins Einladung ablehnen soll. Doch dazu lässt ihn sein Mitbewohner gar nicht kommen, denn er ruft: »Super, dann sucht euch eine Spielfigur aus.«

Eine von Beccas Modestudentinnen namens Aeryn legt einen Tampon auf das Startfeld, der Typ neben ihr einen Kronkorken. Nach und nach füllt sich das Feld, bis auch Zack in seinen Hosentaschen nach einer passenden Spielfigur kramt und sich für eine Fünfcentmünze entscheidet.

»El, spielst du mit?«

Austin hebt die Augenbrauen und kürt ein Halsbonbon zu seinem Spielstein.

»Vergiss es. El hasst Trinkspiele noch mehr als Halloween«, schreitet Becca ein und lacht. Ein kurzes Stechen schießt durch meine Brust hindurch. Nicht, weil Becca für mich gesprochen hat oder weil sie mir unterstellt, Trinkspiele zu hassen. Es ist dieser Halloween-Part, der mir diesen unsichtbaren Schmerz verursacht.

Halloween. Die Nacht der Toten.

Es kommt mir bescheuert vor, mich an diesem Abend in ein Kleid zu quetschen oder Filme zu schauen, in denen Menschen auf kaltblütige Art erstochen werden. Fast automatisch schaue ich zu der einzigen Person in diesem Raum, die sich ebenfalls nichts aus Halloweenverkleidungen zu machen scheint. Und als würde er dies innerlich spüren, treffen sich unsere Blicke. Er schluckt hart, und für einen Moment fühle ich mich verstanden. Als wäre ihm bewusst, was ein paar Worte in mir auslösen können und dass Becca nicht den Hauch einer Ahnung hat, welche Stellen sie in mir getroffen hat.

Doch an meinem Vorsatz hat sich nichts geändert. Daher setze ich ein Lächeln auf und sage: »Nein, ich bin dabei.«

»Wirklich?« Becca reißt die Augen auf. Die Freude hat sich in Form eines Schimmerns in ihnen abgesetzt.

»Wenn du versprichst, mir die Haare zu halten, und nicht eiskalt die Verantwortung von dir schiebst wie gerade eben.« In gespieltem Ärger verenge ich die Augen zu schmalen Schlitzen.

Die Andeutung eines Schmunzelns liegt auf Beccas Lippen, und sie streckt mir ihre Hand entgegen. »Ich halte deine Haare und du meine. Deal?«

»Deal.« Ich drücke ihre Hand und taste in dem Halfbun an meinem Hinterkopf nach einer Haarklammer, um sie auf das Startfeld zu legen.

Becca würfelt und schiebt ihr Haargummi drei Schritte vor auf ein Feld, das uns befiehlt, zwei Schlucke unseres Getränks zu uns zu nehmen.

Der Typ namens Ronan neben Zack lacht. »Wer auch immer dieses Spiel erfunden hat, wollte unbedingt, dass wir schon in der Mitte der Felder nicht mehr lesen können.«

Und damit hat er offenbar recht, denn es landen vier weitere Spieler auf demselben Platz und zwingen mich somit, die Hälfte meines Getränks zu leeren. Da ich nicht bedacht habe, so viel auf einen Schlag trinken zu müssen, habe ich mich mit dem Wodka leider nicht zurückgehalten. Er brennt in meinem Hals und bringt fast zeitgleich ein Glühen in meine Wangen.

»Oh El, deine Bäckchen sind ganz rot«, neckt mich Becca, vor der der Alkohol offenbar ebenso wenig halt gemacht hat, denn sie kneift mir in meine besagten Bäckchen.

»Hey!«, raune ich grinsend und haue ihr auf die Finger, wodurch der Rest unserer Spielgefährten in unser Lachen mit einsteigt. Inklusive Zack.

»Ich hole etwas von den Getränken hier rüber. Habt ihr Wünsche?«, fragt Austin und springt auf. Die anderen rufen ihm einen wilden Mix aus verschiedenen Cocktails und Alkoholsorten hinterher, was er mit einem glucksenden »Okay, okay. Ich sehe, was ich finden kann« abfängt.

»Dein Kleid sieht schön aus, Eleanor. So etwas Ähnliches versuche ich gerade zu nähen«, sagt Acryn und umfasst den Saum meines schwarzen Maxikleides.

Ich erwidere ihr Kompliment mit einem überraschten »Danke« und merke, dass sich die Hitze in meinen Wangen verstärkt. Für gewöhnlich reden die wenigsten Menschen mit mir, weder in der Uni noch auf Partys. Becca hat mich schon zu so einigen Veranstaltungen mitgeschleift und sich unwahrscheinlich viel Mühe gegeben, mich mit allen bekannt zu machen. Aber die meisten wirken eher eingeschüchtert, wenn ich den Raum betrete. Ihre Tuscheleien habe ich auch schon bemerkt, aber die winke ich mittlerweile problemlos ab. Sie müssen mich im *Paddington* gesehen und mir gleich den Ruf eines Flittchens zugeordnet haben.

Umso erfrischender ist es, jemandem Unvoreingenommenes zu begegnen, daher sage ich »Mir gefallen deine Ohrringe« und deute auf die Perlen, die Aeryns Ohrläppchen schmücken.

»Oh danke, die sind von meiner Grandma. Verrückt, oder? Meine Mom sagt immer, alles kehrt irgendwann zurück. Daher mistet sie aus der Mode gekommene Kleidung auch nie aus.«

Das hat Mom auch immer gesagt.

»Da hat sie recht«, erwidere ich, auch wenn meine Stimme bei Weitem nicht mehr so erfreut klingt wie noch Sekunden zuvor. Kein Wunder, dass mich niemand leiden kann. Wer erträgt schon so viele Stimmungsschwankungen in einer halben Stunde?

»Ich biete euch: Whiskey Cola, irgendeine ekelhafte Mischung von Kokosnuss und Maracuja …«

»Hey, das hab *ich* gemischt!«, ruft Becca empört und gibt ihrem Freund einen Hieb in die Seite. Dieser grinst schief und fährt mit seiner Getränkepräsentation fort.

»Ich nehme die ekelhafte Kokosnussmischung, rein aus Solidarität«, sage ich und halte Austin meinen Becher hin.

»Wenigstens auf dich ist Verlass.« Becca stößt ihren Becher gegen meinen, und wir fahren mit dem Spiel fort.

Tatsächlich scheint Ronans Theorie gar nicht so falsch gewesen zu sein. Die ersten Felder bestehen grundsätzlich nur daraus, uns abzufüllen. Mal muss derjenige, der gewürfelt hat, die Hälfte seines Bechers auf einmal leeren. Ein anderes Mal müssen alle unter zwanzig trinken. Dann nur die Dunkelhaarigen. Auch wenn ich meinen Unmut gegenüber Alkohol, als ich neunzehn war, abgelegt habe, verlangsame ich meine Schlucke, damit ich nicht schon vorm *Paddington* über der Kloschüssel hänge.

Nichts und niemand darf mich vom Tanzen abhalten.

Doch offenbar war das extreme Anheben unseres Alkoholpegels wichtig, damit wir zu den mittigen Spielfeldern kommen, die sich allesamt um Peinlichkeiten drehen. Als Aeryns Figur eines dieser Felder betritt, muss sie all unsere Gäste um Ruhe bitten, nur um gleich darauf zu verkünden, dass sie jetzt ins Bad verschwinden wird.

»Sehr geschmackvoll«, zischt Becca, als Aeryn ins Badezimmer eilt, um ihr Schauspiel glaubhaft umzusetzen.

»Wenn ich so eine Aufgabe bekomme, verschwinde ich zurück in die USA«, murmle ich und nehme gleich darauf einen Schluck von Beccas Mischung, die im Übrigen alles andere als widerlich ist.

Als Nächstes ist Zack an der Reihe zu würfeln. Ich beobachte seine Hände, die sich um den Würfel hüllen und ihn zum Wirbeln bringen. Schlagartig habe ich in Erinnerung, wie sie sich auf meiner Haut angefühlt haben. So warm, so vertraut, so … schützend.

Zack schiebt seine Münze über den Tisch und richtet sich auf, um die Worte auf dem Spielfeld entziffern zu können. Offenbar hat auch bei ihm die Wirkung des Alkohols eingesetzt, denn er kneift ein Auge zu, um richtig lesen zu können.

»Euer Ernst?«, fragt er irgendwann mit einem Lachen.

»Lass mal sehen.« Ronan schiebt sich neben ihn und liest die Worte vor: »Erzähle von deinem ersten Schwarm.«

Mein Becher knackt unter meinen Fingern.

»Ach komm, da gibt es wirklich Schlimmeres.«

Nein. Das gibt es nicht.

»Ihr dürft eine Frage stellen. Das genügt«, betont Zack.

»Okay, ich bin neugierig, wie hieß sie?« Becca richtet sich aufgeregt auf. »Oder er natürlich.«

Rote Flecken breiten sich auf Zacks Hals aus. Stressflecken. Ich habe unendlich viele Monate damit verbracht, ihn zu beobachten, daher weiß ich, dass das nur passiert, wenn Zack etwas unangenehm ist oder er sich unter Druck gesetzt fühlt.

»Was bringt euch ausgerechnet der Name?«, fragt er, zwar mit einem Lächeln im Gesicht, jedoch ist der Unterton seiner Stimme von Unsicherheit geprägt.

»Na ja, der Name deiner ersten Liebe kann sehr viel über deinen Charakter aussagen«, betont Austin.

Daraufhin fügt Becca hinzu: »Stimmt, über Austin sagt er, dass er einen verdammt guten Geschmack hat.«

Sie grinst gewinnend und lässt sich von ihrem Freund einen Kuss auf die Stirn drücken.

»Wo sie recht hat.«

Alle Blicke richten sich auf Zack, er hingegen starrt in sein Getränk, als könnte dieses ihm eine Lösung für sein Dilemma zuflüstern. Nein, für *unser* Dilemma. Schließlich bin ich daran nicht ganz unbeteiligt.

Und gerade, als ich mir schon Strategien zurechtlege, die mir helfen, wenn mein Name aus Zacks Mund ertönt, bringt ein ganz anderer den Raum zum Schwirren: »Savannah.«

Jetzt bloß nicht blinzeln, Eleanor, das Brennen in deinen Augen kann dich blitzschnell verraten.

»Savannah«, wiederholt Ronan und pfeift durch die Zähne. »Klingt ganz schön heiß.«

»Das war sie«, bestätigt Zack und zuckt die Schultern. »Wer ist als Nächstes dran?«

Das Gemurmel geht in der Erinnerung ihres Namens unter. Savannah.

Du wolltest doch, dass er etwas anderes sagt!

Auch wenn es der letzten guten Erinnerung mit einem Mal die Bedeutung raubt.

»El, der heilige Würfel gehört dir«, albert Austin und schiebt ihn in meine Richtung. Fünf. Ich streife die Haarklammer über das Brett und bitte Ronan die Worte vorzulesen, da sie von meiner Position aus auf dem Kopf stehen.

»Sage einen ›Ich hab noch nie‹-Satz. Jeder, der es schon mal getan hat, muss trinken.«

Nachdenklich neige ich den Kopf zur Seite. Im Gegensatz zu den anderen Aufgaben ist meine verdammt einfach. Es würden so viele Aussagen zur Option stehen, die weder verletzend noch unangenehm sind. Aber weil die Wunde in meinem Herzen noch blutet, sage ich Folgendes: »Ich habe noch nie jemanden in diesem Raum geküsst.«

Einige der Mitspieler, unter anderem Becca und Austin, heben ihre Getränke an, doch ich nicht. Ich starre Zack an, er mich. Keiner von uns trinkt.

Als hätte es uns nie gegeben.

20

ZACK

Der Eingangsbereich des *Paddington* vereint ein grelles Farbspiel an jeder Art von Kostümen mit erschütterndem Bass in den Wänden. Wie so ziemlich alles in der letzten Woche ist auch der Nachtclub nicht von Halloweendekoration verschont geblieben. Allerdings verzichtet der Geschäftsführer auf Kitsch und präsentiert seinen Gästen eine ästhetische Schaueratmosphäre in der Dunkelheit.

Nachdem ich meine Jacke abgegeben habe, folge ich Becca, Austin und Ronan an die Bar. Unser Alkoholpegel war schon beachtlich, als wir unser altes Klinkerhaus verlassen haben. Becca hat während des kurzen Wegs zum Club durchgehend *This is Halloween* angestimmt, während Austin dank seines bedeckten Auges fast vor eine Straßenlaterne gelaufen wäre. Ronan hingegen scheint einiges an Alkohol abzukönnen. Er hat den gesamten Abend über mindestens so viel wie ich zu sich geführt, und doch fällt ihm das Reden deutlich leichter als mir, als ich unsere Bestellung aufgebe.

»Was?«, wiederholt die junge Barkeeperin zum zweiten Mal und verzieht fragend das Gesicht. Es bedarf eines dritten Anlaufs, um mich gegen die Lautstärke der Musik durchzusetzen, bis sie damit beginnt, unsere Getränke zuzubereiten.

Der Tanzbereich wird von gesanglosen Technobeats beherrscht, zu denen kostümierte Tiere, Horrorgestalten und Märchenfiguren durch die Gegend hüpfen. Die Rauchmaschine verteilt ihren Dunst durch die Dunkelheit, und Scheinwerfer blenden in wechselnden Farbnuancen meine Augen. Kein Wunder, dass sie mir trotz fehlender Kostümierung unter all den Tanzenden ohne Taktgefühl gleich auffällt. Nelly wiegt sich unter dem Bass, als hätte dieser die Kontrolle über ihren Körper übernommen. Jede Bewegung wirkt wie choreografiert, während sie die Lider geschlossen hält. Sie treibt in der Woge wie ein Segelboot im Meer. Die dunklen Wellen fallen ihr vor die Augen, dann wieder aus dem Gesicht, legen sich über ihren roten Mund.

Erst die Kälte des Heineken, das Ronan in meine Hand drückt, reißt mich aus meiner Trance. Habe ich die letzten Minuten vergessen zu blinzeln oder warum fehlt es meinen Augen an Feuchtigkeit?

Als ich zur Seite schiele, merke ich, dass Ronan sie ebenfalls ansieht. Nein, ›gaffen‹ trifft es besser. Sein Mund ist geöffnet, während seine Blicke über Nellys tanzenden Körper gleiten. Es würde mich absolut nicht wundern, wenn er gleich zu sabbern beginnen würde.

»Die ist echt gefährlich heiß«, sagt er irgendwann laut und erhält Zustimmung von einem fremden Kerl neben uns, dem Nellys Performance offenbar auch nicht entgangen ist. »›Gefährlich‹ trifft es gut, an der verbrennst du dir die Finger. Du kannst es ja mal versuchen, für eine Nacht ist sie sich nicht zu schade.«

»Nicht zu schade?«, frage ich und spüre, wie das Gefühl von Wut aus meinem Magen die Speiseröhre heraufklettert. Es dauert nicht mehr lange, und ich spucke ein paar fiese Worte aus.

»Sie ist eine Schlampe. Eine Bitch.« Er betont die Satzfetzen extra gezogen, als wäre ich ein Erstklässler, dem neue Vokabeln beigebracht werden.

Der Kerl lacht höhnisch. Sein Clownskostüm hätte er passender nicht wählen können.

»Wow, ziemlich einfach, ein Mädchen eine Schlampe zu nennen, bei der du nie eine Chance haben wirst«, presse ich heraus und balle die Hände zu Fäusten. Es ist fast wie damals, als Aideen sich über Nelly lustig gemacht hat. Nur sind die Worte des Clowns um einiges schlimmer.

»Eine Chance?«, wiederholt er lachend und lässt sein Bier kreisen. Dann wendet er den Blick von Nelly ab und dreht sich zu mir, die Lippen vor Hohn verzogen. »Als hättest du die.«

»Hab ich nicht«, erwidere ich. »Und? Hast du mich sie beleidigen hören?«

Er verengt die Augen, und ich spüre schon den kommenden Schmerz in meinem Nasenrücken, sobald seine Faust mein Gesicht treffen wird, doch überraschenderweise wendet er sich ab und verschwindet in der Menschenmenge.

»So ein Arschloch«, zische ich.

»Du sagst es«, stimmt Ronan mir zu, dabei kann ich nicht zu hundert Prozent unterschreiben, dass er diese Meinung auch vertreten würde, wenn ich dem Kerl meine nicht unter die Nase gerieben hätte.

»Da hinten sind meine Mitbewohner. Ich gehe mal rüber.« Er klopft mir auf die Schulter. Nickend nehme ich einen Schluck meines Biers und lehne den Rücken gegen die Front der Bar.

»Kommst du mit auf die Tanzfläche?«, fragt Becca. In ihrer Hand befindet sich einer der buntesten Cocktails, die ich je in meinem Leben gesehen habe.

»Später«, erwidere ich und lasse auch sie davonziehen. Mit einem Mal bin ich so nüchtern, dass mir die Schwere dieses Abends auf den Magen drückt. Vielleicht hätte ich auf Nelly hören und mit ein paar anderen Leuten herkommen sollen. Aber auch dann hätte ich gesehen, wie sie ihre dunklen Haare schwingt, die Augen geschlossen, als würde sie alles um sich herum ausblenden. Ich erinnere mich an unsere Nacht im *Strangers* und daran, wie ich sie zum ersten Mal habe tanzen sehen. Es war, als wäre sie aus ihrem Käfig der Unsicherheit ausgebrochen und auf der Tanzfläche in all die

Farben zersprungen, die sich unter ihrer Fassade verbargen. Und so ist es noch immer. Ihr Gesicht wirkt weicher, gelöster. Die permanente Anspannung scheint ihren Muskeln entwichen zu sein.

Bis heute Abend hätte ich vermutet, dass Nelly unsere gemeinsame Vergangenheit hinter sich gelassen hat. Dass ich nicht mehr für sie bin als ein Name, mit dem sie mal ein Gesicht, eine Berührung, einen Kuss verbunden hat. Doch dann habe ich den feuchten Schleier in ihren Augen gesehen, als ich den falschen Namen genannt habe, um Nellys Schauspiel nicht zu gefährden.

Dabei war ich mir so sicher, ihr einen Gefallen zu tun, indem ich von Savannah erzähle. Vielleicht hätte ich mir einfach einen Namen ausdenken sollen.

Nach dem Spiel verschwand sie in die Küche und brach schon um einiges eher ins *Paddington* auf als die anderen Partygäste.

»Zack?« Eine Hand legt sich auf meine Schulter. Ich setze das Bier ab, von dem ich gerade noch einen tiefen Schluck genommen habe, und suche das zur Hand gehörende Gesicht. Austins breites Grinsen begrüßt mich, gefolgt von der Silhouette eines Mädchens, das scheu hinter seinem Rücken hervorlugt. »Ich würde dir gern jemanden vorstellen.«

Oh nein.

Er tritt zur Seite und gewährt mir somit einen Blick auf seine Begleitung, die peinlich berührt eine Strähne ihres roten Haares hinter das Ohr streicht und gepresst die Mundwinkel hebt.

»Hey«, sagt sie. Ihre zarte Stimme geht fast in der lauten Musik unter. »Ich bin Faye.«

»Zack«, erwidere ich und hebe die Hand. Gleich fällt mir auf, wie sehr ihr Name zu den rötlichen Haaren und den grauen Augen passt. Ihr Gesicht ist von Sommersprossen bedeckt, über die sie feine Schnurrhaare gemalt hat, um ihr Katzenkostüm zu vervollständigen. Sie hat etwas Elfenartiges an sich. Als hätten ihre Eltern davon gewusst, bevor sie ihren Namen gewählt haben.

Ich kann ihr in den Augen ablesen, dass diese Vorstellungsaktion nicht ihre Idee war.

»Sie ist eine Freundin von Aeryn. Das Mädchen mit dem

Tampon als Spielfigur. Eine Mitstudentin von Becca.«

»Oh, verstehe«, sage ich und fühle mich dümmlich. In Situationen wie diesen war ich noch nie besonders gut.

»Ich werde mal Becca suchen gehen, ihr zwei könnt euch ja ein bisschen unterhalten.« Austin zwinkert mir zu und verlässt die Bar, um in der Menschenmasse unterzutauchen. *Verfluchter Mistkerl.*

»Und du … studierst Mode?«, frage ich unbeholfen und pule die Ecke des Heineken-Aufklebers mit dem Daumennagel vom Glas. Mit Sicherheit ist mein Hals bereits voll von diesen fiesen Stressflecken.

Sie schüttelt den Kopf und legt den rechten Arm auf den Tresen der Bar. »Ich studiere Psychologie. Aeryn kenne ich von einer Party.«

»Cool.«

»Und du?«

»Ich studiere Film und Regie. Allerdings kann ich dich nicht mit inhaltlichem Wissen beeindrucken, ich bin erst seit einem Monat hier.« Lächelnd schüttele ich den Kopf und versuche mich innerlich zu beruhigen.

Ihre hellen Augenbrauen springen nach oben. »Nimm es mir nicht übel, aber du siehst nicht aus wie ein Freshman.«

Mit einer gespielt erlösten Geste fasse ich mir an die Brust. »Danke, das wollte ich hören!« Unser Lachen vermischt sich mit der Musik. »Tatsächlich bin ich das auch nicht. Ich habe zuvor sieben Semester in Oxford studiert, bin aber ohne Aufbaustudium abgegangen.«

»Um dann in Averston zu landen? Mutiger Schritt.« Sie schiebt neckend die Unterlippe vor und nickt.

»Ich find's gar nicht so übel hier«, erwidere ich.

»Nein?« Sie greift nach ihrem Weinglas, an dem Abdrücke ihres rosa Lippenstifts haften. »Glaub mir, die Erkenntnis wird dich auch noch treffen. Kleinstädte sind furchtbar.« Auch wenn sie versucht zu spaßen, höre ich dennoch, dass eine Spur Verbitterung in ihrer Stimme mitschwingt.

»Ich bin selbst in einer groß geworden. Ich kenne noch immer die Nachnamen jedes meiner Mitschüler der Grundschule und bin kilometerweite Wanderungen gewohnt, wenn der Bus nicht zur passenden Zeit kommt.«

»Oh und vergiss nicht die Lehrer, die gleichzeitig die Buchclub-freundinnen deiner Mutter sind und mit ihr ganz private Elterngespräche über deine ersten Zigarettenversuche auf dem Schulklo führen.«

»Was? Das ist dir passiert?«

Faye schüttelt kichernd den Kopf. »Meinem Bruder. Ich war Mitglied des benannten Buchclubs.«

Ich steige in ihr Lachen ein, doch begehe den grotesken Fehler, meinen Kopf in Richtung des Tanzbereichs zu wenden. Nelly befindet sich noch immer in Symbiose mit der Technomusik, nur dass sie jetzt nicht mehr allein die Blicke auf sich zieht. Die fremden Hände eines Mannes liegen auf ihrer Taille, bewegen sich mit ihr vereint, als wären sie eine Einheit.

Brennende Eifersucht keimt in mir auf. Ich versuche sie mit einem Schluck Bier zu löschen. Vergeblich.

»Hör zu.« Fayes Finger finden meinen Unterarm, als sie sich vorlehnt. »Ich weiß, was Austin hiermit bezwecken will, aber ich …« Sie verstummt und vergräbt die Zähne in der Unterlippe.

Ob sie bemerkt, wie die Hände dieses Kerls auf dem Körper meiner Jugendliebe mich getroffen haben? Schnell schüttele ich den Kopf. »Schon gut, es ist nicht so, wie du denkst.«

»Nicht?« Sie blickt hoffnungsvoll zu mir auf. »Das ist super. Du bist ein netter Kerl, auch wenn ich nicht verstehe, wie man an Halloween ohne Kostüm aus dem Haus gehen kann. Na ja, jedenfalls glaube ich nicht, dass ich jemanden kennenlernen sollte. Nicht auf dieser Ebene.« Etwas überrascht weite ich die Augen. Offenbar haben wir aneinander vorbeigeredet. Sie bezieht ihre Worte nicht auf meinen verkrampften Gesichtsausdruck, den ich habe, seit ich Nelly ein weiteres Mal gesehen habe, sondern auf ihre persönliche Situation.

»Bist du vergeben?«

Sie seufzt, zuckt dann die Schultern. »Schwer zu sagen. Wäre

Facebook noch im Trend, müsste ich meinen Beziehungsstatus auf *es ist kompliziert* stellen.« Ein trauriges Schnauben verlässt ihren Mund. Sie schaut zur Seite und lässt ihren Blick über die bunten Gesichter schweben, als würde auch sie nach jemandem suchen, der längst in dem Sog der Masse verloren gegangen ist. Dann, als ich bereits denke, unser Gespräch wäre hiermit beendet, sagt sie: »Glaubst du, man kann jemanden lieben und gleichzeitig wissen, dass man nicht füreinander bestimmt ist?«

Ich frage mich, ob ich von Schicksal sprechen kann, dass Nelly genau in diesem Moment die Augen öffnet, als erwachte sie aus einem entfernten Traum. Ihr Braun findet mein Grün, und kurz bemerke ich, wie ihre Bewegungen aufhören zu fließen, die entspannten Züge sich verkrampfen.

»Ja«, erwidere ich. »Ja, das glaube ich.«

Fayes Schniefen lässt mich wieder aufsehen. Sie wischt sich mit der Hand die Tränen von den Wangen und verschmiert damit eines der Schnurrhaare. »Gut, ich dachte schon, ich wäre bescheuert.«

»Vielleicht sind wir auch beide bescheuert. Ich bin keine Garantie«, erwidere ich mit einem Lächeln und halte ihr mein Bier entgegen, sodass wir anstoßen können. »Willst du darüber reden?«

Faye leckt sich über die Lippen, ehe sich ihre Mundwinkel zaghaft heben. »In einem Katzenkostüm an einer Bar, während neben uns ungefähr zweihundert Leute tanzen?«

Ich nicke.

»Ja, bitte.«

Ich führe Faye in den Teil hinter der Bar, der wohl dazu errichtet wurde, Partybekanntschaften die Chance auf Zweisamkeit zu ermöglichen. Ein Paar nutzt das dunkelrote Sofa im unbelichteten Teil für so einige Tätigkeiten, die nicht im vorderen Bereich der Bar abgehalten werden sollten.

Hier ist der Bass gedämpft, doch er bringt die Wände um uns weiterhin in Bewegung. Ich bin nur froh, Nellys Anblick entkommen zu sein. Wenigstens für ein paar Minuten.

»Ich habe noch nie darüber geredet«, beginnt Faye vorsichtig. »Nicht, wenn ich nicht gezwungen wurde.« Ihr Lächeln ist traurig. »Aeryn ist ziemlich gut darin.«

»Du musst nicht, wenn du –«

»Doch«, schießt es aus ihr heraus. »Ich will. Irgendwie muss ich es loswerden, aber ich weiß noch nicht, wie.« Sie senkt den Blick. Ihre Mimik verdüstert sich, als grübe sie in den Tiefen ihrer Gefühle nach demjenigen in der dunkelsten Farbe. »Ich liebe jemanden, der mir nicht guttut. Und ich habe das viel zu lange ignoriert, weil der Gedanke, ohne ihn zu leben, viel schlimmer ist als alles, was er mir antut.« Sie presst die Lippen zu einer schmalen Linie, als würde sie ihre ausgesprochenen Worte schon jetzt bereuen.

»Klingt nach einer Person, die deine Liebe nicht verdient«, sage ich und fühle mich scheinheilig. Wie kann ich von nicht verdienter Liebe sprechen, wenn ich einem Mädchen hinterherlaufe, das mir ins Gesicht sagt, dass ich keinen Platz in ihrem Leben mehr habe?

»Hat er nicht«, bestätigt sie. »Aber das zu wissen, bewirkt nicht, dass es aufhört.«

»Ich weiß«, flüstere ich und spüre, wie die Worte in meiner Brust einen Krampf auslösen. Als würde die Erkenntnis, dass ich sie loslassen muss, mit Fäusten gegen meine Rippen schlagen. Faye schenkt mir einen Seitenblick. »Dir geht es genauso, hab ich recht?«

Mein Mund klappt auf.

Sie zieht die Augenbrauen zusammen, offenbar verärgert von ihrer forschen Frage. »Ich … habe bemerkt, wie du sie angesehen hast. Da wusste ich, dass ich mit dir reden kann. Klingt gruselig, oder?«

»Ein bisschen«, erwidere ich und wundere mich selbst darüber, die Worte laut ausgesprochen zu haben. Meine Zunge ist ausgetrocknet. »Wie meinst du das?«

»Was?«

»Dass du gesehen hast, wie ich sie angeschaut habe. Von wem sprichst du?«

Sie blinzelt verdutzt, als könnte sie mein Nachhaken nicht nachvollziehen. *Gott, ist es so offensichtlich?*

»Eleanor Harlow.« Frage beantwortet. Es *ist* offensichtlich. Meine Gefühlslage ist so glasklar, dass ein fremdes Mädchen in einem menschengefüllten Club davon mitbekommt.

»Das ist … kompliziert«, presse ich heraus und blicke mich unwillkürlich im Raum um. Das Paar hinter uns ist noch immer in seinen Zungenkampf vertieft und achtet mit Sicherheit nicht auf die Worte eines Kerls, der mit dreiundzwanzig noch immer verknallt wie ein Teenie über seine erste Liebe spricht.

»Wo wir wieder beim Thema sind.« Ihr Lächeln verrutscht. »Du weißt, wovon ich rede.«

»Tue ich«, bestätige ich trocken. »Zumindest den Part mit der unverdienten Liebe kann ich nachvollziehen. Aber … tut er dir weh?«

Ein betrübtes Schimmern tritt in ihre Augen. Sie umschlingt ihren Bauch mit den Armen, als würde sie sich selbst mit einer Umarmung Trost spenden wollen. »Nicht offensichtlich. Nicht so erkennbar, dass ich es anderen zeigen könnte.« Faye holt tief Luft. »Mittlerweile gibt es keinen Tag mehr, an dem er mir *nicht* wehtut. Mit seinen Worten, seinen Taten. Er hat mich nie falsch angerührt, falls du das meinst. Aber ja, meiner Seele tut er weh. Immer und immer wieder.«

Ihre Worte verschwimmen in einem leisen Schluchzen. Unbeholfen rücke ich an sie heran, frage »Darf ich?«, bevor sie nickt und ich einen Arm um sie lege. Ihre Wange kommt an meiner Brust auf, als sie den Tränen freien Lauf lässt.

»Wieso kann ich mich nicht einfach in jemanden wie dich verlieben? Du bist ein Gentleman. Forderst sogar mein Einverständnis, bevor du mich in den Arm nimmst. Wieso lieben wir ausgerechnet die Menschen, die uns am meisten wehtun?«

»Wenn ich darauf eine Antwort wüsste, würden wir hier längst nicht mehr sitzen und heulen«, erwidere ich und erhasche ein ertapptes Lächeln von ihr.

»Und ich würde nicht in den Armen eines Typen liegen, den ich erst seit einer halben Stunde kenne.«

»Immerhin hast du in dieser halben Stunde schon feststellen

können, dass ich ein Gentleman bin«, erwidere ich neckend.

»Gentleman, oh ja. Einer der Sorte, die ich mir beim besten Willen nicht an Eleanor Harlows Seite vorstellen kann.«

Sie muss spüren, wie meine Brust sich unter ihrem Kopf anspannt, denn sie schiebt schnell hinterher: »Nein, nicht so wie du denkst. Ich mag Eleanor.« Mein Stirnrunzeln soll ihr verdeutlichen, wie wenig Ernsthaftigkeit ich in ihren Worten höre. »Okay, anders: Ich bewundere sie.« Sie blickt zu mir auf, und ich bemerke, wie sich das Schwarz ihrer Mascara unter die Schnurrhaare gemischt hat. »In dieser Stadt wird so viel Mist geredet, aber das scheint alles an ihr abzuprallen. Dieses Selbstbewusstsein ist es, was mir fehlt.«

Selbstbewusstsein. Ja, wenn man Nelly so auf der Tanzfläche betrachtet, erweckt es schnell den Anschein, als wäre sie selbstbewusst – vollkommen überzeugt von ihrer Schönheit. Dabei weiß ich mittlerweile, dass sie eine ausgezeichnete Schauspielerin ist. Wenn ich mal bei einer großen Produktionsfirma arbeiten sollte, wäre sie die erste Darstellerin, die mir in den Sinn käme. Daher frage ich mich, welches ihrer Gesichter ihrer wahren Person entspricht. Und welche nichts anderes als angefertigte Masken sind, die sie trägt, um den ungreifbaren Schmerz vor aller Welt zu verbergen.

Ich schlucke trocken und merke im selben Moment, dass mein Bier bereits geleert ist.

»Es tut mir leid«, höre ich Faye sagen. »Alles, was ich heute von mir gebe, ist irgendwie … wirr. Ich hätte keinen Alkohol trinken sollen.«

»Du musst dich nicht entschuldigen«, erwidere ich. »Erzähl mir von diesem Kerl. Kann ich irgendetwas tun, um dir zu helfen?«

Ein trauriges Kopfschütteln ist ihre Antwort. »Ich bin heute bei ihm ausgezogen. Aeryn nimmt mich für kurze Zeit in ihrer WG auf. Er … weiß nicht, dass ich nicht wiederkommen werde. Ich habe einfach meine Sachen genommen und bin weg.« Eine Träne hängt ihr in den rötlichen Wimpern. »Aber jetzt … will ich einfach nur wieder zurück. Als wüsste ich nicht, dass sich nie etwas ändern wird.«

»Faye …«, beginne ich.

Doch sie redet schon weiter: »Ich weiß, was du sagen willst. Dass es keinen Sinn macht, ja. Aeryn wird mir den Kopf abreißen, wenn ich wieder verschwinde. Aber es …« Sie schnieft. »Es tut so verdammt weh.«

Und weil mir die Worte fehlen, die ich brauche, um die Situation auch nur auf irgendeine Art besser zu machen, lasse ich sie in meinen Armen weinen und schluchzen, bis der Vorrat an Tränenflüssigkeit aufgebraucht zu sein scheint und sie sich aufrichtet.

»Danke«, flüstert sie. »Du musst denken, ich wäre verrückt.«

»Mach dir darum keine Sorgen.«

»Wenn du mal in meinen Armen weinen möchtest, melde dich. Ich bin dir etwas schuldig.« Mit einem überraschend breiten Lächeln öffnet sie die Arme.

»Vielleicht werde ich darauf noch zurückkommen«, erwidere ich und glaube nicht, dass sie eine Ahnung hat, wie ernst ich diese Worte meine. »Aber jetzt lass uns erst mal etwas zu trinken holen.«

»Du siehst sie an«, murmelt Faye zwischen zwei Schluck ihres Weißweins und wirft mir einen verschwörerischen Blick zu. Wie gern ich gegen ihre Worte protestieren würde, doch leider benennt sie nichts als die Wahrheit. Ich sehe Nelly nicht nur an, ich starre quasi. Das Glas Wein, das Faye mir als Heilung gebrochener Herzen angepriesen hat, bringt meinen Kopf dazu, in ferne Welten zu schweben. In diesen bin ich der Mann, der Nellys Körper erforscht, während sie den Club zum Strahlen bringt. Der ihr während der Übergänge der Songs zuflüstert, wie unglaublich sie ist.

Also bleibt mir nichts anderes übrig, als ertappt die Schultern zu zucken und einen weiteren Schluck meines Weines zu trinken.

»Sicher, dass du nicht über sie reden möchtest? Ich meine, ich habe vor zehn Minuten dein T-Shirt nassgeweint.« Faye deutet auf den besagten Fleck und grinst. Ein kurzer Besuch auf der Toilette hat ausgereicht, um ihr Make-up wieder herzurichten. Jetzt sieht Faye nicht mehr nach dem Mädchen aus, das eben noch vor Herzschmerz zusammengebrochen ist.

Ein Seufzen verlässt meinen Mund, weil ich ihr Angebot zu gern angenommen hätte. Aber da sind Nelly und ihre unendlichen Verbote, wenn es um sie und mich und unsere Vergangenheit geht. Also schüttele ich den Kopf.

»Okay«, sagt Faye ergeben und tippt die Fingerspitzen auf den Metalltresen der Bar. »Dann muss ich mir wohl eine Geschichte zusammenreimen. Lass mich überlegen …« Sie verzieht nachdenklich den Mund. »Du hast sie auf einer Freshman-Party kennengelernt, ihr beim Tanzen zugesehen und warst sofort hin und weg von ihren Rehaugen. Dann bist du zu ihr nach Hause, und als die Sonne aufging, wollte sie nichts mehr von dir wissen.«

Meine Antwort ist ein helles Lachen.

»Was? So enden die meisten Geschichten.«

»Du hast zu viele Filme gesehen. Oder Erotikromane gelesen.«

Fayes Lippen öffnen sich vor Empörung, und sie stemmt ihre sommersprossigen Hände in die Seite. »Na hör mal, wenn das so ist, würde eure Geschichte ganz anders ausgehen. Dann wärst du ein melancholischer Dozent, dem sie in ihrer ersten Vorlesung begegnet. *Schock.*« Sie hebt die Hände an und unterstreicht ihre Worte mit wirren Bewegungen. »Schlussendlich würdet ihr euch gegen alle Regeln doch verlieben, aufs Land ziehen und viele kleine Babys zeugen. Ende der Geschichte.«

Ich lege die Stirn in Falten. »Nein, nicht unsere Geschichte.«

Faye brummt und nippt an ihrem Getränk. »Okay. Du willst mir also wirklich nichts über euch erzählen. Dann muss ich dich wohl oder übel abfüllen.«

Sie beugt sich zu der Barkeeperin, die gerade dabei ist, einen Cocktail zu schütteln, und ruft: »Zwei Tequila bitte.«

»Du meinst es wirklich ernst«, stelle ich verwundert fest und zwinge meine Augen, nicht schon wieder in Nellys Richtung zu schweifen. *Konzentriere dich auf Faye, auf den Tequila, auf das Hier und Jetzt.*

»Natürlich meine ich es ernst. Ich studiere schließlich nicht umsonst Psychologie. Vielleicht qualifiziert mich das nicht gerade zu einer Paarberaterin, aber ich muss wohl eine gute Zuhörerin sein.« Sie presst ertappt die Lippen zusammen, als ich ihren Worten mit einem ungläubigen Blick begegne. »Na gut: und eine hoffnungslose Romantikerin, die auf Liebesgeschichten steht.«

»Das mit Nelly und mir ist bei Weitem keine Liebesgeschichte.« Meine Stimme klingt fade, als die Worte meinen Mund verlassen. Es gab eine Zeit, da war ich mir sicher, dass man Nellys und meine Verbindung als so etwas wie die Geschichte einer großen Liebe bezeichnen könnte. Zwei verliebte Teenager, die trotz der verstrahlten Regeln ihrer Eltern zueinanderfinden, zusammenhalten und der Welt beweisen, dass ihre Liebe alles andere als eine belanglose Romanze bleiben wird.

»Nelly?« Fayes Augen weiten sich, bis ihre grauen Iriden zwei kleinen Monden gleichen. »Das heißt, du kennst sie schon länger.«

Der Schock muss mir ins Gesicht geschrieben stehen, denn sie nickt schnell und bestätigt ihre eigene Hypothese. »Ihr kennt euch schon länger, oh mein Gott.«

»Pssscht«, mache ich gestresst und blicke mich zu allen Seiten um. Kein Austin, keine Becca. Glück gehabt. »Das darf hier niemand wissen.«

Fayes Augenbrauen ziehen sich zueinander. »Wieso das denn nicht?«

»Sie will es nicht. Weil es zu viel über ihre Vergangenheit verrät.«

»Woah.« Faye nimmt unsere Shots entgegen und schiebt mir den Tequila samt Zitrone und Salzstreuer herüber. Ihre Wangen sind vor Überraschung gerötet. »Das nenne ich mal einen Plottwist.«

Mit einem schiefen Grinsen bestreiche ich meinen Handrücken mit dem Zitronensaft und bete inständig, dass sich das Thema ganz von alleine wechselt. Doch als wir den Kopf in den Nacken gelegt haben und der Alkohol meine Speiseröhre hinunterrinnt, fragt Faye schon weiter: »Woher kennst du sie?«

»Von der Schule. Sie ist in meine Heimatstadt gezogen, als ich sechzehn war.«

Fayes Augen werden glasig. »Ihr wart ineinander verliebt? So erste-Liebe-mäßig?«

Mein Lächeln verrutscht ein wenig. »Kann man so sagen.«

»Und dann hat sie dich verlassen?«

Mir setzt der Atem aus. Denn auch wenn Faye mit diesen Worten etwas ganz anderes verbindet, trifft sie den Nagel auf den Kopf. Nelly hat mich verlassen, ganz ohne je wieder zurückzublicken. Jetzt ist sie neben mir auf der Tanzfläche, beschäftigt damit, ihren Körper an irgendeinen Typen zu schmiegen, der sich an diesem Abend für ihre Schönheit interessiert und sie morgen schon aus seinem Gedächtnis gelöscht hat.

Unwillkürlich ballen sich meine Finger zu einer Faust.

»Das heißt wohl Ja«, murmelt Faye mit dem Blick auf meine verkrampften Muskeln. »Noch zwei Tequila bitte«, ruft sie der Barkeeperin zu.

»Ich habe sie fünf Jahre nicht mehr gesehen, nichts von ihr gehört. Keine Reaktion auf meine Nachrichten erhalten. Meine Briefe soll sie laut ihrer Tante nicht einmal geöffnet haben.« Beschämt fokussiere ich den Blick auf meinen geleerten Schnaps. Er erklärt den Fluss an Frust, der mir über die Lippen kommt. »Dann treffe ich sie hier wieder. Und das Einzige, was sie mir zu sagen hat, ist, dass ich nicht mehr in ihr Leben gehöre.«

Ein kurzer Schauder überfällt mich, als sich Fayes zierliche Hände auf meinen Unterarm legen.

»Zack«, sagt sie, doch bricht ab, bevor sie wirklich zu Worten ansetzen kann. »Das …«

»Ist bedauerlich? Ich weiß. Alles gut, ich will kein Mitleid.« Um ihrem gerührten Gesichtsausdruck zu entkommen, senke ich den Blick auf den Tresen der Bar. Er ist bedeckt mit Wasserflecken, verstreutem Salz und geleerten Bechern.

»Aber du liebst sie?«, fragt sie vorsichtig, als wüsste sie längst, was diese Frage in mir auslöst.

Ich schließe die Augen, lasse mir den Gedanken durch den Kopf gehen. Dabei weiß ich, dass es keiner Sekunden bedarf, um eine ehrliche Antwort zu finden. »Und doch sind wir nicht füreinander bestimmt.«

»Das ist ein gemeiner Unterschied«, flüstert Faye, und ich

bemerke, wie sie selbst in ferne Welten abschweift. Die Barkeeperin serviert uns unsere nächste Portion Alkohol, dabei fühlt sich in mir bereits alles betäubt an. Das liegt nicht an den Getränken, die ich mir zugeführt habe, sondern an den Worten, die ich aus mir herausgelassen habe. Faye ist die erste Person in Averston, die einen Teil von Nellys und meiner Wahrheit kennt. Und auch wenn dieser Fakt eine Art Erleichterung mit sich bringt, weiß ich, dass es nichts an uns ändern wird. Das wird es nie.

»Ich fürchte, das ist unser letzter«, sagt Faye und umfasst ihren Tequila. »Aeryn denkt vermutlich schon, ich wäre zurück zu Conor. Ich sollte sie suchen.«

Gemeinsam stoßen wir an und schlucken den beißenden Alkohol in einem Zug herunter. »Das mit Nelly und mir, das …«

»Bleibt unser Geheimnis, versprochen«, beendet Faye meinen halb hysterischen Satz. Gleich darauf beugt sie sich über die Bar. Kurz erwarte ich einen weiteren Schnaps, doch zwischen Daumen und Zeigefinger befindet sich nur ein schwarzer Permanentstift, dessen Deckel sie mit den Zähnen abzieht und meinen Arm ergreift. Schneller, als ich reagieren kann, notiert sie aneinandergereihte Ziffern auf meiner Haut, die sich beim näheren Hinsehen als eine Handynummer entpuppen. »Wenn du das nächste Mal nicht drüber reden willst.« Sie beugt sich so nah an mich heran, dass ich ihren Atem auf meiner Wange spüre. Kurz bin ich überfordert von ihrer plötzlichen Nähe und spiele schon mit dem Gedanken, sie an den Schultern von mir zu schieben. Dann flüstert sie in mein Ohr: »Sie schaut gerade her und wirkt nicht begeistert darüber, dich mit einer anderen Frau zu sehen.«

Keine Ahnung, ob sie Nelly weiter ärgern möchte, oder ob ihr Kuss, den sie mir auf die Wange drückt, eine dankbare Geste ist. Perplex beobachte ich, wie sie zwischen den Kostümierten untertaucht. *Bloß nicht nachsehen, Zack.* Dabei spüre ich genau, dass sie die Wahrheit gesprochen hat. Ich fühle Nellys Blick in Mark und Bein.

21

NELLY

Draußen ist es bereits tiefschwarz, als wir uns in das Taxi setzen. Die Scheiben sind eisigkalt, und feine Poren von Frost bedecken das Glas. Phoebe sitzt in der Mitte zwischen Mom und mir, während Dad vorne mit dem rothaarigen Taxifahrer über die bevorstehende Kälte dieses Dezembers spricht.

»Vielleicht haben wir dieses Jahr zum ersten Mal seit Langem weiße Weihnachten«, sagt er, und Phoebe quietscht vor Freude auf. Bis vor wenigen Sekunden hat sie noch in Moms Arm gelegen und tief und fest geschlafen. Meine Mutter hingegen rührt sich nicht. Das hat sie nicht mehr getan, seit wir die Feier verlassen haben. Ihr Schauspiel ist beendet. Jetzt muss sie niemandem mehr beweisen, dass unser Konstrukt von Familie nicht von unzähligen Rissen geziert ist.

Vielleicht hat das keinen Sinn mehr, Stella. So nicht. Die Worte meines Vaters stehen ihr ins Gesicht geschrieben. Sie bringen das dunkle Braun zum Glänzen und nehmen ihren sonst rosigen Wangen die Farbe.

Das Taxi entfernt sich vom *Burley*-Hotel, biegt auf Greglons Hauptstraße ab, die uns ans andere Ende der Stadt führt. Im Radio läuft der Song, zu dem ich eben noch mit Zack getanzt habe. *One* von U2. Ein warmes Gefühl festigt sich in meiner Magengrube. Doch Moment … Habe ich wirklich gerade mit Zack zu diesem Song getanzt? Ist das nicht schon Monate her? Oder Jahre? Das Flattern in meinem Bauch verwandelt sich in einen Krampf, der jeden meiner Muskeln zum Versteifen bringt. Meine Lippen sind taub, und sobald ich den Mund öffnen will, pressen sie sich aufeinander, als wären die Worte Gift, das mich von innen nach außen verätzt. Meine Hände zittern, gleichzeitig kann ich sie nicht bewegen. Ein reines Paradoxon aus Angst und Ohnmacht.

Als wir auf die Brücke zusteuern, die Greglons Ober- und Unterstadt teilt, und ich Scheinwerfer aus der Ferne aufblitzen sehe, hat die Panik ihren Höhepunkt erreicht. Ich schaue zu Phoebe, die mit verschlafenen Augen zu mir aufblickt und mich zwischen einem Gähnen fragt: »Wir bleiben immer zusammen, oder?«

Doch bevor ich ihr eine Antwort geben kann, schallt ein schrilles Hupen durch die Dunkelheit. Die Scheinwerfer kommen näher. Viel zu nah für ein entgegenfahrendes Auto. Dann löst ein lauter Knall das Hupen ab, das Zerspringen der Scheiben. Und als mein Kreischen endlich aus mir ausbricht und ich aufschrecke, ist es bereits zu spät. Meine Familie ist zum unendlichsten Mal gestorben, während ich daneben saß, als ein Geist, der das Unglück nicht aufhalten konnte.

Meine Lungen schreien nach Sauerstoff, als ich mich senkrecht in meinem Bett wiederfinde. Mein Gesicht ist nass. Ob vor Tränen oder Schweiß kann ich in den ersten Sekunden nicht einmal ausmachen.

Ich durchlebe diesen Traum seit der Nacht, in der sie von dieser Welt gerissen wurden. Als hinge ich in dem Bandsalat einer defekten Kassette fest. Stets gewillt, den Film zu beenden, aber der Fehler im System ist zu immens. Trotzdem werden diese Täuschungen nicht zur Gewohnheit.

Meine Hand fährt zu meiner Brust, weil die Vorstellung von ihren letzten Minuten mir jede Art von Sauerstoff geraubt hat.

Während ich die Augen zusammenkneife und mich bemühe,

zurück in der Realität anzukommen, fahre ich durch mein Gesicht und ertaste meine glühend heißen Wangen. Meine Zunge ist belegt und trocken, und als ich mit einer Hand nach meinem Nachttisch taste, bemerke ich enttäuscht, kein Wasser bereitgestellt zu haben.

Auf wackeligen Beinen steige ich aus dem Bett. Ein Fuß nach dem anderen. Dann suche ich in der Dunkelheit nach dem Türknauf und betrete das Wohnzimmer.

Der Geruch von Alkohol kriecht mir in die Nase. Er ist schuld daran, dass meine blanken Füße auf dem Parkett kleben. Die kleinen Kürbisse und Spinnweben wirken bereits Stunden nach der Halloweenparty fehl am Platz. Der Drang, alles einzusammeln und in eine blaue Tüte zu stopfen, keimt in mir auf. Doch meine Beine sind zu wackelig, als dass ich ihnen diese Aktion zutraue.

Als ich heute früh nach Hause gekommen bin, habe ich mich ins Bett fallen lassen, um diesem schrecklichen Gefühlscocktail aus Eifersucht und Bedauern zu entkommen. Es erschien mir einfacher, die Augen vor meinen Empfindungen zu verschließen, als mir einzugestehen, was Zacks Anblick noch immer in mir auslöst.

Erst, als ich meine Sinne endgültig zurückerlangt habe, erkenne ich, dass die Stehlampe neben der Couch den Wohnbereich in ein sanftes Licht taucht. Mit gerunzelter Stirn gehe ich auf die Lampe zu, doch bemerke im selben Moment, dass jemand eingerollt in meiner senfgelben Decke auf dem Sofa liegt. Wie schockgefroren bleibe ich stehen und verankere meine Zehen im Boden.

Zacks Lider heben sich flatternd. Auch wenn er mir vorspielen mag, gerade wach zu werden, bin ich mir sicher, dass er nicht erst seit dieser Sekunde bei klarem Bewusstsein ist.

»Hey«, sagt er müde und reibt sich den Handrücken durchs Gesicht. Unwillkürlich blicke ich an mir herab und stelle fest, neben meinem ausgeleierten Billy-Joel-T-Shirt nur einen Slip zu tragen. Peinlich berührt kralle ich die Finger in den Stoff und ziehe es noch ein Stückchen weiter nach unten.

»Hey«, erwidere ich verwundert. »Was machst du hier?«

»Austin hat mich gezwungen, in eurer Wohnung zu schlafen. Er hätte mich ansonsten pflichtbewusst ins Wohnheim begleitet, und

Beccas Augen waren so mahnend, dass ich nachgegeben habe. Ehrlich gesagt war ich zu betrunken, um mir eine Ausrede einfallen zu lassen.« Er wendet schuldbewusst den Blick ab. »Ich bin morgen vor dem Frühstück weg.«

Als hätten Austin und Becca ein Stichwort gebraucht, hallen Worte und ein Stöhnen durch die Wände von Beccas Zimmer. Unter den Wortfetzen erklingt mehrfach Austins Name, gleich darauf etwas, das offensichtlich auf den Boden gefallen ist.

»Streiten sie oder …«

Ich zucke die Schultern. »Ist manchmal schwer zu differenzieren.« Augenblicklich muss ich grinsen, weil mir nicht entgeht, wie unangenehm Zack diese Situation zu sein scheint. »Brauchst du Ohrstöpsel? Becca hat mir ein Multipack zum Geburtstag geschenkt.«

Zacks Blick strotzt vor Überraschung und Unglauben. Vermutlich hat er damit gerechnet, ich würde ihn im hohen Bogen rausschmeißen, aber dazu bin ich viel zu kraftlos. Und auch wenn ich es mir nie eingestehen werde, geben mir Zacks Augen und seine zotteligen Haare das Gefühl von Vertrautheit. Eine Atmosphäre, in die ich mich nach meinem Albtraum einwickeln möchte.

»Nein, ich denke, das ist die Strafe dafür, dass mir der Fußmarsch ins Wohnheim zu lang vorkam.«

Weil mir die Worte fehlen, drehe ich mich um und gehe auf die Küchenzeile zu, nicht ohne mein T-Shirt auch nur eine Sekunde loszulassen.

Während ich mir Wasser eingieße, kann ich an einem Kribbeln in meinem Hinterkopf spüren, dass Zack mich mustert. Es ist wie vor wenigen Stunden im *Paddington*. Sein Blick war immer da, brannte sich in meine Haut ein. Er erforscht mich, hofft, Einsicht in meine Gedankenwelt zu bekommen. Dabei hat er keine Ahnung, wie grau und trüb die Sicht ist, wenn er einmal durch das zersplitterte Milchglasfenster geschaut hat. Er ahnt nicht, wie wenig ihm El gefällt, wenn Mädchen wie Nelly immer das waren, was er wollte.

Unbedacht, glücklich, sorgenfrei.

Sorgenfrei.

Beinahe entlockt mir dieser Begriff ein zynisches Lachen. Dass es mal ein Leben gegeben hat, das ich als sorgenfrei bezeichnen konnte, ist viel zu fern. So fern, dass sich meine Finger um das Wasserglas verkrampfen, als die kalte Flüssigkeit emporsteigt. Ich nehme einen Schluck und hoffe, dass es die Wüste auf meiner Zunge auslöscht. Dann drehe ich mich um und stütze die Ellbogen auf die Küchentheke, um einen vorsichtigen Blick in Zacks Richtung zu werfen. Sein Kopf liegt auf der Lehne unserer Couch auf, die Finger seiner rechten Hand vergraben sich in den goldenen Locken. Seine Augen sind geschlossen, dabei bin ich mir sicher, dass sie mich dennoch begutachten. Er mag mir vorspielen, weit weg von hier zu sein, dabei ist er direkt vor mir. Gedanklich. Das Band bringt den Raum zum Schwirren.

Dann schaue ich seinen Arm hinab, und ein beklemmender Druck sammelt sich auf meiner Brust zu einem Monsun an Gefühlen zusammen. Dunkle Farbe bedeckt seine Haut. Dunkle Farbe in Form von Ziffern. Ich habe sie beobachtet, während sie mit schnellen Bewegungen ihre Handynummer niedergeschrieben hat, nur um Zack gleich darauf einen Kuss auf die Wange zu drücken. Was das Schlimmste daran war? Ich habe schreien wollen. Zu ihnen stürmen, mich in Zacks Arme stürzen und diesem hübschen Mädchen klarmachen, dass er zu mir gehört.

Aber ich hatte nicht das Recht dazu. Habe es auch jetzt nicht. Daher beginne ich mit rauer Stimme zu sprechen: »Faye ist nett.«

Seine Lider bleiben weitere Momente geschlossen, bevor ich das Grün erblicke. Er runzelt die Stirn und fragt verwundert: »Was meinst du?«

Ich deute auf die bekritzelte Stelle unterhalb seines Ellbogens und lächele verklemmt. Er folgt meiner Geste und schluckt trocken, als ihm der Hintergrund meiner Worte klarzuwerden scheint.

»Das ist sie«, erwidert er und räuspert sich.

»Sie studiert Psychologie, richtig?«

Zack nickt vorsichtig, offensichtlich überrascht von meiner plötzlichen Gesprächigkeit. Ich blicke auf mein Wasser, und auch wenn es viel zu dunkel ist, habe ich das Gefühl, die Reflexion meiner selbst auf der Oberfläche erkennen zu können. Nein, nicht die meiner selbst. Nellys Reflexion. Das Gesicht des Mädchens, das mit in dem Auto ihrer Eltern gesessen hat. Das von der Brücke stürzte und seither nicht mehr aufgetaucht ist.

Weil dieser Gedanke den Hurrikan an Emotionen in mir aufsteigen lässt, den ich herunterschlucke, seit ich das *Paddington* verlassen habe, sprudelt er in Form von Worten aus meinem Mund heraus. »Ich mache nichts mit ihnen.«

Auch wenn ich noch immer nicht in Zacks Richtung blicke, höre ich, wie er sich aufsetzt und ein erstauntes »Was?« erwidert.

»Mit den Männern im Club. Ich tanze mit ihnen, weil es mir das Gefühl gibt, für einen Abend die Kontrolle abzugeben. Aber danach gehe ich nach Hause. Alleine.«

Einen langen Augenblick hallen meine Worte durch das Wohnzimmer, ohne dass sie eine Reaktion erhalten. Dann, ganz langsam, setzt Zack an: »Du musst mir nichts erklären.«

»Doch, das muss ich.«

»Warum?«

Tränen schießen mir in die Augen. Ohne dass ich die Herrschaft über meine bebenden Lippen zurückgewinnen kann, sage ich: »Weil du mich angesehen hast, wie alle anderen es tun. Als wäre ich ein Flittchen, das sich von willkürlichen Männern betatschen lässt.«

Und schlussendlich bist du das ja auch.

Eine Träne rollt meinen Nasenflügel entlang.

»Nelly.« Seine Stimme ist nicht mehr als ein Lufthauch. Sanft legt sie sich um meinen fröstelnden Körper, schenkt mir Trost, ohne dass er mir auch nur einen Schritt zu nah kommt. Als ich aufschaue und ihm einen Blick auf meine geschwollenen Lider schenke, fühle ich mich nicht einmal entblößt, so wenig Urteil liegt in seiner Miene. Sein Mund ist halb geöffnet, als hätte er nie damit gerechnet, er könnte noch immer solche Emotionen in mir auslösen. Gleichzeitig legt sich ein trauriges Schimmern in den grünen See, und ich frage mich, ob er sich gerade das Mädchen zurückwünscht, das er einfach so in den Arm nehmen konnte. Das es geliebt hätte, von ihm berührt zu werden. Jetzt trennen uns mehrere Schritte und ein

Küchentresen. Und eine meterhohe Mauer aus vergangenen Gefühlen.

»Ist schon gut.« Ich schluchze. »Ich sollte vielleicht einfach weiterschlafen. Die Nacht war kurz, da werde ich immer sentimental.«

Er nickt verblüfft, und ich schlurfe zurück zu meinem Zimmer. Gerade, als ich gewillt bin, die Tür hinter mir zu schließen, lassen mich seine Worte innehalten: »Ich würde dich niemals so ansehen.«

Meine Hand verkrampft um den Knauf, während ich hinausspähe und die Ernsthaftigkeit in Zacks Gesicht erforsche. Sie vertreibt jeden einzelnen Zweifel an seiner Aussage. »Ich weiß.«

Seine Mundwinkel heben sich vorsichtig.

Meine Mundwinkel heben sich vorsichtig.

»Gute Nacht, Zack.«

»Gute Nacht, Nelly.«

Als ich mich unter die Decke lege, wünsche ich mir, für einen Moment wieder diese Nelly zu sein. Wieder aufzutauchen aus dem tiefen Gewässer an Trauer, als wäre der schönste Moment meines Lebens nicht an bodenlosen Verlust gekoppelt. Als die Welten in meinen Träumen verschwimmen, bin ich genau dort, wo ich immer hingehören wollte: in seinen Armen.

22

ZACK

ETWAS FEUCHTES STREIFT durch mein Gesicht. Ächzend strecke ich die Hand aus und versuche, das nasse Etwas so weit wie möglich von mir zu entfernen. Doch Sammy lässt sich davon nicht beirren und hievt seinen zotteligen Körper auf meine Brust, um sein Morgenritual fortzuführen.

»Dir auch einen guten Morgen, Sammy«, brumme ich und vergrabe meine Finger in dem Fell seines Hinterkopfs. Da der Familienhund der Harlows mit den Jahren einiges an Größe gewonnen hat, bleibt mir nichts anderes übrig, als den armen Kerl von meiner Brust zu schieben, damit ich nicht auf der Stelle ersticke. Als ich mich aufrichte, beginnen meine Schläfen zu pochen. Vor Schmerz verziehe ich das Gesicht und blinzele gegen das Sonnenlicht an, welches durch das Dachfenster auf meine Nase prallt.

Wieder in der Realität angekommen, reiße ich die Augen auf. Erst als ich Geräusche aus dem Küchenbereich wahrnehme, wird mir vollends bewusst, dass ich mein Versprechen gebrochen habe.

Nelly rührt mit einem Schneebesen einen Teig an und zieht konzentriert die Nase kraus, als sie Eier hinzuschlägt. Noch immer trägt sie ihr Billy-Joel-Shirt, mit dem Unterschied, dass ihre langen Beine jetzt von einer grauen Sporthose versteckt werden. Die dunklen Locken hat sie in einem tiefen Knoten zurückgebunden. Er erweckt aus ihrem Gesicht den vertrauten Anblick des Mädchens, in das ich mich damals heillos verliebt habe.

»Morgen«, brumme ich und schiebe die Decke von mir. »Bin sofort weg. Irgendwie sind mir nochmal die Augen zugefallen.«

Irgendwann, ungefähr drei Stunden nachdem Nellys Schreie mich aus dem Schlaf gerissen haben. Nachdem ich mit rasendem Herzen auf dieser Couch gesessen und mit mir gekämpft habe, nicht zu ihr zu stürmen und sie in den Arm zu nehmen. Und nachdem mir die Tränen in ihren Augen bewiesen haben, dass ich ihr noch nicht vollends egal geworden bin.

»Du kannst dir dein Aufenthaltsrecht sichern, indem du den Bacon übernimmst«, antwortet Nelly überraschend munter und hebt den Kopf, um mir ein schiefes Lächeln zu schenken.

Mein Mund klappt auf, meine Finger verkrampfen um den gelben Stoff auf meinen Oberschenkeln. »Ehm, klar …«

Etwas überfordert springe ich auf und blicke mich nach meiner Jeans um, in die ich peinlich berührt steige und dann langsam auf Nelly zugehe. »Du brätst freiwillig Bacon? Verstößt das nicht gegen irgendeinen Vegetarier-Kodex?«

Das Fleisch liegt bereits in perfekt geschnittenen Scheiben auf einem Teller neben der erhitzten Pfanne. Nelly zuckt die Schultern und kramt nach einer weiteren Pfanne, in der sie Butter zum Schmelzen bringt und daraufhin die erste Kelle des Teigs hineingießt. »Ich habe ein Versprechen einzuhalten, dafür breche ich gern den Vegetarier-Kodex.«

»Ein Versprechen?«

»Jep.« Sie zückt einen Pfannenwender und schiebt ihn unter die gebackene Seite des Pancakes. »Und Becca nimmt Versprechen sehr ernst.«

Grinsend umfasse ich den Griff der Pfanne und schwenke das Fett umher, bevor ich die ersten Streifen darin brutzeln lasse. Sie und ich, in einer Küche, lächelnd. Träume ich? Ich unterdrücke den

Drang, es durch ein Kneifen zu überprüfen, und wage mich nur eine Sekunde, die Gegebenheit bedenkenlos zu genießen.

Als sich die Pancakes zu einem Turm anhäufen, öffnet sich Beccas Zimmertür. Mit einem Gähnen betritt Nellys Mitbewohnerin den Wohnbereich und zupft ihr Seidenhemd zurecht. »Guten Morgen«, sagt sie mit einem verträumten Lächeln und kommt auf uns zugetrottet. Sie zieht sich die rosa Satinmütze vom Kopf, als ihre Augen sich plötzlich weiten. Mit einem Mal verwandelt sich ihr müdes Lächeln in ein Strahlen.

»Dass du deine Aufgaben an Zack abgibst, war nicht Teil der Abmachung.«

»Und doch wirst du nichts dagegen einzuwenden haben, denn nur so bekommst du deinen heißgeliebten Bacon«, erwidert Nelly wissend und erhält darauf ein ertapptes Schulterzucken von Becca.

Austin erscheint wenige Minuten später und streckt sich laut, bevor er uns ein »Guten Morgen« zuruft.

»Wenn mir nicht so übel wäre, würde ich mich auf Knien vor dir bedanken, El. Aber ich glaube, heute Morgen nichts runterzubekommen.«

Dass es sich dabei um eine Lüge gehandelt hat, beweist Austins mit Pancakes, Bacon und Toast befüllter Teller ungefähr zehn Minuten später. Während er sich den Mund mit einer wilden Mischung seines Frühstücks vollstopft, berichtet er von den Studenten, mit denen er gestern getrunken und getanzt hat. Becca lässt sich ihren Ärger nicht anmerken, als er ein paarmal zu oft eine gewisse Cassidy erwähnt, aber der Blick, den sie Nelly zuwirft, bleibt mir nicht verborgen.

»Wo hast du den ganzen Abend gesteckt, Zack? Ich habe dich irgendwie aus den Augen verloren.«

»Bei Faye«, meint Austin schmatzend und wirft mir einen verschwörerischen Blick zu. Ich kann mir vorstellen, wie er Beccas Doppeldate-Liste gedanklich durchgeht und Faye und mich in seine Pläne integriert. Wie gern hätte ich ihm das siegessichere Lächeln genommen, doch das würde auch bedeuten, vor Nelly zuzugeben, dass Faye und ich alles andere als geflirtet haben. Dass unsere

Gespräche sich allein um die Überreste unserer Herzen gedreht haben und Faye als einzige Einwohnerin Averstons von Nellys und meiner Vergangenheit weiß. Daher verdrehe ich innerlich die Augen und stopfe mir den Mund mit süßem Pancake voll, um die Wahrheit zu verbergen.

»Oh mein Gott, ist das ihre Nummer?«, ruft Becca und umfasst meinen Unterarm, um die Ziffern von allen Seiten zu begutachten. »Ich wusste, dass die Mädchen dir hinterherlaufen werden, aber gleich auf der ersten Party? Du scheinst es ganz schön eilig zu haben.«

»Nicht wirklich«, erwidere ich zwischen zwei Schluck Kaffee und werfe Nelly einen Seitenblick zu. Ihre Mundwinkel halten sich verkrampft aufrecht, aber die Kraft, mit welcher sie ihre Toastscheibe auseinanderzupft, zeigt, dass Beccas Freude über meine Bekanntschaft nicht spurlos an ihr vorbeigeht. *Und du Idiot freust dich auch noch darüber.*

»Du bist früh gegangen, oder? Wir haben zum Ende noch nach dir gesucht, aber Aeryn meinte, sie hätte dich beim Verlassen des Clubs gesehen«, sagt Becca an Nelly gewandt.

Diese schaut überrascht auf und zuckt nach kurzem Zögern die Schultern. »Ich war ziemlich müde.«

»Bin ich auch.« Becca seufzt und reibt sich die Wimpern. »Ich habe echt nicht viel Schlaf bekommen.«

Ohne es vermeiden zu können, heben sich meine Mundwinkel zu einem schiefen Grinsen.

»Was?«, fragt Austin verwundert.

Nelly folgt seinem Blick und stößt ein amüsiertes Lachen aus. »Sollte Zack öfter hier schlafen, verdient auch er ein Multipack Ohrstöpsel.«

Austin schnappt sich ein Toast und belegt dieses mit einem Haufen Rührei. »Diese Türen hier verbergen wirklich rein gar nichts.«

Unser vereintes Lachen erfüllt den Raum mit Leben und alles in mir, was ich verloren glaubte, ebenfalls.

23

NELLY

EINE SCHWARZ-WEIẞE Audrey Hepburn flimmert über den Bildschirm des Röhrenfernsehers, als die Sonne langsam vom Horizont verschwindet. Meine Lider sind schwer und mir bereits dreimal zugefallen, was Mrs Franklin mit Sicherheit nicht mitbekommen hat. Sie starrt Audrey an, als würde sie den einzigen Sinn ihrer Existenz in dem verpixelten Bild erkennen. Daher ziehe ich mein Handy hervor, um Beccas Nachrichten zu überfliegen.

Becca: Gehen wir heute Abend ins Scrabbles?
Austin meint, er braucht dringend ein Konter-Bier.

Ich schiele zu der alten Dame und tippe meine Antwort. Was mir in den ersten Wochen noch unhöflich vorkam, gelingt mir jetzt, ohne zu zögern.

Zu Beginn habe ich darauf gehofft, wenigstens ein anderes Leben bereichern zu können, wenn es schon nicht mein eigenes ist.

Heute sehe ich nur das Geld. Denn Jonathan und Louise zahlen gut. Es ist nicht so, dass ich gezwungen bin, neben meinem Studium zu arbeiten. Das Erbe meiner Eltern ist beachtlich, aber ihre Hinterlassenschaften in etwas zu investieren, das nichts mit meiner Unterkunft oder Bildung zu tun hat, bringe ich nicht über mich. Alles, was ich nicht zwingend zum Leben benötige, finanziere ich mir durch meinen Nebenjob. Der Gedanke, dass ich ihr Erbe so nicht verschwende, erleichtert mir mein langes und teures Studium ungemein.

El: Ich brauche mindestens drei Konter-Bier.

Ich bin gewillt, meinen Plan in die Tat umzusetzen, als ich mich an unserem gewohnten Tisch im *Scrabbles* niederlasse. Schlussendlich erinnert mich jedoch der flaue Nebel in meinem Magen daran, dass ich heute bei alkoholfreien Getränken bleiben sollte, weswegen ich mir ein Ginger Beer bestelle.

»Du siehst müde aus«, bemerkt Becca und wirft sich zwei Nüsse in den Mund, als wäre der ein Basketballkorb.

»Das bin ich auch.« Ein Seufzen begleitet die Worte, während ich mir die Lider reibe und die Mascara von meinen Wimpern krümelt.

»Jetzt hast du wenigstens eine Ahnung, wie schwer es am Anfang für mich war, mit dir zusammenzuleben.« Beccas Ellbogen trifft meine Rippen, und obwohl sie scherzt, frage ich mich, wie viel Wahrheit in diesen Worten steckt. Bin ich Mrs Franklin ähnlich?

Ich habe nicht aufgehört zu reden, als meine Familie gestorben ist. Dafür hat es sich bei mir in anderer Weise geäußert. Im Weglaufen, Verschließen, Verdrängen. Der Gedanke jagt eine Gänsehaut über meine Arme, und ich schüttele ihn ab, als wäre er eine überflüssige Altlast.

»Oh, da ist er.« Becca springt auf die Füße und schwenkt ihren

Arm hin und her. »Wir sind hier«, ruft sie der Person zu. Auch ich recke mein Kinn und erkenne im selben Moment, wen Becca anspricht. Zack nickt ihr grinsend zu, bevor er sich unserem Tisch nähert und auf der Sitzbank neben Austin niederlässt.

Etwas überfordert blinzele ich ihn an und erhasche ein freundliches Lächeln. Prompt keimt der Gedanke in mir auf, ihm einen Blick zuzusenden, der ihn wortlos aus dem *Scrabbles* verbannt. Aber will ich das? So sein wie Mrs Franklin? Unnahbar, kalt und … verloren?

Ich versuche mich an einem Lächeln.

»Nett hier«, kommentiert Zack und schaut sich im Pub um. Ich tue es ihm nach und erkunde unseren Stammtreffpunkt zum millionsten Mal in diesem Leben. Die Wände sind bedeckt mit Portraits von Künstlern, deren Gesichter ich bereits mehrfach auf Dads alten Platten gesehen habe, umringt von Autogrammen, die sich auf der vergilbten Tapete verteilen und deren Wert vervielfachen. An der Decke hat der Besitzer verlorene Fragmente seiner Besucher fixiert. Alles, was je im Pub liegengelassen und nicht nach wenigen Wochen abgeholt wurde, dient jetzt als Dekoration der Wände. Da sind Armbanduhren, ein altes Handy aus der Generation meiner Eltern, Kassettenhüllen und jeder erdenkliche andere Kram. Sie sind nun die Handschrift der Kneipe. Auf der kleinen Empore, die an Wochenenden und Feiertagen eine Bühne für Newcomer darstellt, baut gerade eine Band ihr Setting auf, und Studierende sitzen umringt um Pitcher mit Bier und Mischgetränken. Ich habe das *Scrabbles* schon so oft betrachtet, aber an keinem Abend habe ich seine Aura so intensiv wahrgenommen.

Da ist so viel Leben.

»Cole arbeitet heute an der Bar, wir können gleich rübergehen und ihn fragen, ob sie schon jemanden gefunden haben.« Austin klopft Zack auf die Schulter und führt das Guinness zu seinem Mund.

»Was habt ihr vor?«, fragt Becca verwundert.

»Ich brauche langsam einen Job, und Austin hat letzte Woche ein Aushängeschild gesehen, dass sie Mitarbeiter für den Service suchen«, erklärt Zack, und die Verwirrung in meinem Gesicht muss sich mit jedem Wort deutlicher abzeichnen. *Er* braucht einen Job? Zack *fucking* Burley? Sohn des reichsten Unternehmers der Insel?

Die Erinnerung an die Hotelfeier des *Burley*-Neubaus erscheint vor meinem inneren Auge. Zack, der sich im Musiksaal zurückzog, um den Forderungen seines Vaters zu entkommen. Natürlich. Er hatte nie tun wollen, was seine Eltern von ihm verlangten. Haben sie etwa den Kontakt zu ihm abgebrochen, da er gegen ihre Pläne gehandelt hat? Die Vorstellung hinterlässt eine schwere Last auf meinen Schultern.

Während ich in meinem Gedankenchaos gefangen bin, ist Austin bereits weitergezogen. »Jetzt, da Halloween vorbei ist, können wir meinetwegen gleich mit Weihnachten weitermachen. Feiern und ganz viel Essen, was gibt es Besseres?«

Er schaut sich in der Runde um und erwartet Zustimmung, die er von Becca mit einem schnellen Nicken erhält.

»Vergiss Thanksgiving nicht!«, beschwere ich mich mit einem gespielt empörten Blick.

»Die Amerikaner und ihr tolles Thanksgiving«, zieht Austin mich auf und tätschelt neckend meinen Unterarm.

»Fährst du an Thanksgiving zu deiner Mom, El?«, hakt Becca beiläufig nach.

El. Diese Frage richtet sich an mich. Die Erkenntnis bringt jeden meiner Muskeln zum Erstarren, und zeitgleich fällt mir nichts anderes ein, als in Zacks Richtung zu schauen. Die Verwunderung legt sich über den grünen Schimmer.

»Ehm …« Keine Ahnung, warum ich jetzt zu stottern beginne. Mein Leben besteht seit drei Jahren aus einem gemeißelten Konstrukt an Lügen. Zack ist der Sturm, der die Mauern erschüttern lässt.

»Sie und Michael haben die ganze Familie eingeladen. Aber der Weg ist zu weit, und die nächsten Wochen stehen zu viele Projekte an.« Da kommt sie rausgeschossen, die giftige Lüge, die Zacks Mundwinkel noch ein Stückchen tiefer sinken lässt. Mein fast unmerkliches Kopfschütteln bewirkt, dass all die Fragen in seinem

Kopf unausgesprochen bleiben. Ohne dass Becca und Austin einen Hinweis darauf bekommen, welches Lügenmärchen ich ihnen die letzten drei Jahre vorgespielt habe.

»Verstehe ich. Bis Weihnachten ist es ja auch nicht mehr lang«, sagt Becca. »Vielleicht kannst du Karen dann heimliche Hinweise geben, dass sie dir etwas von ihrem Walnussbrot mitgibt. Das von letztem Sommer war der Wahnsinn.«

Der Wahnsinn, ja. Das Brot, das ich alleine in unserer Küche gebacken habe, während Becca ihre Familie in Dublin besucht hat. So wie alle Studierenden in der vorlesungsfreien Zeit es tun. Bis auf mich.

»Ich werde es ihr ausrichten«, erwidere ich und zwinge mich zu einem Lächeln. Alles mit der festen Erinnerung, nicht auch nur eine Sekunde erneut in Zacks Richtung zu schauen.

»Hey, da ist Cole.« Austin richtet sich auf und deutet auf den Barkeeper mit schwarzen Haaren und markanten Wangenknochen. »Lass uns rübergehen.«

Mein Herzschlag normalisiert sich, als ich beobachte, wie Austin und Zack sich immer weiter von uns entfernen. Ein erleichtertes Seufzen verlässt meinen Mund.

»Ich finde es schön, dass du ihm eine Chance gibst«, sagt Becca mit einem Lächeln, das die Bedeutung ihrer Worte unterstreicht.

Eine Chance.

Ich lasse den Blick in Zacks Richtung schweifen. Er ist im Gespräch mit Cole, lacht über etwas, das Austin einwirft. Er ist zu weit von mir entfernt, und doch habe ich den Klang seiner Stimme im Ohr. Warm, herzlich. Sie war der Soundtrack meiner Jugend.

Meine Armhärchen stellen sich auf, als mir klar wird, dass sein Anblick alles andere als Abneigung in mir auslöst.

»Ja«, sage ich mehr zu mir als zu Becca. *Eine Chance.* Auf ein Uns?

24

ZACK

Es ist Sonntag, als ich meine erste Schicht im *Scrabbles* antrete. Ich tauche eine halbe Stunde vor Einlass in der Kneipe auf, damit Cole mir die wichtigsten Abläufe erklären kann. »Im Grunde musst du nur dafür sorgen, dass der Schaum nicht die Hälfte des Glases einnimmt, den Gästen mit Freundlichkeit begegnen und eine Portion Extracharme einlegen, wenn du Trinkgeld mit nach Hause nehmen willst. Letztes Jahr hatten wir ein schwedisches Model im Service. Am Ende des Abends waren seine Taschen so voll mit Geld, dass er Personenschutz für den Heimweg benötigt hätte.« Cole zapft ein Guinness und hält es in die Höhe. Die dunkle Flüssigkeit wird gekrönt von einer dünnen weißen Wolke. »So sollte es aussehen. Danach lässt du es kurz stehen, um dann nochmal nachzuschenken.«

Ich nicke schnell und schnappe mir einen Bierkrug, den ich etwas schräg unter den Zapfhahn halte. Schon während ich den Hebel betätige und die Flüssigkeit sich im Glas ausbreitet, merke ich, dass der Schaum überwiegt. Ein zerknirschter Ausdruck legt sich über mein Gesicht.

»Vielleicht sollte ich erst mal zapfen, und du kümmerst dich um den Teil mit dem Charme.« Cole klopft mir beschwichtigend auf die Schulter. Er entspricht in keinem Fall der Klischeevorstellung, die ich von einem Kneipenbesitzer habe. Cole ist höchstens Ende zwanzig, hat dunkles Haar und asiatische Gesichtszüge. Kein Abbild eines betagten, grummeligen Iren mit Bierbauch wie der alte Joe aus Greglons einzigem Pub.

»Gute Idee«, stimme ich zu und beginne die Tische ein letztes Mal abzuwischen, bevor die ersten Gäste die urige Gaststätte betreten.

Grundsätzlich gestalte ich die ersten Stunden damit, die georderten Getränke auf dem wackeligen Tablett nicht zum Stürzen zu bringen, mehrere Angebote, mich zu Gruppen dazuzugesellen, freundlich abzulehnen und Aufträge von Cole entgegenzunehmen.

Es ist fast zehn, als Beccas aufwendig frisierter Kopf in der Eingangstür erscheint. Sie hat mir heute Mittag eine Nachricht geschickt, in der sie verkündete, heute Abend meine moralische Stütze zu sein. Mit der Begründung, dafür zu sorgen, dass ich die weiblichen Gäste nicht um den Finger wickele. Dabei bin ich mir sicher, dass sie mich eher dazu motivieren, als mich davon abhalten wird.

»Hey Mann«, ruft Austin mit einem breiten Grinsen und hält mir seine Faust hin.

Ich stoße meine dagegen und zücke gleich darauf meinen Notizzettel. »Da ich mich nun ja beweisen muss: Herzlich willkommen im *Scrabbles*. Eine Kneipe, die das klassisch irische Konzept verfolgt und feinstes Guinness serviert. Was darf ich euch bringen?«

Becca streift sich die Jacke von den Armen und hängt sie, begleitet von einem Lachen, an die Garderobe. »Wow, du hast das Trinkgeld aber nötig.«

»Du ahnst nicht wie sehr«, gestehe ich. Die letzten meiner Ersparnisse sind für die ersten Gebühren und die Miete draufgegangen. Wenn ich nicht jetzt schleunigst beginne, mein eigenes Geld zu erarbeiten, sitze ich im nächsten Semester auf der Straße. Verrückter Gedanke.

Immer noch besser als dieser Burley-Albtraum.

»Ich nehme ein Guinness Red, und El hätte gern ein Cider.«

»El?« Fragend recke ich das Kinn, doch hinter Austin und Becca entdecke ich keine weitere Person. *Als wäre sie dir nicht längst aufgefallen.*

»Sie ist draußen am Telefonieren.« Becca deutet mit dem Daumen auf die Tür, ehe sich ihre Lippen zu einer neckenden Fratze verziehen. »O Zack, du wirst rot.«

Ertappt lasse ich meinen Kugelschreiber auf das Tablett sinken. Tatsächlich spüre ich genau, dass Becca kein Märchen erzählt, um mich zu ärgern. Die Hitze unter meinen Wangen lässt mich in Schweiß ausbrechen.

»Wir setzen uns. Du kannst sie dann persönlich begrüßen.« Becca schmunzelt und lässt mich mit einem Zwinkern im Eingang zurück.

Atmen, Zack.

In der Hoffnung, den Kopf frei zu kriegen, befördere ich Getränke an Tische und kassiere ab. Als ich Becca und Austin ihre Bestellung bringe, ist Nelly noch immer nicht an ihrem üblichen Platz. Auch nach zwanzig Minuten ist der Cider unangetastet und muss dabei zusehen, wie Austin und Becca immer weiter in ihre Sitzbank hineinsacken, während sie sich auf eine Art und Weise küssen, die ihnen in einer anderen Bar mit Sicherheit Hausverbot eingebracht hätte. Ich werfe einen unruhigen Blick durch das Fenster, und als hätte Cole meine Gedanken gelesen, ruft er: »Zack? Hast du Zeit, den Müll rauszubringen?«

»Klar«, erwidere ich locker, dabei lässt sich mein Zustand als das Gegenteil beschreiben. Cole drückt mir zwei blaue Säcke in die Hand, die laut klappern, als ich aus der Bar nach draußen gehe.

Tatsächlich muss ich gar nicht lange Ausschau halten, bis ich Nellys dunkle Haare erblicke. Sie steht an der Seite des Pubs, das Handy an ihr Ohr gedrückt und den rechten Arm um ihren Bauch gelegt, als würde das Gespräch diesem Schmerzen bereiten. Da sie zu Boden sieht, bemerkt sie mich erst, als diese schäbigen Müllbeutel auf mich aufmerksam machen. Ihre Augen weiten sich erschrocken. Dann kehrt sie mir den Rücken zu, redet weiter auf ihren Gesprächspartner ein: »Ja, ich weiß. Mir geht es gut. Du musst nicht vorbeikommen.«

Im Hinterhof hieve ich den Müll in die Container und nehme mir fest vor, auf meinem Rückweg nicht auf Nelly zu achten. Doch als ich erneut auf sie zusteuere, hat sie das Handy in ihre Tasche geschoben. Jetzt verschränken sich beide Arme vor ihrer Brust, während sie auf die dunklen Stiefel starrt und die Augenbrauen zusammenzieht.

Ich frage mich, ob sie zittert, weil sie trotz der niedrigen Temperaturen über ihrem beigen Strickkleid nichts weiter als eine schwarze Lederjacke trägt oder weil dieses Gespräch mehr in ihr hinterlassen hat, als ich ahne.

»Hey«, sage ich möglichst beiläufig.

Sie blickt auf und schaut mich scheu an. »Erster Tag?«

»Ist das so offensichtlich? Du hast mein wackeliges Tablett ja noch nicht einmal gesehen.«

Ein Grübchen bildet sich auf ihrer Wange, als sie fast traurig zu schmunzeln beginnt.

»War das Karen?«

Überraschenderweise sehe ich keinen Ärger in der Dunkelheit ihrer Augen. Viel schlimmer: Bloße Traurigkeit.

Während sie nickt, fallen ihr die Haare ins Gesicht wie ein sich schließender Vorhang.

»Becca denkt, sie wäre deine Mutter?«

Erschöpft bläst sie die Wangen auf. »Anfangs ist sie einfach davon ausgegangen. Karen hat die erste Zeit täglich angerufen, um zu hören, wie es mir geht. Ich habe Becca nie aufgeklärt. Irgendwie hat es gutgetan, dass es einen Menschen gibt, der denkt, meine Mutter wäre eine von der Sorte, die es nicht einen Tag ohne die Stimme ihrer Tochter aushält. Es ihr zu erklären … hätte mich wieder zu dem Mädchen gemacht, das alle bemitleiden. In dessen Nähe alle aufpassen, was sie sagen, weil es sie verletzen könnte. Jetzt spricht Becca von Weihnachten mit der Familie, von Geschenken, die ihre Väter ihr mitgeben, und wie sehr ihr kleiner Bruder ihr auf die Nerven geht. Das wäre anders, wenn sie es wüsste.«

Einen langen Moment lasse ich die Worte sacken. Unter der Straßenlaterne, die den Weg zum Pub in der Altstadt erleuchtet, erscheint ihre Haut aschfahl.

»Das weißt du nicht«, erwidere ich leise.

»Doch.« Ihre Stimme wird von Entschlossenheit unterlegt. Sie ist sich ihrer Meinung sicher, und keines meiner Worte wird etwas daran ändern. Daher presse ich die Lippen zusammen und schiebe die Hände in die Taschen meiner Jeans. »Kommst du rein? Dein Cider wartet auf dich.«

Ihre Augen lächeln, bevor ihr Mund es tut. Dankbar nickt sie und folgt mir zurück ins *Scrabbles.* »Wie konnte ich nur? Er wird denken, ich hätte ihn versetzt.«

25

NELLY

THANKSGIVING. Ein Fest, das ich zu meiner Zeit in New York geliebt, nein, verehrt habe. Dieser Feiertag bedeutete, dass die ganze Familie zusammenkam, gemeinsam aß, sich um das Klavier versammelte, um Mom spielen zu hören, während die Kinder im Wohnzimmer tobten. Auch als wir Amerika verließen, blieb dieser Feiertag einer, den wir stets für Familienunternehmungen nutzten. Um uns daran zu erinnern, wo wir herkamen und wofür wir dankbar im Leben waren. Meine Antwort war stets die gleiche geblieben: meine Familie. Ich war dankbar für meine Familie.

Was für ein grauenhafter Akt des Lebens, sie mir dennoch so früh zu nehmen.

»Bist du sicher, dass das in Ordnung ist?«, fragt Jonathan zum fünften Mal. Er steckt bereits in Hemd und Anzughose. Louise befindet sich laut seiner Aussage noch immer im Bad, um sich zurechtzumachen. Heute steht die Talentshow der beiden Mädchen an, weswegen sie mich kurzfristig angerufen haben, mit der Frage, ob ich den Abend bei der alten Mrs Franklin verbringen könnte.

»Natürlich. Ich habe ein paar Lernsachen mitgenommen, falls sie früh einschlafen sollte.«

»Wir wollten sie wirklich mitnehmen, aber sie hat sich mit Händen und Füßen gewehrt. Leider nicht mit Worten.« Er lächelt traurig.

In diesem Moment kommen seine Zwillingstöchter die Treppe heruntergeschossen. Enya schreit »Gleich hab ich dich!«, während Sloan hell aufkreischt und ihre Ärmchen um Jonathans Beine schlingt.

»Vorsichtig.« Ihr Vater lacht, doch die Kleinen hören keine Sekunde auf seine Bitte. Ihre hellen Kleidchen, die sie im Partnerlook tragen, schwingen umher und katapultieren ihr Lachen durch den Raum. Eine Schwere setzt sich in meinen Magen, und ich schäme mich dafür, diesen Neid zu empfinden.

»John? Hast du die Schlüssel?«, ertönt Louises Stimme von oben.

»Hab ich.«

»Und die Blumen für Miss O'Brien?«

»Auch«, erwidert Jonathan mit einem Schmunzeln. »Fehlst nur noch du.«

Gleich darauf klappern Absätze auf den Stufen der Holztreppe, und Jonathans Ehefrau erscheint in einem edlen roten Kleid im Erdgeschoss. »Hallo Eleanor. Wie schön, dich zu sehen. Aber ist das denn wirklich in Ordnung? Schließlich haben wir dir ziemlich spontan Bescheid gegeben.«

Ich verkneife mir ein Grinsen, weil Louises Gedanken so eng mit denen ihres Mannes verknüpft sind, und nicke. »Natürlich.«

Louise atmet schwer, und ich meine zu sehen, wie sich ihre Augen mit Tränen füllen. Doch sie überspielt dies schnell, indem sie sich zu ihren Töchtern hinunterbeugt und flüstert: »Sagt ihr Grandma Alma noch Tschüss und wünscht ihr einen schönen Abend und eine gute Nacht?«

Die beiden Mädchen nicken eifrig, ehe sie zu Mrs Franklins Fernsehsessel hinüberlaufen und sich schüchtern vor ihr aufrichten.

»Wir wünschen einen schönen Abend und eine gute Nacht, Grandma Alma«, plappern sie die auswendig gelernten Worte ihrer Mutter nach. Die einzige Erwiderung ihrer Wünsche geschieht durch den Fernsehmoderator, der für nächste Woche Schneeregen ankündigt. Die Person im Fernsehsessel bleibt still. Langsam, aber sicher sinken Enyas und Sloans Schultern, und sie werfen sich einen verunsicherten Blick zu.

Louise ruft »Wir fahren jetzt«, bevor die Ignoranz ihrer Großmutter den Kindern Tränen in die Augen treiben kann. Ob sie verstehen, warum Mrs Franklin nicht spricht? Oder denken sie, dass es an ihnen liegt? Ihre enttäuschten Gesichter sprechen Bände, als sie zurück in den Flur kommen und sich um die Arme ihrer Eltern klammern.

»Wir versuchen schnell zurück zu sein. Sollte sie in ihrem Sessel einschlafen, weck sie nicht auf. Ich kümmere mich darum, sobald wir wieder da sind. Wenn etwas vorfällt, kannst du dich immer melden.«

»Natürlich«, erwidere ich routinehaft. Jonathan und Louise verabschieden sich gemeinsam von Mrs Franklin, doch erhalten ebenfalls keine Antwort. Ihr Lächeln bleibt dennoch aufrecht, als sie die Tür verlassen und in ihren Abend aufbrechen.

Seufzend verharre ich im Flur und werfe einen Blick auf die Uhr, als hätte ich Hoffnung, der Tag wäre längst vergangen. Aber nein, wir haben achtzehn Uhr, und bis zu dem benannten Zeitpunkt, an dem Louise und Jonathan heimkehren, dauert es noch mehrere Stunden. Zeit, die ich nicht einfach so überbrücken kann, weil mir die Aufgaben fehlen.

Zögerlich schleiche ich in das Wohnzimmer hinein und mache kurz vor Mrs Franklins Sessel halt. Ihr Blick richtet sich starr auf den Fernseher, doch ich merke ihr an, dass sie sich anstrengt, nicht in meine Richtung zu schauen.

»Hallo Mrs Franklin, ich bin es, Eleanor.« Meine Stimme gleicht der einer Schauspielerin. Eingeübt und gestellt. Kein Wunder, dass sie mir nicht antwortet. Auch wenn sie das nicht einmal getan hätte, wenn ich ihr ein Liedchen geträllert hätte.

Einen kurzen Moment warte ich, ob sie mir ein Zeichen gibt, irgendetwas zu benötigen. Manchmal schielt sie auf ihr leeres Wasserglas oder auf die Fernbedienung, die auf dem Couchtisch liegt. Ich weiß, dass sie in der Lage ist, sich selbstständig zu bewegen, aber in diesen Momenten ist es ein kleiner Segen, wenigstens irgendetwas tun zu können.

Doch als jede mögliche Reaktion ausbleibt, mache ich kehrt und verschwinde in die Küche. Mein Rucksack liegt auf der Ablage, einige der Zutaten für meinen Kürbiskuchen, die ich in seine Innentasche gequetscht habe, quillen aus dem Reißverschluss heraus. Ich räume sie aus und beginne den Teig nach dem Rezept meiner Mutter anzurühren. Auch wenn in diesem Land niemand meinen Lieblingsfeiertag zu würdigen weiß: Ein Thanksgiving ohne den Duft von Moms einstigem Geheimrezept wäre wie Weihnachten ohne Christbaum. Als der Kuchen im Ofen ist, überwältigt mich die Stille, die das Haus umgibt, erneut. Und das, obwohl der Fernseher auf volle Lautstärke gedreht ist. Ob es ihr leichter fällt, leise zu sein, wenn die Stimmen um sie herum die Stille überdecken?

Da ich vierzig Minuten Zeit habe, bis die nächsten Zubereitungsschritte folgen, gehe ich zurück ins Wohnzimmer und lasse mich auf der Couch neben Mrs Franklin nieder. Im Fernseher läuft der Infokanal und spult jede erdenkliche Traurigkeit der Welt in Dauerschleife ab. Morde, Aktieneinbrüche, Unfälle.

Möglicherweise verhalte ich mich unverschämt, als ich mich nach der Fernbedienung strecke und zu zappen beginne. Aber ehrlicherweise ist mir jede stumme Wut lieber, als mir mein Thanksgiving weiter vom Fernsehprogramm vermiesen zu lassen.

Leider haben auch die anderen Sender nicht viel zu bieten. Erst auf einem hinteren Channel entdecke ich einen Film, der mich innehalten lässt. *30 über Nacht*. Einer der Sorte, die ich damals mit Holly und Aideen geschaut habe, wenn sie bei mir übernachtet haben. Bei Nelly. *Vergangenheit.*

Da Mrs Franklin nicht protestiert, lege ich die Fernbedienung beiseite und ziehe die Beine auf die Couch, um es mir bequem zu machen. Die dreißigjährige Jenna tanzt zu Michael Jacksons *Thriller* über den Bildschirm.

»Möchten Sie etwas trinken?«, frage ich, um mir weniger unhöflich vorzukommen. Die Antwort ist ein stilles Nein, dennoch stehe ich auf, um uns beiden ein Glas Johannisbeersaft einzuschenken.

Schweigend nippe ich an meinem Getränk und lasse mich von dem Film in den Bann ziehen. Er bringt mir ein Gefühl von Glück, vom Wohlfühlen. Doch dieser blasse Traum endet, als die Melodie eines bekannten Songs ertönt. Sanfte Klaviertöne leiten Billy Joels *Vienna* ein, als Jenna sich in den Zug in Richtung ihrer Heimatstadt setzt. Mein Herz macht einen kleinen Aussetzer, zumindest kenne ich kein vergleichbares Gefühl zu diesem Stich in meiner Brust. Eine Gänsehaut breitet sich von meinen Fingerspitzen bis über den Rücken aus.

Wir bleiben immer zusammen, oder?

Natürlich bleiben wir das. Wir alle.

Ein Versprechen, das ich Phoebe gegeben und schon wenige Stunden danach gebrochen habe. Ihre Worte sind verknüpft mit diesem wunderschönen Song, den ich meiner kleinen Schwester so oft zum Schlafen vorgespielt habe. Wenn sie krank war. Wenn sie Streit mit ihrer besten Freundin hatte. Sie steckt in jedem Ton, jedes einzelne Wort ist ihres.

Mein Schluchzen bringt meinen gesamten Körper zum Erschaudern, mein Gesicht ist nass, bevor ich überhaupt begreife, dass ich weine. Als ich um Atem ringe, ist mein Kopf so leer und gleichzeitig so überfüllt, dass ihre Worte fast an mir vorbeigehen. Doch dann, ganz langsam, kämpfen sie sich durch das Labyrinth an Trauer und Wut, und ich höre Mrs Franklin fragen: »Was hast du denn, mein Kind?«

Alles in mir erstarrt, obwohl mein Körper gerade noch getobt hat. Auch der Tränenfluss scheint auszusetzen, als ich Mrs Franklin anschaue und mich vergewissere, dass die Worte aus ihrem Mund gekommen sind. In ihren dunklen Augen liegt eine schwere Sorge, mit der sie mein verweintes Gesicht mustert.

»Geht es dir nicht gut?«, fragt sie, als ich ihr nicht antworte. Als wäre es nichts Besonderes, etwas Alltägliches.

»Warum sprechen Sie?«, erwidert mein Dummkopf.

Mrs Franklins Mundwinkel heben sich leicht. »Ich möchte jetzt nicht über mich reden, Kleines. *Du* bist diejenige, die sich gerade die Mascara von den Wimpern weint.«

Ich starre sie an, unfähig etwas zu entgegnen. Das unangenehme Rattern der Eieruhr reißt mich aus dem ungreifbaren Moment, und ich springe auf, um in die Küche zu stürmen und nach Sauerstoff zu ziehen. Die Hitze des Ofens erschlägt mich und donnert mir die Bedeutung der letzten Minuten vor die Stirn. Mrs Franklin hat gesprochen. Mit mir. Zum ersten Mal, seitdem ihr Mann verstorben ist. *Verdammte Scheiße.*

Der goldbraune Kuchen fällt mir fast aus den Händen, so sehr zittern sie. Ich klammere mich an der Küchentheke fest und kneife die Augen zusammen. Befehle mir, jetzt nicht an mich und mein wirres Gedankenchaos zu denken, sondern an die Frau, die ihr Schweigen für ein fremdes Mädchen gebrochen hat.

Langsam gehe ich zurück ins Wohnzimmer, wo Jennifer Garner noch immer im Fernsehen flimmert. Mrs Franklin schaut ihr dabei zu, fast so, als hätte ich mir ihre Worte nur eingebildet. Als hätte es nie anders ausgesehen.

Mein Räuspern bringt sie dazu, in meine Richtung zu schauen, und sie hebt verblüfft die Brauen. »Hast du den Kuchen nicht mitgebracht? Es ist Kürbis, richtig? Das rieche ich bis hier.«

Meine Augen weiten sich. »Es ist das erste Mal, dass Sie in meiner Gegenwart reden.«

»Es ist das erste Mal, dass ich seit sechs Monaten im Allgemeinen rede«, erwidert sie und zuckt ungerührt die Schultern.

»Wieso?«

»Das fragst du noch? Du hättest dich sehen müssen. Ich habe lange keinen Menschen mehr so aufgelöst gesehen, und glaub mir, ich war schon auf so einigen Beerdigungen.«

»Was wollen Sie von mir hören?«

»Was auch immer du mir sagen willst. Ich bin wirklich gut im Zuhören. Du ahnst nicht, was die Leute dir alles anvertrauen, wenn sie meinen, dass deine Gehirnzellen nichts mehr verknüpft bekommen.« Ein bauchiges Lachen entfährt ihr und bringt die Wolldecke auf ihrem Körper zum Tanzen.

»Ich verstehe das nicht«, murmele ich und verschränke die Arme vor der Brust. »Warum tun Sie das?«

Mrs Franklins Lachen erstirbt. Ihre Hände tasten nach der Fernbedienung auf dem Couchtisch, mit der sie gleich darauf den Bildschirm schwarz färbt. »Du bist noch so jung, natürlich verstehst du das nicht.«

»Das hat nichts mit meinem Alter zu tun.« Ohne dass ich es verhindern kann, schwingt Unverständnis in meiner Stimme mit. »Ich habe auch jemanden verloren, und dennoch kann ich nicht verstehen, warum Sie alle um sich herum mit Ihrem Schweigen quälen.« *Jemanden*. Einzahl.

»Jemanden verloren also. Ich habe mich schon gewundert, was eine junge Amerikanerin an Thanksgiving bei einer alten Frau zu suchen hat.« Mrs Franklin lächelt müde. »Hab ich an deinem Akzent herausgehört«, kommentiert sie den fragenden Ausdruck in meinem Gesicht. Ihr Englisch ist einwandfrei, doch auch ihre Betonung mancher Silben lässt nicht verkennen, dass sie keine gebürtige Irin ist.

Keine Ahnung, warum all meine Vorwürfe an ihr abprallen. Wahrscheinlich hat sie schon zur Genüge welche dieser Art zu hören bekommen. Mit Sicherheit von bedeutsameren Personen als mir. Also seufze ich ergeben und senke meinen Blick auf die schwitzigen Hände, die verschränkt in meinem Schoß liegen.

»Mein Angebot steht noch, falls du es vergessen hast.«

Ich kneife die Augen zusammen, weiß nicht, wie ich mich fühlen soll. Einerseits hängen die Klaviertöne von *Vienna* noch immer tief in meinen Gedanken fest, sodass meine Augen ein weiteres Mal brennen. Andererseits stimmt es mich fassungslos, dass diese Frau so tut, als wäre ihr Schweigen unbedeutend für die Menschen um sie herum. Aber weil die Melodie immer penetranter wird und ich kein anderes Ventil für meine Emotionen finde, beginne ich zu reden: »Dieser Song aus dem Film. Er war das Lieblingslied meiner kleinen Schwester. Sie hat es sich so ziemlich jeden Abend zum Einschlafen von mir gewünscht.«

»Wie heißt sie?« *Heißt.*

»Phoebe.«

»Ein sehr schöner Name. Deiner im Übrigen auch, wollte ich dir schon immer gesagt haben. Na ja, oder auch nicht.« Ihre faltigen Wangen heben sich. »Deine Eltern müssen einen guten Geschmack haben.« *Gegenwartsform.*

»Sie sind tot«, schießt es aus mir heraus. »Sie und meine Schwester.« Ein verdutztes Blinzeln ist Mrs Franklins Antwort. Wie lange habe ich diese Worte nicht mehr aussprechen müssen?

»Das tut mir leid«, erwidert sie leise, und anhand ihres trüben Blickes lese ich, dass sie die Wahrheit sagt.

»Es ist schon etwas her. Fast fünf Jahre, um genau zu sein.«

»Solch eine Art von Verlust verjährt nicht.« Entschlossenheit schwingt in ihrer Stimme mit, und zum ersten Mal seit Langem fühle ich mich vollkommen verstanden.

»Sprechen Sie von Ihrem Mann?«

»Unter anderem.«

»Woran ist er gestorben?«, frage ich vorsichtig, in der Hoffnung, nicht in ihrer Wunde herumzuwühlen.

»Darmkrebs. Ein langer, grausamer Tod.« Ich schließe die Augen und atme das Mitleid, das in mir hochsteigt, durch die Nase aus. Nichts ist schlimmer als diese leeren Worte, dieses *Ich verstehe dich*. Also bleibe ich stumm.

»Er war bereits krank, als wir uns kennengelernt haben. Damals, in der Reha auf Costa Blanca. Ich kenne ihn nur als Kämpfer. Doch als der Krebs stärker wurde als sein eiserner Wille, musste er Spanien verlassen und herkommen.«

»Musste?«

»Mir wurde keine Wahl gelassen.« Sie zuckt die Schultern und richtet den Blick auf die Decke. »Ich hätte ihn gern bei mir gehabt, zusammen unter der Sonne des Südens. Aber Jonathan hat darauf bestanden, dass er seine letzten Monate hier verbringt.«

»Er wollte Sie entlasten«, vermute ich und bemerke augenblicklich, dass ihre Stimmung sich verdunkelt.

»Er wollte mir ihn wegnehmen. Weil er Angst hatte, dass ich ihm sein Erbe verwehre.« Ihre Worte bringen meine Gesichtszüge zum Erstarren. Meine Reaktion bewirkt ein wissendes Lächeln ihrerseits. »Das überrascht dich, was? Du magst Jonathan.«

Ich schweige.

»Er ist ein netter Mann, das möchte ich ihm gar nicht absprechen. Nur sind Frauen, die der todkranke Vater im Alter von siebzig Jahren im Ausland kennenlernt, nicht äußerst beliebt in der Familie.«

»Warum sind Sie dann hergekommen?«

Sie schnaubt, schüttelt ungläubig den Kopf. »Weil ich ihn entgegen allen Vermutungen geliebt habe. Unabhängig von seinem Kontostand, seinen Immobilien oder was auch immer Jonathan meint, was ich mir unter die Finger reißen wollte. Ich hatte nicht mal die leiseste Ahnung davon, was er besessen hat. Für mich zählte nur sein verschlafenes Lächeln am Morgen, wie er zufrieden seinen Bauch streichelte, wenn meine Paella mir gelungen war, und dass er nicht eingeschlafen ist, ohne mir zu sagen, wie sehr er mich liebt.«

Während dieser Worte tritt ein feuchter Schimmer in ihre Augen, und jede Art von Ärger, den ich der alten Frau gegenüber empfunden habe, verschwindet zurück in den tiefsten Kerker. »Louise sagte, dass es ihr vorkommt, als hätte Callum Ihre Stimme mitgenommen. War es so?«

Mrs Franklin blinzelt schnell. »Als ich mich von ihm verabschiedet habe, hat mir das so viel Kraft gekostet, dass sie für die nächsten Monate aufgebraucht war. Jedes einzelne Wort wäre zu viel gewesen.«

»Sie sprechen jetzt zum ersten Mal seit seinem Tod? Und dann ausgerechnet mit mir?«

»Wieso ausgerechnet mit dir?«, fragt Mrs Franklin verwundert. »Denkst du, damit habe ich eine schlechte Wahl getroffen?«

Mir gehen Louise und ihre unglaublichen Kuchen durch den Kopf. Sloan und Enya, die ihrer Großmutter eben noch eine gute Nacht gewünscht und darauf ein stilles Schweigen erhalten haben.

»Ja«, erwidere ich laut und setze einen betretenen Gesichtsausdruck auf. »Ich bin die schlechteste Wahl überhaupt.«

»Das sehe ich anders«, erwidert Mrs Franklin. »Wir haben uns ohne Vergangenheit kennengelernt. Du hast mich noch nie für eine Trickbetrügerin gehalten.«

»Warum sind Sie dann überhaupt noch hier?«, frage ich. »Warum kehren Sie nicht zurück in den Süden, behalten Callums Lachen in Ihrem Herzen und lernen wieder in der Sonne zu leben?«

Die alte Frau kneift die Augen zusammen, als hätte mein Vorschlag ihr Gedanken in den Kopf gebracht, die kein Bleiberecht besitzen. »Sie würden mich nicht gehen lassen.«

»Warum nicht?«

»Weil es Callums letzter Wille war, dass sie sich um mich kümmern. Sie haben mir geschworen, mich niemals alleine zu lassen.«

Ich lege die Stirn in Falten. »Das klingt aber nicht so, als würden die beiden Sie für eine Trickbetrügerin halten.«

Sie zuckt die Schultern. Erst jetzt fällt mir auf, dass sie einen lila Rollkragenpullover trägt, in dem sie mit ihrer zierlichen Gestalt fast untergeht. War sie schon immer so dürr? Oder bewirkt ihr Charakter, dass ich eine andere Sicht auf ihre Gestalt habe?

»Vielleicht nicht mehr, aber Worte wie dieses sitzen tief, wenn sie aus dem Mund deines Stiefsohnes kommen.«

Weil ihre überzeugte Art mich verstummen lässt, sitzen wir eine lange Zeit in der Stille des Wohnzimmers. Zum ersten Mal wünsche ich mir, dass der Fernseher eine Komödie oder meinetwegen auch einen Berg voll schlechter Nachrichten durch den Raum wirft. Stille ist seit Mrs Franklin nichts mehr, was ich mit Frieden verbinde.

»Hast du keinen Hunger?«

Ich hebe die Augenbrauen.

»Der Kuchen.« Sie nickt zur Küchentür. Mit halbgeöffnetem Mund gehe ich hinaus und suche den Raum auf, der mich mit einer wohltuenden Wolke aus gebackenem Teig begrüßt. Die Form ist durch meine Schockstarre und diesen merkwürdigen Austausch bereits ausgekühlt, sodass ich zwei Stücke schneide und auf Kuchentellern anrichte. Da ich glaube, dass Mrs Franklin ihren Kuchen ausschließlich mit Sahne isst, besprühe ich ihr Stück großzügig damit. Erst jetzt fällt mir auf, dass ich sie danach hätte fragen können. Meine Arbeit beruht vom heutigen Tag an nicht weiter auf Vermutungen und Hoffnungen.

Mit beiden Tellern und einer Tasse koffeinfreien Kaffee für jeden von uns kehre ich zurück ins Wohnzimmer. Anhand Mrs Franklins Lächelns, mit dem sie ihr Stück betrachtet, merke ich, dass meine Einschätzungskünste gar nicht so mies sind wie gedacht.

Schweigend verputzen wir den Kuchen. Doch diese Stille ist noch eine ganz andere Atmosphäre als noch vor wenigen Tagen. Ihr Schmatzen ist lauter, lebhafter, so als würde sie sich nicht mehr kontrolliert zurückhalten. Der Gedanke bringt mich zum Grinsen, was ich in einem Schluck Kaffee ertränke.

Auch als von meinem Kuchenstück nicht mehr viel übrig ist, weiß ich noch immer nicht, wie ich mit Mrs Franklins Haltung umgehen soll. Es steht mir nicht zu, ihr Vorwürfe an den Kopf zu werfen, zumal ich die Komplettfassung der Geschichte nicht kenne. Außerdem bin ich alles andere als die Retterin, auf die diese alte Frau schon lange gewartet hat. Im Grunde bin ich selbst verloren in meinem eigenen Irrgarten aus Trauer. Übersehe absichtlich die Türen, die mich ins Freie bringen würden. Welches Recht habe ich also, ihr etwas vorzuschreiben?

»Keines«, murmele ich mir selbst zu und türme die Krümel zu einem Häufchen zusammen. Er schmeckt immer noch so wie vor sechs Jahren, als Mom den Morgen in der Küche verbracht hat, um drei dieser Sorte anzufertigen.

»Wie schlägst du dich durch, seit das mit deiner Familie passiert ist?«, fragt Mrs Franklin irgendwann.

Verrückt, dass ausgerechnet Trauer das Thema ist, welches uns miteinander verbindet. Über banale Dinge wie Mode oder Fernsehsendungen zu sprechen, käme mir nicht in den Sinn.

»Ich komme klar«, erwidere ich möglichst tonlos und schiebe ein neckisches »Zumindest rede ich noch« hinterher.

Mrs Franklin zieht die Augen schmal, doch das Schmunzeln in ihren Mundwinkeln zeigt, dass sie meinen Seitenhieb locker auffasst.

»Willst du mir sagen, dass du noch immer dieselbe Eleanor bist wie vor fünf Jahren?«

Ich schnaube belustigt. »Kein bisschen.«

Die alte Eleanor hatte sogar einen anderen Namen. Einen, der perfekt für ihre angepasste, zurückhaltende Art war. *Nelly*. An manchen Tagen kann ich kaum glauben, dass es sich bei dieser Person je um mich selbst gehandelt hat. Würde Zack nicht krampfhaft an diesem Kürzel festhalten, wäre es mir vielleicht längst entfallen. Aber das sind Dinge, die ich akzeptieren muss. Ich war mal eine andere Eleanor. Ein Mädchen, das nur das Gute im Leben und ihren Mitmenschen gesehen hat. Dessen größter Wunsch es war, heimlich mit einem Jungen Händchen zu halten.

Kopfschüttelnd trinke ich einen weiteren Schluck Kaffee.

»Vermisst du sie?«

»Meine Familie?«, erwidere ich verdutzt. »Natürlich.«

Mrs Franklin lächelt vorsichtig und reibt sich die faltigen Unterarme. »Das Mädchen, das du vor ihrem Tod warst.«

Ich kann förmlich spüren, wie mir der Mund aufklappt, erlange dennoch keine Kontrolle über meine Muskeln.

»Ehm …«, mache ich, doch verstumme, da mir eine spontane Antwort auf ihre Frage nicht in den Sinn kommt.

Vermisse ich mein früheres Selbst? Wäre ich gern wie sie? Optimistisch, frei von Angst und Wut und Trauer? Die Antwort liegt auf der Hand, daher senke ich den Blick auf das dunkle Gebräu, dessen Geruch mir plötzlich Magenschmerzen bereitet.

»Manchmal betrauern wir nicht nur unsere Verlorenen, sondern die Gefühle, die sie mitgenommen haben.« Mrs Franklin seufzt wissend.

Gefühle. Meine Gefühle zur Musik, zu Zack. Ersetzt wurden sie durch einen Brocken bestehend aus jeder erdenklichen Negativität. Doch wenn ich mich an Zacks Lächeln zurückerinnere, mit dem er am Morgen nach Halloween den Bacon gebraten hat, wenn ich an seine Augen denke, die jedes Mal etwas deutlicher funkeln, wenn sich unsere Blicke bei seinen Schichten im *Scrabbles* kreuzen, scheint dieser Panzer erste Risse zu bekommen. Nun liegt es an mir, ob ich ihn flicke und verhindere, dass irgendetwas nochmal zu nah an mich herankommt, oder ob ich Zack das Schloss knacken lasse, hinter dem mein Herz eingebunkert liegt.

»Du erzählst ihnen nicht, dass ich gesprochen habe, ja?«

»Was?« Ich reiße die Augen auf.

»Ich habe den ganzen Tag hier gelegen, etwas Kuchen gegessen und einen Film nach dem anderen geschaut.«

»Aber …«, beginne ich, doch ihr trockener Gesichtsausdruck lässt mich verstummen. Sie hat eine Entscheidung für sich und ihr Leben getroffen, und mich dagegenzustellen, steht mir nicht zu. So wie ich Zack verwehre, sich in meine Entscheidungen einzumischen.

Ich seufze und nicke ergeben. Zum ersten Mal habe ich eine Ahnung davon, wie es für ihn sein muss, mir jeden Tag dabei zuzusehen, während ich Becca von einer Mutter erzähle, die von meiner Tante verkörpert wird. Vielleicht bin ich nicht die Retterin dieser alten Frau oder ihrer Familie. Vielleicht sorge ich auch nicht dafür, dass sie zusammen glücklich werden. Aber eventuell ist da doch etwas, das dieser Job mir ermöglicht hat – Perspektivenwechsel.

26

ZACK

An diesem Freitag ist das *Scrabbles* so voll, dass ich mein Tablett über die Köpfe der Gäste hinwegtragen muss, um die Getränke unversehrt zu servieren.

Auch wenn mir nach den ersten zwei Stunden bereits der Schweiß im Nacken steht, genieße ich meine mittlerweile sechste Schicht in dem kleinen Pub. Denn langsam, aber sicher verwandeln sich anfängliche Schwierigkeiten in Routinen, und sogar das Zapfen gelingt mir nur noch halb so mies. Zumindest wenn es nach Cole geht. Dabei vermute ich, dass er mir damit bloß Mut zusprechen möchte.

Irgendwann entdecke ich Austins Schopf inmitten der Menschenmenge und halte den Zeigefinger hoch, um zu signalisieren, dass ich gleich bei ihnen sein werde. Eine hübsche Medizinstudentin erzählt mir gerade etwas von ihrer morgigen Klausur, dabei nicke ich durchgehend, obwohl ich aufgrund des Lautstärkepegels nicht besonders viel verstehe. Cole hat mir bereits angekündigt, dass Flirten Trinkgeld bedeutet und jetzt Teil meiner Arbeit wäre, doch ich habe das Gefühl, dass es zu meiner Haupttätigkeit geworden ist. Dabei bin ich alles andere als ein schwedisches Fotomodel.

Mit einem entschuldigenden Lächeln wende ich mich von dem Mädchen ab und kämpfe mich zu meinen Freunden durch.

»Du kannst uns unsere Ecke nicht frei machen, oder? So supercool filmmäßig?«, fragt Becca mit einem enttäuschten Blick in die Richtung ihres Stammplatzes. Er wird besetzt von vier breitgebauten Kerlen. Selbst wenn ich die Möglichkeit hätte, sie zu verscheuchen, würde ich es mir ersparen.

»Wenn ich gefeuert werden will, klar«, erwidere ich grinsend. »Ich lege ein Reserviert-Schild auf den nächsten freien Tisch, aber glaubt mir, dafür werdet ihr euer Leben riskieren.«

»Das ist es mir wert. Übrigens werde ich die Nacht über bei euch schlafen, in Ordnung?«

»Kein Thema, aber warum?« Ich hebe die Augenbrauen. Ohne die Kontrolle darüber zu haben, schleicht sich ein ungutes Gefühl in meine Magengrube.

Becca zuckt die Schultern. »El hat mich darum gebeten. Sie will heute alleine sein.« Keine Ahnung, ob es die Antwort auf meinen geschockten Gesichtsausdruck sein soll, aber sie hebt die Arme. »Nein, ich hab keine Ahnung, warum. Manchmal ist es besser, gar nicht nachzufragen.«

»Geht's dir gut?«, erkundigt sich Austin vorsichtig und blickt auf meine Hände, die krampfhaft das Tablett aufrecht halten. Sie zittern. Warum zittern sie? Mein Körper scheint zu wissen, welches Datum wir haben, bevor der Gedanke mir in den Sinn treten kann.

»Was wollt ihr trinken?«, hake ich nach, um sowohl von Austins Frage als auch von dem brodelnden Chaos in meinem Inneren abzulenken.

»Das Übliche«, erwidert er in einem noch immer skeptischen Ton. Ich nicke schnell und dränge mich durch das Studierendenwollknäuel zurück zur Bar. Während ich nach frischen Gläsern suche, rutscht mir eines für Schnäpse und Liköre aus der Hand und kommt krachend auf dem Boden auf. Fluchend bücke ich mich danach und fege die Scherben mit den Fingern zusammen. Ein feiner Glassplitter bohrt sich in die obere Hautschicht meines Daumens, und ich zische vor Schmerz.

»Zack, alles cool bei dir?«, fragt Cole und blickt auf mich herunter. Über seiner Schulter hängt ein Spültuch, an dessen Stoff er sich die Hände trocknet, ehe er sich zu mir auf den Boden hockt. »Okay, offensichtlich nicht. Du siehst gar nicht gut aus.«

Ich schlucke trocken und verfrachte die Überreste des Glases in die Mülltonne. Dann kneife ich die Augen zusammen, um die Partystimmung, die der Pub um mich herum verbreitet, einen kurzen Moment auszublenden. »Welchen Tag haben wir heute?«

»Freitag?«, antwortet Cole fragend.

»Nein, welches Datum. Es ist der dritte Dezember, hab ich recht?«

Wir schielen gleichzeitig in Richtung des Kalenders, der an der Tür zur Küche befestigt ist, und entdecken das rote Kästchen um eine schwarze Drei.

»Ich muss los«, presse ich hervor. »Bekommst du für heute noch Ersatz?«

Coles Augen weiten sich, und er mustert verzweifelt die Menschen, die sich im Pub versammeln und auf ihre Getränke warten.

»Niemals. Wir haben fast zehn, Zack. Der Laden wird voller und voller.«

»Ich weiß, aber es handelt sich um einen Notfall.«

Ich will mich schon in Bewegung setzen, doch der überforderte Ausdruck in Coles Gesicht lässt mich innehalten. Schnell nicke ich. »Ich suche dir jemanden.«

Dann kämpfe ich mich ein weiteres Mal an muffigen Achseln vorbei, ehe ich Austin entdecke und zu mir winke. »Kannst du Getränke verteilen?«

Seine Verwunderung äußert sich in einem Stirnrunzeln. »Mit Sicherheit. Aber wann? Jetzt?«

»Jetzt«, erwidere ich. »Ich muss los.«

»O-okay …« Austin blinzelt verwundert, lässt aber zu, dass ich ihn vor mir her zu Cole hinüberschiebe und somit von Becca separiere, die gerade in ein Gespräch mit einem Mädchen vertieft ist.

»Das ist dein Mann für heute«, sage ich zu Cole und klopfe

Austin auf die Schulter. Beide starren mich an, als hätte ich sie dazu gezwungen, einen Poledance vor versammelter Mannschaft aufzuführen.

»In Ordnung«, sagt Cole. »Schlechter zapfen als Zack wirst du so oder so nicht.«

»Das habe ich gehört«, rufe ich noch über die Schulter zurück, ehe ich aus der Tür des *Scrabbles* hinausstürme. Da ich während meiner Schichten nicht drum herumkomme, mindestens einen Drink mit Gästen zu trinken, habe ich den alten Golf stehen lassen und bin zu Fuß zum Pub gelaufen. Das bedeutet nun, dass ich den Weg zu Nellys Wohnblock sprinte, bis meine Fußballen zu brennen beginnen. Ich renne und renne, bis ich an der moderigen Holztür des Klinkerhauses angekommen bin und mehrfach die mit dem Namen *Harlow* beschriftete Klingel betätige. Während der fünf Minuten, die ich warte, gelingt es mir, nach Sauerstoff zu ziehen und mir den Schweiß von der Stirn zu wischen. Doch als nach dieser Zeit keine Reaktion folgt, drücke ich auf jede einzelne Klingel des Wohnhauses, bis ein Brummen ertönt und ich eintreten kann.

Da Nelly im fünften Stock wohnt, liegt ein weiterer Sprint vor mir. Währenddessen gehen die einzelnen Haustüren auf, und fragende Gesichter strecken sich mir entgegen. Ich winke allesamt mit einem »Sorry« ab und hechte weiter, bis ich auf der schwarzen Fußmatte vor ihrer Wohnung stehe.

»Nelly!« Ich hämmere die geballten Fingerknöchel gegen den Holzrahmen der Tür, bis mir die Knochen glühen. Gebe all meine Kraft in die Hoffnung, somit einen kurzen Einblick in ihren Zustand zu erhaschen. Denn weder das Hämmern noch meine Rufe scheinen irgendetwas auf der anderen Seite zu bewirken. Und auch wenn ich den Gedanken noch von mir schiebe, bereitet er mir verdammt viel Angst.

»Es ist Nachtruhe!«, ertönt eine Stimme aus dem Untergeschoss. Der Hausflur erhellt sich durch den Bewegungsmelder, und ich bin mir sicher, mit meiner Sorge gleich die Polizei am Hals zu haben.

Schweratmend fahre ich mir über mein schweißnasses Gesicht. Ich halte inne, lasse den Blick über das Milchglas der Tür gleiten.

Durch die verzogene Sicht erkenne ich vage die Umrisse ihrer Statur. Ich trete einen Schritt näher an die Pforte heran, sage nun leiser: »Nelly?«

Es kommt mir vor, als könnte ich ihren hektischen Atem durch die verschlossene Tür hindurchhören. Und auch wenn sie auf meine Worte nicht reagiert, ist es die einzige Reaktion, die ich benötige.

»Hör zu. Ich weiß, dass du denkst, du müsstest durch all das alleine gehen. Aber das ist nicht die Wahrheit.« Stille. Dann ertönt ein Schluchzen. Zumindest kenne ich keine andere Bezeichnung für diesen Laut, der mir beweist, dass ich mit meiner Vermutung mitten ins Schwarze getroffen habe. »Dass du Becca und Austin nichts von dem Unfall erzählen willst, ist deine Sache. Aber ich bin hier. Ich kenne deine …« Ich räuspere die Unsicherheit aus meiner Stimme. »… *unsere* Geschichte. Ich kann mir kaum ausmalen, welchen Schmerz du durchleidest, und werde ihn dir weiß Gott nicht nehmen können. Aber ich kann dafür sorgen, dass du nicht alleine bist.« Meine Lippen pressen sich aufeinander, als die letzte Silbe im Hall des Treppenhauses verklingt. Das Licht erlischt. Fast zeitgleich verdüstert sich der Blick in ihre Wohnung. Jetzt stehen wir im Dunkeln, und ich kann nicht einmal mehr mutmaßen, ob ihre Silhouette sich noch auf der anderen Seite befindet oder sie sich längst von diesem Gedanken abgewandt hat.

Dann, als ich schon glaube, sie für diesen Abend verloren zu haben, flüstert sie entmutigt: »Zack.« Ihre Stimme ist nicht mehr als ein gebrochener Laut. »Du musst gehen.«

»Willst du das?«

»Ich habe nicht verdient, dass du hier bist.«

»Warum denkst du das?«

Eine Weile bleibt meine Frage unbeantwortet.

»Ich bin so kaputt.« Es kommt mir vor, als könnte ich ihre Tränen hören. Als wäre ich dazu in der Lage, den Klang auszumachen, wie sie über ihr Kinn auf ihre Brust tropfen. Ich muss sie nicht sehen, um mir klar zu werden, wie sehr sie von ihren Worten überzeugt ist. »Du hältst so sehr an mir fest. Aber von dem Mädchen, das du mal kanntest, ist kaum etwas übriggeblieben.«

»Das stimmt nicht. Dieses Mädchen, das bist immer noch du«, flüstere ich und lehne meine Stirn an die Scheibe. Ich bilde mir ein, dass ihre an der anderen Seite anliegt. Dass ich, wäre die Tür nicht zwischen uns, ihre Haut auf meiner spüren könnte.

»Ich habe dich längst verloren, genauso, wie ich mich selbst verloren habe.«

»Du hast mich nicht verloren«, schießt es aus mir heraus, und ich presse die Lippen aufeinander, da mir plötzlich bewusst ist, welche Bedeutung meine Worte nach sich ziehen. Der Stille nach zu urteilen, ist meine Botschaft auch bei ihr angekommen.

Mein Atem prallt an der Glasscheibe ab, so hektisch entflieht er meinen Lippen. Mein Herz poltert in einer energischen Mischung aus Entschlossen- und Unsicherheit. *Vielleicht sollte ich auf sie hören und verschwinden. Vielleicht ist es ihr gutes Recht, mich nach all dem Vergangenen noch immer aus ihrem Leben zu stoßen.*

Vielleicht sollte ich loslassen, mich mit dem Stich in meiner Brust abfinden und mein Leben ohne ihre Anwesenheit weiterführen.

Doch bevor ich meinen Gedanken in die Tat umsetze, dreht sich der Türknauf, und die Scheibe entweicht meiner Stirn. Das plötzliche Licht, das aus dem Wohnbereich strahlt, blendet meine Augen. Als sie sich an die Helligkeit gewöhnt haben, entdecke ich Nelly im Türrahmen.

Ihre Haare sind zu einem unordentlichen Zopf geflochten, ihre Mascara verteilt sich auf den Wangen. Ihr Mund ist vor Dehydrierung ausgetrocknet und an ihrem Lippenherz eingerissen. Ihre Finger klammern sich um eine Flasche Whiskey, die erschreckenderweise fast zur Hälfte gelehrt ist.

Wenn ich nicht schon längst wüsste, dass sich heute der Todestag ihrer Familie zum fünften Mal jährt, würde ein Blick in ihr Gesicht zur Bestätigung ausreichen.

Ich bin so kaputt.

Ich kann förmlich beobachten, wie sich Nässe um ihre dunklen Pupillen bildet. »Ich bin nicht mehr das Mädchen, in das du dich verliebt hast, Zack.«

Nein, das ist sie nicht. Sie ist das Mädchen, in das ich mich in diesem Moment verliebe. Mit verquollenen Augen, die wässrig schimmern, Haaren, die vom Alkohol verklebt sind, und einem Zittern in den Mundwinkeln, da diese Worte sie jede erdenkliche Kraft gekostet haben.

Doch anstatt ihr das zu sagen, frage ich: »Darf ich bleiben?«

Und zu meiner Überraschung antwortet sie mit: »Ja.«

»Hier, das spült den Alkohol aus dem Blut.« Ich reiche Nelly ein Glas Wasser, das sie gleich darauf mit zittrigen Fingern an ihren Mund hebt. Ihr Gesicht ist so bleich, dass ich mich frage, wie ein einziger Tag ihr jeden Hauch Leben von der Haut rauben konnte. »Ist dir übel?«

Ich lasse mich neben ihr auf das Sofa nieder, wo auch Sammy es sich bequem gemacht hat und vor sich hindöst.

Sie schweigt, und ich bemerke ihr Kopfschütteln im Augenwinkel. Seit ich die Wohnung betreten habe, ist unsere Verbindung wieder so prickelnd und intensiv spürbar, dass ich mich fürchte, in den Erinnerungen verloren zu gehen. *Vor fünf Jahren. Im* Strangers. *Unter den Schneeflocken.*

»Betrunken?«

Nelly stützt die Wange auf den Knien ab. »Ein bisschen. Ich weiß nicht einmal, warum ich den Whiskey getrunken habe. Eigentlich kann ich die Wirkung von Alkohol überhaupt nicht leiden. Kein Wunder, dass ich mir mal geschworen habe, nie auch nur einen Tropfen zu probieren.«

Ich lache leise, während ein Erinnerungsfetzen unserer Nacht im *Strangers* vor meinen Augen vorbeizieht wie eine vom Wind getragene Wolke.

»Du musst nicht hier sein und mir dabei zusehen, wie ich mich selbst bemitleide, Zack. Eigentlich hast du jedes Recht dazu, mich zu hassen. Ich bin ein abscheulicher Mensch geworden. In jederlei Hinsicht. Aber ganz besonders dir gegenüber.«

Meine Bronchien rasseln, als ich langsam einatme. »Vielleicht wäre es mein Recht, dich zu hassen.« Meine Lippen pressen sich kurz aufeinander, weil alleine der Gedanke daran bewirkt, dass sie zittern. »Ich habe es versucht, schätze ich. Zu akzeptieren, dass ich dich verloren habe, hat mich wahnsinnig viel Kraft gekostet. Es wäre definitiv einfacher gewesen, dich zu verfluchen. Aber ich habe es nie gekonnt.«

Sie neigt den Kopf, schaut mich mit gerunzelter Stirn an. »Warum nicht?«

»Weil ich verstanden habe, dass du ein neues Leben brauchtest.« *Eines, zu dem ich keinen Zutritt habe.*

»Ein neues Leben«, wiederholt Nelly, und ihre Mundwinkel erheben sich zu einem traurigen Lächeln. Sie starrt auf die cremefarbenen Stummel des Wohnzimmerteppichs. »Das habe ich mir auch lange eingeredet. Aber ehrlich? So träumerisch es auch klingen mag, ein neues Leben beginnen zu wollen – die Vergangenheit kannst du daraus nicht ausschließen. Sie ist unumkehrbar daran gekoppelt. Ich habe es versucht, indem ich dich habe gehen lassen. Genauso wie Holly oder Tante Karen. Als könnte ich nur einen permanenten Schlussstrich ziehen, wenn ich alles Vergangene aus meinen Erinnerungen ausradiere.«

»Hat es funktioniert? Bin ich aus deinen Erinnerungen ausradiert?«

»Kein bisschen«, haucht sie erschöpft und unterstreicht ihre Worte mit einem Schnauben. »An manchen Tagen … da denke ich mit einem Kribbeln im Bauch an diesen Abend zurück, weil es so … perfekt war.« Sie atmet tief durch. »Die Party im *Strangers* und … als wir uns endlich geküsst haben. Zwei Jahre lang habe ich auf diesen Moment gewartet, und es war einfach … unbeschreiblich.«

Mein Atem stockt. Welche Ironie. Das Leben schenkte uns diese Nacht als Kostprobe für das, was aus uns hätte werden können. Nur um uns gleich darauf vor Augen zu führen, wie wenig wir unser Glück verdient zu haben scheinen.

»In diesen Momenten fühle ich mich plötzlich so schuldig, weil meine Familie in dieser Nacht gestorben ist. Wie kann ich daran zurückdenken und Schmetterlinge im Bauch haben?«

Ihr Geständnis bringt mein Herz zum Poltern, meinen Verstand zum Schwinden. Hat sie das wirklich gesagt?

Sie denkt an mich zurück. An uns. Erinnert sich an die Augenblicke, die wir geteilt haben, nur um gleich darauf in tiefe Gewissensbisse zu verfallen. »Seitdem du hier bist, vermehren sich diese Gedanken daran. Ich fühle mich erbärmlich, den Todestag meiner Eltern und Phoebes mit Glücksgefühlen zu verbinden.«

»Wir haben uns diesen Moment nicht ausgesucht. Hätten wir darüber entscheiden können, wäre es unsere letzte Wahl gewesen.«

»Ja, vielleicht. Aber es ist unumkehrbar. Der schönste Moment meines Lebens ist mit der schlimmsten Nacht verbunden. Die eine Erinnerung existiert nicht ohne die andere.«

Ich lasse die Worte im Raum stehen, auch wenn die Gedanken in meinem Kopf zu kreisen beginnen. *Und wenn wir die alten Erinnerungen ruhen lassen, um neue zu erschaffen?*

Als wäre unsere Verbindung noch immer stark genug, um mir meine Gedanken in den Augen abzulesen, wendet sie sich mir zu. »Danke, dass du hier bist.«

An ihrem Wortlaut höre ich, dass ihr Dank nicht nur meine Anwesenheit an diesem Abend umfasst. Sie bedankt sich, dass ich in Averston aufgetaucht bin. Dass das Leben uns diese zweite Chance überreicht hat, die wir nutzen können, um die Freundschaft zu beginnen, zu der wir einst nie die Gelegenheit bekamen. Daher halte ich ihr einen Arm hin und werde von ihrer Wärme überwältigt, als sie sich in unserer Umarmung wiegt. Ihre Wange liegt auf meiner Brust. Keine Chance, dass mein tobender Herzschlag auch nur eine Sekunde vor ihr verbirgt, was ihre Nähe in mir auslöst.

Ich halte sie so lange, bis ich ertasten kann, wie die Anspannung aus ihren Muskeln entweicht und ihr Kopf schwer wird. Es dauert keine halbe Stunde, bis sie eingeschlafen ist.

Während ich nach einer Decke greife und sie über ihren Körper ziehe, erlaube ich mir, diesen Moment nur für einen Wimpernschlag zu genießen. Denn auch wenn ich ihr die Trauer nicht nehmen konnte, verschläft sie diese Nacht voller düsterer Erinnerung.

27

NELLY

Als ich die Augen öffne, schießt ein spitzer Schmerz durch meine Schläfen. Ächzend hebe ich den Kopf, doch merke gleich, dass ein schwerer Arm um meinen Bauch geschlungen liegt und mich vom Aufrichten abhält.

Durch halbgeöffnete Lider blicke ich an dem Arm hinauf und spüre, wie die Erkenntnis sich mit den Scherben an Erinnerungen von letzter Nacht verknüpft. Der Todestag, Whiskey, Zack und … seine Worte. *Du hast mich nicht verloren*.

Eine Gänsehaut überzieht meinen Körper, als sich seine Stimme samt ihrer Entschlossenheit in meinen Gedanken wiederholt.

Vorsichtig hebe ich den Arm an und befreie mich aus unserer umklammernden Haltung. Die Sonne ist längst nicht aufgegangen, aber die Schreckensnacht habe ich verschlafen. In seinen Armen, auf seiner Brust.

Auf zittrigen Beinen suche ich nach Halt, während ich seine schlafende Gestalt erforsche und mich von den Gefühlen überwältigen lasse, die in mir aufkeimen.

Ich widerstehe dem Drang, mich zurück an seine Brust zu kuscheln, und gehe ins Bad unter die Dusche.

Eiskaltes Wasser rieselt mir ins Gesicht und verjagt die letzten Überreste des Whiskeys aus meinem Kopf.

Ich lasse mir so viel Zeit wie möglich, bis das Schwarz vor unserem Badfenster sich langsam, aber sicher in ein dunkles Blau verwandelt.

Als ich den Wohnbereich erneut betrete, liegt Zack immer noch an der Stelle, wo ich ihn zurückgelassen habe. Gleichzeitig kommt Sammy aus seinem Körbchen gekrochen, und seine leisen Tapser ertönen auf dem Laminat. Er macht vor mir halt, streckt sich mit offenem Maul und genießt mein Kraulen.

»Hast du Lust auf einen Spaziergang?«, flüstere ich ihm zu.

Ich deute Sammys Schlecken als klare Bestätigung und mache mich auf den Weg in die Küche, um nach einem kleinen Topf zu kramen, in dem ich Milch erhitze. Als die Flüssigkeit Bläschen wirft, stelle ich die Temperatur runter und gebe drei Löffel Kakaopulver hinzu. Der Geruch von Schokolade zaubert eine wohlige Wärme in den Raum. Daher wundert es mich kaum, als ich im Augenwinkel sehe, wie Zack sich seufzend aufrichtet und einige Momente reglos auf dem Sofa sitzen bleibt. Während ich unsere heiße Schokolade in zwei Thermobecher fülle, scheinen die Erinnerungen auf ihn einzuprasseln, wie sie es eine halbe Stunde zuvor bei mir getan haben. Nur, dass seine frei vom Alkoholnebel sind. Er wird sich an jedes Wort erinnern, das er von sich gegeben hat. Das *ich* von mir gegeben habe. *Ich bin nicht mehr das Mädchen, in das du dich verliebt hast.*

Ich schlucke gegen die Enge in meinem Hals an und lächele, als sein Kopf sich in meine Richtung dreht. »Guten Morgen.«

»Morgen«, erwidert er mit einem zerknirschten Gesichtsausdruck. »Haben wir den überhaupt schon?«

»Es ist Viertel vor sieben.«

Seine Augen weiten sich erschrocken. »Konntest du nicht mehr schlafen?«

»Ich habe gut geschlafen«, erwidere ich ruhig und hoffe, ihm so ein wenig die Dankbarkeit zu zeigen, die ich verspüre. »Ich bin Frühaufsteherin. Das ist einfach mein Rhythmus.«

»Du bist Frühaufsteherin?«, erwidert er fragend. »Warst du das schon immer?«

Kurz legt sich meine Stirn in Falten, weil der Gedanke in mir aufkeimt, dass er überlegt, wie viel Nelly noch in mir steckt. Dem Mädchen, in das er sich damals verliebt hat. Und das ich wohl nie wieder sein werde.

Aber ich werde nicht weiter lügen, um mich als diese andere Person auszugeben, nicht vor ihm. Also sage ich »Ja« und verschließe die Becher, damit sie transportfähig sind.

»Was hast du vor?« Er mustert die Becher mit erhobenen Brauen. Während ich ihn so ansehe, merke ich, wie meine Beine zittern. Seine Haare liegen ihm über der Stirn, und die Augen sind noch vom Schlaf geschwollen. Die Erinnerung daran, dass ich die gesamte Nacht in seinen Armen verbracht habe, überwältigt mich, und ich wende den Blick ab, um wieder einen klaren Gedanken fassen zu können.

»Begleitest du uns?«

Zack fährt sich mit beiden Händen durchs Gesicht und nuschelt ein fragendes: »Wen?«

Meine Lippen formen ein Grinsen. Zack ist wohl alles andere als ein Frühaufsteher.

»Das kleine Wollknäuel hier«, antworte ich und schiebe ein leises »Und mich« hinterher. Wenn ich es wagen würde, ihn anzuschauen, würde ich mit Sicherheit eine versteinerte Version seiner selbst vorfinden. Zumindest fühlt sich das lange Schweigen ganz danach an.

Irgendwann höre ich ihn »Okay« murmeln, als könnte er noch immer nicht ganz fassen, was ich da vorgeschlagen habe.

»Super.« Warum klingt meine Stimme, als würde ich lächeln? Lächele ich? Ich verbiete mir, es zu überprüfen, und gehe in mein Zimmer, um in den Tiefen meiner Kommode nach Mütze und Handschuhen zu kramen. Der November war bereits ungewöhnlich kalt für irische Verhältnisse, auch wenn es für Schnee bisher nicht gereicht hat. Den Einstieg in den Dezember prophezeite der Wettermoderator von Mrs Franklins üblichem News-Channel um einiges frostiger, weswegen ich mich besser vorbereite.

»Du brauchst sicher etwas Warmes zum Anziehen, hab ich recht?«, rufe ich Zack über die Schulter zu. Seine Schritte erklingen auf dem Boden, ehe seine müde Gestalt im Türrahmen meines Zimmers erscheint.

»Meine Jacke habe ich dabei, der Rest ist im *Scrabbles* zurückgeblieben.«

»Im *Scrabbles*?« Die Erkenntnis donnert mir vor die Stirn, und meine Finger verkrampfen sich in dem Stoff einer schwarzen Mütze. »Du hast gestern gearbeitet?«

»Hab ich«, erwidert Zack ungerührt und zuckt die Schultern. Er trägt bloß ein graues Shirt, weswegen ich meine Schublade nach einem passenden Pullover durchwühle. Als ich mich bewaffnet mit Winterklamotten zu ihm umdrehe, fällt mir auf, wie er mein Zimmer beäugt. Die weißen Wände, an denen sich die Tapete an einigen Stellen von den Mauern gelöst hat. Mein großes Bett, das neben der Tür seinen Platz hat und einen beträchtlichen Teil der Einrichtung ausmacht. Der offene Kleiderschrank, der meine Unordnung leider noch nie verbergen konnte. Die wenigen Fotos an meinen Wänden, auf denen ausschließlich Sammy, Becca und Austin zu sehen sind. Seine Augen sind plötzlich wach, nehmen jedes noch so kleine Detail unter die Lupe, während sich seine Mundwinkel langsam heben.

»Was?«, frage ich skeptisch und gehe einen Schritt auf ihn zu.

»Darf ich ehrlich sein?«

Mit einem leichten Schmunzeln frage ich: »Kann ich dich davon abhalten?«

Er erwidert mein Lächeln, auch wenn es mit einem Mal die Freude verloren zu haben scheint. Zögerlich schiebt er die Hände in die Taschen seiner Jeans. »Ich habe mir dein Zimmer anders vorgestellt.«

Ich ziehe die Augenbrauen zusammen und unterdrücke ein Lachen. »Schmerzhaft ehrlich, Zack. Wie hast du es dir denn vorgestellt?«

Seine Kiefermuskeln spannen sich an. »Irgendwo in der Ecke müsste ein Klavier stehen. Notenblätter wären auf dem Boden verteilt. Und an den Wänden …« Er scheint seine Worte zu überdenken, denn er schließt einen Moment den Mund. »Wären ihre Bilder.«

Zack streift weiter entlang meiner Bücherregale, ehe er den Plattenspieler entdeckt, der seit fünf Jahren kein einziges Mal verwendet wurde. »Der gehörte Dad. Ich wollte ihn verkaufen, aber … konnte nicht.«

Mein Vater und seine Platten waren ein Herz und eine Seele. Er legte früh morgens Elton John auf, wenn er und ich die Einzigen waren, die sich vor sieben Uhr zum Frühstück quälten. Blondie war der Soundtrack für Phoebes und Moms Tanzpartys, und abends, wenn meine Eltern sich eine Flasche Rotwein teilten, wurde das Haus von Bonnie Tyler erfüllt. Die Klänge trugen ihr Lachen, ihre Küsse, wenn wir nicht hinsahen. Mein Herz wird schwer, und ich schaue fort. Zögernd hebe ich den Sweater in meinen Händen an.

»Den wollte ich dir sowieso längst zurückgeben«, sage ich, den Blick beschämt auf den blauen Stoff gerichtet.

»Du hast ihn aufbewahrt?« Fassungslosigkeit schwimmt in seiner Stimme mit, als er sein Sweatshirt entdeckt, das er mir in jener Nacht übergezogen hat, um mich vor dem eisigen Dezemberwind zu schützen.

Ich presse die Lippen aufeinander, um die Erinnerung zur Seite zu schieben.

»Hab's nie übers Herz gebracht, ihn wegzugeben«, erwidere ich mit einem winzigen Heben meiner Mundwinkel. »Paradox, nicht wahr? Ich habe dir jede Erinnerung genommen und mich gleichzeitig an dieses Stück Baumwolle geklammert, als könnte es die Zeit zurückdrehen.«

»Paradox«, bestätigt er und nimmt das Stück Erinnerung entgegen. Wie viele Nächte habe ich mich in dessen Duft gewogen, wie ein Kind in den Armen seiner Mutter? Er steckt noch immer darin, auch nach all den Jahren. In der Realität ist er vermutlich längst verblasst, aber das Andenken an unseren Abend befindet sich in jeder Faser.

Als er ihn über sein Shirt streift, kann ich mein Grinsen nur schwer unterdrücken. »Du bist gewachsen.«

Meine Augen gleiten über seinen Oberkörper. Der Stoff endet oberhalb seiner Leiste und entblößt einen Streifen nackter Haut. »Oder ich habe zugenommen, fünf Jahre sind eine lange Zeit und jede Menge Pizzen.«

Unser vereintes Lachen ist der schönste Klang, den ich seit Langem gehört habe. Fast so, als hätten unsere Stimmen ihren Takt wiedergefunden. Unsere eigene kleine Sinfonie.

Zack zieht sich eine meiner Mützen über den Kopf. »Wollen wir los?«

28

ZACK

Die Straßen Averstons erwachen gerade erst zum Leben. Vereinzelt erleuchten Lichter die Fenster der Wohnhäuser. Einwohner hasten zu ihren Autos, fluchen über die gefrorenen Scheiben. Der Himmel taucht die Stadt trotz des frühen Morgens in ein Mitternachtswunder, das nur von den Straßenlaternen durchbrochen wird. Der Teer unter unseren Füßen glitzert vor Kälte. Sollten sich die Wolken über unseren Köpfen ergießen, wird das Wasser unten in Form von Flocken aufkommen. Der erste Schnee des Winters und das bereits im Dezember.

Sammy tapst fröhlich den Bürgersteig entlang und begleitet sein Frauchen auf Schritt und Tritt. Er lässt sich nicht davon stören, dass Nelly ihn an der Leine hält und diese eingerollt zwischen dunklen Lederhandschuhen in der Jackentasche bewahrt.

Ihr Atem wirft Wolken in die Luft, und ich beherrsche mich verkrampft, nicht durchgehend auf die Lippen zu starren, die diese ausstoßen. Stattdessen lasse ich den Blick über die Wohngebiete schweifen, denen ich nicht mal ein Viertel zuordnen kann. Nelly hingegen scheint genau zu wissen, welche Abzweigungen wir nehmen müssen, um in das Naturschutzgebiet zu gelangen, das Austin mehrfach erwähnt hat.

»Ich glaube, meine Nasenspitze ist bereits gefroren«, sagt Nelly mit einem amüsierten Grinsen und zieht die Nase kraus. Ich mustere ihr Gesicht. Ihre Wangen sind schon jetzt vor Kälte gerötet. Der Winter schenkt ihrer bleichen Haut ihr Leben zurück.

»Ich werde niemals den Tag vergessen, an dem Steven mit seiner Zunge an der Fensterscheibe im Biologielabor kleben geblieben ist«, erwidere ich, während ich einen Schluck heiße Schokolade zu mir nehme. Die Wärme breitet sich auf meiner Zunge aus und findet ihren Weg in meinen Magen, der gleich darauf zu glühen beginnt.

»Oh mein Gott, ja, ich habe die Fotos gesehen.« Nellys Lachen erhellt die Dunkelheit. »Was hat Miss Murphy getan?«

»Sie hat Kaffee aufgesetzt und den heißen Dampf unter sein Gesicht gehalten.« Bei der Erinnerung an meinen besten Freund in unserem vorletzten Schuljahr schüttele ich den Kopf.

»Ein klassischer Steven.«

»Du sagst es.«

»Habt ihr noch viel Kontakt zueinander?«, fragt Nelly beiläufig, obwohl ich den neugierigen Unterton nicht überhöre.

»Natürlich, er ist mein bester Freund.«

»Er studiert Sportwissenschaften, oder?«

»Abgebrochen.« Im Augenwinkel bemerke ich, wie sie einen überraschten Gesichtsausdruck auflegt. »Er hat drei Semester durchgezogen. In einem Restaurant wurde er von einem Fotograf angesprochen, der ihm einen Job angeboten hat, und daraufhin hat er alles hingeschmissen. Leider war der Kerl niemand von der *Vogue*, sondern der Sohn des Inhabers eines Möbelhauses. Hunderte von Fotos, auf denen er lächelnd auf Stühlen sitzt oder in Modellküchen die Kühlschranktür öffnet.«

Nelly steigt in mein Lachen ein. »Das heißt, er ist jetzt als Model tätig?«

»Nein, das hat nicht funktioniert. Er wohnt wieder bei seinen Eltern und arbeitet als Türsteher im *Strangers*.«

»Oh«, entfährt es Nelly, und ich frage mich, ob sie Steven bemitleidet. Ich wende mich ihr zu und begegne ihrem Blick. Vorsichtig heben sich ihre Mundwinkel. »Ich hoffe, er ist glücklich.«

»Das hoffe ich auch.«

Wir verlassen das Wohnviertel, und Nelly beugt sich hinunter, um Sammy von der Leine zu lassen. Das weiße Wollknäuel sprintet aufgeregt los, als wäre ihm die Laufstrecke mehr als bekannt. Vor unseren Augen tut sich das Tor eines vereinsamten Waldgebietes auf, dessen Baumspitzen von weißem Staub bedeckt sind. Über dessen Wipfel hinweg kämpft sich das erste Licht des heutigen Tages zwischen den düsteren Wolken hervor. Noch so unscheinbar, und doch reicht es aus, um die Dunkelheit zu übertünchen.

»Und? Wie findest du dein Studium? Ist es so, wie du es dir vorgestellt hast?«, fragt Nelly nach einer kurzen Weile des Schweigens. Überrascht blicke ich auf, meine Lippen zu einem erstaunten *O* geformt. Nellys hingegen erheben sich, als wüsste sie genau, was ich von ihrer Frage halte. »Ich weiß. Das hätte ich dich schon viel eher fragen sollen. Aber ich war viel zu versteift darauf, mich von dir fernzuhalten. Dabei wollte ich dich immer wissen lassen, wie stolz ich auf dich bin.«

Mir bleiben die Worte im Hals hängen. Japsend atme ich ein, während ich mich bemühe, einen Schritt vor den anderen zu setzen. »Stolz? Auf mich?«

Die Röte auf ihren Wangen verstärkt sich. Vielleicht aufgrund der Kälte, vielleicht aber auch aus … Scham?

»Natürlich.« Sie umklammert ihren Thermobecher mit beiden Händen. »Als Karen mir erzählt hat, dass du in Oxford bist … war ich kurz davor, mich bei dir zu melden. Ich habe daran gedacht, wie furchtbar es sich anfühlen musste, dich gegenüber William geschlagen zu geben.«

»Warum hast du es nicht getan?«, frage ich vorsichtig. Meine Stimme ist rau. Sowohl vor Überraschung als auch aus Enttäuschung.

»Weil ich wusste, dass ich wieder nach Irland zurückkehren werde und …«

Und sie nicht wollte, dass ich mir Hoffnungen mache. Der vollendete Gedanke bewirkt, dass ich meine Unterlippe zwischen die Schneidezähne ziehe.

Doch was geschehen ist, kann keiner von uns ändern. Jetzt liegt es an mir, ob ich uns an all die Fehler zurückerinnere, oder ob ich nach vorne sehe. Also sage ich: »Ist Averston der Ort, der zu dir gehört?«

Diese Kleinstädte. Irland. Hier gehöre ich her.

»Ich denke schon«, erwidert sie lächelnd. »Was ist mit deinem? Hast du ihn bereits gefunden?«

Brauche ich einen Ort, wenn es eine Person ist, die sich nach *Zuhause* anfühlt? Ich verstecke meine Frage hinter verschlossenen Lippen und schüttele den Kopf. »Oxford ist es jedenfalls nicht.«

»Was sagen deine Eltern zu deiner Entscheidung?«, will sie zögernd wissen, vermutlich, da sie ahnt, in wie viele Sperrgebiete ihre Frage eindringt. Ich seufze, senke den Blick auf meine Sneaker, die vom feuchten Matsch getränkt sind. Austin wird mich umbringen, wenn ich damit in unser Zimmer einmarschiere.

»Keine Ahnung. Habe seitdem nicht mit ihnen gesprochen.«

Ein überraschter Laut verlässt ihren Mund.

»Meine Exmatrikulation war eine ziemlich spontane Aktion. Wenig durchdacht, obwohl ich zuvor jede Nacht mit mir gerungen habe, weiterzumachen. An einem Wochenende hat Steven mich besucht, und wir haben uns … ziemlich abgeschossen. In meinem Rausch habe ich den Antrag abgesendet. Tja, das war's dann. Entscheidung getroffen.«

»Das ist nicht dein Ernst!«, ruft Nelly halb überrascht, halb amüsiert.

Ein schiefes Grinsen tritt in mein Gesicht. »Ich kann nur hoffen, dass in der Mail an unseren Dekan nicht allzu viele Rechtschreibfehler drin waren.«

Ihr Kichern ist flüssiger Honig, der sich um jeden meiner Sinne wickelt.

»Ich habe mit Steven gesprochen. Er hat dafür gesorgt, dass ich in Averston zusage, weil er erfahren hat, dass du hier bist. Du hattest also recht: Das hier ist alles andere als ein Zufall. Und es tut mir leid.«

Eine kurze Weile schweigt Nelly, und ich bin mir nicht sicher, ob sie mir meine Entscheidung noch immer übel nimmt. Dann stößt ihr Ellbogen gegen meinen, und sie sagt: »Vielleicht wollte Steven einfach nur, dass du herausfindest, ob Averston dein Ort ist.«

Verdammt, ja.

»Das werde ich noch«, erwidere ich flüsternd, und ich schwöre, würden unsere Planeten in anderen Umlaufbahnen zueinander stehen, hätte ihr Lächeln mich dazu gebracht, dass ich sie küsse. Stattdessen genieße ich es, ihren Arm nur Millimeter entfernt von meinem zu haben und ab und an gegen ihn zu stoßen, während wir beide so tun, als ob es ein Versehen gewesen wäre.

Averstons Naturschutzgebiet umringt die Stadt wie die Schutzmauern eines Schlosses. Auf meiner linken Seite schimmern die Lichter der Häuser, die Weihnachtsdeko, mit der die Anwohner langsam, aber sicher ihre Fenster und Balkone schmücken. Neige ich den Blick jedoch nach rechts, erspähe ich nichts als grünen Wildwuchs, der vom Frost im Dunst des Morgens schimmert.

Der Wald erwacht zum Leben und erfüllt den fließenden Übergang von der Nacht zum Tag mit seinen Lauten. Wind pfeift zwischen den Tannenzweigen und bringt die feine Frostdecke auf ihnen zum Tanzen.

»Sammy!«, ruft Nelly, als der Kläffer aus unserem Blickwinkel verschwunden ist. Es dauert keine fünf Sekunden, da kommt er mit flatternden Ohren zurückgesprintet und umringt die Beine seines Frauchens. »Ist ja gut.« Sie lacht und kramt in einer Gürteltasche nach zwei Leckerli in Form von Tatzen. Sammy fängt sie noch während des Falls und hechtet gleich darauf weiter voraus.

»Geht ihr jeden Morgen hier hoch?« Meine Stimme klingt seltsam laut in dem menschenleeren Waldstück.

Nelly schüttelt den Kopf, dabei fällt ihr eine Strähne ihrer dunklen Locken, die sie heute offen trägt, vor die Augen. »Eher selten. Meistens gehen wir durch den Park, das ist näher und … nicht so gruselig, wenn man alleine um sieben Uhr morgens unterwegs ist.« Sie lächelt schief. »Aber manchmal habe ich das Gefühl, herkommen zu müssen. Alleine inmitten der Natur. Ihre Geräusche helfen, diesen ständigen Gedankenfluss unter Kontrolle zu bekommen.«

»Der Tag gestern hängt dir noch nach, hab ich recht?«

Sie neigt den Kopf und findet meinen Blick. Das Braun ist noch immer mein vertrauter Hafen, den ich einst aufgesucht habe, wenn ich glaubte, in der Kälte meiner Familie zu erfrieren.

»Der Tag vor fünf Jahren hängt mir nach.« Sie presst die Lider zusammen, schüttelt langsam den Kopf. »Manchmal habe ich das Gefühl, irgendetwas falsch zu machen. Es ist fünf Jahre her, und doch fühlt es sich an, als hätte ich erst heute früh die Nachricht erhalten, dass sie fort sind. Für mein Umfeld war es das erste Jahr in Ordnung, von Trauer getragen zu sein. Da erhält man noch Unterstützung, wird vor der knallharten Realität verschont. Das halbe Jahr darauf war auch noch legitim. Aber dann … kamen die Erwartungen. *Mach einen guten Schulabschluss. Sei fröhlich und suche dir Freunde.* Als ich dem nicht gerecht wurde, kamen Unverständnis und Vorwürfe hinzu. Vergleiche à la: *Warum können andere damit umgehen und du nicht? Es ist lange her, du musst lernen, damit abzuschließen.* Als wären meine Gefühle strafbar. Als würde ich mich anstellen.«

»Es gibt kein Ablaufdatum für Trauer«, flüstere ich. Jedes Wort, das ich verliere, fühlt sich falsch an. Manchmal zu viel, manchmal zu wenig. Ich kann nicht verstehen, wie sie sich fühlt. Das werde ich vermutlich nie. Ihre Familie war traumhaft, das ist das Einzige, was ich weiß und was ich im Herzen trage. Aber meine ist noch da. Abwesend, aber unter demselben Himmel.

Eine Weile lauschen wir dem Frieden des Waldes, bis Nelly plötzlich mein Handgelenk ergreift. »Hier entlang.«

Sie deutet auf eine freie Stelle zwischen einer Reihe Tannen, nicht viel mehr als ein Schleichweg.

»Genau in diesem Moment verwandelst du dich in den Psycho

dieser Geschichte«, necke ich sie, während ich ihr dennoch folge. Sie schnalzt mit der Zunge, und ich kann mir ausmalen, wie sie die Augen rollt. Der Weg – falls man den Pfad bestehend aus Moos und feuchter Erde als solchen bezeichnen kann – führt uns mehrere Höhenmeter mitten durch das Waldstück hindurch.

Sammy ist schon zwischen Wildwuchs verschwunden, als wir auf der Höhe ankommen. Meine Lunge brennt durch die kalte Luft, die ich inhaliere. Doch als ich auf das Panorama vor meinen Füßen blicke, setzt mein Atem eine Sekunde aus.

Unterhalb einer steilen Böschung leuchtet kristallklares Wasser zwischen hohen Felsen. Mond und Sterne, die den Himmel noch immer nicht verlassen wollen, reflektieren sich im Wasser und erschaffen aus dem kleinen See ein atemberaubendes Kunstwerk. Es scheint fast, als würde das Wasser den Himmel in sich aufnehmen. Kleine Schwingungen bringen das klare Blau in Bewegung.

»Wow«, stoße ich aus, fast benebelt von diesem unerwarteten Anblick. »Ich dachte, das wäre ein Naturschutzgebiet wegen der Nadelbäume.«

»Unter anderem«, erwidert Nelly lächelnd. Während ich auf das Naturwunder unter uns starre, richtet sie den Blick zu mir auf. Wie oft sie schon hier oben gestanden hat, alleine, mit all diesen lauten Gedanken im Kopf? Mit einem Mal kann ich mir vorstellen, warum sie an den dunklen Tagen diesen Ort aufsucht. Mein Herzschlag fährt herunter, gleichzeitig fühlt es sich so an, als würden meine Beine unter mir nachgeben, als mir klar wird, dass ich neben *ihr* stehe. Neben Nelly. Vor einem klaren See in Averston, kilometerweit von Greglon entfernt.

»Wir brauchen Schnee. Genau jetzt.«

»Wir sind ziemlich geübt darin, ihn uns vorzustellen«, erwidere ich vorsichtig.

»Darf ich dir etwas sagen, ohne dass ich noch bedauernswerter wirke, als ich es sowieso schon tue?«

»Du bist nicht bedauernswert.« Ich beobachte, wie die Wimpern ihrer gesenkten Lider Schatten auf ihre rosigen Wangen werfen.

»Manchmal stehe ich hier oben und schließe die Augen. Dann

versuche ich mir meine Familie vorzustellen, so wie wir es damals mit dem Schnee getan haben.« Sie schluckt trocken und fährt sich mit der Zungenspitze über die Unterlippe. »Aber sobald es ruhig ist und ich die Erinnerungen zulasse, überwältigen mich nur die furchtbaren Gedankenfetzen, die ich von diesem Tag habe …«

»Als du die Nachricht erhalten hast?«, hake ich vorsichtig nach und habe dennoch das Gefühl, einen Schritt zu weit zu gehen.

»Auch, aber nicht nur.« Ihre Nasenflügel weiten sich, als sie tief ausatmet. »Meine Eltern haben sich gestritten, kurz bevor wir zu der *Burley*-Feier aufgebrochen sind. Damit meine ich keine kleine Meinungsverschiedenheit, sondern laute Schreie und Aussagen, die die Mauern unserer Familie mit jeder Silbe niederzwängten. Phoebe war so besorgt, dass sie mein T-Shirt vollweinte, bis es vorbei war und meine Eltern kein Wort mehr miteinander wechselten.«

Ich blinzele, versuche mir Lincoln und Stella streitend in Erinnerung zu rufen, aber es will mir nicht gelingen. Die Harlows waren immer beneidenswert. Eltern, die sich innig anlächelten, eine Mutter, die ihren Töchtern die Haare flocht, und ein Vater, der stolz den Arm um seine Kinder legte. Die Harlows bedeuteten Wärme und Licht. Es sammelte sich in den braunen Augen, die jeder von ihnen besaß. In Nellys ist das Feuer erloschen. Es flimmert noch auf, in Momenten, in denen die Trauer fern ist. Gerade ist die Kohle sanft am Verglühen.

»Weißt du, worüber sie sich gestritten haben?«

Sie schüttelt den Kopf, verengt die Augenbrauen. »Nein, das habe ich nicht mitbekommen. Aber es muss schlimm genug gewesen sein, damit mein Vater davon sprach, dass es mit ihm und meiner Mutter nicht weitergehen könnte.«

»Nelly, das … das wusste ich nicht.«

Sie lächelt traurig. »Wie auch? Sobald wir durch eure Tür gegangen sind, schien die Welt wieder in Ordnung zu sein. Den ganzen Abend über hatte ich das Gefühl, meine Eltern nicht mehr richtig zu kennen. Und weil ich auf irgendeine bescheuerte Weise wollte, dass sie in mir ebenfalls eine Fremde sehen, bin ich von der Eröffnungsfeier abgehauen, um illegal einen Club zu betreten. Dann habe ich die Zeit vergessen und bin mit dem Jungen, der mir zwei Jahre über Schmetterlinge im Bauch bereitet hat, abgehauen, um … um einmal im Leben ein Risiko einzugehen.«

Ihr Sprechtempo erhöht sich, als wären die Worte zu lange in ihrem Käfig gewesen und würden sich jetzt durch die Gitter ins Freie kämpfen.

»Das sehe ich, wenn ich die Augen schließe. Die Angst meiner Schwester, der verletzte Ausdruck in den Gesichtern meiner Eltern. Ich sehe meine Familie in Scherben, nicht in dem Glück, das sie vorher ergeben haben.« Tränen lösen sich aus ihren Augenwinkeln und rollen an ihren Nasenflügeln entlang. Unter der Hand, die ich zögerlich auf ihren Rücken lege, kann ich ihre Muskeln beben spüren. »Es gibt eine Kiste voller Erinnerungen, die so traumhaft sind, dass sie mich mein Leben lang erfüllen könnten. Aber sie ist zu tief vergraben. Sie wird bedeckt von all der Asche dieser Nacht.«

Als die Emotionen sie erschaudern lassen und ihre Schultern ineinanderfallen, überwinde ich meine Distanz an Unsicherheit und ziehe sie an mich. So nah, dass ihr Schluchzen an meiner Brust abprallt.

»Deswegen hängen ihre Fotos nicht in meinem Zimmer. Weil diese Erinnerungen dann immer da wären. Die Gewissheit, dass meine Eltern sich nicht geliebt haben und dass ich sie im Stich gelassen habe.«

Weil es mir unmöglich erscheint, die Worte zu finden, die ihren Emotionen gerecht werden, halte ich sie so fest und so lange, bis das Beben nachlässt und das Wimmern durch ein intervallmäßiges Schluchzen ersetzt wird. Irgendwann hebt sie den Kopf und schaut aus geröteten Augen zu mir auf. »Jetzt habe ich es doch geschafft, oder? Du hältst mich für noch bedauernswerter.«

Meine Lippen verziehen sich zu einer schmalen Linie, bevor ich antworte: »Ich halte dich für ehrlich. Für gefühlvoll. Und für verdammt stark. Ich habe noch nie jemanden so bewundert wie dich, Eleanor Harlow. Für alles, was du bist. Was du überstanden hast und wie du jeden Tag überstehst.« Ihre Augen werden ein weiteres Mal glasig, und ihre Lippen zucken ungläubig, als lägen die Widerworte bereits auf ihrer Zunge. »Du bist alles andere als bedauernswert, hörst du?«

Sie schaut zu mir auf, ihre Wange noch immer auf meiner Brust liegend. Sie muss spüren, wie mein Herz rebelliert. Doch dann nickt sie, hüllt die Arme um meinen Körper, und wir halten einander, bis die Morgensonne jeden Fleck an Dunkelheit vertrieben hat.

29

NELLY

WÄHREND WIR DEN Berg hinunter in die Stadt laufen, übermannt mich jedes Mal, wenn mein Ellbogen an Zacks Arm stößt, der Instinkt, nach seiner Hand zu greifen.

Mein Körper schmerzt vor Erschöpfung, die die Welle an aufgestauten Emotionen in mir zurückgelassen hat. Meine Glieder brennen, aber mein Kopf ist leer. Die tobenden Gedanken haben eine erholsame Stille zurückgelassen, als sie aus meinem Mund getreten sind.

Das Familienviertel, das unterhalb Averstons Naturschutzgebiet liegt, strahlt Wärme und Geborgenheit aus. In den Fenstern kleben Schneemänner aus Tonpapier, und auch wenn die Möglichkeit besteht, dass ich es mir bloß einbilde, strömt der Geruch von Mince Pies durch die Fenster. Sammy streift durch die Vorgärten und beschnuppert den Duft von Glück.

Als das alte Klinkerhaus in Sichtweite ist, suche ich mehrfach Zacks Blick. Er starrt geradeaus, nicht so, als würde er mich ignorieren wollen, viel eher, als wäre er mit den Gedanken weit weg.

Kurz vor der Bushaltestelle unserer Straße bleibe ich stehen. Er schüttelt sich aus seiner Trance und räuspert sich. »Ich sollte nach Hause gehen, oder?«

Überraschenderweise schreien imaginäre Stimmen in meinem Inneren in jeder erdenklichen Sprache das Wort *Nein*. Nein, ich will nicht, dass er zurück ins Wohnheim geht. Dass wir unser Schauspiel fortsetzen. Dass wir so tun, als wären wir Fremde.

Aber weil ich genauestens weiß, dass diese Wünsche weit entfernt von der Realität sind, nicke ich. »Becca ist mit Sicherheit schon zurück. Du hast Austin genug zu erklären.«

Er verzieht das Gesicht und stößt ein trockenes Lachen hervor. »Ja, da hast du wahrscheinlich recht. Geht es dir gut?«

»Ich komme klar«, erwidere ich und wiege mich auf den Sohlen meiner Stiefel. »Danke, dass du für mich da warst. Ich weiß nicht, wie ich das je wiedergutmachen soll.«

»Das musst du nicht«, entgegnet er flüsternd, die grünen Augen intensiv auf mich heruntergerichtet. Dann heben sich seine Mundwinkel auf diese typische Zack-Burley-Art, die damals dafür gesorgt hat, dass ich meine Schulhefte mit Herzchen vollgemalt habe.

Er beugt sich zu Sammy hinunter und streichelt ihn durch das matschgetränkte Fell, ehe er auf der Stelle kehrtmacht und in die entgegengesetzte Richtung verschwindet. Und weil meine Augen noch nicht ohne seinen Anblick auskommen, bleibe ich stehen und schaue ihm beim Gehen zu. Ich hätte ewig hier bleiben können, um seine Silhouette beim Verschwinden zu beobachten. Doch als ein eisiger Tropfen mein Gesicht trifft und meine Wange hinunterrinnt, schüttele ich mich aus meiner Benommenheit. Mit offenem Mund starre ich in den Himmel, hinein in ein weißes Wunder aus dicken Schneeflocken. Der Laut, der meine Lippen verlässt, ist eine Mischung aus Schluchzen und Lachen.

Als ich den Blick wieder auf die Straßen richte, sehe ich Zacks Gestalt zwischen den bunten Hausfassaden. Er ist zu weit von mir entfernt, als dass ich seinen Gesichtsausdruck deuten könnte, doch er streckt die Arme zur Seite aus, als wollte er sagen: ›Siehst du. Alleine durch unsere Vorstellungskraft.‹

Nachdem ich Sammy im Keller gewaschen habe, betrete ich die

Wohnung und lasse mich von Kerzenduft und Gemurmel begrüßen. Ich war nie ein großer Fan von Beccas Deko, aber in diesem Moment durchflutet die Zimtwolke mein Herz. Die Stimme meiner Mitbewohnerin erklingt gedämpft aus ihrem Zimmer, offensichtlich telefoniert sie. Ich fülle Sammys Näpfe und verstaue meine durchnässte Kleidung an der Garderobe. Dann setze ich Teewasser auf und warte, bis die Tasse mir ihren Bratapfelgeruch entgegenqualmt.

Als ich mein Zimmer betrete, nähere ich mich Dads Plattenspieler, ganz ohne meine Handlungen zu zerdenken. Ich hebe die Abdeckhaube an und fahre mit der Fingerspitze über den Tonarm. Mit überwältigender Entschlossenheit krame ich die Box in meiner Kommode hervor, in der ich Dads Platten aufbewahre. Ich ziehe die erste hervor, die ich zu fassen bekomme, und lege Bonnie Tyler auf den Plattenteller. Dann hebe ich den Tonarm an und lasse die feine Nadel den Raum mit Melodien erfüllen. Als ich mich an die Fensterbank lehne und den emotionsgeladenen Rhythmen von *Total Eclipse of the Heart* horche, liegt bereits eine leichte Puderschicht auf den Köpfen der Straßenlaternen. Ich schließe die Augen und stelle mir vor, Zack würde hinter mir stehen, seine Arme um meine Taille und sein Kinn auf meinem Scheitel.

I really need you tonight.

Forever's gonna start tonight.

30

ZACK

»Fast sechzig Euro Trinkgeld!«, begrüßt mich Austin triumphierend, als ich das Wohnheimzimmer betrete. Er liegt auf seinem frischbezogenen Bett, den Kopf auf die Lehne gestützt, während sein Handy irgendeine spanische Serie abspielt.

»Glückwunsch«, erwidere ich lächelnd. »Ich sollte dir öfter meinen Job überlassen.«

»Bloß nicht. Überladene Tabletts und ich sind keine gute Idee. Außerdem hat Becca den ganzen Abend dafür gesorgt, dass ich ihr Gratisshots serviere. Mann, war die besoffen.« Er lacht laut und schüttelt den Kopf. »Hast du alles geklärt? Oder sollte ich nachhaken, warum du in einer angeblich fremden Stadt über Nacht nicht nach Hause gekommen bist?«

Ich schlucke trocken und streife meine Jacke von den Schultern. Erst, als ich mir die feuchten Haare aus der Stirn streiche, merke ich, dass ich sowohl Nellys Mütze als auch ihre Handschuhe trage. Hoffend, dass Austin sie noch nie an ihr gesehen hat, ziehe ich sie mir vom Körper und stopfe sie in die nächstbeste Tasche.

»Ein Kumpel aus der Uni hat sich von seiner Freundin getrennt.

Er kennt hier niemanden außer mir, und … er brauchte jemanden zum Reden.«

Austin kauft mir meine Lüge ab, und ich fühle mich schäbig. Schäbig, weil ich ihm nicht die Wahrheit sagen kann. Es nie tun konnte. Und weil so viele unausgesprochene Worte in meinem Bauch toben, dass mir übel wird. Die letzten Tage waren zu viel. Was sage ich da? Die letzten *Monate* waren zu viel. Nelly bringt noch immer mein Herz zum Tanzen und besitzt somit auch die Macht, es erneut in seine Einzelteile zu zerfetzen.

Als ich auf meinem Bett liege und Austins Reaktionen auf seine Serie die einzigen Laute in dem winzigen Raum sind, werden mir die Gefühle in meinem Inneren zu eng. Sie stemmen sich gegen die Wände, wollen endlich an die Oberfläche treten. Also nehme ich mein Handy und scrolle nach der Nummer, die ich glücklicherweise eingespeichert habe, bevor ich sie vom Arm gewaschen habe.

»Du hast dich erneut in sie verliebt?« Fayes Augen weiten sich. Sie umschließt den Papierstrohhalm ihres Shakes mit den Lippen und zieht die Flüssigkeit auf.

»Klingt bescheuert, oder?« Verlegen kratze ich mir den Hinterkopf und starre auf das Stück Blueberry Cheesecake, das ich bestellt habe, um meinen streikenden Magen endlich zum Essen zu überreden. Dabei pule ich seit einer geschlagenen halben Stunde nur mit der Gabel an dessen Spitze herum, ohne einen einzigen Bissen zu mir genommen zu haben.

Faye legt einen überraschten Gesichtsausdruck auf. »Nein, das ist gar nicht bescheuert! Das ist das Romantischste, was ich je im Leben gehört habe.«

»Ach ja? Habt ihr in eurem Buchclub damals nicht ausschließlich Liebesromane gelesen?«

Faye beugt sich zu meinem Teller herüber, nimmt mir die Gabel aus der Hand und bricht sich mit einem »Das kann man sich ja nicht anschauen« ein Stück Cheesecake ab, um es sich in den Mund zu schieben. »Aber das mit euch ist echt! Ich meine, ihr zwei –«

»Das wird nicht passieren«, unterbreche ich sie schnell. »Unsere Geschichte ist auserzählt, und sie hat das schlimmste Ende finden können, das man sich vorstellen kann. Da gibt es nichts zu kitten. Wenn sie mich anschaut, erinnert sie sich nur an den Tod ihrer Familie.«

Ein betretenes Schimmern tritt in ihre Augen, zeitgleich sinkt ihr Kiefer, und ihr Mund steht offen. »Ihre Familie ist gestorben?«

Ein scharfes Stechen schießt durch meine Brust. Die Gespräche zwischen Faye und mir waren von Beginn an so vertraut, dass ich vergessen habe, ihr diesen Teil der Vergangenheit bislang verschwiegen zu haben. Ich nicke. »An dem Abend unseres ersten Kusses. Ich habe sie dazu gebracht, von dieser Party zu verschwinden. Sie war bei mir, als …«

Die Worte bleiben mir im Hals stecken. Nur benommen bekomme ich mit, wie Faye ihre Hand über meine legt. »Tu das nicht.«

»Was meinst du?«

»Du versuchst dir gerade die Schuld für etwas zu geben, das du nicht beeinflussen konntest.«

Ich ziehe Sauerstoff durch die Nase ein, während ich einen Blick aus dem Fenster des altmodischen Cafés werfe. Die Scheibe ist an ihren Außenrändern gefroren und von frostigen Regentropfen geschmückt. Die Schneedecke hat sich den Tag über wieder aufgelöst. Doch nun rieseln winzige Flocken in einer Mischung aus Regen und Schnee unter dem Licht der Straßenlaternen. *Das waren wir. Wir haben den Schnee nach Averston gelockt.*

»Du hast recht«, erwidere ich und versuche die Dankbarkeit in meinem Lächeln widerzuspiegeln.

»Also, was gibt es sonst Neues im Leben von Zack Burley?« Faye strafft die Schultern und lehnt sich in ihrer Sitzbank zurück.

Erleichterung über den Themenwechsel macht sich in mir breit. »Ronan und ich haben ein Projekt, an dem wir arbeiten. Professor Lawrence hat uns eine Szene vorgegeben, die wir filmisch umsetzen müssen. Es wird achtzig Prozent unserer Abschlussnote ausmachen.«

»Und worum geht die Szene?«

»Sie zeigt eine Person, die rennt. Es ist nicht vorgegeben, wer diese Person ist, und ebenso wenig, wovor oder wohin sie rennt. Wir haben kein Genre, das wir einhalten müssen, sondern können unsere eigene Interpretation darstellen. So haben wir am Ende etliche Filme mit demselben Thema, jedoch werden sie sich alle voneinander unterscheiden.«

»Wow.« Faye grinst beeindruckt. »Das ist wahnsinnig cool. Habt ihr schon eine Idee, wie ihr sie umsetzen wollt?«

»Wir wissen, wie die Szene gefilmt werden soll. Ronan arbeitet mit Drohnen, damit können wir Fernaufnahmen und Bewegungsbilder einfangen. Das meiste sollte aus der Frontalperspektive gefilmt werden, um den Gesichtsausdruck des Akteurs oder der Akteurin im Bild zu haben. Aber an der Geschichte hapert es noch.«

»Hm«, macht Faye und zieht die Lippen zu einer nachdenklichen Schnute. »Wie wäre es, wenn die Person selbst keine Ahnung hat, wovor sie wegrennt?«

Überrascht blinzele ich. »Wie meinst du das?«

»Na, wenn es niemanden gibt, der hinter ihr her ist, sondern ein Gefühl es ist, von dem sie sich zu distanzieren versucht. Sie hat Angst, sie versucht zu flüchten, doch sie weiß, dass es sinnlos ist, weil sie das Gefühl in sich trägt. Sie kann es nicht einfach von sich streifen wie eine überschüssige Altlast, und doch versucht sie es, indem sie rennt.«

Mein Mund muss mir offenstehen, so überwältigt bin ich von der Idee, die Faye sich innerhalb weniger Sekunden zusammengeknüpft hat.

So viele Nachmittage haben Ronan und ich bereits in der Universitätsbibliothek gesessen, während wir Löcher in die Luft gestarrt und einen Kaffee nach dem anderen getrunken haben. Und jetzt liefert uns Faye die Lösung für unsere Abschlussnote.

»Kann ich dich einstellen?«

Faye lacht und macht eine abschweifende Handbewegung. »Das war nur ein Spontaneinfall.«

»Nein, im Ernst. Wir suchen noch eine Darstellerin. Hättest du Interesse?«

Ihre grauen Augen weiten sich. »Ich … ja. Ja, natürlich!«

Die Freude festigt sich in ihren von Sommersprossen übersäten Wangen. Doch als ihr Handy auf der Tischplatte zu vibrieren beginnt, sacken ihre Mundwinkel abrupt nach unten. Hektisch nimmt sie den Anruf entgegen und hält sich das Gerät ans Ohr.

»Hey, ich …« Doch weiter kommt sie gar nicht, da ihr Gesprächspartner eine Flut an Worten auf sie ergießt. Ihre Finger verkrampfen um das Glas ihres Schokoladenmilchshakes, während sie dem Anruf lauscht und immer wieder versucht einzuschreiten. Doch er – das höre ich anhand der Stimme – lässt sie nicht dazu kommen.

»Ich weiß, du hast recht. Ich hätte zu Hause sein sollen. Sawyer hat meine Hilfe bei einem Entwicklungsmodell gebraucht, und wir haben die Zeit vergessen. Ich wollte gerade los.« Mit dem Handy zwischen Schulter und Ohr kramt sie in ihrem Portemonnaie nach etwas Geld, das sie unter ihr Milchshakeglas klemmt. »Bis gleich.«

»Alles in Ordnung?«, frage ich, als sie das Handy in ihrem Rucksack verstaut hat.

Sie nickt eilig. »Ich habe Conor versprochen, heute Abend pünktlich zu sein. Seine Großeltern kommen zu Besuch.« Sie zuckt die Schultern und überspielt ihre zitternden Finger mit einem gepressten Lächeln. »Hab wohl irgendwie die Zeit vergessen.«

»Conor? Dein Ex-Freund Conor?« Der Kerl, der ihrer Seele wehtut?

»Mein Freund. Wir sind wieder zusammen«, korrigiert sie mich mit schmalen Lippen. »Ich bin wieder bei ihm eingezogen.«

»O-okay. Ich bin nicht in der Position, deine Entscheidung zu beurteilen –«

»Stimmt«, unterbricht sie mich ungewöhnlich spitz.

»Aber geht es dir gut? Mit ihm?« Meine Frage lässt sie in ihrer Hektik innehalten. Eine Hand umklammert den Träger ihres senfgelben Rucksacks, während die andere sich zu einer Faust ballt.

»Conor hat seine Macken, aber die habe ich auch. Und … diesmal wird es anders. Er hat es mir versprochen.«

»Also geht es dir gut?« Meine wiederholte Frage scheint sie, ihren zusammengezogenen Augenbrauen nach zu deuten, zu verärgern, doch meine Sorge hält mich davon ab, sie unkommentiert losziehen zu lassen. Zu diesem Mann, der sie am Telefon anschreit. *Der ihrer Seele wehtut.*

Ihre Augen scannen die Tischplatte ab, als suchte sie die Antwort in den Überresten des Kondenswassers ihres Milchshakes. Dann nickt sie. Zögerlich. Wenig überzeugend.

»Und warum hast du ihn dann angelogen?«

Erschrocken blickt sie auf.

»Du hast gesagt, dass du mit einer Sawyer zusammen bist.«

Ich kann den Kloß, gegen den sie anschluckt, förmlich in ihrem Hals hängen sehen. »Bis dann, Zack.«

Schnellen Schrittes verlässt sie das Café, und ich schaue ihrer Silhouette dabei zu, wie sie von der Dunkelheit verschlungen wird. Gleichzeitig hoffe ich, sie nicht tatenlos in ihr Unglück laufen zu lassen.

31

NELLY

»Das machen Sie gut«, sage ich mit einem Grinsen und nicke auf die ausgestochenen Plätzchen, die sich auf Mrs Franklins Backblech verteilen.

»Mantecados sind meine Spezialität. Callum hat sie geliebt.« Das Strahlen in ihren Augen untermalt die Bedeutung ihrer Worte. Es ist schön zu sehen, dass Liebe den Tod überdauert. Dass der Schmerz sie ihr nicht nehmen konnte. »Als ich das erste Mal an Weihnachten gebacken habe, hat er gar nicht verstanden, was ich tue. Irland ist wunderschön, aber Weihnachtstraditionen wie diese werden hier nicht sonderlich großgeschrieben.«

Lächelnd knete ich den Teig eine weitere Runde, ehe ich den Klops auf die mit Mehl bestreute Arbeitsfläche haue und nach einem Nudelholz greife. »Ich weiß genau, was Sie meinen. Als wir nach Irland kamen, hat meine Mutter die ganze Stadt mit Weihnachtsplätzchen versorgt. Kaum vorstellbar, dass es Menschen gibt, die keine Zimtsterne kennen.«

»Du sagst es«, erwidert Mrs Franklin und wirft mir einen Seitenblick zu. »Das ist schön, weißt du?«

»Was meinen Sie?« Meine Augenbrauen heben sich fragend.

»Dass du mit einem Lächeln von ihr erzählen kannst.«

Reflexartig fahren meine Finger zu meinen Mundwinkeln und ertasten die benannte Geste. »Stimmt.«

Der Ellbogen der alten Dame landet in meiner Seite. An den Rändern ihrer Brille klebt eine feine Schicht des Mehlstaubes.

»Nicht aufhören! Das ist ein gutes Zeichen.«

Als die Kekse im Ofen sind und wir gemeinsam mit einer dampfenden Tasse Tee vor dem Fernseher sitzen, scheint Mrs Franklin zufrieden zu sein. Verträumt blickt sie in ihr Heißgetränk und atmet hörbar aus.

»Das hat Spaß gemacht. Nächstes Mal könnten Sie Sloan und Enya das Rezept für Ihre Mantecados beibringen. Dann geben Sie ihnen etwas von Ihrer spanischen Tradition mit.«

Meine Worte scheinen ihr die Gelassenheit geraubt zu haben, denn ihr Lächeln verliert sich. »Die werden bis Weihnachten reichen.«

Ich schlucke die hochströmenden Worte hinunter und rufe mir ein weiteres Mal in Erinnerung, dass ich nicht Mrs Franklins Retterin bin. Sie kennt meine Meinung, und sie ihr eine weitere Runde unter die Nase zu reiben, ändert nichts an der Situation, sondern nur ihre jetzige Laune. Also räuspere ich mich und frage: »Lust auf ein Kartenspiel?«

Mrs Franklin hebt den Kopf. »Spielst du Rommé?«

Also spielen Mrs Franklin und ich dieses ominöse Spiel, von dem ich noch nie gehört habe, bis die Eieruhr uns aus ihrer triumphalen Gewinnerrunde reißt.

Wir streuen Puderzucker auf das goldbraune Gebäck und räumen gemeinsam die Küche auf.

Als Jonathan nach Hause kommt und seine nasse Mütze vom Kopf zieht, schenkt er mir ein breites Lächeln.

»Du hast gebacken? Das wäre doch nicht nötig gewesen.«

»Irgendwie muss ich mich ja nützlich machen«, erwidere ich möglichst freundlich und schlucke den Fakt herunter, dass mir das Lob nicht alleine zusteht. Mrs Franklin sitzt friedlich in ihrem Fernsehsessel, so wie immer, wenn sie Jonathans Auto vorfahren hört.

»Wie war sie drauf? Ich habe den Eindruck, sie kann Kälte nicht leiden. Sie beobachtet Schneeflocken immer mit diesem verachtenden Gesichtsausdruck.« Jonathan ahmt den benannten Ausdruck nach, indem er die Augen schmal zieht und die Unterlippe vorschiebt. Wir lachen leise, nur Mrs Franklin bleibt ruhig.

»Den Eindruck habe ich auch.« Und weil sie es mir gesagt hat. Mit Worten. *Winter mag ich nur in Form von Schneekugeln.*

Ich beobachte, wie Jonathan das Wohnzimmer betritt, sich sachte zu ihr beugt und murmelt: »Ich bin jetzt zu Hause. Louise holt die Kinder von einer Geburtstagsfeier, sie werden dir gleich etwas zum Abendessen bringen.«

Ihr Schweigen bewirkt nicht, dass er sein Lächeln verliert, und ich frage mich, wie seine Freundlichkeit an Mrs Franklin abprallen kann. *Du bist nicht ihre Retterin, Harlow. Kümmere dich um deine eigenen Probleme.*

Als ich nach Hause laufe, streifen meine Ankle Boots durch die Pfützen, die der Schnee hinterlassen hat. Nur im Schein der Straßenlaternen erkenne ich die Flocken, die mal mehr, mal weniger von oben herabsinken. Heute beinhalten sie mehr Regen als Frost.

Der Weihnachtsbaum inmitten des Marktplatzes ist mit winzigen Lichtern geschmückt. Mit einem verträumten Grinsen ziehe ich mein Handy hervor und drehe ein kurzes Video von Averstons Altstadt, um es gleich darauf an Tante Karen zu schicken.

Sie antwortet mit vier Herzaugen-Emojis und einem Schneemann, der umgeben von Flocken ist.

Gleich darauf trifft eine weitere Nachricht auf meinem Bildschirm ein:

Karen: Wie geht es dir, Kleines? Hast du das Wochenende gut überstanden?

Eleanor: Es ist vorbei, das ist alles, was zählt. Was macht New York?

Karen: Bunt und laut wie immer. Wir waren gestern beim Weihnachtsbaum am Rockefeller-Center.

Gleich darauf folgt ein verwackeltes Bild, was ein eindeutiges Kennzeichen meiner Tante Karen ist. Über die Köpfe der vielen Touristen hinweg zeigt es den bekanntesten Weihnachtsspot New Yorks. Auch wenn das Panorama auf dem verpixelten Bild nicht einmal annähernd das zum Ausdruck bringt, was den Baum und New York ausmacht, erscheint eine genaue Vorstellung vor meinem inneren Auge. Dad, Phoebe und ich stehen zwei Stunden vor Eröffnung des Weihnachtsbaumes am Rockefeller Center. Der Platz ist überfüllt mit Familien, mit Pärchen oder Jugendgruppen, die New York mit ihren aufgeregten Stimmen Leben einhauchen. Phoebes Füße baumeln über die Schultern meines Vaters, während sie an der Zuckerwatte in meiner Hand zupft und sich die Süßigkeit breit lächelnd in den Mund stopft.

Eine gute Erinnerung.

Eleanor: Grüß Michael von mir. Ich vermisse die Großstadt.

Und ich vermisse euch. Zwar tippe ich die Worte nicht in die Leerzeile, aber irgendetwas sagt mir, dass meine Tante zwischen den Zeilen lesen wird. Während ich die Haustür aufschiebe, stelle ich das Bild des Baumes als meinen Sperrbildschirm ein.

Das Wohnzimmer wird erhellt von dem Flachbildfernseher, den Austin unserer Wohnung beigesteuert hat, um seine Konsole nutzen zu können. Ich höre sein Fluchen bis zur Wohnungstür und rufe »Bin zu Hause«, während ich den Schlüssel an das Brett neben der Tür hänge.

»Hey«, kommt es in drei verschiedenen Stimmenfarben und

einem Kläffen zurück. Eine von ihnen bewirkt, dass ich kurz innehalte. Panik steigt in mir auf, und ich brauche eine Sekunde, um mir ins Gedächtnis zu rufen, dass Zack mehr ist als eine böse Erinnerung. Also blicke ich mich über die Schulter zum Sofa um und setze ein Lächeln auf. Sowohl Austin als auch Zack starren wie hypnotisiert auf den Bildschirm, während ihre Daumen hektisch über die Knöpfe der Controller gleiten.

»Verdammt, Zack, du hast mich von der Route geschoben!«, ruft Austin aufgebracht und vergräbt die linke Hand in seinen Haaren.

Becca rollt die Augen und erhebt sich vom Sofa. »Da den Jungs Höflichkeit offensichtlich zum Fremdwort geworden ist: Wie war die Arbeit?«

»Ich rieche, als hätte ich in Zimt und Zucker gebadet. Aber das war nicht umsonst.« Ich ziehe die mit Plätzchen befüllte Dose hinter meinem Rücken hervor.

»Das gibt's nicht! Die gute alte Mrs Franklin ist ein schweigendes Wunder.« Becca reißt mir die Dose aus der Hand und öffnet den Deckel. Ihre Nase saugt den Geruch des Gebäcks auf, und sie gibt ein tiefes Seufzen von sich.

»Kann man so sagen.«

»Fuck!« Zack stöhnt und lässt den Controller in seinen Schoß fallen. Zeitgleich stößt Austin ein gehässiges Jubeln aus.

»Keine Sorge, das lasse ich nur durchgehen, weil sie mir versprochen haben, im Gegenzug Netflix' Trash-TV-Repertoire mit mir zu plündern«, erklärt Becca mit erhobener Stimme, damit sie den lauten Sound des Rennspiels durchdringt.

»Natürlich werden wir das, Liebling. Aber wir haben noch keine Pizza, und ohne Essen ist Trash-TV nur halb so unterhaltsam«, ruft Austin scheinheilig, ohne den Blick von der Bildfläche abzuwenden.

Becca stemmt die Hände in die Hüften und sendet ihrem Freund einen schmalen Blick zu. Ihre Gäste sind jedoch bereits in die nächste Runde eingestiegen und steuern ihre Sportwagen über verschmutzte Pisten.

»Lange halte ich diesen Zombiemodus der beiden nicht mehr

aus. Ich glaube, ich bestelle uns langsam etwas zu essen. Möchtest du auch?«

»Wenn du bei *Little Italy* bestellst, nehme ich die Veggiepizza. Die vom *Pizza Palace* ist furchtbar.«

Becca verzieht mitleidig das Gesicht. »Ein Stück dieser Pizza war der Grund, warum ich mir geschworen habe, niemals vegetarisch zu leben.«

Sie zückt ihr Telefon und scrollt durch ihre Kontakte.

Nachdem ich Sammy seine gewünschte Streicheleinheit gegeben habe, springe ich unter die Dusche und wasche den Geruch von Weihnachten von meiner Haut. Während ich mir die Haare einschäume, drehe ich die Wasserzufuhr herunter, und das Rauschen in meinen Ohren verklingt. Dafür höre ich Zacks Lachen im Raum nebenan. Es ist hell, lebhaft, ehrlich. Es hat sich schon vor Jahren in mein Herz eingebrannt und lässt es auch heute in Flammen aufgehen.

Schnell halte ich meinen Kopf unter die Brause, versuche die Gefühle mit dem Shampoo abzuwaschen, aber egal wie heiß ich die Temperatur einstelle, sie haben beschlossen zu bleiben. Tief in meiner Brust brennt mein Herz durch den Klang seiner Stimme, und während ich Seife auf meiner Haut verteile, kann ich nicht anders, als mir vorzustellen, es wären seine Hände, die mich massieren.

»Verdammte Scheiße«, murmele ich mir selbst zu und drehe mit einer hektischen Handbewegung die Temperatur herunter, bis eisigkaltes Wasser aus den Düsen schießt. Ich erschaudere, doch die Flammen sind längst nicht erloschen. Sie werden bleiben. Dessen bin ich mir sicher, als ich mit noch feuchten Haaren das Wohnzimmer betrete und ihn zwischen meinen Freunden auf dem Sofa entdecke. Das Netflix-Symbol leuchtet bereits auf dem Bildschirm. In den Händen der drei befindet sich jeweils ein Bier. Sammy hat seinen Kopf in Zacks Schoß niedergelassen. Er schnauft erschöpft und schließt die Augen, als Zack ihm den Nacken krault.

»Guckst du mit?«, fragt Austin. Alle Blicke wenden sich mir zu.

Unsicher setze ich einen Fuß vor den anderen. »Klar.«

Becca rutscht bereitwillig auf Austins Schoß und schafft eine

Lücke zwischen dem Doppelpack und Zack. Ihr Blick lässt nicht deuten, ob sie mich absichtlich in seine Nähe scheucht, aber Zacks Lächeln ist einladend, fast erleichtert. Als wäre er sich erst jetzt sicher, dass ich seine Anwesenheit nicht nur dulde, sondern annehme.

Ich neige den Kopf und halte Ausschau nach seinem Grün. Als unsere Augen sich finden, versuche ich die Wärme meines Herzens in mein Lächeln zu verlagern. Ich will ihm zeigen, dass er hier willkommen ist. Dass alles, was ich ihm vor Wochen an den Kopf geworfen habe, emotionaler Blödsinn war.

Dann klingelt es an der Tür, und Zack erhebt sich mit einem »Ich mach schon«.

»Hey, das wirst du sicher nicht alleine bezahlen. Warte …« Austin schiebt Becca von seinen Oberschenkeln und verschwindet ebenfalls zur Wohnungstür.

»Du magst Zack also«, flüstert mir Becca grinsend zu. Ihre Haare sind wie so oft zu einem hohen Dutt gebunden, der die prächtigen Perlen an ihren Ohrläppchen zur Geltung bringt.

Möglichst verwundert lege ich die Stirn in Falten. »Keine Ahnung, wovon du sprichst.«

Sie seufzt. »Du hasst Trash-TV. Wenn du im Raum bist, darf ich mir nicht einmal die Zusammenfassungen der Folgen auf YouTube anschauen. Und die sind reine Satire.«

»Ich will diese blödsinnigen Sendungen eben nicht unterstützen.« Ich lege einen beiläufigen Gesichtsausdruck auf. »Aber die Pizza hat mich überredet.«

Becca schürzt die Lippen und nickt ungläubig, als Austin und Zack beladen mit vier Kartons zurückkommen.

Becca hat eine Show namens *Too hot to handle* ausgewählt, und ich muss mir die spitzen Kommentare über die Kandidaten schon ab der zweiten Minute mit einem Bissen Pizza verkneifen. Doch tatsächlich lerne ich auch die witzigen Seiten des Trash-TVs kennen. Austin ahmt die Ausschnitte nach, in denen die Kandidaten sich mit einem Selbstbewusstsein vorstellen, von dem ich nur träumen kann. Zack begutachtet das erste Zusammentreffen mit einem skeptischen Ausdruck in den Augen und schüttelt ungläubig den Kopf. »Niemals wurde denen verschwiegen, warum sie in der Show sind. Das muss alles in den Verträgen aufgeführt werden.«

»Mir egal. Hauptsache, es gibt Liebe und Drama«, sagt Becca schulterzuckend und stibitzt ein Stück Brokkoli von meiner Pizza.

Tatsächlich halte ich es beinahe drei Episoden lang aus, das künstliche Gelächter zu ertragen, bis mir die Augen das erste Mal zufallen. Der Drang, mich in mein Bett zu kuscheln, ist gigantisch. Doch der, meine Wange an Zacks Schulter zu schmiegen, ist noch viel größer. Gott sei Dank habe ich die Finger von dem Bier gelassen, das Becca mir besorgt hat, ansonsten könnte ich nicht garantieren, dass ich meinen Gedanken nicht in die Tat umsetze.

»Ich glaube, ich muss in die Falle«, winselt Becca zwischen einem Gähnen und streckt die Arme über den Kopf. »Bleibst du hier, Babe?«

»Wenn Zack die Couch belegen kann, klar.«

»Blödsinn, ich mache mich auf den Weg.«

Zack ist gerade gewillt, sich aufzurichten, als ein schnelles »Nein« aus meinem Mund schießt. Fast zeitgleich wenden meine Freunde ihre Köpfe in meine Richtung.

»Es ist verdammt kalt draußen, und … vielleicht ist es gefroren. Nicht … dass du ausrutschst und dich verletzt.«

Noch nie hat so eine billige Erklärung dafür gesorgt, dass jemand so breit grinst wie Becca. Und dass Augen so mit Verwunderung gefüllt sind wie jene grünen, die mich seither wortlos anblinzeln.

Diese Nacht verbringe ich in der Vorstellung, bald nicht mehr durch eine Tür, geschweige denn eine Decke von ihm getrennt zu sein, und träume, dass dieser Wunsch in einer parallelen Realität in Erfüllung geht.

32

NELLY

»Ich bin total hinüber. Die Feiertage kommen mir echt gelegen«, brummt Becca und fährt sich mit den Händen über das Gesicht. »Wenn ich noch einmal einen Freshman sagen höre, dass Multiple-Choice-Prüfungen super einfach sind, schmeiße ich hin.«

»Lass dich von denen nicht ärgern, Babe, die leben noch in dieser rosaroten Illusion wie wir vor zwei Jahren. Da waren wir uns noch sicher, jede Nacht an einem anderen Ort zu feiern.« Austin lacht höhnisch. »Ich fasse es nicht, dass Mr Benett schon wieder eine neunzigminütige Präsentation fordert. Die letzte war erst Anfang Oktober. Ich glaube, dass er meinen Angstschweiß riecht und es ihn auf irgendeine verdrehte Weise anmacht. Gut, dass du ihn abgewählt hast, El.«

Ich ziehe meine Unterlippe zwischen die Zähne und beobachte, wie Zack sein Tablett mit Bestellungen belädt. Heute Abend trägt er seine Haare wie vor fünf Jahren, ungestylt, die Locken in die Stirn gekräuselt. Als wir noch zur Schule gingen, habe ich es geliebt, die Augen zu schließen und mir vorzustellen, durch seine Strähnen zu gehen. Auf diese Weise habe ich meinen Nachmittagsunterricht überstanden, selbst Physik war mit dieser Vorstellung kein Übel mehr. Austins Ellbogen landet in meiner Seite und hält mich davon ab, diesen Gedanken auch jetzt umzusetzen.

»Erde an Eleanor. Geht es dir gut?« Ich werfe ihm einen Seitenblick zu. Seine Augenbrauen springen in die Höhe, während seine Mimik tatsächlich besorgt aussieht. Anders als Becca, die mir ein wissendes, ja, fast triumphierendes Lächeln zusendet.

»Habe nur überlegt, was wir uns als Nächstes bestellen. Sorry, hast du etwas gefragt?«

»Nichts Wichtiges.« Austin greift nach der laminierten Getränkekarte und lässt seinen Blick über die Liste gleiten. »Tequila? Ich meine, nach Beccas Klausur haben wir alle etwas Spaß verdient.«

Becca lacht laut auf. Sie sieht wieder einmal anbetungswürdig aus, in dem dunklen Jumpsuit und der goldenen Statement-Kette über ihrem Dekolleté.

»Mein Verdienst ist also auch euer Verdienst, ja? Soll mir recht sein.« Sie dreht sich in Richtung Bar und schwenkt ihren Arm hin und her. »*Zack!*«, ruft sie ohne Hemmungen und wackelt mit den Fingern. Dieser hebt die Hand, um uns zu bedeuten, dass er gleich herkommen wird. Sofort senke ich den Blick auf mein leeres Bierglas und konzentriere mich auf meine Atmung.

Gleich wird er hier sein. Gleich werde ich seinen Geruch in der Nase haben. Gleich wird mir mein Herz aus der Brust springen.

Erst als sich auch nach einiger Zeit nichts getan hat, schaue ich in den Innenraum des *Scrabbles* und bemerke, dass Zack auf seinem Weg mehrfach stehenbleiben musste. Eine Gruppe Mädchen hat ihn zu sich gerufen und bittet ihn, ein Foto von der Clique zu schießen. Mit einem breiten Grinsen nimmt er das Handy einer Dunkelhaarigen entgegen, klickt mehrfach auf den Auslöser und reicht es mit einem »Da müsste etwas bei sein« zurück.

»Dein Trinkgeld hast du dir gesichert!«, ruft die blonde Freundin der Handybesitzerin und zwinkert. Zacks Lachen ist noch nicht erloschen, als er an unserem Tisch ankommt. Röte schießt ihm unter die Wangen, als unsere Blicke sich kreuzen.

»Vier Tequila bitte«, bestellt Austin mit vornehm verschränkten Fingern.

»Vier?«, wiederholt Zack und zieht die Nase kraus.

»Für unseren Lieblingskellner«, erwidert Becca. »Aber ich fürchte, dass wir damit nicht mehr alleine sind.« Sie deutet mit dem Daumen auf den Tisch hinter sich.

»Ich warte noch auf meine *Mitarbeiter-des-Monats*-Auszeichnung.« Zack schmunzelt und verschwindet mit seinem Tablett in der Menge an angetrunkenen Gästen. Mein Mund muss offenstehen, als ich zusehe, wie er von der Menschenflut verschluckt wird.

Die Lautstärke im *Scrabbles* erhöht sich von Minute zu Minute. Zwar ist für heute keine Live-Band gebucht, doch aus den Boxen an den Wänden dröhnt sanfter Rock und lässt einige Studenten im Gang tanzen. Immer wieder muss ich das Kinn recken, um einen Blick auf die Theke zu erhaschen, bis irgendwann ein Name zu mir hindurchdringt.

»Ist das Faye?«

Mit aufgerissenen Augen wende ich mich Austin zu. »Faye? Wo?«

Er nickt zur Eingangstür. Als hätte ich telepathische Fähigkeiten, teilt sich die Masse und entblößt Zacks Arme, die sich um Fayes schönen Körper legen.

Sein Lächeln ist breit, ihres zuckersüß.

»Es dauert nicht mehr lange, dann sind die beiden ein Paar.« Austins Worte bringen meinen Körper zum Erschaudern. Es ist eine Welle jeder einzelnen Emotion, die ich seit Zacks Ankunft in Averston verdränge. Gepaart mit einer gewaltigen Menge Eifersucht.

»Wie kommst du darauf?«, fragt Becca mit großen Augen. Ihr Blick gleitet unsicher in meine Richtung.

»Veronica hat sie im *Wallflower-Coffee* gesehen. Sie haben sich an der Hand gehalten und wirkten ziemlich vertraut.« Austin hebt die Schultern und nippt an seinem Bier. An ihm scheint vorbeizugehen, wie ich die zitternden Finger zu Fäusten balle, an Becca nicht. Sie greift unter den Tisch und tätschelt mein Knie.

Meine Ohren sind betäubt, als wäre ich unter Wasser. Durch das Rauschen dringen Austins Worte hindurch, wiederholen sich in einer Endlosschleife. Es ist ein Ding der Unmöglichkeit, dass Becca entgeht, *wie sehr* mich der Gedanke an Faye und Zack trifft. Viel zu sehr, als dass Zack nur eine kleine Schwärmerei sein könnte, die vor wenigen Tagen begonnen hat.

Daher presse ich die Lippen aufeinander, als könnte ich eine Mauer zwischen der Realität und meinem Gefühlschaos ziehen, und sage: »Cool. Das würde mich für die beiden freuen.«

»Mich auch«, erwidert Austin und streckt die Arme hinter dem Kopf aus.

Zack und Faye so vertraut miteinander zu sehen, gleicht einem Unfall. Ich könnte mich umdrehen, die Augen vor der Erkenntnis verschließen, dass ich es war, die unsere zweite Chance verspielt hat. Dass er in Faye eine wunderschöne Seele gefunden hat, die ihm das geben wird, was ich nie konnte. Nie können werde.

Aber ich sehe hin. Ich beobachte, wie Faye sich lachend über die Theke beugt und Zack Getränke aus der Hand nimmt. Dann drehen sich ihre Köpfe in unsere Richtung. Zacks Mund nähert sich ihrem Ohr. Es sieht aus, als würde er ihr etwas zuflüstern, aber vermutlich ist die Geräuschkulisse der Kneipe einfach zu laut für ein normales Gespräch an der Bar. Dann nickt sie eilig und hebt sich von dem ledernen Barhocker, um unsere Richtung anzustreben.

»Ich hörte, ihr habt Tequila bestellt.« Faye macht vor unserem Tisch halt und mustert uns mit einem breiten Grinsen. In ihrer Hand befindet sich ein Tablett mit Salz und Zitronenscheiben.

»Hat der Faulpelz schon wieder seine Arbeit abgeschoben?«, fragt Austin lachend und hebt die Gläser auf den Tisch.

Faye verzieht den Mund und lässt das Tablett sinken. »Eigentlich habe ich gehofft, mich zu euch setzen zu können, bis Zacks Schicht vorüber ist.«

Becca schielt in meine Richtung, als wollte sie meine Genehmigung einholen, Faye mit ihrer gewohnten Herzlichkeit zu empfangen. Und weil Fayes Lächeln so ehrlich ist und ich nicht das Recht besitze, mich zwischen sie und Zack zu stellen, sage ich »Klar« und beobachte, wie Faye sich mir gegenüber niederlässt.

»Ich hab dich hier noch nie gesehen.« Becca bestreicht ihren Handrücken mit Zitronensaft.

»Das letzte Mal war ich hier im Alter von siebzehn. Meine Freundinnen und ich haben uns betrunken, und der Barkeeper hat die Polizei gerufen, als ich von dem Hocker da hinten«, sie deutet auf einen Tisch hinter der Bar, »gefallen bin und nicht mehr aufstehen konnte.« Faye verzieht das Gesicht. »Keine so gute Erinnerung. Das war mir so peinlich, dass ich den Pub seither gemieden habe.«

»Du bist hier aufgewachsen?«, fragt Becca und stützt den Kopf auf ihrer Handfläche ab.

Faye nickt. »Ja, es gibt wirklich Menschen, die ihre Heimatstadt nie verlassen werden. Nicht einmal, um zu studieren.«

»Das ist cool. Wäre ich in Dublin angenommen worden, hätte ich die Stadt vermutlich auch nie verlassen. Mir fehlt meine Familie.«

Austin streckt seinen Arm nach Becca aus und tätschelt ihren Unterarm. »Nur noch ein paar Tage, Babe.«

Ich schlage den Blick nieder. Unter die geballte Flut an Gefühlen mischt sich ein wohlbekanntes hinzu: Bedauern. Weil ich nicht die Tage im Kalender streichen kann, bis ich Mom, Dad und Phoebe wiedersehe. Weil ich sie nicht anrufen kann, um ihnen zu sagen, wie sehr ich mich auf sie freue.

»Zack hat mir seinen Tequila überlassen. Ich hoffe, das ist in Ordnung?« Faye hebt den besagten Schnaps an. Trotz der brennenden Eifersucht in meinem Magen tue ich es ihr nach und stoße mein Glas gegen ihres.

Der Alkohol rinnt meine Kehle hinab, als Austin seine nächste Frage ausspricht: »Habt ihr nachher noch ein Date?«

Faye scheint sich an dem Alkohol verschluckt zu haben, denn sie röchelt und klopft sich auf die Brust, bis sie aufgebracht »Ein Date?« wiederholt. Austin nickt gelassen. »Wir besprechen Ideen für sein Filmprojekt. Ich helfe ihm bei der Darstellung.«

»Ihr könnt ruhig ehrlich sein. Ich bin sein Mitbewohner, lange werdet ihr es sowieso nicht vor mir geheim halten können.« Mit einem amüsierten Schmunzeln sammelt Austin die zerbissenen Zitronenschalen ein und stapelt sie auf dem Tablett zu einem Türmchen. »Zacks ausgedachter Freund, bei dem er neuerdings Nächte verbringen muss, kam mir schon lange komisch vor.«

Fayes Augen weiten sich, und als ihr Blick meinen trifft, fällt mir erst auf, dass ich es ihr nachtue. Träge greife ich nach meinem Bier.

»Wir treffen uns, aber nur für das Projekt. Ronan ist in der Regel auch dabei.« Jetzt wirkt ihre Stimme gepresst. Ob vor Anspannung oder sogar Wut, kann ich nicht deuten.

Becca, die im Gegensatz zu Austin eine Meisterin der Empathie ist, legt beruhigend die Finger auf Fayes verkrampfte Schulter. »Hör nicht auf ihn. Er hat dieses blöde Gerücht von Veronica aufgeschnappt und hofft einfach, dass Zack jemanden findet, der ihn glücklich macht.«

Beccas Worte hatten wohl die Intention, Faye die Sorge zu nehmen, doch offenbar bewirken sie das Gegenteil. Ihre grauen Augen verlieren den Glanz. »Welches Gerücht?«

Beccas Lippen zucken unsicher, sie ringt nach den richtigen Worten. »Sie soll euch im *Wallflower-Coffee* Händchen halten gesehen haben. Nur blöder Klatsch, da spricht bald niemand mehr drüber. Veronica wurde das Lästern in die Wiege gelegt.«

Faye schluckt hörbar. »Ich weiß. Wir sind zusammen zur Schule gegangen.«

Daraufhin verfällt sie in ein unfassbar lautes Schweigen. Denn auch wenn ihre Lippen keine Worte formen, zeichnen sich die Gedanken in ihrem Gesicht ab. Sie rauben ihr das Lächeln und werfen ihr eine beschämte Röte auf die Wangen. Dann, als hätte sie gerade einen festen Entschluss gefasst, steht sie auf und zieht sich mit hektischen Handgriffen den Mantel über. »Tut mir leid, ich muss los. Danke, dass ich mich zu euch setzen durfte. Richtet Zack bitte aus, dass ich mich melden werde.«

Ihr rötlicher Pferdeschwanz wippt mit jedem Schritt schwungvoll mit. Als sie die Tür aufstößt, fährt sie sich über die Wange, als würde sie eine Träne wegwischen.

Schneller, als ich meine Handlung erfassen kann, springe ich auf.

»Bin gleich wieder da«, erkläre ich hektisch und ergreife meine Jacke, die ich im Laufen überstreife. Als ich mich aus der Menschenmenge gekämpft habe und das *Scrabbles* verlasse, begrüßt mich der eiskalte Dezemberwind. Ich sehe mich zu allen Seiten nach Fayes Silhouette um und erblicke sie etwas entfernt im Licht einer Straßenlaterne. Eilig laufe ich los, doch das Profil meiner Stiefel ist nach all den Wintern nicht mehr das beste. Der Schnee hat sich in einen dunklen Matsch verwandelt, unter dem ich wegrutsche wie auf einer Seifenbahn.

»Faye!«, rufe ich, als uns nur noch wenige Schritte voneinander trennen.

Sie hält inne und blickt sich über die Schulter zu mir um, die Hände in den tiefen Taschen vergraben. Offenbar habe ich mir ihre Träne nicht eingebildet. Mehrere Abbilder davon kullern ihr Kinn hinab. Als ich »Geht es dir gut?« frage, will ich mich innerlich schütteln. Die Antwort steht ihr ins Gesicht geschrieben. In den Spuren, die die Zähren auf ihrer Haut hinterlassen haben.

Ihre Lippen zeigen ein Lächeln, das ihre Augen nicht erreicht. »Ja. Mir geht es gut.« Dem Seufzen nach zu urteilen, das kurz darauf ihren Mund verlässt, scheint sie sich ihre Worte selbst nicht abzukaufen. »Ich sollte jetzt einfach nach Hause gehen.«

»Okay.« Ich nicke eilig und krame in den Jackentaschen nach meiner Mütze und den Handschuhen. »Ich werde dich begleiten.«

»Du wirst … was? Nein, das ist nicht nötig. Es ist arschkalt, und wir laufen bestimmt fünfzehn Minuten.« Sie wischt sich mit dem Handrücken durch ihr Gesicht. »Ich wohne ziemlich abgelegen.«

»Noch ein Grund mehr, dich nicht alleine gehen zu lassen.«

Fayes unsicherer Blick begleitet mich, als ich mich in Bewegung setze und das Patschen des Schneematsches die Geräuschkulisse übernimmt.

Jeden vierten Schritt visiere ich ihr Gesicht an und bemerke, dass sich das Tempo ihrer Tränen vervielfacht. Sie sind leise, wären mir in der Dunkelheit vielleicht sogar unbemerkt geblieben. Doch meine sind schon so oft auf mein Kissen getropft, dass sie in meinen Ohren einen eigenen Ton angenommen haben. Ich erkenne meinen Kummer in ihren Augen wieder. Auf andere Weise, aber er ist da. Den Gedanken, sie alleine durch den dunklen Anbruch der Nacht ziehen zu lassen, hätte ich nicht ertragen. Ob nun etwas zwischen Zack und ihr ist oder nicht. Für das Hier und Jetzt tut ihre Verbindung nichts zur Sache.

»Du musst den ganzen Weg wieder zurück«, murmelt Faye erschöpft. Wolken ihres Atems steigen in den Nachthimmel.

»Das macht nichts«, beteuere ich.

»Hast du es auch gehört? Dieses Gerücht?«

»Vor zehn Minuten zum ersten Mal. Austin kann manchmal wirklich eine Tratschtante sein. Becca wird ihm in diesem Moment mit Sicherheit eintrichtern, dass er es nicht weiterplaudert.«

Faye kneift die Augen zusammen, als wären meine Worte scharfe Klingen gewesen, die sich in ihre Brust bohren.

»Wenn es von Veronica kommt, hat die Stille Post schon begonnen. So ist das in Kleinstädten.«

»Ich weiß. Ich bin auch in einer aufgewachsen«, sage ich. »Ich meine, bis ich vierzehn war, habe ich in Manhattan gelebt. Ungefähr das Gegenteil einer Kleinstadt.« Mein Lachen ist nervös, und ich frage mich, was Faye an sich hat, dass ich mich in einen plappernden Wasserfall verwandele. El, die auf Partys in ihr Weinglas starrt, um mit niemandem ein Gespräch beginnen zu müssen. »Kleinstädte hatten für mich immer etwas Sanftes. New York war laut und überfüllt, wir kannten nicht einmal die Vornamen unserer Nachbarn. Da nannte man sich *Mr* und *Mrs*, wenn man sich auf dem Bürgersteig begegnete. Als wir umgezogen waren, kannten die meisten meinen vollen Namen noch vor dem ersten Schultag.«

»Du warst beliebt, hab ich recht?«

Etwas verwundert hebe ich die Augenbrauen. Ein Seitenblick beweist mir, dass Fayes Mundwinkel sich ein wenig heben, auch wenn der traurige Glanz noch nicht aus ihren Augen verschwunden ist.

»Keine Ahnung. Ich war nie in einer coolen AG. Ich war auch

nie Jahrgangsbeste oder Schülersprecherin. Vermutlich wissen die meisten nicht mehr, dass es mich gegeben hat.« Mich. Eleanor. Nicht das Mädchen, das ihre gesamte Familie in einer Nacht verloren hat.

»Hier entlang.« Faye biegt in eine Seitengasse ein. Verdreckte Schneehäufchen umgeben den Bürgersteig, und in dem Licht der Straßenlaternen tanzt der Schneeregen.

»Alles in Ordnung?«, frage ich leise. »Deine Reaktion war … krass.«

Sie seufzt erschöpft und reibt sich die Finger. Offenbar hat sie nicht daran gedacht, sich Handschuhe einzustecken. Ich ziehe einen meiner gefütterten Lederhandschuhe von den Händen und halte ihn ihr hin.

»Geteiltes Leid ist halbes Leid«, kommentiere ich ihren verwirrten Ausdruck.

»Deine Freunde halten mich sicher für unverschämt.« Sie zieht den Handschuh über und bewegt ihre Finger in dessen wärmendem Fell.

»Sie sind mit mir befreundet. Glaub mir, sie vertragen so einiges.«

Fayes Lachen hallt durch Averstons Dunkelheit und steht im Kontrast zu ihrem nassen Gesicht. »Ich hasse Gerüchte. Die Menschen, die sie in die Welt setzen, haben keine Ahnung, was sie damit anrichten.«

»Wird dieses Gerücht etwas mit dir anrichten, Faye?«

Ihre Stille zähle ich als Antwort. Ihr krampfhaftes Schlucken als Zeichen, weiterzureden.

»Wenn du nicht nach Hause möchtest, kannst du mit zu uns kommen. Die Couch ist klein, und mein Hund Sammy hinterlässt überall seine Haare, aber es wäre …« *Sicher.* Warum genau dieses Wort mir durch den Kopf schießt, kann ich nicht einmal deuten. Doch ich spreche es nicht aus, wohl wissend, dass ich diesen Schritt nicht gehen kann, nachdem ihre Gefühlslage sich offensichtlich beruhigt hat.

»Das würde die Gerüchte nur unterstützen, und …« Sie

verstummt und senkt den Blick auf den Dreck, der sich mit jedem Schritt um die Sohlen ihrer Stiefel festsetzt. »Danke. Das ist nett von dir.«

Wir durchqueren ein paar Wohnviertel, bis Faye ihre Schritte verlangsamt und vor einem Einfamilienhaus haltmacht. Vereinzelte Tannen bergen ihre Köpfe über dem Dach wie Kirchturmspitzen. In den Fenstern funkeln Lichterketten, und auf der großen Dachterrasse leuchtet ein Rentier. Kein Haus, dem ich auf Anhieb Angst oder Unsicherheit zuordnen würde.

Etwas unentschlossen wiegt sie sich auf den Fußballen und wirft einen Blick auf die Fensterfront, als rechnete sie damit, einem Gesicht zu begegnen.

»Kommst du bis zur Tür? Ich mache dir noch einen Tee für den Rückweg, daran kannst du deine Hände wärmen.«

Die Hemmungen sind aus ihren grauen Augen verschwunden. Deren Platz nimmt ein Lächeln ein, weswegen ich nicke, bevor meine innere Stimme mich wie so oft von ihrer Gastfreundschaft abhält.

Faye drückt die Klingel und räuspert sich. Ich frage mich, warum sie keinen Schlüssel zu ihrem Zuhause besitzt, aber ich kenne meine eigene Vergesslichkeit nur zu gut und möchte sie nicht in Verlegenheit bringen.

Licht erhellt den Eingangsbereich, ehe die Tür sich schwungvoll öffnet und einen Blick auf einen Mann mit hellblonden, streng zurückgekämmten Haaren entblößt. Seine Augen funkeln vor Verwunderung, doch als er entdeckt, dass Faye nicht alleine ist, heben sich seine Mundwinkel. Ein netter Kerl, dem Anschein nach. Keiner, dem ich vom ersten Eindruck an Fayes Tränen zugeordnet hätte. »Du bist schon zurück? Hatte Sawyer keine Zeit?«

Sie schiebt sich an dem Mann vorbei und drückt ihm einen Kuss auf die Wange. »Nein.« Dann schüttelt sie sich den Mantel von den Schultern und wendet sich mir zu: »Hast du einen Lieblingstee? Ich habe so ziemlich jede Sorte des kleinen Lädchens am Marktplatz.«

»Überrasch mich«, erwidere ich und schaue ihr beim

Verschwinden zu. Gleich darauf ertönt Geklapper, der Wasserhahn, das aufgedrehte Gas des Herdes.

»In welchem Semester studierst du Psychologie?« Fayes Freund lehnt an der Wand neben der Garderobe und mustert mich mit einem abschätzenden Blick unter seinem Lächeln. Er muss mir die Verwunderung über seine Frage ansehen, denn er erklärt weiter: »Oder warst du nicht bei Sawyer, um zu lernen? Was war es noch gleich? Persönlichkeitspsychologie?«

»N-nein.« Auch wenn ihm die Freundlichkeit ins Gesicht geschrieben steht, ist irgendetwas in diesen bernsteinfarbenen Augen, das mich zum Stammeln bringt. »Ich war mit bei Sawyer, Persönlichkeitspsychologie … ist nicht so mein Ding.« Ein Glück, dass ich mich, seit meiner Rückkehr nach Irland, zu einer Meisterin des Lügens entwickelt habe. Eine Schauspielerin, die jetzt nicht mehr bloß ihre Rolle annimmt, um ihr Konstrukt aufrechtzuerhalten, sondern auch um Fayes Weltbild nicht zu gefährden.

»Stehst du auch auf diesen gruseligen Kram wie Faye?«

»Gruseliger Kram?«, wiederhole ich mit gerunzelter Stirn.

»Kriminalpsychologie«, klärt Faye mich auf, als sie wieder in meinem Sichtfeld erscheint. »Und das ist nicht gruselig, sondern verdammt interessant.«

Der Kerl lacht amüsiert und streicht seiner Freundin im Vorbeigehen über die Wange. Vertraut, wahrhaft liebevoll. Ob ich die Zeichen falsch gedeutet habe und es bei ihrem kurzen Zusammenbruch gar nicht um ihn ging?

Mit einem »Ich dachte, mit einem Wintertee kann ich bei diesen Temperaturen nichts falsch machen« reicht sie mir einen dunkelroten Thermobecher, aus dessen Trinkluke Qualm aufsteigt.

»Da hast du recht. Danke.« Die Wärme umhüllt meine frostigen Finger selbst durch das Lederimitat.

»Du kannst gern reinkommen, um dich aufzuwärmen. Meine Eltern haben sicher noch etwas vom Abendessen übrig«, sagt Fayes Freund.

Die beiden gemeinsam in dem Hauseingang zu sehen, sein Arm um Fayes Taille, macht es mir schwer, die Situation zu deuten.

Würde es Faye helfen, wenn ich bleibe? *Verdammt, ich hätte auf unserem Weg mehr nachhaken sollen.*

»Danke, aber ich sollte langsam nach Hause. Persönlichkeitspsychologie wartet auf mich.« Mit einer bescheidenen Geste hebe ich die Hand und schenke Faye ein Lächeln, das sie etwas verspätet spiegelt.

»Komm gut nach Hause. Und melde dich, wenn du dort bist.«

Als ich mich umdrehe, will ich ihr in Erinnerung rufen, dass ich ihre Nummer nicht besitze. Doch das würde erste Schatten auf das Bild werfen, das ich gerade zusammengewerkelt habe. *Eleanor, die Psychologiestudentin, die Hilfe in Persönlichkeitspsychologie braucht.*

Der Duft von Früchten in Kombination mit zimtigen Mandeln kriecht in meine Nase. Das Schildchen des Teebeutels baumelt aus der Seite heraus, und ich drehe es, um die konkrete Sorte zu erlesen.

Winterzauber.

Gleich darunter:

Danke, Nelly.

Ich bleibe stehen. Wende mich dem Licht der nahegelegenen Straßenlaterne zu und ziehe den Schriftzug an mein Gesicht heran. Da steht es, in feinen Kugelschreiberlinien. Danke? Dass ich sie begleitet habe? Dass ich für sie gelogen habe? Gleich darauf löst ein anderer Gedanke meine Verwirrung ab: *Nelly.* Hier steht Nelly. Nicht Eleanor, oder El, der Rufname, unter dem ich in Averston bekannt bin. Hatte Austin die Zeichen etwa falsch gedeutet und Faye und Zack trafen sich, um unter anderem über mich zu sprechen? Woher sollte sie sonst dieses Kürzel kennen, das nur er für mich verwendet? Ich fühle mich erbärmlich, als dieser Gedanke eine Wärme in meinem Bauch auslöst. Und noch einen Funken erbärmlicher, da ich Faye nicht einmal fragen kann, ob sie okay ist.

33

ZACK

»Welche knöchernen Strukturen betreffen Sehnenausrisse am Becken?«, lese ich die fein notierte Klausurfrage aus Austins Fragenkatalog, während ich die Kekskrümel von meinem Kapuzenpulli picke. Da wir uns außerhalb von Austins Sauberkeitszone aufhalten und Sammy sich nach seinem Spaziergang mit Sicherheit vor Freude rollen wird, lasse ich die Krümel neben das Sofa fallen. Becca steht schon seit zwei Stunden in der Küche, schiebt ein Backblech nach dem anderen in den Ofen und taucht die Dachgeschosswohnung damit in den Duft von purem Weihnachten. Im Hintergrund laufen Weihnachtsklassiker in Dauerschleife.

Ich schiele zu Austin, der ausgestreckt auf dem cremefarbenen Wohnzimmerteppich liegt, einen Teller Mince Pies auf seinem Bauch. Er kneift die Augen zusammen und fährt sich mit einer müden Geste über das Gesicht.

»Spina iliaca anterior superior?«, fragt er wenig überzeugt und krampfhaft darum bemüht, die lateinischen Wörter richtig zu betonen.

»Määp«, mache ich und lasse die Karte mit der Lösung zu ihm hinuntersegeln.

»Posterior, nicht anterior! Hab ich es doch gewusst«, brummt Austin frustriert und steckt sich ein weiteres Stück Gebäck in den Mund. »Ich hätte diese Prüfung niemals aufschieben dürfen.«

Beccas höhnisches Lachen ertönt aus der Küche. »Wer hat dir vor zwei Jahren davon abgeraten? Und letztes Jahr, als du es erneut getan hast?«

Sie klopft sich den Puderzucker an ihrer rot-grün karierten Kochschürze ab und kommt in den Wohnbereich geschlendert. Ihre Locken, die von einer riesigen goldenen Klammer geschmückt werden, sind vom Teig nicht verschont geblieben.

»Es ist Sportmedizin! Ich werde später mit meinen Schülern Seilhüpfen oder Völkerball spielen. Wozu also diese unnötig langen Begriffe in einer Sprache, die seit hunderten von Jahren nicht mehr gesprochen wird?« Austins Frust zeichnet sich an seinem geröteten Kopf ab. Wir sitzen hier bereits seit einer Stunde und gehen immer wieder die gleichen Lernfragen durch. Kein Wunder, dass seine Geduld am Ende ist. Meine im Übrigen auch.

»Morgen hast du es hinter dir. Dann ist endlich Weihnachten«, tröstet Becca ihren Freund und kniet sich zu ihm auf den Boden, um ihm die Wange zu tätscheln.

»Was dagegen, wenn ich heute hier schlafe? Ich werde sowieso kein Auge zubekommen.« Sie beugt sich zu ihm hinunter, küsst ihn grinsend. »Ich habe erst ab morgen Mittag meine Vorlesungen. Wir kriegen dich schon auf andere Gedanken.«

Austins grummeliges Lachen bestätigt mir, dass nicht nur ich die Zweideutigkeit in ihrer Stimme gehört habe.

»Leute«, presse ich hervor und lasse meinen Hinterkopf auf der Sofalehne aufkommen. Ihr Kichern vermischt sich unter ihren Küssen, weswegen ich mit einem rosafarbenen Kissen nach ihnen werfe.

»Rieche ich da Neid?«, fragt Becca neckend. Ich hebe die Augenbrauen. Unterstehe mich zuzugeben, dass ich ihre Frage mit *Ja* beantworten müsste. Die Liebe der beiden ist in jeder gemeinsamen Sekunde spürbar. Ich dagegen kann nur von dem Moment träumen, in dem Nelly durch die Wohnungstür tritt und sich mit vom Schneeregen durchnässtem Haar zu uns gesellt. Auch wenn ihr Lächeln mittlerweile ehrlicher Natur ist, kann ich noch immer nicht klar sagen, ob es das Risiko wert ist, mein Herz endgültig in ihre Hände zu legen. Der letzte Aufprall war zu tief.

Beccas blecherner Klingelton aus der Hintertasche ihrer Cordhose unterbricht die Klänge von Coldplays *Christmas Lights*.

»Hey El, ich wollte dir gerade schreiben. Bist du sicher, dass man diese Zimtsterne *mit* dem Zuckerguss in den Ofen schiebt? Das kommt mir komisch vor, aber ich habe eben keinen Schimmer von diesem Weihnachtsbacken und –« Beccas Strahlen verschwindet schlagartig, als sie unterbrochen wird. Alles, was danach folgt, ist nur zweisilbig. »Okay«, »Ich komme«, »Bleib ruhig«. Dann verschwindet ihr Handy zurück in der Hose, nicht aber der besorgte Ausdruck in ihren Augen.

»Was ist los?«

Becca erhebt sich und sucht an der Wandgarderobe nach ihrem dunkelroten Mantel. »Das war El, Sammy ist ihr entlaufen.«

»Was?« Nackte Angst begleitet meine abrupten Bewegungen, als ich vom Sofa aufspringe und Becca hinterherhechte.

»Leute, Sammy ist der anhänglichste Hund der Weltgeschichte. Der hält keine halbe Sekunde ohne El aus«, erklärt Austin beschwichtigend, folgt uns aber aus der Haustür, nachdem wir Ofen, Kerzen und Musik ausgemacht haben.

Meine Ungeduld hätte mich fast dazu gebracht, vorauszugehen. Stattdessen verstecke ich die zitternden Finger geballt in einer Faust in meinen Jackentaschen. Bis zu Averstons Stadtpark dauert es zu Fuß knapp zehn Minuten. Zehn Minuten, in denen ich mir gar nicht ausmalen kann, wie es Nelly ergehen muss. Zehn Minuten, in denen ich mich mehr als einmal ermahnen muss, Austins nett gemeinte Aufmunterungen nicht mit einem spitzen Kommentar abzutun. Sie haben keine Ahnung, dass Sammy mehr ist als der treue Begleiter ihrer Freundin, den sie natürlich liebt und bis ans Lebensende an ihrer Seite haben möchte. Doch er ist nicht nur das. Er ist das letzte Mitglied ihrer Familie. Der Einzige, der sie an jenem Abend nicht verlassen hat, weil die Nachbarstochter den Hund hütete. Ich schlucke trocken, ringe im selben Moment nach Atem, der viel zu kalt auf meinen Bronchien brennt.

Nelly wartet an der Trauerweide, die mit ihren blattarmen Ästen ihrem Namen und der Situation alle Ehre macht. Ihre Schultern sind heruntergesackt, und ihr Gesicht verbirgt sich unter der pelzigen Kapuze, die sie vor dem regenbesetzten Seitenwind schützt.

»El!« Becca stürmt ihrer Freundin in die Arme. Nellys Kopf hebt sich, und ich entdecke die dunklen Spuren, die ihre Tränen hinterlassen haben. »Wo hast du ihn zuletzt gesehen?«

Nelly ringt um Atem, schluchzt und schüttelt sich zu sehr, um gleich antworten zu können. »Da drüben beim Brunnen. Ich habe nur kurz mit Karen telefoniert, und als ich mich umgedreht habe … war er weg. Ich bin den ganzen Park einmal abgelaufen, aber er ist nirgends aufgetaucht. Dann dachte ich, dass er vielleicht zurückkam und ich nicht mehr vor Ort war. Jetzt …« Ihr Schluchzen bringt sowohl ihren als auch meinen Körper zum Erschaudern. »Jetzt streunt er durch die Gegend.«

»Hey, Sammy lebt hier seit drei Jahren. Der alte Herr kennt sich bestens aus, selbst wenn er nicht hier ist, wartet er sicher vor der Haustür auf uns, okay?« Becca umfasst Nellys Schultern, redet ruhig und dennoch entschlossen auf sie ein. Nelly erwidert ihre Worte mit einem glasigen Blick und einem verzögerten Nicken. Jede Farbe ist ihr von der Haut gewichen.

»Ihr lauft den Weg zu eurer Wohnung ab, und wir suchen weiter im Park nach ihm, okay?«, sage ich hektisch und schlucke die Gewissheit herunter, dass wir Sammy auf unserem Weg hierher getroffen hätten, wenn sich Beccas Theorie bewahrheitet hätte.

»In Ordnung«, bestätigt Becca und legt einen Arm um Nellys bebenden Körper. Nur einen Sekundenbruchteil kreuzen sich unsere Blicke. Sie ahnt, wie sehr ich ihre Situation – die *wahre* Gegebenheit – verstehe. Das beweist das kurze Blinzeln, als wollte sie mir ein stilles *Bitte* zukommen lassen.

Daher sage ich in einem überzeugten Ton »Keine Sorge, wir finden ihn«, ehe wir losziehen und den Park durchqueren. Austin und ich teilen uns die Abschnitte des Parks auf, ich gehe meine

Hälfte zweimal ab. Ich begegne vielen Hunden, doch keiner hat diese gutgläubigen Knopfaugen zwischen weißen Locken wie Sammy. Der Gedanke, ohne Nellys Familie zurückzukehren, jagt ein scharfes Brennen in meine Brust. *Nein. Nein, das wird nicht passieren.*

»Entschuldigen Sie, haben Sie einen mittelgroßen Havaneser-Rüden gesehen? Mit weißem Fell?«, frage ich die Passanten, die meinen Weg kreuzen. Kopfschütteln. Verneinungen. Mitleidiges Lächeln.

Mit einem aufgeregten »Und?« nehme ich Austins Anruf an.

»Kein Sammy weit und breit.«

»Scheiße«, zische ich voller Verbitterung und blicke mich auf der gemähten Rasenfläche um.

»Wir sollten zurück. Vielleicht hat Becca ja recht, und er ist längst zu Hause.«

Dann hätten sie sich gemeldet, oder? Ich spreche meine Frage nicht aus. Viel zu sehr fürchte ich mich vor seiner Bestätigung.

Als ich den Rückweg anstrebe, fühlen sich meine Muskeln an, als hätte sie jede Kraft verlassen. Wie soll ich ihr gegenüberstehen und ihr klarmachen, dass ich ihn nicht mit nach Hause gebracht habe? Dass ich wieder einmal die Person bin, die sie mit Verlust verbindet?

Als ich die Brücke des kleinen Bachs überquere, lässt mich ein Knurren innehalten. Aufmerksam blicke ich mich zu allen Seiten um, kein weißes Wollknäuel in Sichtweite. Hab ich es mir etwa nur eingebildet? Doch dann wiederholt sich das Knurren. Es ertönt unterhalb des Gehweges. Unter der Brücke.

Ich rutsche die feuchte Steinmauer hinab, um eine Einsicht unter die moderige Überführung zu bekommen, und tatsächlich. Ein nicht mehr ganz weißer Havaneser buddelt sich durch den matschigen Untergrund. Die Erleichterung trifft mich so plötzlich, dass ich heulen könnte.

»Sammy!«, rufe ich aufgelöst. »Komm her, du stinkiger Trottel. Du darfst Nelly doch nicht solch einen Schrecken einjagen.«

Der Boden ist matschig und nass, weswegen ich mich langsam

an ihn heranschleiche und ihn gleich darauf auf den Arm hebe. Sein Hecheln ist gelassen. Er hat nicht die leiseste Ahnung, was seine Abwesenheit bewirkt hat.

»Ach du Scheiße«, stößt Austin aus, als er unsere verdreckten Gestalten aus der Ferne entdeckt.

Da Nelly die Leine bei sich führt, trage ich Sammy den gesamten Weg zurück auf dem Arm. Kein vorbeifahrendes Auto, kein entgegenkommender Hund soll dafür sorgen, dass er mir erneut entwischt.

Becca und Nelly sitzen auf der Treppe des verwilderten Klinkerhauses. Nelly verbirgt ihr Gesicht in den Händen, Beccas Kopf liegt an ihrem an. Als hätte Sammy dieses Zeichen gebraucht, schießt sein Kläffen aus ihm heraus. Es benötigt ein zweites, um Nelly aufsehen und auf uns zustürmen zu lassen. »Oh mein Gott!« Ihre Augen füllen sich erneut mit Tränen. Wie sehr danke ich dem Schicksal dafür, dass es diesmal Tränen der Freude sind. Ich übergebe ihr ihren Hund, in dessen Fell sie trotz seiner triefenden Nässe ihre Nase vergräbt und immer wieder murmelt: »Ich dachte, ich hätte dich verloren.«

Es dauert knapp fünf Minuten, bis Nelly Sammy das erste Mal hinablässt und zu uns aufschaut. »Ich kann euch gar nicht genug danken.«

Ihre Stimme bebt noch immer.

»Du kannst aufhören zu weinen und uns oben eine Runde heiße Schokolade zubereiten, das genügt«, scherzt Austin und zottelt El durch ihre zerzausten Locken. Ihr gelöstes Lachen ist der einzige Dank, den ich benötige.

34

NELLY

WÄHREND ICH DURCH die Flure des Wohnheims streife, lasse ich die Flasche Wein von der linken in die rechte Hand gleiten. Es ist Weißwein. Ich bevorzuge roten, aber meine Kommilitonen haben mir verdeutlicht, dass nicht jeder den trockenen Geschmack ausstehen kann. Ob Zack Weißwein mag? Oder trinkt er gar keinen Wein?

Damals waren es die großen Fragen, auf die ich keine Antwort wusste. Warum er William nie mit *Dad* ansprach und ob er sich wirklich in diesem Hotelkonstrukt unterordnen wollte, wie sein Vater es uns während der Geschäftsessen vorgespielt hat. Jetzt sind es die kleinen, belanglosen Dinge. Sein Lieblingsessen? Lieblingsband? Dass er kein Frühaufsteher ist, habe ich bereits herausgefunden. Aber in allen anderen Dingen überwiegt die Ungewissheit. Das wäre anders, wenn ich ihn nicht bis heute auf Abstand gehalten hätte.

Dreihundertvierzehn steht an der Tür in einem abgeblätterten goldenen Schwung. Ich atme mir selbst Mut zu, umklammere die Flasche, als wäre sie mein Rettungsanker, und klopfe dann an das Holz. Einen Moment rührt sich nichts, und ich nehme dies als

Zeichen, unauffällig zu verschwinden und später vorzugeben, ich hätte nie auch nur mit dem Gedanken gespielt, vor seinem Zimmer aufzutauchen. Doch dann öffnet sich die Tür, und Zack erscheint in deren Rahmen. Er trägt eine lockere Jogginghose und ein dunkelrotes Shirt. Sein verwundertes »Hey« lässt mich lächeln. Verlegen blicke ich auf die Weinflasche, dann wieder zu ihm.

»Hi.« Ich räuspere die Befangenheit aus meiner Stimme. »Austin bleibt die Nacht über bei Becca, und … ich dachte, das ist ein guter Grund zu flüchten.«

Zack blinzelt nachdenklich, bis ein Grinsen seine Mundwinkel umspielt. »Und da entscheidest du dich ausgerechnet für unser nobles Wohnheim?«

»Ausgerechnet für dein Zimmer«, erwidere ich und spüre gleich, wie mir Hitze unter die Haut schießt.

»Ich fühle mich geehrt.« Er tritt einen Schritt zurück, um mir den Weg ins Innere zu ermöglichen.

Vor Zack hatte Austin bereits zwei andere Mitbewohner. Einer kleisterte die Tapete seiner Hälfte mit Postern seiner Lieblingsanimes zu, der andere hatte einen Hang zur Esoterik und veranschaulichte diesen in Kristallen und gewöhnungsbedürftigen Wandbildern.

Auch Zacks Charakter findet sich in jedem Detail seiner Einrichtung wieder. Die Wände sind mit gebrochenen Skateboards geschmückt, die er offenbar zu Regalbrettern umfunktioniert hat. Auf ihnen stapelt sich Fachliteratur über Filmanalyse, Schnitttechniken und Filmmusik. Seine khakifarbene Bettdecke ist zerwühlt, und sein Laptop liegt zusammen mit einer Tüte Chips auf seinem Kopfkissen. Der helle Bildschirm ist neben einer Nachttischlampe die einzige Lichtquelle in dem sonst dunklen Raum.

»Darf ich dir etwas sagen?«, frage ich, während ich mich in meiner Musterung bremse.

Zack hat die Tür zu seinem Zimmer geschlossen und lehnt nun an deren Innenseite, als wollte er mir bei meiner Erkundung nicht in die Quere kommen. »Kann ich dich davon abhalten?«

Meine Mundwinkel heben sich wissend. »Genau so habe ich mir dein Zimmer vorgestellt.«

Zacks Lachen ist warm, herzlich. Ein Klang, der schon vor Jahren seinen Anker in meiner Seele gesetzt hat. »Bin ich so durchschaubar?«

Ich schüttele den Kopf und umklammere die Weinflasche noch fester, ehe ich sie auf seinem Nachttisch abstelle und auf ihn zugehe. »Es ist wie das Gefühl, lange fort von zu Hause gewesen zu sein.« Wie angewurzelt beobachtet Zack meine Bewegungen, schluckt nervös, als ich, kurz bevor die Spitzen unserer Schuhe sich berühren, zum Stehen komme. Dann schaue ich zu ihm auf und flüstere: »Du hast Angst, dass sich die Welt dort ohne dich weitergedreht und so verändert hat, dass sie nun keinen Platz mehr für dich hergibt. Aber sobald du zurückkommst, merkst du, dass, obwohl nichts mehr beim Alten ist, das Gefühl von Vertrautheit geblieben ist.« Ich schlucke trocken. Seine Augen glänzen trotz des schwachen Lichts. »Dass es immer noch dein Zuhause ist.«

Erst als die Worte ausgesprochen sind, legt sich ein Zittern über meine Lippen. Es war nie mein Plan, heute Abend meine Gefühle vor ihm zu entblößen. Meine Mauer hat mich über Jahre hinweg standfest umgeben, nun bin ich schutzlos. Da ist kein Beton, der die Kugeln abfangen und mein Herz gegen weitere Schäden sichern kann.

Seine Augen ergründen meine Miene, als wollte er in ihr lesen, dass ich meine Worte ernst meine. Als ich meine Hand auf seine Halsbeuge lege, schenkt mir sein tobender Pulsschlag einen Einblick in das Gefühlschaos, das in ihm rasen muss. Er umfasst meine Hand, streicht mit dem Daumen über meine Fingerknöchel. Eine so zarte, unschuldige Geste, und doch löst sie eine Ekstase in meinem Körper aus, sodass es mir schwerfällt, auf den Beinen zu bleiben.

Ich schließe die Augen, möchte nichts sehen, nur fühlen. Seine Stirn an meiner, seinen Atem auf meiner Oberlippe. Doch als die finale Berührung, die zu unserem Kuss führen würde, ausbleibt, höre ich ihn wispern: »Nelly … ich …« *Kann nicht.*

Meine Augen öffnen sich blinzelnd, auch wenn meine Sicht gleich durch Tränen getrübt wird. Seine Hand hält mich noch immer, schützt mich vor dem Sturz, dem Bereuen. Genau wie seine folgenden Worte: »Versteh mich nicht falsch, ich will dich küssen. Mehr als alles andere. Aber …« Er presst die Lippen aufeinander und geht mit seinem Daumen über meine Wange, um die stille Träne zu beseitigen. »Ich brauche die Gewissheit, dass du dir zu hundert Prozent sicher bist. Dass du mich küsst, ohne es Tage oder vielleicht schon Minuten später zu bereuen.« Er atmet hörbar ein. »Morgen früh aufzuwachen und auch nur das Gefühl zu haben, dass du irgendetwas an dem hier bedauerst, würde ich nicht ertragen.«

Ich will ihm widersprechen, ihm beteuern, wie sehr mein Herz sich nach ihm, seinen Worten, seinen Berührungen sehnt. Dass es keine impulsive Handlung ist. Doch dann begreife ich, dass er mich nicht abweist, um mich zu verletzen, sondern um sein Herz zu beschützen. Berechtigterweise, nach all den Narben, die ich ihm zugefügt und mit meiner Ignoranz und Abweisung gleich nach der Heilung wieder aufgerissen habe.

Seine Augen schweifen über die Spuren meiner Tränen, bleiben an meinem Lippenherz haften. »Dich zu küssen ist das Schönste, was ich mir in diesem Moment vorstellen kann. Aber es wäre nicht richtig. Nicht nach diesem Tag.«

»Du hast recht«, flüstere ich und schäme mich, nicht schon eher auf diesen Gedanken gestoßen zu sein. Er befürchtet, ich würde seine Nähe suchen, weil er mir Sammy zurückgebracht hat. Weil er heute mein persönlicher Held war, der mich vor dem Sturz in ein erneutes Tief bewahrt hat. »Tut mir leid, vielleicht war das eine blöde Idee.« Ich trete einen Schritt zurück und entziehe mich unserem gemeinsamen Moment. Etwas zu hektisch richte ich Schal und Mantel und gehe in Richtung Tür.

Zack folgt mir ruhig und legt eine Hand auf meinen Rücken. »Hey, das bedeutet nicht, dass du gehen musst.«

Irre ich mich, oder höre ich ein Lächeln in seiner Stimme?

»Nein?« Die Scham bringt noch immer meinen Magen zum

Glühen, doch die Herzlichkeit seiner Worte lässt mich wieder durchatmen.

Er schüttelt den Kopf. »Also, du kannst dich natürlich gern zurück in das Liebesnest unserer Mitbewohner begeben. Oder wir öffnen die Flasche Wein und schauen uns irgendeinen kitschigen Weihnachtsfilm an.«

»Kitschiger Weihnachtsfilm klingt gut«, erwidere ich und merke, wie auch meine Mundwinkel sich unweigerlich heben.

Während Zack das Zimmer nach Gefäßen absucht, in die wir unseren Wein einschenken können, streife ich meine Stiefel von den Füßen und lasse mich auf seinem Bett nieder.

»Was ich dir anbieten kann, ist Austins Tasse, die er aus einem Café hat mitgehen lassen, oder einen Zahnputzbecher. Den sollte ich vorher allerdings ausspülen.« Er hebt den besagten Becher in die Höhe und tippt auf die Zahnpastaflecken an dessen Rand.

»Gegen eine Pfefferminznote habe ich nichts einzuwenden«, scherze ich. Nach diesem Feuerwerk, dessen Zündschnur Zack im richtigen Moment gelöscht hat, ist die lockere Stimmung zwischen uns ein Segen.

»Ich gehe die kurz waschen. Du kannst einen Film aussuchen. Meine Login-Daten sind auf der Netflix-Seite gespeichert.«

»Okay.« Ich versinke tiefer in seinem Bett und ziehe den Laptop auf meine Oberschenkel. Nachdem ich den Bildschirmschoner mit einem einfachen Mausklick entsperrt habe, zeigt sich mir eine Datei, die er zuletzt geöffnet haben muss. Eine eingescannte Karte mit weihnachtlichen Verzierungen. Mistelzweige und schneeüberzogene Weihnachtsglocken umrunden die Worte:

Einladung

... zur weihnachtlichen Zusammenkunft der Burley-Familie

. . .

Ich überfliege die Zeilen zum zweiten Mal, als Zack zurückkommt und mir den Zahnputzbecher hinhält. »Du verbringst Heiligabend auf einer Hotelfeier?«

Seine Hand, die gerade nach der Weinflasche gegriffen hat, verkrampft um deren Hals. Erschrocken suche ich seinen Blick, überlege, ob ich einen Schritt zu weit gegangen bin und in seinen privaten Unterlagen herumgeschnüffelt habe. Als ich diesen Fakt mit *Ja* beantworte, erkläre ich: »Tut mir leid, die Einladung war noch geöffnet.«

Zack schüttelt den Kopf, murmelt »Schon gut« und dreht den Schraubverschluss des Weins auf. Während er uns einen beachtlichen Schluck einschenkt, versuche ich seine Stimmung zu ergründen. Seine Lippen sind zu einer schmalen Linie gezogen, und zwischen seinen Augenbrauen bildet sich eine Falte, als wäre er tief in Gedanken abgetaucht.

»Zack?«, hake ich leise nach. »Alles in Ordnung?«

Er schraubt die Flasche zu und setzt sich neben mir aufs Bett. Den Laptop schiebt er an dessen Fußende, als wollte er den größtmöglichen Abstand zwischen dieser Nachricht und sich gewinnen. »Ich werde Heiligabend nicht auf einer Hotel-Feier verbringen.«

»Du gehst nicht hin?«

Er schüttelt den Kopf. »Das letzte Mal war ich dort …«, er neigt den Kopf, »vor fast genau vier Jahren.«

Überrascht weite ich die Augen. »Vor vier Jahren? Du hast seit vier Jahren kein Weihnachten mehr mit deinen Eltern verbracht?«

»So wie auch sonst keinen Feiertag.«

Der Laut, den ich vor Verblüffung ausstoße, klingt nach einem Japsen. »Wo warst du dann?«

Zack zieht die Unterlippe zwischen die Zähne, darauf bedacht, meinem forschenden Blick aus dem Weg zu gehen. »Bei Steven und seiner Familie.«

»Aber … warum?«

Mit einer nervösen Geste streicht Zack sich die Haare aus der Stirn und bläst die Wangen mit Luft auf. »Na ja, nachdem du Irland verlassen hast und ich mich Williams Forderungen gebeugt habe, hat sich irgendetwas in unserer Familie verändert. Wir haben nur noch aneinander vorbeigelebt. Ich hatte nicht die Nerven, mich mit dem Druck meiner Eltern auseinanderzusetzen, und sie offenbar nicht dazu, meinem täglichen Frust zu begegnen. Seit ich ausgezogen bin, waren kurze Telefonate die einzige Kommunikation zwischen uns. Ach ja, und die jährliche Weihnachtskarte. Die ich nie beantworte.«

Jeder Muskel meines Körpers spannt sich an.

Ich war nicht die Einzige, die ihre Familie verloren hat. Zack kämpft ebenfalls mit einem Verlust, wenn auch auf andere Weise. Vorsichtig lege ich meine Hand auf seinen Unterarm und lasse meine Finger auf seiner warmen Haut kreisen. »Es tut mir leid.«

»Muss es nicht«, erwidert er. »Du weißt, wie das Verhältnis zwischen uns war. Es glich einem Segen, nicht ständig von William genötigt zu werden, mich in seinen Projekten zu engagieren.«

»Nein, es tut mir leid, dass ich nicht da war. Dass ich nur an mich gedacht habe. Ich meine, du warst allein. Jedes Weihnachten, jede Ostern.«

Jetzt neigt er den Kopf und schenkt mir ein schwaches Lächeln. »Nelly, ich war mein ganzes Leben lang allein, auch wenn ich im Hotel immer unter Menschen war. Alleinsein ist kein Zustand, sondern ein Gefühl. Die letzten Jahre habe ich mich bei den Campbells weniger einsam gefühlt als in meiner gesamten Kindheit.«

Meine Augen brennen. Ich senke den Blick auf die Tastatur des Laptops, um mein aufkeimendes Mitleid vor ihm zu verbergen. »Und wenn du dieses Jahr nicht alleine dort wärst? Würdest du hingehen?«

Seine Lippen teilen sich perplex. »Wie meinst du das?«

»Na ja, New York ist ein sehr weites Ziel für die Feiertage. Ich plane, Weihnachten mit Sammy in unserer Wohnung zu verbringen. Also könnte ich dich genauso gut begleiten.«

Er blinzelt verwundert, als rechnete er fest damit, dass ich ein amüsiertes ›Spaß!‹ hinterherschiebe. Doch als ich schweige, schließt er einen Moment die Augen. »Du willst wirklich zurück nach Greglon? Mit mir?«

»Ja«, hauche ich, bevor ich die Antwort zu überdenken beginne. »Ich bin die letzten fünf Jahre geflüchtet. Und solch eine Flucht ist anstrengend. Ich will nach Hause kommen.« *Dort, wo ich nicht nur das Grab meiner Familie, sondern auch mein altes Selbst zurückgelassen habe.* »Und Greglon war einst mein Ort, erinnerst du dich?«

Sein Lächeln trieft vor warmen Erinnerungen. »Ich weiß nicht, ob ich zu dieser Feier möchte. Wir können gemeinsam bei den Campbells vorbeischauen. Steven wird mit Sicherheit durchdrehen, wenn er dich entdeckt. Aber …« Er schluckt. »Meine Eltern sind für mich …« *Gestorben.* Ich frage mich, ob er sich den Ausdruck verkneift. »Nicht mehr existent.«

»In Ordnung«, erwidere ich. »Denk darüber nach. Ich weiß, wie sie zu dir waren, aber sie sind immer noch …« Ich atme tief durch. » … deine Familie.«

Er scheint Verständnis für mein Beharren aufzubringen, denn er nickt. »Ich überlege es mir. Hast du einen Film ausgesucht?«

Seinen abrupten Themenwechsel deute ich als Zeichen, die Burley-Angelegenheit abzuhaken, und hole den Laptop zu uns heran. »Ich dachte an *Bridget Jones*?«

»Bridget wer?«

Ich erteile ihm einen empörten Stoß in die Seite. »Sag nicht, du hast nie *Bridget Jones* gesehen! Okay, damit haben wir entschieden.« Begeistert klicke ich mich durch Zacks Netflix-Programm, bis ich das bekannte Gesicht von Renée Zellweger entdecke und den ersten Teil starte.

Ich kuschele mich in Zacks Decke ein und stütze mein Kinn auf der Handfläche ab.

»Mom hat sie geliebt. Bridget war so etwas wie ihr Spirit Animal«, flüstere ich, die Lippen zu einem verträumten Lächeln verzogen. Bridget sitzt auf dem Sofa, in der Hand eine Flasche Wein, während sie *All By Myself* aus vollem Halse singt.

»Deine Mom?« Zack blickt auf mich herunter, ein Schmunzeln um die Lippen. »Die perfekte Stella Harlow?«

»Perfekt?«, wiederhole ich lachend. »An Wochenenden haben wir bis zwei Uhr nachmittags unsere Pyjamas getragen. Mom besaß einen ähnlichen wie sie.« Ich deute auf Bridget, die in einem roten Onesie steckt. »Dann haben wir vor dem Fernseher gesessen, Kinderfilme geschaut und Eis gegessen, bis Phoebe Bauchschmerzen bekam.«

»Eine gute Erinnerung«, höre ich Zack flüstern. »Wir sollten anfangen, sie zu sammeln. Meinst du nicht?«

Ich lege den Kopf in den Nacken, um ihm meine Rührung zu offenbaren, und nicke. »Das sollten wir.«

Als sich das Bett unter mir bewegt, schrecke ich aus dem Halbschlaf. Nur verschwommen stelle ich fest, dass mein Kopf nicht auf der Matratze, sondern auf Zacks Brust gelegen hat. Er ist gerade dabei, den Laptop zur Seite zu räumen, ehe er sich wieder zurücklehnt und das Licht löscht.

»Ich bin eingeschlafen?« Meine kratzige Stimme ist Antwort genug.

»Ungefähr in der Mitte des Films«, bestätigt Zack mit einem hörbaren Grinsen. »Bridget ist jetzt im Übrigen auch mein Spirit Animal.«

Ich kichere und vergrabe mein Gesicht in Zacks Kopfkissen. Der Stoff riecht durch und durch nach dem Jungen an meiner Seite und löst ein Herzklopfen in mir aus, das ich nur aus meiner Zeit als verknallter Teenie kenne. Seine Hand, nur Millimeter von meiner entfernt, zügelt meinen Puls kein Stück. Die winzigen neunzig Zentimeter Breite, welche die Matratze umfasst, bewirken, dass wir uns wohl oder übel berühren müssen. Doch habe ich den Eindruck, dass weder er noch ich uns groß darum bemühen, es zu vermeiden. Als er sich zur Seite dreht und ich seinen Atem an meinem Hinterkopf spüre, flüstere ich: »Ich kann auch in Austins Bett schlafen.«

Eine Weile ist es still im dunklen Zimmer. »Möchtest du das denn?« Er muss mein wildes Kopfschütteln hören, denn er lacht leise. »Gut, ich auch nicht.«

Als hätte uns diese Einverständniserklärung gefehlt, legt Zack seine Arme um meinen Bauch, und ich verschränke meine Finger mit seinen. Sein Herz schlägt gegen meinen Rücken, immer im selben Takt, als würde es eine Melodie anstimmen. Es dauert eine Weile, bis sich mein Herzschlag beruhigt und seinem anpasst.

So liegen wir da, die Herzen im selben Takt, beide in der Gewissheit, dass keiner von uns gerade an Schlaf denkt.

35

NELLY

Mit konzentrierter Miene fummele ich an meinem Nasenring, abwägend, ob ich ihn an Ort und Stelle behalte oder für die Feiertage entferne. Schließlich besteht die Gefahr, dass ich den Burleys unter die Augen trete. Bei dem Gedanken ertönt Carolines künstlich erhobene Stimme in meinem Ohr: *Kind, wie konntest du dein Gesicht so verunstalten?*

Ich beschließe, das Piercing in meinem Gesicht zu belassen, und mustere meine Gestalt im Spiegel. Der Flechtzopf hat mich Mühe und meine Finger einiges an Ausdauer gekostet. Was einst tägliche Routine war, hat mich nun an den Rand der Verzweiflung gebracht. Ständig waren mir die Strähnen aus der Hand gerutscht, meine Arme wurden lahm und schmerzten, oder das Band fiel zu Boden. Das Ergebnis ist noch immer nicht die graziöse französische Variante, die ich als Teenager getragen habe, aber sie ist zumindest ein chaotisches Abbild davon.

Als Haarspray auf mein dunkles Haar rieselt, geht die Badezimmertür auf. »Mann, du legst dich für deine Familie aber ganz schön ins Zeug. Hast du nicht noch einen achtstündigen Flug vor dir?«

Sie mustert mein langärmliges, bordeauxrotes Kleid, das von

cremefarbenen Stickereien geschmückt ist, mit einem anerkennenden Grinsen.

»Achteinhalb. Aber na ja, es ist Weihnachten.« Meine Stimme ist belegt von der Lüge, und als ich ihren warmen Augen im Spiegel begegne, schwebe ich in der Vorstellung, ihr alles zu beichten. Von Mom und Dad, von Phoebe. Aber auch von Zack. Dass ich die vorletzte Nacht in seinen Armen verbracht habe, ganz ohne von meinem immer wiederkehrenden Traum heimgesucht zu werden. Dass er mich von hier abholen wird, sobald sie und Austin die Stadt verlassen haben, und sich deswegen schon eine Horde Schmetterlinge in meinem Bauch breitmacht.

Unsere Freundschaft basiert auf einem Schauspiel, das ich ins Leben gerufen habe, um mich nicht täglich mit meiner Trauer auseinanderzusetzen.

Und es ist falsch, so verdammt falsch.

»Austin ist da, wir fahren jetzt«, erklärt sie. »Mein Dad ist schon am Durchdrehen. Die ganze Familie auf einem Haufen. Ich bin gespannt, ob die Küche noch heile ist, wenn wir ankommen.«

»Das klingt schön.«

Austin lehnt mit dem Hintern an unserem Küchentisch, zwei Dosen Plätzchen unter dem Arm, die Becca für seine Eltern und seinen kleinen Neffen vorbereitet hat. ›Um sie endlich von meiner neu eingeführten Weihnachtstradition zu überzeugen‹, hat sie gesagt. »Sollen wir dich sicher nicht am Flughafen rauslassen?«

Ich schmücke meine Ohrlöcher mit Gold und mache eine abschweifende Geste. »Einer meiner steinreichen Onkel möchte mir ein Taxi spendieren. Wenn ich schon mal die Möglichkeit habe, sein Geld aus dem Fenster rauszuwerfen, nutze ich das auch.«

»In Ordnung. Aber Silvester gehört uns, ja?« Becca hebt mahnend den Zeigefinger und streift sich ihren Wintermantel über.

»So wie jedes Jahr«, bestätige ich nickend.

»Wenn wir ins *Scrabbles* wollen, müssen wir reservieren«, wirft Austin ein. »Weißt du, ob Zack über Silvester wieder hier sein wird?«

Zögernd hebe ich die Schultern. »Du bist sein Mitbewohner.«

Und ich die Person, die die Weihnachtstage mit ihm verbringen wird. Lügnerin.

Ich verabschiede die beiden mit schwerem Herzen und einem Päckchen unter dem Arm, das Becca mir zugeschoben hat. Sie hat mir befohlen, es nicht vor morgen früh zu öffnen, dabei hat sie gleich erraten, dass in ihrem Geschenk eine Statement-Kette verborgen liegt. Eine, die im neuen Jahr die Blicke jedes Studierenden auf meine beste Freundin ziehen wird.

Ich texte Zack, dass er gefahrenlos vorfahren kann, und erhalte zehn Minuten später die Rückmeldung, dass er unten auf mich wartet. In einer großen Kiste habe ich Sammys Utensilien gesammelt, die er für seine Ferien bei Mrs Reagan benötigt. Sammy kläfft aufgeregt, als ich an der Tür unserer Hausverwalterin klingele. Ihre Augen strahlen vor Freude, als die Tür aufgeht und Sammy wie selbstverständlich in ihre Wohnung spaziert. »Ich werde nur ein paar Tage weg sein. Sollte etwas vorfallen, melden Sie sich, dann komme ich gleich zurück.«

Ich erteile Sammy eine letzte sehnsüchtige Streicheleinheit und höre Mrs Reagan bei ihrer Schwärmerei zu. »Du ahnst gar nicht, welch ein Geschenk du mir mit ihm machst«, sagt sie, als ich mich von den beiden verabschiede. »Frohe Weihnachten, Liebes.«

»Frohe Weihnachten!«

Gewappnet mit einer Reisetasche an Klamotten, schließe ich die Tür unserer kleinen, herzlichen Bleibe und suche die Straße nach Zacks Auto ab. Erst, als ein blechernes Hupen hinter mir ertönt, begreife ich, dass ich mich nach einem Luxuswagen umgesehen habe. Der dunkelgrüne Golf 4, aus dessen Fenster sich Zack beugt, gehört nicht zu der Kategorie. Dabei habe ich das Gefühl, dass auch er ein Puzzlestück zum Gesamtbild von Zacks selbstbestimmtem Leben darstellt.

Ich belade den Kofferraum mit meinem Gepäck und lasse mich auf dem Beifahrersitz nieder. »Hey.«

»Hey«, erwidert er breit grinsend. »Bist du bereit?«

Ich nicke jeden Zweifel aus meinen Gedanken. »Können wir

vorher in der Royal-Street halten? Ich muss noch ein Geschenk abgeben.«

Als Zack vor dem Haus der Familie Franklin hält, umklammere ich den runden Kopf meines Präsents mit aller Kraft. »Bin gleich zurück.«

Die mächtige Holztür, die in den Wohnbereich der alten Dame führt, steht einen Spalt offen. Als ich klopfe, weitet der Spalt sich mit einem Quietschen. Statt der gewohnten Stille vernehme ich Stimmen. Nicht irgendwelche. *Ihre.* Den spanischen Akzent habe ich gleich herausgehört.

Vorsichtig betrete ich die Wohnung. Einerseits komme ich mir unverschämt vor, andererseits ist der Drang zu sehen, wem sie ihre Worte schenkt, gigantisch. Kurz vorm Wohnzimmer mache ich halt und schiele auf Mrs Franklins üblichen Platz im Sessel. Er ist leer. Stattdessen entdecke ich drei Hinterköpfe auf dem ledernen Sofa vor dem entzündeten Kamin. Enya und Sloan haben ihre Wangen auf Mrs Franklins Schultern aufgelegt, um einen Blick in das Buch zu erhaschen, das ihre Großmutter in den Händen hält. Ihre Stimme zieht die Kleinen in den Bann, fast so sehr wie mich, die Minuten lang dieses Wunder beobachtet und sich nicht zu bewegen weiß.

»Frohe Weihnachten, Mrs Franklin«, flüstere ich und stelle die Schneekugel zwischen die Türpfosten des Wohnzimmers.

Als ich mich zurück auf Zacks Beifahrersitz niederlasse, stimmt mein Herz einen aufgewühlten Takt an.

»Alles okay? Du siehst aufgelöst aus.«

Ertappt hebe ich den Blick und merke im selben Moment, dass ich mit den Tränen kämpfe. »Alles bestens«, erwidere ich. »Wir können los.«

Zack ordnet sich in den Straßenverkehr ein, während ich das Fenster herunterkurbele und meinen Kopf dem Haus der Franklins zuwende. Als könnte ich ihr eine telepathische Nachricht zukommen lassen, denke ich: *Wir heilen. In unserem eigenen Tempo, aber wir heilen.*

. . .

Nie hätte ich erwartet, dass die dreistündige Autofahrt in diesem winzigen fahrbaren Raum eine Art Roadtrip-Feeling in mir hervorrufen könnte.

Schon als Zack mir immer wieder kurze Seitenblicke schenkte und dann gleich darauf meinen Flechtzopf zwischen die Finger nahm und beteuerte, ›Ich mag Nelly *und* El. Das weißt du, oder?‹, lösten sich die letzten Zweifel in meiner Brust.

Jetzt trage ich meine Locken offen über den Schultern und lasse meinen Blick über die vorbeiziehende Landschaft schweifen. Sie erinnert mich daran, warum es mich nicht nur einmal, sondern gleich zweimal nach Irland gezogen hat. Vereinzelt entdecke ich alleinstehende Häuser inmitten der Natur. Burgruinen wie jene in Averston zieren Bergspitzen und sind umgeben von zotteligen Schafen, die das Gemäuer umrunden, als würden sie es mit ihrer Anwesenheit schützen. Der Himmel ist bedeckt von flockigen Wolken, manche schneeweiß, manche gräulich. Nur zeitweise blitzen Sonnenstrahlen durch sie hindurch und prallen auf die Frontscheibe des Autos.

Keine Betonklötze und Wolkenkratzer. Keine Kraftwerke, die den Himmel mit ihrem Dampf benetzen und jedes Fünkchen Blau in Graupel verwandeln.

»Hast du Lust, Musik auszusuchen?«

Verwundert hebe ich die Augenbrauen und mustere die Montur des Wagens schmunzelnd. »Wenn du mir erklärst, wie.«

Zack lacht amüsiert und tastet in seiner Konsole nach einem Kabel, das er mir gleich darauf hinhält. »Dieses Auto besitzt nicht vieles, aber immerhin einen Aux-Anschluss.«

»Du vertraust mir die Musikwahl an?«, erwidere ich und schließe mein Handy an das Kabel. Der Bildschirm erhellt sich in dem Bild des Rockefeller-Weihnachtsbaums, das Tante Karen mir hat zukommen lassen, und ich beschließe, ihr gleich zu schreiben, dass ich sie vermisse.

»Du bist die Musikerin von uns.« Ich verkneife mir die Bemerkung, dass ein *War* der passendere Ausdruck ist, und scrolle durch meine Lieblingssongs. »Oh, das ist gut!«

Meine Stimme überschlägt sich vor Vorfreude, als ich das Albumcover der The Pogues erblicke. Sekunden später geben die Boxen die verrauchte Stimme des Leadsängers wieder, und ich beginne zu grinsen. Zacks Augenbrauen heben sich überrascht. Eine Reaktion, die ich ihm nach den ersten Klängen des Songs nicht verdenken kann.

»Das Lieblingsweihnachtslied meiner Eltern. Es vermischt Irland mit New York.« Als die instrumentalen irischen Klänge den Refrain von *Fairytale of New York* einleiten, überfällt mich ein wohliger Schauder. »Als wir herkamen, haben wir den Song in Dauerschleife gespielt, obwohl wir erst September hatten. Ich glaube, Mom und Dad wollten uns damit den Umzug erleichtern.« Während ich dieser Erinnerung nachhänge, schließe ich die Augen und vernehme Phoebes aufgeregtes ›Nochmal!‹ von der Rückbank.

›Womit haben wir da bloß angefangen?‹, fragte Dad mit einem breiten Grinsen an meine Mutter gewandt und startete das Lied neu.

Eine gute Erinnerung. Eine, die ich auf meiner Liste ergänzen werde, um meine Wärme an den kalten Tagen zu erhalten.

Während wir das Land durchqueren, wiederholt sich der Song wieder und wieder. Irgendwann sind Zack und ich sogar dazu in der Lage, die kaum verständlichen Worte der ersten Strophe einwandfrei mitzusingen, nur um gleich darauf in Gelächter auszubrechen, weil wir so bescheuert klingen. Meine mit diesem Lied verankerten Erinnerungen vermischen sich mit den neu erschaffenen zu einem bunten Haufen Glück.

Auf der Hälfte der Strecke halten wir an einer Bäckerei im französischen Stil, versorgen uns mit süßem Blätterteig, heißer Schokolade und weihnachtlichen Pralinen für die Campbells. Erst als das Navi auf Zacks Handydisplay anzeigt, dass wir Greglon in weniger als zwanzig Minuten erreicht haben, verkrampfe ich mich in meinem Sitz. Zack wirft immer wieder kurze Seitenblicke in meine Richtung, denen ich mit einem beruhigenden Lächeln begegne.

Irgendwann bemerke ich, wie seine Augenbrauen sich zusammenziehen, als er auf die Route blickt. Er betrachtet die ausgewiesene Strecke, als würde diese aus heiterem Himmel vorschlagen, unsere Reiseroute um einen Zwischenstopp auf Bali zu erweitern.

Er schluckt einen Moment nichtssagend, ehe er zu reden beginnt: »Faye hat mir gestern erzählt, dass sie in einem Seminar ein Experiment durchgeführt haben. Dabei sollte es möglich sein, die Gedanken des anderen zu lesen.«

»Ach ja?«, erwidere ich neugierig, auch wenn ich dem plötzlichen Themenwechsel nicht hundertprozentig traue. »Und wie?«

»Schließ die Augen.«

Ich werfe ihm einen skeptischen Blick zu, worauf er lachend »Nun mach schon!« ruft. Schmunzelnd senke ich die Lider, bis meine Welt aus einem Farbspiel tanzender Lichter besteht.

»Okay, stell dir vor, du bist an einem Ort, an dem Wellen rauschen.«

»Aber wenn du mir vorgibst …«

»Das gehört dazu. Tust du?«

Ich nicke und versuche mich in die Lage zu versetzen, merke jedoch schon nach Minuten, dass mein Gefühlschaos meine Gedanken übernimmt. *Da sind keine Wellen, da ist nur er.*

»Jetzt versuch den Geruch wahrzunehmen.«

»Den Geruch des Meers? Zack, du gibst mir meine Gedanken vor!« Ich erteile ihm einen sanften Stoß gegen den Oberarm, bemühe mich jedoch, mich auf die Situation einzulassen. »Und, woran denke ich? An einen Tag am Strand vielleicht?«, frage ich neckend. »Ich befürchte, Faye hat dich verarscht.« Ich lache laut auf und öffne verbotenerweise die Augen. Mit einem Mal nehme ich unsere Umgebung so umfassend wahr, dass mir die Erkenntnis vor die Stirn donnert. Etwas zu hektisch winde ich mich unter dem Anschnallgurt und werfe einen Blick zurück. Durch die Heckscheibe sehe ich die verschnörkelten Halterungen der Brücke, unter deren Beton der Leybon-River fließt. Der Fluss, der das Auto meiner Familie aufgefangen hat. Aus der Ferne leuchten die Kerzen an der Stelle, an der das Taxi das Gerüst mit Gewalt durchbrochen hat.

Mein Pulsschlag betäubt jeden meiner Sinne. Nur vage

vernehme ich Zacks Erklärung für sein angebliches Experiment. »Die Umgehungsstraße ist gesperrt, sonst hätte ich von der anderen Seite durch die Stadt fahren können, es …«

»Halt an«, wispere ich wie in Trance. Vor meinen Augen tanzen noch immer die Lichter. Als Zacks Mund sich öffnet, wiederhole ich ein weiteres »Halt an«.

Zacks Fuß donnert auf die Bremse, wodurch der Wagen mit einem Ruck in einer Haltebucht für Busse zum Stehen kommt.

Einen benommenen Augenblick drücke ich mein gesamtes Gewicht in den Stoff des Sitzes, versuche die Empfindungen meines Körpers mit denen meiner Seele in Einklang zu bringen. Dann, als sich alles in mir vor Entschlossenheit schüttelt, ziehe ich den Gurt aus der Fassung, als wäre er das letzte Hindernis, das mich vor diesem Schritt abhalten kann. Ich begegne Zacks vor Schock geweiteten Augen und kann nicht anders, als mich zu ihm hinüberzubeugen und unsere Lippen miteinander zu versiegeln.

Er gibt einen überraschten Laut von sich, ehe dieser durch unseren Kuss erstickt wird. So wie jeder trübe Gedanke, jeder Zweifel, jede Blockade. Unsere Lippen spielen eine Melodie, die ich nie glaubte zu beherrschen. Eine Sinfonie aus Sehnsucht, aus Fassungslosigkeit und endloser Freude. Als meine Stirn an seiner aufkommt und wir uns schweratmend anschauen, hauche ich: »Ich bin mir sicher.«

Eine Sekunde mustert er mein Gesicht. Die tiefe Verbundenheit in seinen Augen ist zurückgekehrt, hatte sie nie ganz verlassen wollen. Dann fährt er mit dem Daumen über meine Unterlippe, kurz bevor er mich zu einem weiteren Kuss an sich zieht. »Keine Rückzieher mehr?«

»Keine Rückzieher«, bestätige ich. Unser gelöstes Lachen ist der Klang von Glück.

Als ich mich schweren Herzens wieder aufrecht hinsetze und Zack den Blinker betätigt, bemerke ich sein Lächeln im Augenwinkel. »Dann mache ich jetzt auch keinen mehr.«

36

ZACK

SEIT NELLY an meine Lippen geflüstert hat, dass sie sich ihrer Gefühle sicher ist, findet mein Herz seinen normalen Takt nicht mehr. Gleichzeitig droht es bei jedem Meter, den wir uns meinem Elternhaus nähern, auszusetzen.

»Bist du dir sicher?«, fragt Nelly, die Augen voller Schuldbewusstsein. Vermutlich glaubt sie, es wären ihre Worte in jener Nacht gewesen, die mich zu diesem Besuch überredet haben. Aber so ist es nicht.

Vielleicht ist es ein Grund, weil sie mir bewusst gemacht hat, wie schnell das Konstrukt der *Familie* in sich zusammenfallen kann. Dass Momente, die uns als selbstverständlich erscheinen, durch einen Windhauch einbrechen können wie die Fronten eines Kartenhauses.

Dabei war der Drang, meine Eltern aufzusuchen, immer da gewesen. Gepaart mit Angst und Scham, aber er war da. Während jedes meiner Besuche bei Steven, jedes verpassten Anrufs meiner Mutter und immer, wenn ich die Hotelwebseite vor dem Schlafen aktualisiert habe.

»Ich werde mich nur kurz sehen lassen, und sobald sie mit ihrer üblichen Art beginnen, verschwinden wir, okay?« Ich ziehe die Handbremse und erhasche einen Blick auf Nellys Nicken. Den alten Golf habe ich extra am Rande des Feldwegs geparkt, der zu unserem abgelegenen Haus führt. Schon durch die Frontscheibe heißt mich die Szene des weitläufigen Anwesens willkommen. Als ich jung war, habe ich mich stets gefragt, wie ein Haus, in dem Ignoranz und Wut an der Tagesordnung stehen, einen so einladenden Eindruck machen kann. Die Sprossenfenster sind von grünen Läden geschmückt, unter deren Fensterbänken im Frühjahr bunte Blumen leuchten. Um die Mauern ist reichlich Platz für einen Bereich, in dem Eltern mit ihren Kindern Fußball spielen oder die letzten Tage der Sommerferien um ein Lagerfeuer verbringen könnten.

Rauch steigt aus dem gemauerten Schornstein empor und erweckt das Schauspiel, eine Familie würde vor dem Kamin beisammensitzen und den frühen Heiligabendnachmittag genießen.

Der äußere Schein hat immer gestimmt, tut es auch heute noch. Niemand wird je geahnt haben, dass der Himmel der vermögendsten Familie der Insel von solch dunklen Wolken bedeckt ist.

Als ich aussteige und mich die kalte Luft Greglons begrüßt, sind meine Beine schwer wie Blei. Träge schweifen meine Blicke über den goldenen Käfig, hinter dessen Gittern ich meine Kindheit verbracht habe. Immer mit seinen Worten im Ohr: *Was nützt mir ein Junge, der nur an sich denkt und die Pflichten seiner Familie außer Acht lässt?* Häufig schepperte nach diesem Satz eine Flasche zu Boden oder gegen die Wand, wenn er seinen Frust über den Abschaum seiner Familie in Whiskey ertränkt hat.

»Alles in Ordnung?« Nellys Finger klammern sich um meinen Oberarm, ihr Kinn stützt sich auf meine Schulter.

Ich nicke, versuche mir in Erinnerung zu rufen, dass nicht alles an meiner Familie schlecht war. Dass mein Großvater, der die Struktur des Hotels aufgebaut und auch dieses Haus mit eigenen Händen errichtet hat, mich vor seinem Tod liebte. Dass meine Mutter sich trotz ihrer oberflächlichen Art immer darum bemühte, das Beste aus den Feiertagen herauszuholen, wenn sie und ich alleine vor dem Baum saßen, weil Dad sich im Büro einriegelte. Wie sie wohl das letzte Weihnachtsfest verbracht hat? Ganz alleine?

»Wir sagen nur schnell Hallo«, murmle ich mehr zu mir als zu Nelly.

»Wir gehen, wann immer du es für richtig hältst.« Ihre Finger finden meine, als hätte es nie anders zwischen uns ausgesehen. Als wären sie mir nicht vor fünf Jahren an diesem Ort entrissen worden.

Ich würde so gern zurückkehren in diese Blase, in der es nur ihre Lippen auf meinen gab. Doch jetzt laufen wir bereits auf das Haus zu, aus dem ich vor vier Jahren geflohen bin. Mit dem Unterschied, dass ich mich nun ihrer Wut nicht alleine stellen muss.

Mein Finger schwebt über der Klingel, als fürchtete ich, es würde mir Schmerzen bereiten, sie zu betätigen. Ich schließe die Augen, gebe mir einen Ruck und bin gewillt, diesen Schritt zu gehen, als sich die Haustür von ganz alleine öffnet. Meine Mutter, gekleidet in ein knielanges, violettes Winterkleid mit gepolsterten Schultern, hohe Schuhe und mit einem dazu konträren Jutebeutel in den Händen, zieht die Tür hinter sich zu. Wie erstarrt beobachte ich, wie sie nur wenige Schritte von uns entfernt ihre Schlüssel in der Tasche verstaut und kurz darauf aufsieht. Als ihr Blick über meine Gestalt gleitet, erschaudert sie. Reglos verharrt sie in ihrer Haltung. Ihre Augen sind wach, die Wimpern noch so blond wie ihr Haar. Habe ich es je erlebt, dass Caroline Burley ohne Make-up das Haus verlässt?

»Zack?«, gibt sie unter Blinzeln von sich.

»Hey Mom«, erwidere ich gepresst, da mir für mehr der Atem fehlt. Sekunden stehen wir uns gegenüber, als wäre diese Begegnung nichts weiter als ein Traum, aus dem ich mich nicht befreien kann. Dann kommt sie auf mich zu, langsam, als müsste sie neu erlernen, einen Schritt vor den anderen zu setzen. Sie mustert mein Gesicht eindringlich, ehe sie die Arme um mich legt. Es wirkt fast so, als wäre sie mit den Jahren kleiner geworden, so sehr geht sie in unserer Umarmung unter. So … zerbrechlich. Verletzbar.

War sie nicht stets die starke, unbesiegbare Caroline, die über das Leben anderer urteilte? Die sich darauf konzentrierte, den goldenen Schein unserer Familie zu polieren, statt das dunkle Blei in dessen Inneren zu beseitigen?

Ihr Griff verstärkt sich um meinen Rücken, als hätte sie Angst, ich wäre eine Illusion, die gleich verschwindet, sobald sie die Hände von mir nimmt.

»Ich habe nicht erwartet, dass du kommst«, haucht sie, als wir uns so weit voneinander gelöst haben, dass sie mir in die Augen schauen kann.

»Habe ich auch nicht«, erwidere ich monoton.

Ein sanftes Lächeln belebt das sonst so starre Gesicht meiner Mutter. Als sie über meine Schulter meine Begleitung entdeckt, gefriert es jedoch. Verblüfft tritt sie einen Schritt zurück. Ich drehe mich zu Nelly um, die ihre Hände vor Unsicherheit zu Fäusten ballt und den Blick meiner Mutter erwidert.

Natürlich. Auch aus Moms Leben war sie verschwunden, nach dem Abend, der unsere Welt aus ihrer Achse beförderte.

Dann, als hätte Caroline sich aus ihrer Trance geschüttelt, geht sie Nelly entgegen und zieht auch sie mit einem verblüfften »Eleanor« in ihren Arm. Für eine Weile sind Nellys Augen vor Schock geweitet, ehe sie ihre Berührung erwidert.

»Guten Tag, Mrs Burley.«

»Mrs Burley«, entgegnet Mom mit einem hellen Lachen. »Diese Förmlichkeit haben wir doch schon vor Jahren abgelegt.« Sie löst sich von Nelly und blickt zwischen uns beiden hin und her. Dann räuspert sie sich. »Wir haben für heute Abend eine kleine Feier geplant, aber es ist noch früh genug, sie abzusagen. Ich muss nur schnell telefonieren.«

»Was? Nein. Ihr müsst doch nicht die Hotelfeier für uns absagen. Wir wollten nur kurz vorbeischauen und sind dann abends bei den Campbells eingeladen.«

Moms Ekstase verschwindet, und sie gibt ein enttäuschtes »Oh« von sich, das zeitgleich ihre Schultern sinken lässt. »Kommt ihr wenigstens auf eine Tasse Tee herein? Ich wollte gerade für den Bratapfel einkaufen, aber ich schreibe deinem Vater, dass er welche aus der Stadt mitbringt.«

Nelly wirft mir einen Blick zu, in dem ich die Aufforderung lese, zu entscheiden, ob wir Carolines Angebot annehmen.

In den Augen meiner Mutter sehe ich Vorfreude, eine der ehrlichen Sorte. Gleichzeitig entdecke ich ein leichtes Zittern in ihren Mundwinkeln, als rechnete sie fest damit, dass ich sie vor den Kopf stoße. Einen Moment keimt der Gedanke in mir auf, meine Pflicht als getan abzustempeln und mich in das geborgene Heim der Campbells zu begeben. Dort, wo die Liebe in den Wänden steckt und Familie nicht nur ein Begriff ist, sondern ein Gefühl. Stattdessen antworte ich »In Ordnung« und folge meiner Mutter hinter die Gitter des Käfigs.

Eine Tasse mit roten Rentieren wirft mir heißen Wasserdampf ins Gesicht. Wir sitzen an dem dunklen Echtholztisch, der schon zu Zeiten meiner Großeltern das Esszimmer geschmückt hat. Damals hatte Mom ihn unter teuren Tischdecken versteckt, damit niemand zu sehen bekam, wie alt das Möbelstück ist. Heute liegt nur ein weihnachtlicher Tischläufer in dessen Mitte, bestückt mit Kerzen und einer Lichterkette. Der Weihnachtsbaum an der Fensterfront reicht mit seiner Spitze fast bis zur Decke und ist geziert von roten und goldenen Kugeln. In meiner Kindheit waren sie weiß. Schlicht, edel. Perfekt auf Caroline abgestimmt.

»Hattet ihr eine lange Fahrt?«, fragt meine Mutter zwischen zwei Schluck ihres Tees, unter den sie einen guten Schuss Milch gerührt hat.

Ich übersetze ihre Frage in ›Von wo seid ihr angereist‹ und antworte: »Knapp drei Stunden. Averston ist ähnlich abgelegen wie Greglon.«

»Averston«, wiederholt Mom überrascht. »Nie davon gehört.« Ich warte auf ihr *Wie konntest du deinem Vater das antun? Nach allem, was wir für dich getan haben. Du bist eine Enttäuschung.* Doch sie nippt nur ein weiteres Mal an ihrem Heißgetränk und wirft Nelly ein warmes Lächeln zu. »Du siehst gut aus, Eleanor. So erwachsen.«

»Danke«, erwidert Nelly gedehnt, offensichtlich selbst unsicher, wie sie mit Carolines veränderter Art umgehen soll.

Meiner Mutter scheint unsere Zurückhaltung nicht zu entgehen, denn sie seufzt und fährt sich mit beiden Händen über ihr Gesicht. »Ihr schaut mich an, als würdet ihr erwarten, dass ich mich gleich in eine Furie verwandele.« Ich schnappe lautlos nach Luft. »Keine Sorge, ich kann es euch nicht verübeln. Ist ja oft genug vorgekommen.«

Sie lacht überzogen und hebt beschwichtigend die Hände.

Verwundert wende ich mich Nelly zu, die meinem Blick mit einem Schulterzucken begegnet.

»Kein Wort darüber, dass ich mein Studium hingeschmissen habe?« Mir ist bewusst, dass ich ihr eine Vorlage vor die Nase halte, doch heute möchte ich ihren Frust hören. Die Wahrheit, so grausam sie auch in meinen Ohren klingen sollte. Ich will kein Schauspiel erhalten, bloß weil wir uns seit vier Jahren das erste Mal gegenübersitzen. Keine heile Welt vorgetäuscht bekommen, nur um Tage später eine Textnachricht mit Worten voller Enttäuschung zu erhalten.

»Bist du glücklich mit dem, was du jetzt tust?«

Was ich jetzt tue. Ich nicke entschlossen.

»Dann wüsste ich nicht, was ich an deiner Entscheidung kritisieren sollte, Zack.« Ich suche den Sarkasmus, die Lüge. Doch ihre Augen sind ehrlich, genau wie die zaghafte Berührung meines Unterarms. »Ich habe dich nicht angerufen, um dich für deine Entscheidung zu verurteilen, falls du mich deswegen weggedrückt hast. Sondern um dir zu sagen, dass ich stolz auf dich bin. Du hast deine Wahl getroffen. Und sie ist eben gegen das Hotel gefallen. Vielleicht das Beste, was du hättest tun können.«

Der Schock muss sich in jedem meiner Muskeln abzeichnen, denn als Nellys Hand sich über meine legt, zucke ich erschrocken zusammen. »Wie meinst du das?«

Doch bevor Mom meine Frage beantworten kann, fällt eine Tür ins Schloss. Der Hall des Hausflures wirft Williams »Caroline?« in tausendfacher Ausführung entlang der hohen Decken. Ich krampfe unter dem Klang. Als ich nach Luft schnappe, bemerke ich, dass auf meiner Brust eine schwere Last liegt.

»Wir sind im Esszimmer«, erwidert Mom, und der Drang, aufzustehen und durch die Hintertür zu verschwinden, ist immens. Stattdessen drücke ich Nellys Hand und halte die Luft an, bis ich Williams hochgewachsene Gestalt im Hausflur erkenne.

»Boskoop war die richtige Sorte, oder? Ich war mir nicht mehr sicher.«

Mom erhebt sich von ihrem Stuhl und fängt ihren Mann an der Tür ab, um ihm ein Netz gefüllt mit blutroten Äpfeln aus der Hand zu nehmen. »Die sind perfekt, danke.«

Sie drückt ihm einen Kuss auf die Wange und verschwindet in Richtung Küche. Kurz glaube ich, mich verguckt zu haben. Meine Eltern, die sich ein liebevolles Lächeln schenken, die sich küssen? Ich kenne William und Caroline nur schweigend an entgegengesetzten Enden der Speisetafel oder wie sie sich während Geschäftsessen an der Hand hielten, um das perfekte Ehepaar abzugeben, nur um sich beim Zubettgehen Vorwürfe an den Kopf zu schreien. Doch das hier ist echt. Das beweist das Schmunzeln, mit dem William ihr hinterherschaut.

Erst als sie zurück ins Esszimmer geht und er ihr folgt, scheint er ihre Gäste wahrzunehmen. Er verlangsamt seine Schritte, den Blick verwundert und abschätzend auf mich gerichtet, während sich seine Hände langsam in die Taschen seiner Jeans vergraben. Seiner Jeans? Wo sind die teuren Anzughosen? Und seit wann sind die Hemden meines Vaters ohne hochstehenden Kragen?

»Du hast Besuch?«, fragt er an Caroline gewandt. Sein vermutlicher Schock belegt seine Stimme. Ich bin mir nicht sicher, ob ich mich irre oder sein Gesicht tatsächlich zu glühen beginnt. Ich gehe unter seiner Musterung ein, weiß nichts zu sagen, nichts zu erwidern.

Mom lässt sich vor ihre Teetasse nieder und klopft auf den Stuhl neben sich. »Wir haben Besuch.«

Nur zögernd folgt William ihrer Aufforderung und setzt sich uns gegenüber, den Blick abwechselnd auf Eleanor und mich gerichtet.

Wie sehr muss es ihn tangieren, uns zusammen zu sehen? *Die Tochter der Harlows ist tabu, haben wir uns verstanden?*

Ich führe meinen Daumen über ihre Fingerknöchel, um unsere Verbindung zu unterstreichen. Nicht einmal eine riesige Portion Schicksalsschläge und fünf Jahre entfremdeter Leben haben es verhindern können, zueinanderzufinden. Wie hätten es seine aus der Luft gegriffenen Regeln je tun können?

»Eleanor, schön, dich wiederzusehen«, sagt William mit rauer Stimme und nickt ihr auf überraschend respektvolle Weise zu. Dann wendet er sich mir zu, die Lippen zu einer schmalen Linie verzogen. Eine Weile schaut er mich wortlos an. Seine Gesichtszüge sind nicht kalt und hart, so wie ich es in Erinnerung habe, sondern sanft, fast … gerührt. »Ich habe mir Sorgen um dich gemacht.«

Mein Mund vertrocknet. Zurück bleibt eine Sahara, die mich daran hindert, etwas auf seine Worte zu erwidern. Daher starre ich ihn einfach nur an, warte auf seine Erläuterung. Als diese ausbleibt, krächze ich: »Sorgen? Wann hast du dir je Sorgen um mich gemacht?«

»Die Bank hat mich darüber benachrichtigt, dass du deine Sparkonten aufgelöst hast. Warum hast du denn nichts gesagt? Wir würden dich immer unterstützen.«

Ich schnaube verbittert. »Ach ja? Unterstützen, etwas zu studieren, das nichts mit dem Hotelgewerbe zu tun hat? Wohl kaum.«

Meine Eltern müssen meiner Äußerung nachhängen, denn sie werfen sich schweigende Blicke zu, als warteten sie darauf, dass der jeweils andere reagiert. Sie kommunizieren ohne Worte. Seit wann beherrschen auch sie diese Sprache?

Langsam holt William Luft und beugt sich vor. »Ich habe jemanden kennengelernt, der in die Geschäftsführung des Hotels einsteigen wird. Fast die Hälfte meiner Anteile gehört bereits ihm. Ich werde mich weiter aus der Leitung der externen Filialen zurückziehen, bis sie in einigen Jahren gänzlich ihm gehören. Dann unterliegt nur noch das ursprüngliche *Burley* meiner Führung.«

Ich blinzele verdutzt, die Augen so trocken wie meine Zunge. Wie gern würde ich zurückspulen, nur um seine Worte ein weiteres

Mal zu hören. Schließlich muss ich etwas falsch verstanden haben. »Was? Wie …?«

»Ich war krank, Zack. Bin es noch immer. Dieses eine Hotel hat mir nie gereicht, verstehst du? Zu Beginn war es mein Ziel, das meistgebuchte Hotel Irlands zu sein. Dann das des Vereinigten Königreichs, Europas. Irgendwann war es nicht einmal ausreichend, zwei Hotelfilialen in den Vereinigten Staaten zu besitzen, die sich rentierten. Nichts davon hat mich zufrieden gemacht, oder glücklich. All diesen Frust habe ich an meiner Familie ausgelassen.« Er verzieht das Gesicht. »›Welcher Vater sagt so etwas Abscheuliches zu seinem Kind‹«, zitiert er meinen Vorwurf von jenem Abend. »Das waren deine Worte, erinnerst du dich? Ich habe lange über diese Frage nachgedacht. Was für ein Vater tut so etwas? Sein Kind in eine Branche drängen, die es hasst, nur um das Hotel in der Familie zu behalten und damit prahlen zu können, dass sein Sohn in seine Fußstapfen tritt. Ich habe nie verstanden, was es bedeutet, Vater zu sein, bis zu diesem Tag.«

Mein stummes Blinzeln ist die einzige Reaktion, die ich hervorbringe.

»Ich wollte ihn verlassen«, ergänzt meine Mutter. »Fort aus Greglon, ich hatte uns schon Reisetickets gebucht.«

Dem Blick meines Vaters nach zu deuten, hört er diese Tatsache nicht zum ersten Mal. Ich hingegen befürchte kurzzeitig, den Boden unter den Füßen zu verlieren. Ich halte mich an Nellys Hand fest. Bemühe mich, das Zittern aus meinen Gliedern zu bekommen. »Warum hast du es nicht getan?«

Mom verzieht den Mund zu einer nachdenklichen Linie. »Zunächst, weil ich keine Perspektive ohne das Geld deines Vaters erkannt habe. Ich wollte dir nicht nehmen, was er dir hätte geben können. Zumindest materiell gesehen. Und dann …« Sie wendet sich Nelly zu, die Augen gläsern. »Dann ist dieser Unfall passiert.« Ihre Worte sind nicht mehr als ein Flüstern, als fürchtete sie sich, mit salzigen Fingern in Nellys Wunde zu fassen. »Stella und Lincoln haben uns gezeigt, wie ein Familienleben aussehen müsste. Ich habe euch immer so beneidet, weißt du? So sehr, dass ich es kaum aushalten konnte, diese Geschäftsessen über so zu tun, als wären auch wir eine heile Familie. Als sie weg waren, habe ich beschlossen, William ein Ultimatum zu stellen. Entweder, er lässt sich behandeln, oder ich werde endgültig gehen.« Sie streckt ihre Hand nach meinem Vater aus, der sie mit einem traurigen Lächeln umfasst und an seine Lippen führt. »Nachdem du an die Uni gegangen bist und uns aus deinem Leben gestrichen hast, hat er endlich beschlossen, sich stationär therapieren zu lassen. Mehrere Monate.«

»Ich war im Entzug. Pausenlose Arbeit gepaart mit Whiskey ist eine wahre Todeskombination. Es hat gedauert, um das einzusehen, aber heute weiß ich, dass ich dieses Leben so nicht mehr führen möchte.«

Meine Lungen werden eingedrückt von einem Brocken aus Gefühlen. Er lässt mich schwer rasselnd nach Atem ziehen, während ich mit der freien Hand die Sitzfläche des Stuhls umklammere, um nicht an Halt zu verlieren. »Warum habt ihr mir nichts davon gesagt? Ich bin nach Oxford gegangen, um diesen Scheiß zu lernen. Wie konntet ihr das zulassen?«

»Wir haben gehofft, dass du dich für den Weg entscheidest, den du gehen willst. Deswegen haben wir aufgehört, dir eine Richtung vorzugeben. Als du Oxford zugesagt hast, war ich selbst überrascht. Jedoch weniger, als ich deine Nachricht auf unserer Mobilbox abgehört habe.« *Es tut mir leid. Ich kann das nicht mehr.*

»Ihr habt mich einfach ziehen lassen?«

William senkt den Blick auf seine faltigen Hände. »Ich werde mir nicht verzeihen können, was für eine furchtbare Vaterfigur ich für dich gewesen bin. Wie sollte ich also verlangen, dass *du* es kannst?«

»Ich habe dich nie anders kennengelernt«, wispere ich.

»Ganz genau.« Williams Mundwinkel zittern. Mal abgesehen davon, dass ich nie ein so ehrliches Gespräch mit ihm geführt habe, ist diese Emotionalität kaum zu begreifen.

Eine lange Zeit lasse ich die Worte sacken, versuche die Situation zu erfassen. Mein Vater, der mir mein Leben lang das Gefühl gegeben hat, Abschaum zu sein, mit Augen voller Selbsthass und Schuld.

»Du hast jeden meiner Anrufe weggedrückt. Nie auf unsere Einladungen reagiert. Uns war klar, dass wir deine Kindheit so ruiniert haben, dass du nichts mehr von uns wissen möchtest. Ich wollte dich nie gehen lassen, aber mein Gefühl hat mir gesagt, dass du zurückkommen wirst, wenn wir alle dazu bereit sind.« Eine Träne löst sich aus dem Augenwinkel meiner Mutter und rollt ihren Nasenflügel entlang.

»Ich weiß nicht, was ich sagen soll«, gestehe ich mit dem Blick auf ihre Tränen. »Das ist … viel.« Und irgendwie gut, irgendwie schlecht. Sie haben mich angelogen, über Jahre die erlösende Wahrheit vor mir verborgen. Aber sie sitzen mir gegenüber, sehen ihre Fehler ein, bitten nicht einmal um Verzeihung.

»Das musst du auch nicht«, erwidert Mom und streckt ihren Arm nach mir aus. Zögernd entgegne ich ihrer Berührung. »Es ist gut, dass du es jetzt weißt. Was du damit anfängst, bleibt dir überlassen.«

»Okay«, erwidere ich und werfe einen scheuen Blick in Nellys Richtung. Ihr Gesicht wird von einer ähnlichen Überforderung beherrscht.

»Möchtet ihr noch einen Tee? Oder heiße Schokolade? Ich kann sie nicht so gut wie Stella, aber ich verbessere mich langsam«, sagt Caroline, als wäre ein Hauch Leben in sie zurückgekehrt.

Nellys Mundwinkel heben sich. »Heiße Schokolade klingt gut.«

37

NELLY

Aus dem ursprünglich geplanten *Hallo* haben sich mit einem Mal Gespräche über dampfender Schokoladennote entwickelt, bis die Sonne so tief steht, dass ihre Strahlen meine Augen blenden. Mit jeder Minute scheint die Anspannung aus Zacks Muskeln zu weichen, auch wenn ich immer noch spüre, dass er mit der Erwartung spielt, all das könnte nur ein schönes Märchen sein. Todtraurig zu Beginn, jedoch mit einem Happy End nach der dramatischen Wendung.

»Die Bratäpfel«, ruft Caroline nach einer Weile ohne jeden Zusammenhang zu unserem Gespräch über die Averston-University. »Sie brauchen mindestens vierzig Minuten im Ofen. Wann kommen die Gäste, William?«

Mr Burley schielt auf seine Armbanduhr. »In einer Stunde.«

Sein Lächeln ist amüsiert, als er Carolines aufgebrachten Blick erforscht.

»Feiert ihr nicht im Hotel?«, fragt Zack überrascht.

»Wir haben Betriebsferien, damit die Angestellten die Feiertage getrost mit ihrer Familie verbringen können. All diejenigen, die niemanden zum Feiern haben, kommen hierher.«

»Das ist … süß«, kommentiere ich und nehme den letzten Schluck meiner Schokoladenmilch. Mittlerweile ist sie kalt, so gebannt habe ich den Worten von Zacks Eltern gelauscht. Wie William von seiner Gruppentherapie erzählte, davon, dass er angefangen hat, sich im Hotelgarten zu verwirklichen, um einen Ausgleich zu der Arbeit zu finden, und dass Caroline die Desserts der Küche selbst zubereitet. Hatte ich sie je wirklich gekannt? Ich bin mir sicher, dass Zack sich die gleiche Frage stellt.

»Ich kann dir bei den Äpfeln helfen, wenn du das möchtest.« Etwas unsicher schaue ich zwischen Zack und seinem Vater hin und her. Schließlich würde das bedeuten, dass wir den Raum verlassen und sie unter sich wären. Zacks Mundwinkel heben sich zaghaft, ehe er nickt.

»Ihr wolltet doch zu den Campbells«, ruft Caroline uns in Erinnerung. »Wir möchten euch nicht aufhalten.«

Zack schiebt nachdenklich die Unterlippe vor. »Ich denke, bis zum Essen können wir bleiben, oder?«

Ich nicke eilig, um ihm zu bestätigen, dass es für mich in Ordnung ist. Die gefrorenen Teile seines Herzens scheinen gerade in dem Licht seiner Familie aufzutauen. Es wird die Wunden heilen, eines Tages. Dessen bin ich mir sicher, als ich Caroline in die Küche folge. Sie ist geräumig und hell gestrichen. Von der Fensterfront neben der Dunstabzugshaube aus erhalte ich einen Blick auf die sanfte Röte, welche die untergehende Sonne hinter den Hügeln Greglons zurückgelassen hat.

»Hat das wehgetan?«, fragt Caroline, als wir die Äpfel mit einer Butter-Zimt-Mischung bestreichen, und deutet auf den Ring in meiner Nase.

Ich pruste los, da ich nie glaubte, mich jemals in solch einer absurden Situation wiederzufinden. Caroline und ich gekleidet in Kochschürzen mit bunten Pünktchen, umgeben von Weihnachtsduft. »Auch wenn ich es damals nicht zugeben wollte: Ja. Es war fast einen Monat lang entzündet.«

»Ich hatte mal eins im Bauchnabel, als ich vierzehn war. Gestochen in einem Laden, der auf unser Alter genauso pfiff wie auf

Hygiene. Ursprünglich wollte ich meine Eltern ärgern, schlussendlich war jedoch ich diejenige, die zwei Nächte im Krankenhaus lag.«

»Oh mein Gott.« Unser Lachen hallt unter den hohen Decken. Ich staffele die Äpfel in zwei Auflaufformen, während Caroline den Ofen auf die richtige Temperatur einstellt.

Als die Hitze dem Obst den fruchtigen Duft entlockt, lehnt sich Caroline mit dem Hintern an die Arbeitsfläche. Ihre Augen mustern mich eindringlich, ehe sie fragt: »Geht es ihm wirklich gut?«

Ihre Frage lässt mich innehalten. Einen langen Moment kreist sie durch meinen Kopf. Zack hat ebenfalls seine Vergangenheit hinter sich gelassen, um in Averston von vorne zu beginnen. Und ähnlich wie bei mir verwehrte auch meine Anwesenheit ihm, das Vergangene endgültig ziehen zu lassen. Alles, was je in Greglon geschah, bestimmte unwiderruflich unsere Gegenwart. »Er ist großartig in dem, was er tut. Ich bin mir sicher, dass es ihn glücklich machen wird.«

Caroline nickt, als hätte sie mit keiner anderen Antwort gerechnet.

»Ich bin froh, euch zusammen zu sehen.«

Ihre Ehrlichkeit treibt einen feuchten Schleier in meine Augen, und ich kommentiere sie mit einem breiten Lächeln. »Das bin ich auch.«

Als alles für das Dessert vorbereitet ist, kehren wir zurück ins Esszimmer und widmen uns der Dekoration des Tisches. Der Weihnachtsbaum erhellt die anbrechende Dunkelheit mit seinen winzigen Lichtern, und ich entzünde die Kerzen des Leuchters inmitten des Esstisches.

Plötzlich spüre ich Zack direkt hinter mir, seine Lippen an meinem Ohr. »Ich habe Mom gesagt, dass wir zum Essen bleiben. Ist das für dich in Ordnung?«

Verblüfft drehe ich mich um und falte meine Hände in seinem Nacken. »Natürlich. Wissen die Campbells Bescheid?«

»Ich habe gerade mit Steven telefoniert. Das Haus ist voll. All seine Onkel und Tanten samt ihren Kindern sind zu Besuch gekommen. Ich denke, sie werden uns nicht böse sein, wenn wir hierbleiben. Aber … er erwartet uns nach dem Essen im *Strangers* zu einer Weihnachtsparty.« Seine Brust hebt sich unter seinem Lachen. »Ich denke, wir können ihm absagen, wenn –«

»Nein«, unterbreche ich ihn verblüfft. Ich möchte nicht, dass sein Lachen endet. Diese Freude in seinen Augen. Immer glaubte ich, Zacks Herzenswärme wäre ein fester Bestandteil von ihm. Seit heute weiß ich jedoch, mit welchem Frust er über Jahre hinweg gelebt hat. »Ich weiß, warum du nicht hinwillst, aber … wie wäre es, wenn wir diesen Abend nochmal durchleben? Die schlechten Erinnerungen durch gute ersetzen. Vielleicht werden sie überwiegen.«

Zacks Finger streichen über meine Wange. Der Kerzenschein schimmert in seinen Augen, in die ich mich schon verliebt habe, bevor ich seinen Namen kannte. Dann, ganz vorsichtig, beugt er sich vor und besiegelt meinen Vorschlag mit einem Kuss. Einem zweiten, dritten, vierten. Unser Lachen vermischt sich unter unseren Lippen.

Ein verlegenes Räuspern ertönt aus dem Flur, und wir schrecken auf. Als hätte William sich nicht getraut, den Raum unter unserer Zweisamkeit zu betreten, bleibt er im Türeingang stehen. »Caroline hat dein altes Zimmer hergerichtet, Zack. Wenn du mir deinen Autoschlüssel gibst, kann ich euer Gepäck nach oben bringen.«

»Ich helfe dir«, erwidert Zack und schenkt mir einen letzten Kuss, bevor er seinem Vater hinterhergeht.

38

ZACK

In meinem Leben habe ich bereits an vielen Weihnachtsfeiern des *Burleys* teilgenommen. Die Reichsten der Reichen verzichteten darauf, den Heiligabend mit ihrer Familie zu verbringen, um in glitzernden Kleidern und teuren Anzügen über Investitionen und Geldanlagen zu debattieren. Als ich klein war und Grandpas Gesundheitszustand dies noch mitgemacht hat, haben wir an Heiligabend unter dem geschmückten Baum gesessen und Filme geschaut. Das erste Weihnachten nach seinem Tod kam ich mir wahnsinnig verloren vor. Alleine unter einem Haufen Menschen, die Kinder eher für lästig als entzückend hielten. Keiner schaute mit mir Weihnachtsfilme. Niemand scherte sich darum, ob ich zufrieden mit meinen Feiertagen war.

Jetzt sitze ich mit Nelly und meinen Eltern an einem Tisch, wir reichen uns das köstliche Essen umher, das Fiona, die Köchin des Hotels, zubereitet hat. William hat den Kamin entzündet. Das knisternde Feuer vereint sich mit den sanften Klängen von Weihnachtsklassikern zu einer perfekten Symbiose. Neben Fiona haben sich auch Oscar, unser Hausmeister, und Sofia, ein Zimmermädchen, das erst vor wenigen Wochen von Barcelona nach Greglon gefunden hat, dazugesellt.

»Es tut mir leid, Zack, ich kann gar nicht aufhören, dich anzuschauen. Das letzte Mal, als ich dich gesehen habe, warst du quasi noch ein Kind. Und jetzt?« Fionas helle Augen strahlen vor Freude, und sie sucht das bestätigende Nicken meiner Mutter.

»Ich habe auch kurz geglaubt, mich verguckt zu haben. Aber schau dir erst Eleanor an.« Das tut Fiona. Genauso wie ich. Der dunkelrote Stoff ihres Kleides legt sich um ihre Rundungen und betont diese an genau den richtigen Stellen. Ihre Wimpern sind geschwungen, und ihr Mund wird von einem rötlichen Lippenstift geschmückt. Nelly verschluckt sich beinahe an ihrem Gratin und fährt sich über die glühenden Wangen.

»Machst du bereits die Konzerthäuser Irlands unsicher?«, fragt Mom mit einem breiten Lächeln. Sie möchte Nelly mit ihrer Frage nicht bloßstellen, so wie an früheren Tagen. Sie hat keine Ahnung, dass sie unbemerkt einen Schritt zu weit gegangen ist.

Daher wispere ich: »Mom, nicht.«

»Tatsächlich nein. Ich spiele nicht mehr«, antwortet Nelly dennoch und tupft sich die Lippen mit einer Serviette ab. Etwas von ihrem Lippenstift bleibt an dem Stoff haften.

Mom öffnet den Mund, doch schließt ihn Sekunden danach wieder. Vermutlich ist ihr gerade klargeworden, dass das Thema nicht an diesen Tisch gehört.

Dafür schreitet Sofia ein: »Wirklich nicht? Meine Großmutter hat an Heiligabend immer vor dem Weihnachtsbaum auf ihrem Keyboard gespielt. Sie war zwar kein Naturtalent, aber sie hat … Wie sagt man? Sehr viel Liebe in den Raum gebracht.«

Nellys Mundwinkel heben sich verträumt, als spielte sich vor ihren Augen ein Film dieser Abende ab. »Das haben wir früher auch gemacht. Mom konnte jeden Weihnachtssong mit geschlossenen Augen.«

Eine gute Erinnerung.

Als wir das nahezu perfekte Dinner mit Moms Bratapfel abrunden, verursacht nicht nur der Nachtisch eine Wärme in meinem

Bauch. Der gesamte Abend erscheint mir eher als eine Art irrealer Traum. Etwas, das ich mir früher herbeigewünscht und nie bekommen habe. Andere Kinder erhofften sich eine neue Playstation unter dem Baum liegen zu sehen, ich mir die Liebe und Anerkennung meiner Eltern.

Ein weiteres Mal schaue ich zu meinem Vater, der mit dem alten Oscar in ein Gespräch über den Anbau von Tomatenpflanzen vertieft ist. Wie kann es sein, dass die Jahre vergangen sind und ihm trotzdem seine Jugend zurückgeschenkt haben? Hat die Arbeit, der Alkohol, ihm wirklich sein wahres Gesicht gestohlen? Oder ist all das eine Fassade, die er für heute aufrechterhält? Ein Schauspiel?

Nein. Du hast Moms Blick gesehen.

»Geht es dir gut?«, flüstert Nelly mir zu. Ihr scheint meine abschätzende Miene nicht unentdeckt geblieben zu sein.

Ich kombiniere ein Stück Apfel mit Vanilleeis auf meinem Löffel und nicke. »Hab gerade darüber nachgedacht, ob wir diesem Glück hier trauen können. Vielleicht bin ich auf der Autofahrt auch eingeschlafen und seitdem nicht mehr aufgewacht.«

Nellys Finger zwicken in meine Seite, wodurch ich zusammenzucke und »Au« ausstoße.

»Und? Glaubst du immer noch, dass du schläfst?« Ihre Mundwinkel heben sich neckend. Sie werfen Grübchen in ihre rosigen Wangen.

»Wenn ja, ist es der schönste Traum aller Zeiten.«

Ich küsse sie zaghaft, mit der Erinnerung im Hinterkopf, dass wir nicht allein am Tisch sitzen. Das beweist Fionas verzücktes »Ich habe schon immer gewusst, dass ihr beide ineinander vernarrt seid. Vermutlich schon, bevor es euch klargeworden ist. Manchmal wollte ich dich wirklich schütteln, Zack. Du hast sie viel zu lange warten lassen«.

Nellys vergnügtes Kichern an einem Ort, den ich irgendwann nicht mehr als *Käfig*, sondern als *Heimat* bezeichnen könnte, ist die schönste Melodie unseres Konzertsatzes.

39

NELLY

»HAST DU STEVEN GESAGT, dass ich dich begleite?«, frage ich mit dem Blick auf die Menschenschlange vor dem *Strangers*.

Erst einen Abend in meinem Leben habe ich an diesem Ort verbracht. Eine perfide Mischung aus dem schönsten und dem schrecklichsten Tag meines Lebens. Die schlechte Erinnerung darf nicht die einzige bleiben, die ich mit dem Nachtclub verbinde. Bereit, sie mit einer deutlich angenehmeren Erfahrung zu überlagern, ergreife ich Zacks Hand und ziehe ihn mit mir.

»Er weiß nur, dass ich in Begleitung komme«, erwidert er. »Siehst du ihn?« Er deutet mit dem Zeigefinger auf die oberste Stufe der Treppe, die in das Clubinnenleben führt. Steven ist gekleidet in eine dunkle Jeans mit Rissen an den Knien und ein schwarzes Hemd. Wäre mir seine verpeilte Art nicht geläufig, würde mich die neutrale Miene, mit der er die Ausweise kontrolliert, tatsächlich einschüchtern. Umso amüsierter beobachte ich sein plötzliches Grinsen, als Zack seinen Namen ruft und er von den Personalien einer Gruppe Frauen aufschreckt.

»Ach du Scheiße!«, schreit er hemmungslos. »Einen Moment,

Leute, das ist mein bester Freund!« Er kämpft sich unter der Absperrung hindurch und lässt die Gäste mit einem ungeduldigen Seufzen zurück. Wie zwei Glücksbären fallen die beiden sich in die Arme. Steven war schon immer genau die Art von Mensch für Zack, die ich in Becca gefunden habe. »Ich hab fest mit deiner Absage gerechnet.«

»Als würde ich das nach deinen Morddrohungen wagen. Waren deine Eltern enttäuscht, dass ich nicht aufgetaucht bin?«

»Mach dir darum keine Sorgen. Das ganze Haus war voll, ich bin froh, irgendwann rausgekommen zu sein.«

Die beiden sind so ineinander vertieft, dass ich mir mein Grinsen kaum verkneifen kann. Erst als Zack mir einen Arm hinhält, scheint Steven mich in der Dunkelheit zu registrieren.

»Verdammte Scheiße«, murmelt er mit großen Augen, die verblüfft meinen Körper auf und ab wandern. »Du bist es wirklich, oder?«

»Live und in Farbe«, erwidere ich schmunzelnd und drehe mich spielerisch um meine eigene Achse. Allein das scheint Stevens Zurückhaltung beseitigt zu haben. Er stürmt mir in die Arme und hebt meinen Körper an, sodass meine Fußspitzen über dem Beton schweben. »Eleanor Harlow, verdammt! Ich hätte nicht gedacht, dich je wiederzusehen.«

»Ich auch nicht«, erwidere ich wahrheitsgemäß an seinem Ohr und bedauere die Tatsache im selben Moment. Irre ich mich, oder mustert er die Art und Weise, wie Zack seinen Arm um meine Taille legt, mit Tränen in den Augen? Um ihn nicht bloßzustellen, deute ich auf die Menschenmasse, die sich mit abwartenden Blicken zu ihrem Türsteher umdreht. »Ich glaube, du solltest weitermachen«, erinnere ich ihn.

Er selbst scheint keinen Hehl aus seiner Rührung zu machen, denn er geht sich mit dem Handrücken über die Lider, ehe er nickt und sowohl eine Hand auf meine als auch auf Zacks Schulter legt. »Das feiern wir später, in Ordnung?«

Wir nicken wild und folgen Steven, der uns unter protestierenden Rufen aus der Warteschlange durch die Pforte des *Strangers* treten lässt. Er hebt zum Abschied die Hand, die Augen noch immer glasig.

»Wow«, hauche ich, während auch meine Pupillen brennen. Habe ich so viel Liebe verdient? Vergebung? Nach all den Jahren, in denen ich mich unsichtbar gestellt und das Herz seines besten Freundes zermürbt habe, trifft mich Stevens Begrüßung vollkommen unerwartet.

»Nervös?«, flüstert Zack in mein Ohr. Die Beats werden mit jedem Schritt in das von Lichttechnik erhellte Innenleben dröhnender.

Ich nicke und lasse meine Hand in seine gleiten. *Heute bin ich mutig.* Das war mein Gedanke vor fünf Jahren. *Heute bin ich reuelos glücklich.* Dieser ist es heute.

40

ZACK

Es hat keine fünf Minuten gedauert, bis wir das erste bekannte Gesicht gefunden haben. Holly Murphy, um genau zu sein. Nellys damalige beste Freundin. Ihr aufgeregtes Kreischen hat sich mit den Technobeats vermischt.

»Ihr beide? Zusammen?« Sie schaut aus geweiteten Augen zwischen uns hin und her. »Kann mich jemand mal kneifen?«

Ihre blonde Mähne, die früher bis zu ihren Hüften ging, endet heute in einem Bob unter ihrem Kinn. Sie trägt ein enges, schwarzes Kleid, eine Brille mit durchsichtigen Bügeln und knallroten Lippenstift.

»Würde ich gern, aber meine Hände zittern zu sehr.« Als Beweis streckt Nelly ihre Finger aus. Holly umfasst diese und schüttelt sich vor Freude. »Ich habe mich furchtbar schlecht gefühlt, nachdem ich Steven erzählt habe, wo du lebst. Aber ich denke, es war die richtige Entscheidung.«

Die Betonung ihrer letzten Worte lässt diese klingen, als wären sie eine Frage.

»Ich habe dich kurzzeitig verflucht, aber ja, es war die richtige Entscheidung.«

Holly triezt uns in Richtung Bar, wo wir auf unsere Wiedervereinigung anstoßen. Nelly und ihre Freundin mit einem Tequila, ich mit einem alkoholfreien Bier. In knappen dreißig Minuten schafft sie es, ein vollständiges Update ihres Lebens zu geben. Sie wohnt seit drei Jahren in Dublin, wo sie Jura studiert und bereits in einer Kanzlei aushilft. Ihr Appartement ist klein, aber ausreichend. Nellys Nummer habe sie damals aus ihrer Tante Karen herausgequetscht, auch wenn diese sich zunächst weigerte. Und sie beteuert, nicht wegen Steven hier zu sein, sondern um zu tanzen, was ich ihr aufgrund ihres Grinsens nur mäßig abkaufe. Ich weiß genau, dass die beiden miteinander schlafen, wenn Holly ihre Eltern in Greglon besucht, und ich weiß auch, wie sehr mein bester Freund noch immer an ihrem Rockzipfel hängt.

Als der DJ wechselt und die Technomusik durch sanften Pop ersetzt wird, fragt Holly aufgeregt: »Was dagegen, wenn ich sie auf die Tanzfläche entführe?«

Ich schüttele den Kopf, da ich genau ahne, wie sehr Nelly dem Moment des Tanzens entgegenfiebert. Ich drücke ihre Hand und lasse sie davonziehen. Beobachte, wie sie in der Menschenmasse untertaucht und doch jeden mit ihrer Erscheinung in den Schatten stellt. Mit ihren fließenden Bewegungen, ihrem verträumten Lächeln, das jetzt so viel gelöster wirkt als noch vor wenigen Wochen im *Paddington*.

Womit habe ich so viel Glück an einem einzigen Tag verdient? Nellys Lippen auf meinen, das Geständnis meiner Eltern. Wie konnten sich unsere Umlaufbahnen plötzlich so richten, dass sich jeder Stern in seine vorbestimmte Konstellation einfügt? Ich wage mich nicht an den Gedanken, diesem Glück zu trauen. So oft wurden wir von ihm getäuscht.

Mit einem Mal landet eine Hand auf meiner Schulter und bringt mich dazu, mich zu deren Besitzer umzudrehen. Ich entdecke das breite Grinsen meines besten Freundes. »Levin löst mich die nächste halbe Stunde ab, damit ich mit euch feiern kann.«

»Krass, das macht er? An Heiligabend?«

»Ich hatte noch einen gut bei ihm.« Mit einem schelmischen

Grinsen beugt er sich zu dem Barkeeper und begrüßt ihn mit einem Faustschlag. »Bringst du mir ein Bier?«

»Ich kann nicht glauben, dass ich hier bin. Mit ihr.« Noch immer zieht das Mädchen mit den dunklen Locken und den wilden Tanzbewegungen all meine Aufmerksamkeit auf sich. Nur, dass ich jetzt nicht mehr an der Bar stehe und unsere Vergangenheit bedauere, sondern an eine Zukunft denke.

»Was du liebst, lass frei, kommt es zu dir zurück, gehört es dir für immer«, murmelt Steven und folgt meinem Blick. Mit gerunzelter Stirn drehe ich mich zu meinem besten Freund und entdecke eine beschämte Röte auf seinen Wangen. Solch tiefgründige Gedanken aus dem Mund eines Typen, der in unserem Abschlussjahr bei jeder Liebesschnulze, die er sich mit Holly anschauen musste, noch vor dem ersten Kuss eingeschlafen ist, bringen mich zum Grinsen. »Der stand in einem dieser Taschenkalender meiner Mutter. Aber ich fand ihn passend.«

Für immer. Ich sehe ihr dabei zu, wie sie sich unter Hollys Armen hindurchdreht. Ihr Lachen geht in dem lauten Bass der Musikanlage unter, und doch habe ich dessen Klang im Ohr. Es klingt genau danach: *Für immer*. Sie ist mein für immer.

Nach dem sechsten Song, den Nelly und Holly durchgetanzt haben, quetschen Steven und ich uns durch die rangelnde Menge zu den beiden durch.

»Darf ich übernehmen?«, frage ich an Holly gewandt, deren Stirn von feinen Schweißperlen geziert wird.

»O Gott, ja! Ich bin nassgeschwitzt. Keine Ahnung, wie deine Freundin das durchhält, ohne auch nur rot anzulaufen.«

Meine Freundin. Ich bete, dass der Übergang zu dem folgenden Song zu laut war, als dass Nelly es mitbekommen haben könnte. Ich will uns kein Label aufdrücken. Nicht nach diesem Tag. Und doch droht mein Herz zu platzen, als Nelly sich wie selbstverständlich in meine Arme legt und ihren Kopf an meine Halsbeuge schmiegt. »Ich weiß nicht, wann ich mich das letzte Mal so befreit gefühlt habe.«

»Ich auch nicht«, antworte ich und mustere den Glanz in ihren

Augen. Sie schaut zu mir auf, erwidert meinen Blick mit einem sanften Lächeln. In diesem Moment kommt es mir vor, als wäre unser Film gestoppt worden. Die Musik fährt herunter auf Lautstärke null, genau wie das Grölen der Partymenge. Wir sind die Hauptdarsteller, die Statisten sind in die Pause aufgebrochen und haben uns am Set zurückgelassen.

Ich streiche ihr Haar zur Seite. Es ist am Ansatz feucht vom Tanzen und der Freude, die sich in ihren Mundwinkeln verankert hat.

»Tanzt du mit mir?«, frage ich leise und bin mir nicht einmal sicher, ob sie mich versteht.

Doch sie nickt, ehe sich ihre Finger in meinem Nacken verschränken und meine Hände ihre Taille entlangwandern. Die Beats des DJs sind viel zu schnell, als dass sie als Grundlage für einen Slow-Dance dienen könnten. Doch gedanklich ist unsere Umgebung noch immer stummgeschaltet. Wir übertönen sie mit *One* von U2, dem Song, dessen Tanz wir nie beenden konnten.

Mein Atem droht auszusetzen, so bewusst nehme ich ihren Körper an meinem wahr. Es dauert keine Sekunden, bis unsere Lippen sich berühren. Hungrig und müde vom Warten. Müde von der Last, die wir all die Jahre getragen haben. Sie schwindet mit jedem Kuss, Stück für Stück. Benommen umfasse ich ihr Gesicht mit beiden Händen, öffne den Mund, sodass unsere Zungen sich finden können. Die Welt um uns herum spult weiter in all ihrer Hektik. Unsere Sequenz hingegen ist im Zeitraffer. In meiner Vorstellung verklingt *One* in seinen schönsten Gitarrenklängen, als wir uns atemlos voneinander lösen.

»Wollen wir von hier verschwinden?«, fragt sie.

»Unbedingt«, erwidere ich und bin mir vollkommen bewusst, dass mein Grinsen dem eines betrunkenen Vollpfostens gleicht. Ich umfasse ihre Hand, möchte sie nie wieder loslassen.

Steven und Holly stehen gemeinsam an der Bar und werfen uns einen wissenden Blick zu.

»Wir ziehen weiter, in Ordnung?«

Ich halte Steven meine Faust hin, gegen die er seine drückt und

»Glaub mir, nach eurer Performance habe ich nichts anderes erwartet« raunt. Er unterstreicht seine Worte mit einem Zwinkern. Nelly wiegt sich in Hollys Umarmung und sichert ihr zu, sich die nächsten Tage bei ihr zu melden. Dann verschwinden wir zum Ausgang.

»Bereit für den Schnee?«, frage ich, als der eisige Wind uns begrüßt.

»Auf jeden Fall.«

41

NELLY

»WAS HAST du die letzten Jahre erlebt? Hast du gearbeitet? Warst du auf Konzerten? Irgendwelche Regeln gebrochen?« Mein Kopf liegt auf Zacks Brust auf, der Rest meines Körpers auf der Decke, die er über den kalten Lack der Motorhaube des kompakten Golfs ausgebreitet hat. Die von Wolle besetzte Innenseite von Zacks Jacke schützt unsere umschlungenen Körper vor dem eisigen Luftzug. Greglons Kleinstadtlichter bedecken den Nachthimmel wie kleine Lampions zwischen den Sternen.

»Ich habe an ein paar Kurzfilmprojekten mitgewirkt und zwischenzeitlich als studentische Hilfskraft für einen Dozenten gejobbt, allerdings nur, um meine Noten zu retten. Ich war auf einem *Bastille*-Konzert in London, obwohl ich vorher nie von der Band gehört habe. Einer meiner Kommilitonen ist unerwartet Vater geworden, und ich habe seine Karte übernommen, damit er nicht auf dem Geld sitzen bleibt. Seitdem liebe ich deren Musik. Und nein, nicht wirklich. Außer es zählt, die Leihfrist von Fachbüchern aus der Bibliothek zu verpassen. Das ist mir so oft passiert, dass die Bibliothekarin irgendwann Mitleid mit mir hatte und die Gebühren hat fallen lassen.«

Mit erhobenen Augenbrauen richte ich mich auf, um ihm einen überraschten Blick zuzuwerfen. »Du warst auf einem *Bastille*-Konzert? Wow, ich bin neidisch.«

Zacks Mundwinkel heben sich wissend. Seine Finger streichen über meine Schläfen herunter zu den Konturen meines Kinns, als versuchte er, meinen Anblick in jedem Detail abzuspeichern. »Das war der Kerl, dessen Platz ich eingenommen habe, auch. Er hat seinen Sohn Daniel genannt, nach dem Leadsänger.« Seine Finger finden ihren Weg zurück in mein Haar, und ich lasse meinen Kopf auf seine Wärme sinken. »Was ist mit dir? Du hast doch mit Sicherheit einige Regeln gebrochen.«

Ich schnaube belustigt. »Ich habe viel gelogen. Aber ansonsten … nicht wirklich.« Der Gedanke an Austin und Becca, die eine völlig andere Version meines Lebens kennen, löst einen spitzen Stich in meiner Brust aus. Ich schlucke gegen den Nebel an, vertreibe ihn mit dem Zauber dieses Abends. »Ich war auf einem *Walking-on-Cars*-Konzert, bevor die Band sich aufgelöst hat. Becca hat mir die Karten zum Geburtstag geschenkt. Und ich habe einige Zeit im Kino die Popcornmaschine bedient, bevor ich auf die Anzeige der Franklins gestoßen bin.«

»Du magst sie, oder?«

»Ja, irgendwie schon. Mrs Franklin ist … eigen. Aber sie hat vieles durchgemacht.« *So wie ich. Und doch hat sie ihre Stimme wiedergefunden.*

»Wie bist du nach Averston gekommen?«

»Na ja, ich wusste nur, dass ich zurück nach Irland will. Große Universitäten wie in Dublin oder Cork kamen dank meiner grauenhaften Noten nicht infrage. Mein Studiengang an der Averston war nicht zulassungsbeschränkt, also bin ich dorthin.«

»Ist der für Musik zulassungsbeschränkt?« Er lässt seine Frage beiläufig wirken.

»Sie entscheiden in mehreren Auditions. Erst durch Tapes, danach im Vorspielen. Im kreativen Bereich ist die Averston begehrter, daher müssen sie ausfiltern. Wieso? Hast du vor zu wechseln?« Ich zwicke ihm in die Seite und kichere leise.

»Wenn ich damit anfange, studiere ich bis ins Seniorenalter.«

Sein Lachen vibriert unter meinem Ohr.

»Musstest du nichts einsenden?«

»Ich habe vermutlich alles, was je auf meiner Kamera gelandet ist, eingeschickt. Aber wahrscheinlich sind die vielen Wartesemester der Grund, warum ich angenommen wurde.«

Ich furche die Augenbrauen. »Versuchst du gerade, dein Talent kleinzureden?«

»Möglicherweise.« Sein warmer Atem streift meinen Haaransatz. »Warum Mathe und Biologie?«

»In meinem Universum gab es nie eine andere Perspektive, als zu unterrichten. Und Mathe und Biologie sind faktenbasiert. Nichts, was ich in irgendeiner Weise diskutieren oder anzweifeln müsste. Es erschien mir einfach.«

»›Mathe‹ und ›einfach‹? Das sind zwei Worte, die nicht in einen Satz gehören.«

Ich verziehe die Lippen zu einem schiefen Grinsen. »Du weißt, was ich meine.«

»Ist ›einfach‹ immer gut?«

Ich umfasse seine Hand und führe unsere verschränkten Finger zu seinem Herzen. »Nein. ›Einfach‹ ist die Variante für Feiglinge.«

»Du bist kein Feigling«, flüstert er mit den Lippen an meinem Scheitel.

»Na ja, irgendwie schon. Schließlich habe ich dich fünf Jahre von meinem Leben ferngehalten und uns die Möglichkeit genommen, das hier zu erfahren.«

»Das hier?«, fragt er mit rauer Stimme. Statt zu antworten, setze ich mich auf und senke meine Stirn an seine. Unsere Münder sind nur Nanometer davon entfernt, sich zu berühren. Und doch habe ich das Gefühl, dass uns die Luft wegbleibt. Mich berauscht die Art, wie sich unser Atem ändert, sobald wir einander näherkommen.

Unser Kuss ist geduldig, eine hauchfeine Liebkosung. Leise wie rieselnder Schnee. Warm wie Kaminfeuer.

»Weißt du, ich denke, wir können den Teil mit der Vorstellung überspringen. Ich glaube nicht, dass irgendein Traum diesem hier gleichkommt.« Meine Worte sind nichts weiter als ein Windhauch. Sie werden von Zacks Lippen abgefangen. Er schenkt mir seine Bestätigung, indem er mich auf seinen Körper zieht, unseren Kuss intensiviert, bis wir beide berauscht nach Sauerstoff ziehen.

Meine Hände gleiten unter sein Hemd, zeitgleich umfassen seine meine Hüften und lassen mich spüren, dass nicht nur ich ihn in jeder Form erleben möchte. Unser Stöhnen mischt sich in unseren Kuss unter, macht es unmöglich, voneinander abzulassen. Ich bekomme nur im Nebel mit, wie wir von der Motorhaube rutschen und Zack blind die Tür seines Autos öffnet. Er lässt sich auf der Rückbank nieder, zieht mich auf seinen Schoß, ohne mich einen Moment loszulassen.

Als er mich an der Taille anhebt, stößt mein Kopf mit einem dumpfen Laut gegen die Decke des Wagens. Unser prustendes Lachen und mein gepresstes »Autsch« holen uns zurück in die Realität. Ich versuche meine Laute an seiner Schulter zu dämpfen, doch unsere umschlungenen Körper vibrieren vor Lachen.

»Ich glaube, das funktioniert hier nicht«, winselt Zack. »Was dagegen, wenn wir unsere Liste ein bisschen erweitern?«

Ich richte mich auf und lasse meinen Blick von seinen Augen zu seinen Lippen schweifen. Der Drang, unseren Kuss fortzuführen, ist unbändig. »Was hast du vor?«

42

NELLY

Am prächtigen Eingang des *Burley*-Hotels angekommen, zückt Zack eine gräuliche Plastikkarte mit dem Familienlogo der Burleys. Ein großes *B* in geschwungenen Linien. In dessen Bauch zeichnen sich die Fronten eines Burggemäuers ab. »Jetzt müssen wir nur noch hoffen, dass sie den Pin der Alarmanlage nicht geändert haben.«

Er wendet sich einem weißen Kasten mit rotblinkenden Lämpchen zu.

»Was passiert, wenn sie auslöst?«

Er führt die Schlüsselkarte an der Seite der Alarmanlage ein. »Dann stehen in weniger als zehn Minuten meine Eltern und drei Polizeistreifen hier oben.« Mit vor Anspannung verzogenen Lippen tippt er eine Zahlenkombination in das Gerät ein, und das Rot verwandelt sich in ein Grün. »Eine Mischung aus Grandpas Geburtskoordinaten. Ihnen muss also doch etwas an ihm gelegen haben.«

Er zieht die Karte ein weiteres Mal durch einen Schlitz neben der Tür, und die mit Sicherheitsglas versehenen Scheiben gleiten auseinander.

Ein undefinierbarer Laut aus Freude und Aufregung verlässt meine Kehle, und ich folge Zack durch die Front.

Das letzte Mal war ich im Eingangsbereich des Hotels, als meine Welt auseinanderbrach. Heute ist Zacks Hand in meiner, schützt die noch brüchigen Risse vor der erschütternden Erinnerung.

Die Lichter der Eingangshalle erwachen flackernd zum Leben. Neben der Rezeption verbirgt sich ein prächtiger Tannenbaum, der mit bunten Kugeln und Lametta geschmückt ist. Das hölzerne Treppengeländer, das ins erste Obergeschoss führt, ist von einer Lichterkette umschlungen. In all den Jahren hat sich kaum etwas an dem Hotel verändert, und doch machen die kleinen Details einen großen Unterschied zu dem Luxusbunker, in dem einst fast täglich schillernde Partys abgehalten wurden.

»Welches Zimmer ist Ihnen recht, Miss Harlow?« Zack stiehlt sich hinter den breiten Tresen der Rezeption und legt einen fachmännischen Gesichtsausdruck auf.

Ich neige den Kopf zur Seite. »Die größte Suite, die zur Verfügung steht, Sir. Und ich trinke nur Evian. Ich hoffe, dass sich mindestens zwei Flaschen auf meinem Zimmer befinden.«

»Wie Sie wünschen«, säuselt Zack und scannt ein Regal nach Schlüsselkarten ab, ehe er eine ergreift und mir über den Tresen hinwegreicht.

Ich mache einen Knicks. »Ich danke Ihnen.«

Zack zieht die Stirn kraus und stützt die Ellbogen auf der Ablage ab. »Sagen Sie, ist es übergriffig zu fragen, ob in Ihrer Suite Platz für einen weiteren Gast wäre?«

Ich gehe einen Schritt auf die Rezeption zu, beuge mich ihm entgegen. »Ist es«, erwidere ich an seine Lippen. »Und äußerst unprofessionell.«

»Bekomme ich dennoch eine Antwort?« Er küsst mich züchtig.

»Vielleicht sollte ich erst nachschauen«, murmele ich unschuldig und drücke ihm einen weiteren Kuss auf die Lippen, bevor ich bewaffnet mit der Zimmerkarte kehrtmache und die Treppe hinaufsprinte.

Einen Augenblick muss Zack mir baff hinterherblicken, denn es dauert einiges, bis er »Ich gebe dir dreißig Sekunden Vorsprung« ruft. Mein Lachen hallt im Treppenhaus, dessen Etagen mit Licht geflutet werden, sobald ich die Korridore betrete. Ich schiele auf die Zimmerkarte.

Vierhunderteins. Das erste Zimmer auf der vierten Etage. Kurz lassen mich meine brennenden Lungenflügel bereuen, mich gegen den Aufzug entschieden zu haben, doch als ich das blinkende Symbol des Fahrstuhls wahrnehme, verdoppele ich meine Geschwindigkeit bloß um ein weiteres bisschen. Die erlösende Vier aus verschnörkeltem Edelstahl kennzeichnet das richtige Stockwerk. Fast zeitgleich öffnet der Fahrstuhl seine Pforte, und ich begegne Zacks schelmischem Grinsen. Als ich an ihm vorbei die Tür zum Hotelflur durchqueren will, gelingt es ihm, einen Arm um meine Taille zu legen und mich von meiner Flucht abzuhalten.

»Ich ergebe mich.« Ich lache und lehne mich schweratmend in seine Arme zurück.

»Glaub mir, du hättest nicht die Treppen gewählt, wenn du deine Kindheit mit Fangspielen gegen die Portiers verbracht hättest.« Meine Wangen brennen vor Anstrengung, doch als Zacks Lippen meine Halsbeuge streifen, glaube ich, dass sie gänzlich in Flammen aufgehen. Mein eben noch so hektischer Atem setzt aus, so intensiv nehme ich seinen weichen Mund auf meiner Haut wahr.

»Ist gut, du hast gewonnen«, versuche ich scherzhaft zu sagen, doch der Spaß ist aus meiner Stimme verschwunden. Stattdessen klingt sie rau, fast gehaucht.

Sein Lachen rumort in meinem Ohr. Ich nehme einen tiefen Atemzug, bevor ich mich in unserer Umarmung winde, um seinen Mund erreichen zu können. Die sofortige Intensität unseres Kusses scheint, unserem Taumeln nach zu urteilen, nicht nur mich zu überwältigen. Zack umfasst mein Gesicht mit beiden Händen, als unsere Zungen einander finden und er mich blind durch die Tür des Flures schiebt. Nur halb anwesend bekomme ich mit, wie er unsere Schlüsselkarte vor das elektronische Feld hält und uns in das Innere einer Suite leitet. Vielleicht hätten andere ihren Kuss unterbrochen, um den Luxus dieses Zimmers zu würdigen. Wir hingegen haben nur

Augen füreinander und schaffen es gerade noch, die Karte in den Stromkasten zu schieben, um die Tischlampe neben dem Bett einzuschalten. Zuerst befreien wir uns aus unseren viel zu warmen Mänteln, strampeln unsere Schuhe von den Füßen. Als sein Körper endlich auf meinem liegt, frage ich mich, wie ich mich je daran hindern soll, ihn zu berühren.

»Überstürzen wir es?«, fragt er zwischen zwei Küssen.

Einen Moment verharre ich an seinen Lippen, ehe ich den Kopf schüttele. »Weißt du noch, was du letztens gesagt hast? Dass wir uns den Abend damals nicht ausgesucht haben? Dieser hier ist genau richtig. Ich werde es nicht bereuen. Und du?«

Meine Finger schieben das grün-karierte Flanellhemd von seinen Schultern. Seine wandern meine Oberschenkel empor, gleiten unter den Bund meiner Strumpfhose und ziehen sie Zentimeter für Zentimeter von meinem Körper.

»Ich könnte nichts von dem hier jemals bereuen, Nelly.« Er senkt den Kopf und küsst die freigelegte Haut meiner Beine. Sein Atem unterhalb meiner Hitze löst einen wohligen Schauder in mir aus. Nachdem er den dunklen Stoff neben das Bett hat fallen lassen, steigt er über mich hinweg und küsst mich wie ein Ertrinkender, der um Sauerstoff fleht. Mit hilflosen Handgriffen löse ich seinen Gürtel und ziehe ihm die Jeans von den Hüften. Kurz trennt er sich von mir, um Hose und Shorts gänzlich loszuwerden, und ich nutze den Moment, um ihn zu betrachten. In dem dämmrigen Licht erhält seine Haut einen warmen Farbton. An seinem Körper ist jeder Fleck wie aufeinander abgestimmt. Seine tiefgrünen Augen harmonieren mit den Locken, denen ich nie zuordnen konnte, ob sie nun eher blond oder braun sind. Früher waren sie von Caps bedeckt, was ihn jugendlich gemacht hat. Heute lassen mich sein Bartschatten und der markante Unterkiefer erkennen, dass er erwachsen geworden ist. Genau wie ich, auch wenn es sich gerade so anfühlt, als hätte es diese verfluchten fünf Jahre nie gegeben. Als wären sie nichts weiter als ein Albtraum gewesen, aus dem wir gerade sanft geweckt werden.

Nachdem Zack den roten Stoff meines Kleides anhebt und

feuchte Küsse auf meiner Bauchdecke verteilt, beuge ich mich ihm keuchend entgegen. Als seine Lippen die Spitze meines Slips treffen, klemmt er die Daumen unter den Stoff und streift ihn meine Oberschenkel hinab.

»Zack«, murmele ich, ehe der Rest meiner Worte in einem stummen Stöhnen untergeht, als seine Zunge meine empfindlichste Stelle umkreist. Überwältigt von den vereinten Empfindungen zwischen meinen Schenkeln und den Gefühlen in meinem Bauch, vergrabe ich die Finger in seinen Locken. Ihm zuzusehen, wie er mit seinen Lippen kleine Melodien aus mir herauslockt, lässt die Welt um mich herum zum Wanken bringen.

»Zack«, flüstere ich erneut und streiche über seine Wange, sodass er den Kopf hebt und mich ansieht. Der erregte Glanz in seinen Augen und die Feuchtigkeit auf seinen Lippen lassen mich erschaudern. »Ich bin nervös.«

»Soll ich aufhören?« Er streichelt meine Leiste, als wollte er mir versichern, dass er meine Entscheidung nie verurteilen würde.

Langsam schüttele ich den Kopf und bedeute ihm näherzukommen. »Ich will nicht aufhören. Keine Ahnung, wie ich das können soll.« Er lässt seinen Körper auf mich herabsinken, und ich spüre seine Härte an meinem Unterleib. »Es ist nur … um zum Orgasmus zu kommen, brauche ich etwas Zeit. Und wenn ich nervös bin, werde ich darin gehemmt. Ich will nicht, dass du enttäuscht bist.«

»Enttäuscht?«, wiederholt er überrascht und lächelt sanft. Sein Daumen streicht über mein Kinn. »Nelly, wie um alles in der Welt soll ich nach diesem Tag enttäuscht sein?«

Ich lege meine Hände um seinen Hals, lasse die Fingerspitzen in den feinen Strähnen in seinem Nacken kreisen. Seine Augen scheinen jedes Detail meines Gesichtes zu erforschen. Fast so, als wollte er sichergehen, dass es wirklich ich bin, die unter ihm liegt.

Er richtet sich auf, zieht mich mit sich auf seinen Schoß. Seine Hände heben mir den roten Stoff vom Körper, sodass ich ihm fast gänzlich unbekleidet ausgesetzt bin. Der begehrende Blick, mit dem er meine nackte Haut mustert, löst ein wildes Pochen in jedem meiner Glieder aus. Bebend hebe ich mein Becken an und reibe seine Härte an meinem Unterleib, während ich seine Wange küsse, seine Halsbeuge, seine Schulter. Sein Stöhnen direkt in meinem Ohr zu hören, löst einen Rausch in mir aus, der mich daran zweifeln lässt, mich je aus dieser Gefühlsflut befreien zu können.

»Nelly, ich hab nichts …« Er keucht.

»Kommst du an meinen Mantel heran? Linke Tasche.« Mit einem verdutzten Lächeln beugt er sich die Bettseite hinunter. Unter Rascheln tastet er meine Jacke ab, ehe er mit einer roten Folie zwischen den Fingern zurückkehrt.

Er küsst mich völlig atemlos, ohne sein Verlangen zu überspielen, es zu verstecken. Unsere Körper bewegen sich miteinander, übereinander, dann ineinander. Mein Stöhnen verschwimmt in seinem. Jeder meiner Sinne ist überreizt, obwohl sie gleichzeitig aussetzen. Ich höre nur seine leise Erregung, schmecke seine süßen Küsse, spüre ihn in jedem Nerv. Seine Lippen verharren an meiner Schläfe, als sein Körper erschaudert. Zeitgleich lassen wir uns auf die Matratze fallen, landen in einer Wolke aus Zufriedenheit.

»Wow«, murmele ich an seinen tobenden Puls.

»Wollte ich auch gerade sagen.« Sein schelmischer Unterton bringt mich zum Kichern. Seine Finger malen unsichtbare Ornamente auf meinem Oberarm. »Ist es unromantisch, wenn ich ins Bad verschwinde?«

»Es wäre definitiv unromantischer, wenn du wegen mir eine Blasenentzündung bekommst«, erwidert er wissend. »Becca hat mich an Halloween darüber aufgeklärt. Frag nicht.«

»Oh, du meinst die Tragödie, dass sie das gesamte erste Jahr ihrer Beziehung mit Austin eine Blasenentzündung gehabt hat? Das ist eine ihrer Lieblingsgeschichten, wenn sie betrunken ist.« Mein Kichern verstärkt sich, und ich wiege mich in unserer Umarmung.

»Nun geh schon, bevor dir das gleiche Schicksal blüht.« Er erteilt mir ein Zwicken in die Seite. Nur unter innerlichen Protesten befreie ich mich aus unserer wohligen Wärme, um meinen Weg in das großzügige Bad der Suite anzutreten. Als ich zurückkehre, mustere ich zum ersten Mal das Zimmer, das ich durch mein Verlangen nach Zack vollständig ausgeblendet haben muss. Es umfasst mindestens die Größe unserer Dachgeschosswohnung, wenn das nicht sogar eine Untertreibung darstellt. Es sind nicht einmal die teuren Möbel, die mich faszinieren, sondern die Gemütlichkeit. Auf der rechten Seite entdecke ich einen Kamin. Das Bücherregal gleich daneben ist gefüllt mit Literatur jedes erdenklichen Genres, geordnet in Farben und Größe. Das Bett macht mit seinem Umfang den Kernpunkt des Raumes aus. Doch in jeder Ecke entdecke ich ein Detail, das dem Zimmer mehr Liebe schenkt. Die bestickten Kissen auf einem Schaukelstuhl, getrocknete Wildblumen, die Fensterfront über der Bettlehne, die einen Blick auf die Hügel Greglons erbringt.

»Willkommen im Altbau des *Burley*-Hotels. Die Gestaltung haben noch meine Großeltern übernommen«, erklärt Zack, der mein Erstaunen beobachtet. Ich schließe die Arme um meinen unbekleideten Oberkörper und lasse mich zurück auf das Bett fallen. »Ihnen war es wichtig, dass ihre Gäste sich wie zu Hause fühlen. Sie wollten Familien eine Auszeit bieten, ohne dass sie spüren, dass sie in einem Hotel nächtigen. Daher sind die Zimmer auf dieser Seite ziemlich geräumig.«

»Deine Großeltern hatten wirklich ein Händchen dafür«, erwidere ich. Zack stützt sein Kinn auf meinen Scheitel auf. »Das ist wahr. Sie haben das Hotel geliebt.«

»Und sie haben dich geliebt.«

»Das haben sie«, erwidert er, und die Sicherheit, mit der er meine Vermutung bestätigt, lässt mein Herz entflammen.

»Erzähl mir von ihnen.«

Einen kurzen Moment ist es still, als kramte er in einem gedanklichen Fotoalbum nach all den bunten Erinnerungen. »Sie waren Iren durch und durch. Als ich jung war, haben sie ausschließlich Gälisch mit mir gesprochen, aus Sorge, meine Eltern würden mich nicht irisch genug großziehen. Schließlich haben sie mir so einen neumodernen Namen wie *Zack* gegeben.«

»Kannst du immer noch Gälisch sprechen?«

»Ich verstehe es auf jeden Fall. Aber seit sie fort sind, habe ich es vermieden zu sprechen. Zu viele Erinnerungen.«

»Deine Großmutter war Geigerin, richtig?«

»Das habe ich dir damals im Musiksaal erzählt. Ich erinnere mich.« Sein Lächeln hinterlässt in seiner Stimmfarbe einen warmen Ton. »Sie soll eine großartige Musikerin gewesen sein. Laut Grandpa hat sie mich früher mit ihrer Geige in den Schlaf gespielt. Bloß wurde bei ihr schon früh Multiple Sklerose diagnostiziert. Irgendwann war sie wohl einfach nicht mehr dazu in der Lage, die Geige zu nutzen.«

»Das ist schrecklich«, flüstere ich und spüre tief in meinem Brustkorb, wie sehr der Gedanke, körperlich nicht mehr dazu in der Lage zu sein, Musik zu erschaffen, mich trifft. Habe ich es mir nicht die letzten fünf Jahre verboten, mich auch nur einem Klavier zu nähern? Aus Angst, die Erinnerungen an meine Klavierstunden mit Mom könnten mich zu sehr erschüttern? Es war nicht mein Körper, der mir verwehrte, meine Leidenschaft auszuleben. Es war meine verletzte Seele. Ich schmiege meine Wange an seine Brust. »Meinst du, sie wären böse, wenn sie wüssten, dass wir im Hotel eingebrochen sind?«

»Wir sind ja nicht … eingebrochen«, erwidert Zack, und ich höre sein Grinsen. »Vielleicht wären sie eher enttäuscht, dass wir hergekommen sind, um Sex zu haben.«

»Okay. Großeltern und Sex sind zwei Themen, die wir nicht in einen Satz fassen sollten.«

»Hast recht.« Unser Lachen trifft mein Herz. Es ist sich noch immer nicht ganz schlüssig, ob es zerbröseln sollte, weil ich ihn so lange aus meinem Leben herausgehalten habe, oder ob es darüber hinwegsieht und für die Zukunft schlägt. Für heute Abend entscheide ich mich für Letzteres und umklammere seinen Körper mit meinen Beinen, damit kein Windstoß sich zwischen uns drängen kann.

»Ich habe so oft davon geträumt.« Seine Stimme ertönt nach einer endlosen Schleife der Stille. »Bitte, Nelly, lass das hier keinen Traum sein.«

»Ist es nicht. Wir sind hellwach«, wispere ich, noch während mich der Schlaf in seinen Sog zieht.

43

ZACK

Ich winde mich im Dämmerzustand, strecke den Arm nach ihr aus, doch taste ins Leere. Der Schock lässt mich die Augen aufreißen und bewirkt, dass ich trotz Müdigkeit senkrecht im Bett sitze. Die Zimmertür steht einen Spalt offen. Das Licht des Korridors strömt durch ihn hindurch und gibt mir die Sicht auf die andere Hälfte des Bettes. Dort, wo eben noch Nelly gelegen hat, finde ich jetzt nur ihre zerwühlte Bettdecke.

Es dauert einige Zeit, bis mein Herzschlag sich eingependelt und mein Kopf ihre Abwesenheit registriert hat. Ich setze mich auf die Bettkante und scanne den Fußboden nach meiner Kleidung ab. Alles ist da, bis auf mein Flanellhemd. Die Erkenntnis zeichnet sich in Form eines Lächelns in meinem Gesicht ab. Ich steige in meine Jeans und laufe dem Licht entgegen.

Der Altbau des Hotels bei Nacht hatte schon immer eine mystische Wirkung. Jeder Schritt, den ich tiefer in das Korridorgewebe setze, entflammt ein neues Licht in den prächtigen Wandleuchten. Die hohen Decken werfen das entfernte Klavierspiel entlang der Wände, sodass ich sie schon in der zweiten Etage zum ersten Mal höre. Die Klänge sind gedämpft, als liefe ich durch eine Traumwelt, die von Begleitmusik untermalt wird.

Mit einem Mal werde ich gedanklich zurückgeworfen in die Zeit, als ich vor dem Musiksaal umherstreunte, nur um den richtigen Moment zu finden, in ihre Erkundungen hineinzuplatzen. Mir schien es immer, als wären in dem ovalen Teil des Hotels magnetische Felder verbaut worden, die Nelly zu sich zogen, sobald sie das Gebäude betrat. Der kalte Marmorboden brennt unter meinen Fußsohlen, als ich den Musiksaal erreiche. Die Türen sind weit aufgerissen, als hätte sie sich bewusst dazu entschieden, dem gesamten Hotel ihr Spiel zu widmen.

Jetzt stehe ich im Eingang, wie so oft damals, beobachte sie aus der Ferne. Sie sitzt an dem dunklen Flügel auf der kleinen Bühne, nicht mehr als mein Hemd und Unterwäsche an ihrem Körper. Ihre dunklen Haare fallen in ihr Gesicht wie ein Vorhang, verbergen jedoch nicht die halbgeöffneten Lippen und ihre gesenkten Lider.

Verdammt, sie ist so unbeschreiblich schön.

Ihre Finger gleiten über das Instrument, als hätten sie ein Eigenleben entwickelt. Sie erschaffen Töne, von denen ich nie glaubte, dass ein einziger Musiker sie hervorrufen könnte. Schlagartig überzieht meine Arme eine Gänsehaut. Als ihr Klavierspiel sich verlangsamt, gehe ich auf sie zu. Sie lässt sich von meiner Anwesenheit nicht aus der Ruhe bringen, steigt in eine weitere Strophe ein. Direkt hinter ihr mache ich halt und beuge mich zu ihr hinunter. Darauf bedacht, sie nicht aus dem Moment zu reißen, lege ich meine Arme um ihre Schultern. Ich spüre sie spielen, merke die sehnsüchtigen Melodien in jedem ihrer Muskeln. Nie habe ich verstanden, was Musik in einem Körper auslösen kann, jetzt habe ich den Beweis direkt unter meinen Händen.

»Es ist alles noch da.« Ihr Schluchzen vereint sich mit den Tönen, als gehörte es fest zur Komposition. »Ich dachte, ich hätte es verlernt. Aber …« Eine Welle an angestauten Emotionen bringt ihren Körper zum Erbeben. »Die Musik hat mich nie verlassen.« *Auch wenn ihre Familie es getan hat.*

Ihre Tränen tropfen auf die Tasten. Nicht einmal das hält sie davon ab, diese Melodien voller Liebe, voller Verzweiflung und Sehnsucht zu erschaffen. Vorsichtig streife ich mit den Lippen über ihre Wange, halte sie und lasse zu, dass jedes Gefühl aus ihr herausströmt. Als sie ihr Spiel verlangsamt und mit letzten Akkorden abrundet, sitzt sie einfach weiter da, den Blick auf ihre Finger gerichtet, als könnte sie nicht fassen, was sie gerade vollbracht hat.

»Es wird immer in dir sein, Nelly«, hauche ich. »Nicht in deinen Händen, sondern in deinem Herzen.« Ich lege meine Hand auf ihre Brust. Es schlägt schwer gegen meine Berührung. »Es hat nur einige Zeit gebraucht, um zu sich zurückzufinden.«

Sie umfasst meine Finger mit beiden Händen, stützt ihr Kinn auf meinen Unterarm und lässt den Tränen freien Lauf. Der Musiksaal, der schon einst all unsere Gefühle aufgefangen hat, schenkt uns auch heute Schutz vor der Außenwelt.

Genau in diesem Moment wird mir klar, dass nicht nur ich sie all die Jahre gesucht habe. Sie hat selbst alles darangesetzt, sich wieder nach dem Mädchen zu fühlen, das sie vor dem Tod ihrer Familie war. Und hier, in diesem ausgekühlten Saal, ist sie ihr begegnet. Vielleicht nicht, um sie zu behalten, sondern, um ihr neues Leben mit ihrem alten zu vereinbaren. Wir wissen beide, dass sie nicht mehr das Mädchen vor ihrem Verlust sein wird. Doch heute ahne ich, dass sie auch nie wieder das Mädchen sein wird, das vor diesem fortläuft.

44

ZACK

Ich stehe in unserer Landhausküche, der Duft vom Frühstück umgibt noch immer das Haus. Nellys Lachen, vermengt mit dem meiner Mutter, ertönt aus dem Esszimmer, wo sie mit zwei heißen Schokoladen unter dem Baum sitzen und Fotoalben durchgehen.

»Ich habe sie gefunden«, sagt William, der mit einem Schuhkarton unter dem Arm den Raum betritt. Er stellt ihn auf dem Küchentresen ab und streicht den Staub von dessen Deckel. »Er gehört ihr.«

»Ich weiß«, erwidere ich mit dem Blick auf das Stück Pappe, das einen ganzen Haufen Erinnerungen vor der Verkümmerung beschützt.

»Fiona hatte recht, weißt du.« Er muss ebenfalls dem Lachen der Frauen lauschen, denn er hält einen Moment inne und wirft einen Blick durch die Tür. »Ihr beide wart schon immer füreinander bestimmt. Gut, dass du sie wiedergefunden hast.«

Ich will ihm widersprechen. Ihm in Erinnerung rufen, dass er es war, der sich zwischen uns gestellt hat. Aber seine grauen Augen, die plötzlich so viel sanfter wirken als noch vor Jahren, lassen mich nur »Danke« erwidern. Seine Hand berührt väterlich meine Schulter, ehe er mich mit dem Karton alleine zurücklässt. Mit dem Ärmel meines Sweatshirts wische ich die letzte Staubschicht fort und schiebe ihn zwischen meine Armbeuge, um mich auf den Weg ins Esszimmer zu machen.

Mom und Nelly hocken vor dem leuchtenden Weihnachtsbaum, rote Weihnachtstassen in der Hand. Sie wirken fast wie lange vermisste Freundinnen, so wie sie lachen und gebeugt über alte Fotos meiner Familie sitzen. Beinahe spiele ich mit dem Gedanken, kehrtzumachen und sie nicht weiter zu stören, doch dann schaut Mom auf, den Blick wissend auf das Paket gerichtet. Sie streicht Nelly sanft über ihr Knie, ehe sie sich mit einer Entschuldigung erhebt und an mir vorbei den Raum verlässt.

Einmal mehr wünsche ich mir, ich hätte nicht darauf verzichtet, meine Kamera einzupacken. Nelly trägt eine dunkelgrüne Cordhose. Dazu eine cremefarbene Bluse und einen verschnörkelten Haarreif, der ihr die dichten Strähnen aus dem Gesicht hält. Alles an ihr ist würdig, für die Ewigkeit festgehalten zu werden.

»Hey«, sage ich und lasse mich zu ihr auf den Boden nieder.

Ihre Hand findet augenblicklich meine. »Du siehst nervös aus. Hat das einen Grund?«

Sie hebt fragend die Augenbrauen, ihr Lächeln hingegen ist warm.

Ich stelle die Kiste zwischen uns ab. Sie folgt meinem Blick auf deren tonlose Hülle. Vielleicht hätte ich sie einpacken sollen. Aber kitschiges, goldenes Weihnachtsgeschenkpapier wäre seinem Inhalt nicht gerecht geworden. »Frohe Weihnachten, Nelly.«

Ihre Gesichtsmuskulatur erstarrt.

»Du hast ein Geschenk für mich?«, haucht sie.

»Nicht so, wie du denkst.« Ich schiebe ihr den Karton entgegen. »Öffne ihn, dann wirst du sehen.«

Sie lächelt verwundert, ehe ihre Finger den Deckel anheben und den Inhalt offenbaren. Einen viel zu langen Moment ist sie still, während ihre Augen das Päckchen ergründen. Dann zieht sie den ersten vieler kleiner Gegenstände hervor. Es ist ein Armreif von silbernem Ton. Sie hält ihn in das Licht des Baumes und bewundert seine Maserungen.

»Der ist von einem der ersten Treffen im Hotel. Mom hat Stella wieder und wieder beteuert, wie wunderschön ihr Armreif wäre. Deine Mutter hat ihn einfach abgezogen und Caroline überreicht.«

»Daran erinnere ich mich«, flüstert Nelly verträumt. »Sie sagte, dass das Silber sowieso eher zu Carolines hellen Augen passen würde. Braune Augen seien für Gold gemacht.« Sie senkt die Lider, als wollte sie sich von der Erinnerung auf jeder Ebene einholen lassen. Ihre Finger umschließen das Schmuckstück, bevor sie es zu ihrem Herzen führt. »Was ist das alles, Zack?«

»Nach dem Unfall habe ich alles, was an deine Familie erinnerte, gesammelt, um es dir eines Tages zu geben.« Ihre Augen öffnen sich, und kurz erschrecke ich, als ich den feuchten Schleier in ihnen entdecke. War es zu viel? Nicht der richtige Moment? Wie konnte ich wieder alles zerstören, jetzt, da sie langsam von ihrer Vergangenheit ablässt, um in eine Zukunft zu blicken?

Doch dann wimmert sie: »Das hast du für mich getan?«

Ich nicke unschlüssig. Sie beugt sich vor und küsst mich. Hauchzart. Als könnte jede Berührung, die über das Streifen einer Feder hinausgeht, sie zerbrechen. »Womit habe ich dich verdient?«

Ich schmecke ihre Tränen. Trage den Geschmack von Trauer vereint mit Trost auf der Zunge. Eine kleine Ewigkeit halte ich sie in meinen Armen, ehe ich frage: »Möchtest du weiterschauen?«

Sie nickt eilig und widmet sich dem restlichen Inhalt mit vor Eifer verzogenen Lippen. Wir erkunden die gesamten zwei Jahre, die unsere Familien sich kannten, von Anfang bis zum Ende. Der Zeitungsartikel, der den Eintritt der Harlows in die Burley-Familie ankündigte. Das erste gemeinsame Foto vor den Hotelfronten, auf dem William und Lincoln sich metaphorisch die Hand schütteln und wir uns neben ihnen vereinen. Wenn ich uns auf diesem Bild so anschaue, könnte man meinen, wir wären immer Fremde gewesen. Nelly auf der Seite ihres Vaters, in einem weißen Kleid mit

Rüschen, ich auf Williams Hälfte. Mit Sicherheit fiel es mir damals wahnsinnig schwer, in die Kamera statt auf sie zu schauen.

Die Dinge brechen einen Damm an guten Erinnerungen auf. Wir denken zurück an Abende, in denen Phoebe uns ihre ersten Ballettkenntnisse präsentiert hat. An Hotelfeiern, bei denen wir uns über das Lallen und die wirren Bewegungen der reichen Gäste lustig machten und Nellys Schwester versuchte, sie nachzuahmen. Irgendwann leert sich die Schachtel, und nur noch wenige Fotos sind Teil von ihr. Dann zieht Nelly einen Umschlag hervor. Weißes Papier, unbeschriftet. Gleichzeitig legen wir die Stirn in Falten. An einen Brief kann ich mich beim besten Willen nicht erinnern. Was sollte es auch für einer sein? Der Vertrag, den Lincoln bei meinem Vater unterschrieben hat? Die Eintrittserklärung?

Vorsichtig darauf bedacht, nichts zu zerknicken, zieht Nelly das Briefpapier heraus. Beide Seiten sind handschriftlich beschrieben. Mit dunkelblauer Tinte, die an einigen Stellen verlaufen ist.

»Das ist die Schrift meiner Mutter«, stellt Nelly verwundert fest. Ihre Pupillen gleiten hektisch über die Zeilen, als könnte sie sich nicht entscheiden, wo sie zu lesen beginnt. Dann wird sie plötzlich ganz still. Es brennt mir auf der Seele zu erfahren, was die Worte sagen, doch ich will ihr den Moment geben. Mein Pulsschlag erhöht sich, als sie das Papier sinken lässt und darauf starrt, als müsste sie einordnen, wie sie dessen Information auffängt. Ihre Mundwinkel zittern.

Warum zur Hölle zittern sie?

Als ich ihren Unterarm streife, fährt sie erschrocken zusammen.

»Entschuldigst du mich kurz?« Ihre Stimme bebt. Die erste Träne hat bereits ihre Augenwinkel verlassen. Noch bevor ich etwas erwidern kann, steht sie auf und flüchtet schnellen Schrittes aus dem Raum. Benommen schaue ich ihr hinterher, bis ihre Silhouette aus meinem Sichtfeld verschwindet. Das Papier und ich liefern uns einen Starrwettbewerb, ehe ich den Brief ergreife, um dem Grund für Nellys Zustand nachzugehen.

William,
ich schreibe diese Zeilen nicht in Wut oder gar in Hass. Was passiert ist, war falsch, ist aber unumkehrbar. Deine Freundin zu sein, hat mich dein wahres Gesicht erkennen lassen. Daher weiß ich, dass dir ebenfalls bewusst sein wird, dass dieser Kuss ein Fehler war.

Ich lasse das Briefpapier sinken, mein Gesicht muss ähnlich versteinert aussehen wie Nellys Momente zuvor.

»Scheiße verdammt«, zische ich und springe auf die Füße, mit dem Ziel, sie einzuholen.

Als ich das Esszimmer verlasse, kommt William mir beladen mit kitschig verpackten Geschenken entgegen. Seine Augenbrauen sind zusammengezogen, als er meine geballten Finger begutachtet. »Alles in Ordnung?«

»In Ordnung?«, erwidere ich laut. »Nein, verdammt! Wo ist Nelly?«

Die Geschenke rutschen ihm aus den Händen und kommen nacheinander mit einem dumpfen Laut auf den Fliesen auf. »Sie ist aus der Tür gegangen. Ich dachte, sie ist vielleicht verabredet. Habt ihr euch gestritten?«

»Was soll dieser Brief? Warum ist er in der Kiste? Möchtest du sie quälen?« Meine Stimme erhebt sich und wird von dem Hall des Treppenhauses in hundertfacher Ausführung wiedergegeben.

»Sie quälen? Wovon redest du? Welcher Brief?« Mit einer beschwichtigenden Geste kommt er auf mich zu, doch ich mache auf der Stelle kehrt und gehe zurück ins Esszimmer, um ihm die elendigen Zeilen vor die Füße zu feuern. Schon als er das Briefpapier erblickt, leuchtet ein Funken Verständnis in seinen Augen auf.

»Du hattest eine Affäre mit Stella Harlow? Und legst den Beweis dafür in ihre Erinnerungsbox? Was für ein Mensch bist du?«

Er beugt sich zu dem Brief hinunter, scannt ihn von oben nach unten ab, ehe er den Kopf schüttelt. »Zack.« Seine Stimme ist brüchig. »Ich hatte keine Affäre mit Stella Harlow.«

In diesem Moment ertönen klappernde Schritte im Flur.

»Was ist denn los?«, fragt meine Mutter aufgebracht. Ihr Haar ist zerzaust, und in ihren Händen hält sie Töpfe befüllt mit den Resten von gestern Abend.

»Willst du es ihr sagen, oder soll ich es tun?«, frage ich meinen Vater spitz.

»Zack, du verstehst –«

»Der Brief.« Moms Augen schließen sich betroffen, als hätte sie gerade festgestellt, dass sie eine riesige Dummheit begangen hat. »Ich habe ihn in die Kiste gelegt und es vergessen. Sie hat ihn gelesen, richtig?«

Meine Zähne müssen knirschen, so fest presse ich sie aufeinander. »Du wusstest davon?«

Ein verzögertes Nicken ist ihre Antwort.

Mir droht der Boden unter den Füßen zu entgleiten. Die Wände um mich herum kommen näher. Das *Zuhause* verwandelt sich zurück in den goldenen Käfig, aus dem ich mich einst nach draußen gekämpft habe. Jeder Funken Heimatgefühl, jeder Gedanke an Verzeihung, an Veränderung, ist erloschen. Nur halbherzig bekomme ich mit, wie William sich mir nähert und eine Hand auf meine Schulter legt. »Darf ich es dir erklären?«

»Was gibt es da zu erklären?«, frage ich abweisend und trete einen Schritt zurück, um seine Berührung abzuschütteln wie ein lästiges Insekt.

»So einiges.« Er wirft meiner Mutter einen besorgten Seitenblick zu. »Ich hatte keine Affäre mit Stella. Sie war eine Freundin. Jemand, bei dem ich Trost gesucht habe, als Caroline mich verlassen wollte.«

Mein Atem kommt in hektischen Stößen. »Wie wäre es, wenn du ihr davon erzählst? Ich bin deine Ausreden leid.«

Überraschenderweise nickt mein Vater, schnappt sich die erste Jacke, die er zu greifen bekommt, und geht mir voraus aus der Haustür.

»Zack«, ruft meine Mutter mir hinterher. Ihre Augen sind mit Tränen gefüllt. »Bitte hör ihm zu.«

Als ich die Tür zwischen uns schließe, ist mein einziges Ziel, sie zu finden. Und zu hoffen, dass seine Erklärung gut genug ist, um sie vor dem erneuten Fall zu bewahren.

45

NELLY

Der Friedhof ist ein einsamer Ort, ganz besonders an Weihnachten. Nur einen alten Mann, ausgestattet mit Grabkerzen und einem Strauß Rosen, entdecke ich am entgegengesetzten Ende.

Ob er niemanden hat, der zu Hause auf ihn wartet? War seine geliebte Frau die einzige Person, die einst am ersten Weihnachtstag mit ihm am Tisch saß, und jetzt ist der Gedanke, ohne sie zu sein, nicht zu ertragen? Ich würde es verstehen. Manchmal ist es wohl angenehmer, die Feiertage auf einer matschgetränkten Wiese im Regen zu verbringen als alleine in einem leeren Haus samt einem Haufen Erinnerungen.

Die Bank unter meinem Hintern ist feucht, und der Cord klebt bereits an meinen Oberschenkeln. Die langen Äste der Trauerweide schützen mich vor dem Großteil des Regens. Einige Tropfen mogeln sich durch die Lücken der Zweige und rieseln mir auf die Stirn. Das Grab meiner Familie ragt ein wenig unter ihre schützenden Äste. Ich bin ihr dankbar, dass sie sich bemüht, es vor Unwettern zu bewahren.

Unter dem großen Stein, der mit ihren Namen geschmückt ist, brennen Kerzen. Wer hat sie angezündet? So früh am Morgen? Wer kümmert sich um ihr Grab, wo ich es nie konnte? Vielleicht, weil irgendein Teil in mir schon immer ahnte, dass es nichts Gutes bedeuten kann, nach Greglon zurückzukehren.

Daher weiß ich, dass dir ebenfalls bewusst sein wird, dass dieser Kuss ein Fehler war.

Ein Kuss. Eine Berührung voller Liebe, die nicht zwischen meinen Eltern, sondern Mom und William geschehen ist. All die Jahre war es mein Wunsch zu erfahren, was den Streit meiner Eltern ausgelöst haben könnte, um mich damit abzufinden. Jetzt möchte ich die Erkenntnis ausradieren. Jede Ungewissheit ist erträglicher als der Gedanke, dass Mom meinen Vater hintergangen hat.

Vielleicht hat das keinen Sinn mehr, Stella. So nicht.

Ich kneife die Augen zusammen und atme gegen die Enge in meiner Brust an. Jeder meiner Muskeln schmerzt bereits vor Anspannung.

Mein erster Weg hat mich zu unserem Haus geführt, das vor fünf Jahren noch von lautem Lachen, von dem Duft heißer Schokolade und Liebe erfüllt war. Doch als ich davor stand, in den Fenstern nach den tanzenden Silhouetten meiner Eltern gesucht habe, begriff ich, dass sie dort nicht mehr waren. Abbilder meiner Erinnerungen vielleicht, alles andere – ihr Gesang, Moms Klavierspiel, Phoebes aufgedrehtes Kichern – ist wie durch einen Windstoß davongeflogen.

Jetzt sitze ich hier, versuche eine Verbindung zu diesem fremden Ort, einem gravierten Stein aufzubauen. Vielleicht mögen sie hier ihre letzte Ruhe gefunden haben, doch weiterleben tun sie einzig und allein in meinem Gedächtnis. Wie konnte ich so lange zulassen, mich nicht an sie zu erinnern?

Irgendwann knirscht der Kies auf dem Gehweg oberhalb der Trauerweide. Ich starre geradeaus, will niemandes Blick begegnen. Dann sackt das morsche Holz der Bank ein wenig nach unten. Ich muss nicht zur Seite schauen, um festzustellen, wer sich neben mir niedergelassen hat. »Was wollen Sie?«

»Ich bin dir eine Erklärung schuldig.« Williams Stimme ist rau, als wären die Worte Schmirgelpapier, das seine Kehle aufreißt.

»Ach ja?«

Er schweigt eine Weile, und ich sehe im Augenwinkel, wie seine Hände sich in seinem Schoß falten. »Dein Vater war der beste Partner, den ich mir hätte vorstellen können. Engagiert in jederlei Hinsicht. Und er hat es dennoch gehändelt bekommen, seiner Familie gerecht zu werden.« Er seufzt. »Im Gegensatz zu mir, wie du weißt.«

»Möchten Sie mein Mitleid? Glauben Sie mir, davon ist nichts mehr übrig.«

Williams leises Lachen lässt mich aufsehen. Ich runzele die Stirn, erforsche sein faltiges Gesicht nach der Ironie. Doch es scheint eher selbstverachtend, statt erfreut zu sein. »Du hast recht, ich habe kein Mitleid verdient. Nicht im Geringsten. Weißt du, es hat lange gedauert zu verstehen, dass Arbeitssucht eine Krankheit ist. Damals hätte ich mich noch als ehrgeizig oder vielleicht einen Hauch von habgierig beschrieben. Heute ist es: Krank. Zerbrochen. Realitätsfern.« Er wischt sich mit den Händen über die Stirn. Der goldene Ring an seinem Finger, das Symbol für seine Ehe mit Caroline, lässt die Wut in meinem Bauch aufbrodeln. »Ich wusste, dass Caroline mich verlassen wollte. Ich habe die Abrechnung für Zugtickets nach Dublin auf ihren und Zacks Namen erhalten. Damals habe ich zum ersten Mal erkannt, dass es niemanden in meinem Leben gab, dem ich von dieser Angst, verlassen zu werden, erzählen konnte. Dein Vater war ein Partner und ein Freund, aber ihn mit privaten Problemen zu belasten, kam nicht infrage. Daher habe ich deine Mutter in der Musikschule besucht.«

Erschrocken schaue ich auf, ein erstauntes »Was?« auf den Lippen.

Er nickt verbittert. »Ich habe mich für Klavierstunden angemeldet, um jemanden zum Reden zu haben. Ein paar Akkorde kann ich noch immer.« Er krümmt die Finger und ahmt ein C-Dur nach. Ich verfolge seine Bewegungen widerwillig, während er weiterspricht. »Deine Mutter war nicht nur eine begabte Musikerin, sie war auch eine gute Zuhörerin. Und irgendwann wurde sie zu einer Vertrauten.«

»Warum wusste ich nichts davon? Sie hätte doch erzählt, wenn …«

»Ich habe sie ausdrücklich darum gebeten, es niemandem zu sagen. Meine Scham war zu groß.«

Ich schüttele ungläubig den Kopf. Versuche, Williams Geschichte in Einklang mit meiner Mutter zu bringen. Ja, sie war eine warme Seele, eine Person, der die Menschen vertrauten. Aber sie war auch ehrlich. Hielt sich an unseren Pakt, dass Heimlichtuereien nichts in unserer Familie verloren hatten.

»Und dann hat euer Verhältnis begonnen?« Ich versuche die Wut in meine Stimme zu legen, doch die Worte enden in einem Wimmern.

»Unser Verhältnis?«, erwidert William fragend. »Der Kuss, von dem sie in diesem Brief schreibt, war absolut einseitig. Er fiel wenige Tage vor der Hotelfeier, als ich ziemlich angetrunken bei unserer Stunde erschien. Sie war da, sie hat mir zugehört, und sie hatte diese warmen Augen voller Verständnis. Es war ein Ausrutscher. Stella hat es sofort unterbunden.«

Mein Mund klappt auf. Das Bild meiner Mutter, eine heuchlerische Betrügerin, schwindet vor meinen Augen.

Stoff raschelt, als er das Stück Papier aus der Jackentasche zerrt. »Auf der Hotelfeier hat sie mir diesen Brief in die Hand gedrückt. Lincoln hat mich den ganzen Abend nicht ansehen können. Nach meiner Rede hat er sich neben mich gestellt, gelächelt und mir zugeflüstert, dass er seine Frau liebt. Und dass ich mir einen neuen Klavierlehrer suchen soll.«

»Er hat gesagt, dass er sie liebt?«, wiederhole ich aufgeregt.

Einen Moment erwidert er meinen Blick wortlos. »Bis wohin hast du den Brief gelesen?«

Ich blinzele überfordert. »Nur die ersten Zeilen.«

William nickt wissend, fast so, als könnte er meine Aufgebrachtheit nun vollkommen nachvollziehen. »Möchtest du den Rest lesen?«

Er hält mir den Brief vor die Brust. Seine Finger beben um dessen Umschlag. Zaghaft ergreife ich ihn, falte die letzten niedergeschriebenen Worte meiner Mutter auseinander. Dann nehme ich einen tiefen Atemzug, bevor ich zu lesen beginne:

William,
ich schreibe diese Zeilen nicht in Wut oder gar in Hass. Was passiert ist, war falsch, ist aber unumkehrbar. Deine Freundin zu sein, hat mich dein wahres Gesicht erkennen lassen. Daher weiß ich, dass dir ebenfalls bewusst sein wird, dass dieser Kuss ein Fehler war.
Ich habe dir versprochen, Lincoln nichts von deinen Stunden zu erzählen. Heute habe ich es gebrochen. Es tut mir leid, dich darin hintergangen zu haben, aber in unserer Familie ist es wichtig, ohne Geheimnisse auszukommen. Er war so enttäuscht von mir, dass er davon sprach, unsere Ehe aufzugeben. Doch er verstand später, dass dieser Kuss nichts mit Zuneigung, sondern mit deiner Verzweiflung zu tun hat.
Lincoln, die Mädchen, sie sind alles, was ich im Leben brauche. Wenn du mich für mein Geständnis verurteilen möchtest, bitte, tu es. Die Last ist von meinen Schultern gefallen, und ich muss meine Kinder nicht mehr anschauen in dem Wissen, dass ich ihnen mein Lächeln vorspiele. Wie die Geschäftsbeziehung zwischen dir und Lincoln weitergeht, steht nicht in meiner Macht. Es ist seine Entscheidung.
Ich hoffe, dass du eines Tages der Mann für Caroline und Zack sein kannst, wie Lincoln es für uns ist. Ruhm, Erfolg und Prestige sind vergänglich. Familie bleibt, wenn all das verloren ist. Ich liebe die Mädchen. Ich liebe Lincoln. Und ich weiß, tief in diesem Sumpf aus Ehrgeiz und Alkohol liebst du deine Familie auch.

Stella

Tränen tropfen auf meine Handgelenke. Ich falte das Papier zusammen, um es vor der Feuchtigkeit zu schützen.

»Ich habe fünf Jahre in dem Glauben verbracht, sie hätten sich nicht geliebt, als sie gestorben sind.«

»Glaub mir, das haben sie. Mehr als alles andere. Deine Eltern sind seelenverwandt. Das Gleiche habe ich auch in Zack und dir gesehen. Ich habe mich zwischen all das gedrängt, weil ich es nicht ertragen konnte, dass ich nicht dazu in der Lage war, selbst diese Gefühle zu empfinden.«

Mein Schluchzen verweigert mir, zu antworten, und mein Gesicht ist nass, bevor William mir ein Taschentuch reichen kann.

»Ich gebe dir einen Moment, in Ordnung?«

Ich nicke benommen, während mich eine Flut an Erleichterung und Trost erschaudern lässt. Mit dem Taschentuch wische ich mir die Tränen von den Wangen und bemühe mich, wieder in einen regelmäßigen Atemrhythmus einzusteigen. Ich drehe mich in die Richtung, in die William verschwunden ist, und erblicke verschwommen durch den Tränenschleier Zack am Tor zum Friedhof. Er und sein Vater stehen schweigend nebeneinander, mustern mich aus der Ferne. Was wohl in Zacks Kopf vorgeht? Ob er glaubt, er hätte mich ein weiteres Mal verloren? Ich halte seinem Blick stand, versuche mich an einem zaghaften Lächeln, auch wenn ich mir unsicher bin, ob er es aus der Distanz entschlüsseln kann.

Dann schaue ich zu ihrem Grab. Mit so viel weniger Bedauern, Wut und Angst als noch Momente zuvor.

Lincoln, die Mädchen, sie sind alles, was ich im Leben brauche.

»Ich vermisse euch so sehr«, flüstere ich, die Stimme noch immer kehlig. »Die letzten Jahre konnte ich mir nicht vorstellen, je wieder glücklich zu sein. Es gab diese kurzen Momente, in denen ich vergessen habe, wie beschissen alles ist. Wenn ich mit Becca und Austin unterwegs war und daran dachte, wie dankbar ich bin, sie in meinem Leben zu haben. Aber dieses *bedingungslos glücklich,* wenn das Herz sich vor Freude zu überschlagen droht, das hat es seither nicht mehr gegeben. Ich fürchte, dass ich mich geschämt hätte, es zuzulassen, wisst ihr? Wie kann ich glücklich sein, nach allem, was passiert ist? Ein unvorstellbarer Gedanke.« Schniefend tupfe ich mit dem Taschentuch unter meine Nase. »Aber jetzt.« Ich wende mich Zack zu. Seine Anwesenheit brennt in jedem meiner Atome. »Jetzt glaube ich, dass ich es werden könnte, wisst ihr? Zack ist ganz schön talentiert darin, mich glücklich zu machen.« Meine Zungenspitze geht über meine ausgetrocknete Unterlippe. »Ich will nur, dass ihr wisst, dass ihr mir immer fehlen werdet. Selbst wenn es Momente geben sollte, in denen ich die Trauer ausblende, wird sie immer da sein. Jeder Tag ohne euch ist ein anderes Leben. Aber ich glaube, es ist Zeit, mich daran zu erinnern, dass ich noch eines habe.«

Der Dezemberwind bringt die Äste über meinem Kopf zum Tanzen und schwenkt einen Guss Regentropfen auf meine Wangen. Die kalte Feuchtigkeit lässt mich erschaudern.

»Ich deute das jetzt einfach mal als Antwort«, sage ich mit einem erleichterten Lachen und wische mir mit dem Handrücken durchs Gesicht. Meine Beine zittern noch immer, als ich aufstehe und meine Schuhsohlen sich in dem Kies vergraben. Mit jedem Schritt, den ich auf Zack zugehe, spüre ich, wie ein Hauch Leben in mir zurückkehrt. Ein Stück neues Leben. Noch immer von Trauer untermalt, aber es filtert das Glück, das ich empfinde, als Zacks Augen meine treffen, nicht mehr aus.

Die Unsicherheit steht ihm ins Gesicht geschrieben, weswegen ich es gleich umfasse und meine Lippen auf seine lege. Er soll fühlen, dass er mich nicht verloren hat – mich nie wieder verlieren wird. Sein Atem ist warm, als er flüstert: »Ich dachte, wir wären aufgewacht.«

Aus unserem Traum.

»Ich werde alles daransetzen, dass wir es nie tun werden.«

46

ZACK

»Wollt ihr nicht noch etwas bleiben?« Mom hat die Hände auf meine Schultern gelegt und schaut mich aus dem schweren Schatten ihrer Augen heraus an.

»Es wird Zeit zurückzufahren. Die letzten Tage waren … viel.«

Sie nickt verständnisvoll, auch wenn ich ihr leises Schluchzen genau hören kann, als sie mich in ihren Arm zieht.

»Ich habe Angst, dass du nicht mehr wiederkommst, wenn ich dich jetzt loslasse«, murmelt sie an meine Schulter. »Ist schon mal geschehen, weißt du.«

»Das war etwas anderes«, erwidere ich leise. Unser Leben war ein anderes. Geprägt von Enttäuschungen, Anforderungen, mangelnder Kommunikation und einer Menge toxischer Gefühle. »Averston ist nicht weit von hier. In den Semesterferien werde ich euch besuchen, okay?«, versichere ich ihr, als sie noch immer nicht gewillt ist, sich aus unserer Umarmung zu lösen.

Sie nimmt die Arme von mir und nickt eilig. Tränen hängen an ihrem Kinn. »Ist gut.«

Gleich darauf geht sie zu Nelly, die ihre Reisetasche fest

umklammert vor der Brust hält, und zieht auch sie in eine Verabschiedung.

»Zack?« William erscheint im Türrahmen, einen in rot-grünes Geschenkpapier gewickelten Karton in den Händen. »Wir haben noch etwas für dich.«

Verblüfft nehme ich das Geschenk an, meine Arme sacken unter dem schweren Gewicht herunter. Dann schaue ich zwischen meinem Vater und dem Paket hin und her.

»Öffne es, wenn du zu Hause bist.«

Ich nicke zögernd, die Glieder bebend und schwer wie Blei. Er hält mir einen Arm hin, den Mund vor Unsicherheit verzogen. Träge gehe ich auf ihn zu, erwidere nur für eine Sekunde diese halbe Umarmung. Ich kann mich nicht erinnern, wann er mich je zu einer eingeladen hat. Doch anstatt in Tränen auszubrechen und in irgendeinen emotionalen Trubel zu verfallen, lächele ich kurz und gehe auf Nelly zu. »Wollen wir los?«

Die Autofahrt zurück nach Averston ist zu kurz, um all das Erlebte zu verdauen. Meine Hand hat Nellys nur dürftig verlassen, wenn der Golf mich zum Schalten zwang oder ich die Geschwindigkeit des Scheibenwischers erhöhen musste. Irgendwann ist sie eingeschlafen, mit den Worten »Sie haben sich geliebt« auf den Lippen.

Der Wagen kommt vor dem alten Klinkerhaus zum Stehen. Die Straßen sind getränkt vom Regen, der sich wie ein kleiner Bachlauf in den Spurrillen ansammelt. Nellys Wange liegt am Fenster auf, ihr Atem hat die Scheibe an einigen Stellen beschlagen. Vorsichtig streiche ich mit Zeige- und Mittelfinger über ihre Wange, warte, bis ihre Lider sich flatternd erheben.

»Wir sind zu Hause«, flüstere ich.

Augenreibend richtet sie sich auf und streckt den Rücken durch. »Habe ich die ganze Fahrt verschlafen?«

»So ziemlich«, erwidere ich. »Einmal hast du mir im Halbschlaf befohlen, *Fairytale of New York* nochmal von vorne zu spielen.«

»Oh.« Nellys Lippen formen ein Lächeln. »In der Sache kann ich wirklich sehr herrisch sein.« Sie schaut aus dem Fenster, mustert die Fassade ihres Wohnhauses. »Denkst du, wir bekommen irgendwo noch einen Weihnachtsbaum her?«

Wir klappern jeden Stand ab, den wir in Averston finden können, bis wir an einen geraten, der noch nicht geschlossen, ausverkauft oder ohne Personal besetzt ist. Ein alter Herr, gekleidet in einen Blaumann und eine grüne Kappe, hat noch genau vier Bäume zur Auswahl. *Die Mangelexemplare des Weihnachtsfests* nennt er sie. Wir entscheiden uns für einen, der in der Mitte kaum Zweige hat, dafür aber um den Stamm ordentlich mit Tannengrün eingedeckt ist. Der Kerl überlässt uns die Tanne für lau. Über den mitleidigen Ausdruck in seinen Augen können wir bloß lachen.

Nelly nimmt Sammy an der Wohnungstür der Hausverwalterin entgegen und lässt sich von ihm vor Freude abschlecken. »Ich hab dich auch vermisst, kleines Wollknäuel.«

In Nellys Wohnung angekommen, bleibt uns nichts anderes übrig, als den Baum schrag an die Wand neben dem Sofa zu lehnen, da wir keinen Christbaumständer besitzen.

»Beccas Zimmer ist voll mit Lichterketten. Sie würde unsere Schmückaktion mit Sicherheit unterstützen, daher stört es sie bestimmt nicht, wenn wir eine von ihnen für unseren Baum verwenden«, sagt Nelly grinsend und hält ein Exemplar mit runden Köpfen und durchsichtiger Schnur in die Höhe. Etwas unbeholfen versuchen wir sie um den Baum zu binden, ohne ihn zum Stürzen zu bringen.

»Verdammt, ich glaube, in der Mitte müssen wir sie einfach um den Stamm wickeln.«

Mit konzentriert verzogenen Lippen setzt Nelly meinen Vorschlag in die Tat um und begutachtet das Ergebnis mit Händen in den Hüften. »Wir brauchen Kugeln. Oder irgendetwas, das wir als Kugeln missbrauchen können.«

Ich krame in meiner Jeanstasche nach den Autoschlüsseln des Golfs und ziehe das Bund über einen der Zweige. »Gar nicht so übel, findest du nicht?«

Nelly grinst spitzbübisch und hebt den Zeigefinger. »Wir

machen eine Challenge: Wer die meisten weihnachtsbaumwürdigen Gegenstände findet, darf sich etwas wünschen.«

Die nächste halbe Stunde verbringen wir damit, die Schränke nach Kleinkram abzusuchen. Das Ergebnis sammeln wir auf der Couch.

»Okay, ich habe einen Schlüsselanhänger mit einem Bild von Sammy, zwei Espressotassen, Haargummis, Perlenohrringe und eine von Beccas Ketten, die sie auf der Badablage vergessen hat. Und du?«

Ergeben hebe ich den einzigen Gegenstand an, den ich finden konnte.

»Eine Rolle Klebeband? Im Ernst, Zack?« Ihr Lachen kommt aus den Tiefen ihres Bauches und bewirkt, dass sie nach hinten kippt und auf dem cremefarbenen Teppich landet. Der Aufprall scheint ihr Lachen nur zu verstärken, wodurch sich sogar ein Grunzen mit untermischt.

Ich steige in ihr Lachen ein und krabbele über sie, um sie mit einem gespielt ernsten Blick einzuschüchtern. »Hey, ich habe zwei Gegenstände. Der Schlüssel zählt schließlich auch.«

»Ich habe einen Wunsch frei«, ruft sie mir neckend in Erinnerung und lässt die Finger von meiner Stirn hinab zu meinen Mundwinkeln gleiten. Sie verweilen an meiner Unterlippe, und ihr freches Grinsen erstirbt, als wäre sie von dem Ernst der Welt eingeholt worden. »Bleib die nächsten Tage bei mir«, flüstert sie. »Geh nicht zurück ins Wohnheim.«

»Das wäre auch mein Wunsch gewesen«, erwidere ich leise. Die Gefühlsexplosion in meinem Inneren raubt mir den Ton. Ich beuge mich zu ihr hinunter, küsse sie vorsichtig, dann leidenschaftlich. Es dauert keine Minuten, bis wir beginnen uns zu entkleiden, zu berühren, zum Stöhnen zu bringen. Der Gedanke, dass ich mich die nächsten Tage keine Sekunde länger von ihr trennen muss als notwendig, lässt mich den gesamten Abend über grinsen.

Wir schmücken den Baum mit unseren Sammlerstücken, erfüllen die Wohnung mit dem Duft heißer Schokolade, die wir unter dem ramponierten Weihnachtsbaum trinken.

Ihr Kopf liegt auf meiner Schulter, als sie irgendwann aufschaut, als wäre sie von einem Geistesblitz getroffen worden.

»Das Geschenk deiner Eltern«, erinnert sie mich.

Ich seufze gequält. »Es genügt, wenn wir es morgen öffnen.«

Sie zieht die Stirn kraus. »Dann hält mich meine Neugierde die ganze Nacht wach.«

»Habe ich nichts gegen«, erwidere ich mit einem Grinsen und stoße die Nasenspitze gegen ihre.

»Hast du Angst, dass sie es nicht ernst meinen?«

Ich presse die Lippen aufeinander, tauche kurz in Gedanken ab. »Ich kann es mir einfach nicht vorstellen, weißt du? Meine ganze Kindheit waren sie so … distanziert. Familie hat ihnen einen Scheiß bedeutet, ganz besonders meinem Vater. Jetzt hat Mom Tränen in den Augen, wenn sie mich verabschiedet, und William gibt mir ein selbstverpacktes Geschenk mit auf den Weg. Es ist zu gut, um wahr zu sein.«

Nelly löst sich aus unserer Umklammerung, um mir in die Augen sehen zu können. Sie sind warm wie immer, zugleich von Entschlossenheit unterlegt. »Ich verstehe deine Bedenken, vermutlich würde ich ihnen auch nicht gleich verzeihen. Aber … bestimmte Umstände können Menschen verändern. Sowohl zum Guten als zum Schlechten. Erinnere dich daran, wie ich mich dir gegenüber verhalten habe, als du in Averston aufgetaucht bist.« Sie senkt den Blick auf ihre Hände, die sie vor Scham knetet. »Ich dachte, ich wäre nicht mehr dazu in der Lage, diese Gefühle von früher zu empfinden. Aber … sie haben mich überrascht. Du hättest jedes Recht dazu gehabt, mir meine Art nicht zu verzeihen. Doch du hast es getan.« Sie fährt mit ihrem Zeigefinger über die Kuhle über meinem Schlüsselbein. Eine hauchfeine Berührung, die jeden meiner Muskeln erstarren lässt. »Und jetzt sitzen wir hier.« Ich spiegele ihr Lächeln und streiche ihr die störrischen Locken aus dem Sichtfeld. »Was ich damit sagen will, ist eigentlich nur, dass Verzeihen manchmal zu etwas Großem führen kann. Vielleicht werden sie dich enttäuschen, vielleicht aber wirst du die Familie bekommen, die du dir dein ganzes Leben lang gewünscht hast. Du musst abwägen, ob es das Risiko wert ist.«

»Weise Worte, Miss Harlow«, erwidere ich amüsiert und gerührt zugleich.

»Habe ich mir während der Autofahrt zurechtgelegt.« Ihre Faust landet spielerisch an meiner Schulter. Ich fange sie ab, hauche einen Kuss auf ihre Fingerknöchel. Dann erhebe ich mich, was Sammy dazu bringt, mir hinterherzutrotten. Vermutlich erhofft er sich die letzten Krümel Mince Pies, die sich großflächig auf meinem dunkelroten Sweatshirt verteilen und im Gehen vom Stoff rieseln. Das Geschenk meiner Eltern liegt verborgen unter meiner grauen Reisetasche. Ich ziehe es hervor, betrachte es von allen Seiten mit schmalen Augen.

»Komm her«, ruft Nelly und klopft neben sich auf den Teppich. »Es ist kein richtiges Weihnachten, wenn du es nicht unterm Baum öffnest.«

»Ist das so?«, erwidere ich grinsend, folge ihrer Bitte jedoch und lasse mich ächzend neben ihr nieder. »Ich habe das Gefühl, wir haben Weihnachten gerade neu erfunden. Unsere Dekoration sollte in die Geschichte eingehen.«

»Du lenkst ab«, stellt sie fest und tippt mit dem Zeigefinger auf das Paket.

»Erwischt«, murmele ich und verziehe nachdenklich den Mund.

Nelly stupst ihre Nase an meine Wange. »Zusammen?«

Ich nicke, dann entwirren unsere Finger die Klebestreifen und schieben das festliche Papier von dunkler Pappe. Ein Schuhkarton, ähnlich dem, in welchem ich Nellys Erinnerungsstücke bewahrt habe. Räuspernd hebe ich den Deckel an und betrachte stumm, was darunter verborgen liegt. Ein Haufen Bücher in verschiedenem Design. Einige beschäftigen sich mit Kurzfilmen, andere mit Schnitt, mit Raumbild, mit Regietheorie, Drehbüchern und Perspektivenwechsel. Mit offenem Mund ziehe ich die Karte hervor, die in eines mit grünem Cover gesteckt ist. Sie zeigt ein Haus in winterlicher Landschaft, von nicht mehr umgeben als Wald und Bergen. Ein Ort, der von Gemütlichkeit geprägt ist. Ein Zuhause.

Auch Nelly beugt sich neugierig nach vorne, um die Zeilen zu entziffern.

WIR SIND STOLZ AUF DICH
MOM & DAD

Einen Moment blinzele ich dem Papier entgegen. Frage mich, ob ich die Worte herbeifantasiert habe. Doch als sie auch nach Sekunden nicht verschwinden, schüttele ich ungläubig den Kopf.

»Das ist die Schrift meines Vaters«, flüstere ich und schlucke trocken. *Wir sind stolz auf dich.*

Er ist stolz auf mich.

Nelly drückt ihre Wange an meine. »Sie haben jeden Grund dazu.«

47

NELLY

Die Tage zwischen Weihnachten und Silvester gleichen einem Traum. Bis auf die Spaziergänge mit Sammy bewegen wir uns nicht viel weiter als vom Bett in die Küche und wieder zurück. Mein Herz ist voll von Gefühlen, Empfindungen, Glück. In meinem Kopf hingegen herrscht eine willkommene Stille. Keine Zweifel. Keine Vorwürfe. Nur er.

Als das Universitätsgebäude wieder geöffnet ist und seine Räume zur Verfügung stellt, verschwindet Zack in der Mittagszeit in die freien Seminarräume, um dort an seinem Filmprojekt zu arbeiten. Ich nutze die Zeit, um still und heimlich zu recherchieren, ob und wie ich meine Fächerkombination verändern kann. Ich weiß, dass die Averston Abschlüsse in Musik anbietet, auch wenn sie keine namhafte Hochschule ist, so wie manch andere mit dem Schwerpunkt auf musikalischen Studiengängen. Doch um angenommen zu werden, benötigen sie Aufnahmen von mir. Aufnahmen, die ich nie angefertigt habe, auf einem Klavier, das ich in dem Apartment meiner Tante zurückgelassen habe. Viertausendneunhundertzweiundachtzig Kilometer und einen verdammten Ozean von hier entfernt. Als der helle Bildschirm meines Laptops mir brennende Augen verursacht, vibriert mein Handy auf der Tischplatte. Eine unbekannte Zahlenreihenfolge leuchtet in meinem Messenger.

Hey, hier ist Faye! Hab mir deine Nummer aus Zacks Handy gestohlen. Lust, einen Kaffee trinken zu gehen?

Eine Stunde später sitze ich ihr gegenüber in einem kleinen Café im französischen Stil. Die Stuhlplatte unter meinem Hintern ist risikoreich winzig, aber wenigstens bieten die verschnörkelten Halterungen einen hübschen Anblick.

Fayes von Sommersprossen übersäte Hände umklammern Porzellan gefüllt mit schwarzem Kaffee, während mir der Duft von grünem Tee unters Kinn dampft.

»Wie kommt ihr mit eurem Projekt voran?«, frage ich und stapele die Macarons auf dem Teller zwischen uns zu einem bunten Türmchen.

»Ganz gut. Dass wir kaum Text benötigen, vereinfacht uns die Planung immens.« Ihr Lächeln ist niedlich, als sie ihr Kinn auf ihren Handballen stützt. »Die Ablenkung tut gut. Diese ganze Lernerei macht mich noch wahnsinnig.«

»Erinnere mich nicht daran. Ich bin auch wieder viel zu spät dran. Dabei habe ich all meine Biologieprüfungen auf die zweite Januarwoche geschoben.«

»Das ist okay. Du bist schließlich mit anderen Dingen beschäftigt. Mit *angenehmeren* Dingen. Hab ich recht?« Sie grinst frech und stibitzt sich einen Macaron mit Pistaziengeschmack von meinem Stapel. Meine Wangen müssen glühen, als ich räuspernd den Blick abwende und aus dem Fenster schaue. Die Scheibe ist von Regentropfen bedeckt. Ihr Klang vereint sich mit der Musik von Streichinstrumenten.

»Was hat er dir über uns erzählt?«, frage ich vorsichtig. »Du musst nicht für ihn lügen. Ich weiß es, seit du mich *Nelly* genannt hast. Und es ist in Ordnung.«

Faye verzieht das Gesicht. »Stimmt, ich habe es viel zu spät bemerkt und dann gehofft, dass du den Teebeutel entsorgt hast, ohne es zu lesen.« Sie streicht sich die Krümel von den rosa Lippen. »Er ist verrückt nach dir. Das ist alles, was ich zu hören bekomme. Manchmal glaube ich, er ist nicht mal richtig anwesend, weil er den Moment nicht abwarten kann, zu dir nach Hause zu kommen.«

»Ich behindere also euer Projekt«, stelle ich fest. »Das tut mir ehrlich gesagt gar nicht mal so leid.«

Faye lacht. »Das kann ich mir vorstellen. Es gibt nichts Schöneres, als frisch verliebt zu sein.«

Sie schaut schwärmerisch in ihren Kaffee, als würde ihr dort eine Erinnerung begegnen, die längst in diesem dunklen Gebräu untergegangen ist.

»Wie lange sind du und … Conor schon ein Paar?«, frage ich vorsichtig.

»Bald zwei Jahre.«

»Seit wann lebt ihr zusammen?«

Ihre Mundwinkel sinken wenige Nanometer. Würde ich sie nicht genau beobachten, wäre es mir mit Sicherheit unbemerkt geblieben. »Ich bin … ziemlich schnell bei ihm eingezogen. Aber das ist eher … inoffiziell. Er hat die Erdgeschosswohnung in seinem Elternhaus, bis er das Anwesen überschrieben bekommt. Dann …«, sie zuckt die Schultern, »werden wir alles gemeinsam planen.«

»Er studiert auch in Averston?«

Sie schüttelt den Kopf. »Nein, er studiert an einer privaten Fernuni, um schon in dem Büro seines Vaters arbeiten zu können. Er ist ein ziemlich bekannter Steuerberater, falls du mal jemanden suchst.«

Mir entgeht nicht, wie sich die Klangfarbe ihrer Stimme verändert hat. War sie eben noch ein samtiges Rosa, das von meinem und Zacks Glück schwärmte, ist sie nun dunkelgrau, geradezu kühl.

»Anderes Thema: Hast du Lust, deinen Freund in der Uni mit

Kaffee zu überraschen? Ich würde euch zu gern mal zusammen sehen.«

Ich blinzele überrascht. »Klar.«

Wir erheben uns, um unsere Getränke zu bezahlen und gleichzeitig eines für Zack zu ordern. »Faye?«, flüstere ich ihr zu, als sie die Speisekarte über den Köpfen der Barista beäugt. »Zack trinkt seinen Kaffee mit Zucker, oder?«

Sie nickt mit einem bestätigenden Lachen. »Ja, er hat absolut gar keinen Geschmack.«

Gemeinsam durchqueren wir den Kern der Hochschule. Von dem Eingangsbereich mit dem Empfang und der Verwaltung staffeln sich die Gänge der verschiedenen Fachbereiche. Faye führt mich ins zweite Stockwerk, durch einen gläsernen Übergang hindurch, von wo ich einen Blick auf die Dämmerung werfen kann. Die Sonne ist längst von unserem Horizont verschwunden, und doch spüre ich ihre Wärme noch immer im Herzen.

»Dort drüben ist er.« Faye deutet auf eine Tür, hinter der sich einer der kleineren Hörsäle verbirgt.

»Okay.« Ich will mich in Bewegung setzen, als mir klar wird, dass Faye nicht die Intention hat, mir zu folgen. »Kommst du nicht mit?«

Mein Stirnrunzeln bringt sie zum Lächeln. Sie streicht über meine Schulter. »Er hat da etwas von Privatvorführung erzählt. Ich glaube, da halte ich mich raus.«

Tausend Fragen liegen auf meiner Zunge. Doch ich schlucke sie runter und ziehe Faye in meinen Arm. »Danke.«

»Wofür?« Ihre Stimme klingt verwundert. Der Duft von grünem Apfel hängt in ihrem weichen Haar.

»Dass du mir die Chance gibst, deine Freundin zu werden.«

Einen langen Moment mustert sie mein Gesicht, den Mund gedankenverloren verzogen. »Glaub mir, ich brauche das genauso dringend wie du.«

Bevor ich weiter nachfragen kann, hebt sie die Hand und macht auf dem Absatz ihrer braunen Stiefel kehrt.

Ich blicke ihr nach, Zacks Kaffee muss mittlerweile abgekühlt sein. Langsam gehe ich auf den Seminarraum zu und drehe den Knauf zur Seite. Ich schiebe mein Gesicht durch die Tür und begegne einer Dunkelheit, die ich nicht habe kommen sehen. Nur das Licht des Beamers durchbricht den dunklen Schein.

»Zack?«, rufe ich fragend.

Ich höre seine Schritte, bevor ich ihn sehe. Sein Lächeln ist keineswegs überrascht, im Gegenteil. Alles hier macht den Anschein, als hätte er lange auf mich gewartet. »Hey.«

Als uns nur noch wenige Meter voneinander trennen, nehme ich seinen Geruch wahr. Minze, mit einem Hauch von Zitrone.

»Warum ist es hier so dunkel?« Ich lege meine Hände auf seine Brust und stelle mich auf die Zehenspitzen, um ihn zu küssen.

»Ich habe noch eine Ergänzung für dein Geschenk«, flüstert er an meine Lippen. »Und ich bin mir verdammt unsicher, wie du darüber denken wirst.«

Ich sinke zurück auf die Fußballen und reiße die Augen auf. Nervös schaue ich zu der projizierten Fläche des Beamers, auf der eine Datei mit dem Titel *Phoebe Harlow* geöffnet ist.

»Ich hatte eine Speicherkarte, auf der ich ihre Aufnahmen gesammelt habe, damit sie sich nicht mit meinen vermischen. Ich habe sie aus der Kiste genommen, bevor ich sie dir gegeben habe.«

Mein Mund muss mir offen stehen, so wenig bin ich dazu in der Lage, meine Muskeln zu bewegen.

»Die letzten Tage habe ich versucht, sie zu einer Datei zusammenzuschneiden. Du kannst entscheiden, ob du sie dir ansehen möchtest oder nicht.«

Ich lasse die Finger von Zacks Shirt gleiten, da es mir nicht mehr gelingt, die Arme aufrecht zu halten. Alles in mir erbebt unter dem Gedanken, dass eine so große Fülle ihres Lebens an dieser Wand auf mich wartet.

»Ja.« Meine Antwort ist nicht mehr als ein Lufthauch. Alles andere bleibt unter der Mauer in meiner Kehle hängen.

Zack legt die Hand auf meinen Unterrücken und führt mich in eine der mittigen Sitzreihen. Sie verweilt auch weiterhin dort, als er die Fernbedienung des Beamers umfasst und sich erneut vergewissert, dass er das Video starten darf. Ich nicke, den Blick bereits wie hypnotisiert auf den blauen Kasten gerichtet. Wie soll ich es über mich bringen, zu blinzeln und damit zu riskieren, auch nur eine Sekunde zu verpassen?

Zack drückt auf *Play*, und das Gesicht meiner Schwester erhellt den Saal. Sie hält die Kamera verkehrt herum, sodass die Linse sie in Nahaufnahme einfängt. Ihre dunklen Haare sind zu zwei Zöpfen geflochten, die ihr bis zu den Hüften gehen.

»Herzlich willkommen zu Phoebe Harlows Talkshow.« Ihre Schneidezähne werden von einer kleinen Lücke getrennt. Wenige Wochen vor dem Unfall hatte sie ihren letzten Milchzahn verloren. »Heute haben wir einen ganz besonderen Gast bei uns.« Das Bild wackelt und verschwimmt in seinen Farben. Dann richtet es sich auf große schwarze Knopfaugen und damals noch bräunliche Locken. Phoebes Gesicht schiebt sich neben das unseres Welpen, und Sammys Zunge streift ihre Nasenspitze. »Haben Sie etwas zu sagen, Mr Sammy?« Ihr Kichern brennt sich in mein Herz ein. Ich weiß, dass ich es genau dort verschließen und nie wieder freilassen werde.

In der nächsten Sequenz durchquert Phoebe das Hotel. Ihre Aufnahmen sind durch ihre hektischen Bewegungen verschwommen, und man hört nicht mehr als ihr lautes Atmen. Gleich darauf Ausschnitte von einem gedeckten Tisch. Im Hintergrund höre ich Dad und William über geschäftliche Themen philosophieren. Ganz sicher sind diese Aufzeichnungen heimlich entstanden. Das Bild zoomt an meine Mutter heran, die ihr Wasser im Glas kreisen lässt und die Augenbrauen zusammenzieht, als sie Phoebes Aktion entdeckt. Sie schüttelt fast unmerklich den Kopf und deutet nach unten, mit der Bitte, Caroline und William nicht zu verärgern.

Die nächsten Bildabfolgen entfachen Erinnerungsfetzen, bei denen ich lange nicht unterscheiden konnte, ob sie herbeigeträumt oder real waren. Phoebe filmt unser Spiegelbild, während sie sich um ihre eigene Achse dreht, irgendwann abrupt anhält und die Kamera auf mich richtet.

Die Haare zu einem üblichen Zopf gebunden, das Lächeln zart und unschuldig. Ich erkenne mich in diesem Abbild, doch ist mir diese Version meiner selbst fremd geworden.

»Hier sehen Sie die weltbekannte Pianistin Eleanor Harlow!«, ruft meine Schwester strahlend, weswegen mein früheres Ich ungläubig das Gesicht verzieht.

»Pass auf Zacks Kamera auf, Phoebe. Ich will nicht, dass sie ihm kaputtgeht.« Phoebe stimmt ein neckendes Kinderlied an, in dem sie mir unterstellt, mich in Zack verknallt zu haben. »Habe ich gar nicht!«, rechtfertige ich mich aufgebracht und halte die Hände vor die Linse. »Phoebe, du weißt, dass er das sehen wird. Lösch es, bitte.«

»Sie hat es nicht gelöscht«, stelle ich lachend fest und lege meine Stirn auf Zacks Schulter.

Er drückt meine Hand. »Ich habe es beim Schneiden zum ersten Mal gesehen.«

Alle folgenden Aufnahmen, in denen mein Vater Grimassen schneidet, Mom Phoebe demonstriert, wie man sich zu einem Walzer bewegt, und Sammy mit mir und Dad durch den Hotelgarten sprintet, treiben mir Tränen in die Augen, bringen mich jedoch im nächsten Moment zum Lachen. Genau jetzt wird mir klar, dass meine Erinnerungen nie nur schwarz und weiß sein werden. Es wird immer Rückblicke geben, die mir das Herz brechen. Gleichzeitig sind da all diejenigen, denen ich es verdanke, morgens mit einem Lächeln in den Tag zu starten.

Die letzten Sekunden des Videos zeigen eine erneute Nahaufnahme von Phoebe, im hinteren Winkel stößt mein Gesicht hinzu. »Ich hab dich lieb, Nelly.«

»Ich hab dich auch lieb, Nervensäge«, erwidert meine frühere Version und drückt ihr einen Kuss auf den Scheitel, ehe der Bildschirm sich langsam schwarz färbt.

Ich schließe die Augen, spiele die Erinnerungen weiter vor den geschlossenen Lidern ab. Sie sind so real, dass ich unter ihnen erschaudere. Ihre Stimmen, ihre Flüche, ihr Lachen. Tante Karen hat mal gesagt, dass die Stimme das Erste ist, was der Mensch vergisst. Sie wieder in meinem Ohr zu haben, mich zurückzuerinnern, wie deren Farbe klang, meißelt Abdrücke in mein Herz. Sie sind die Melodien, die ich in meinen Kompositionen verarbeiten werde, um mich daran zurückzuerinnern, wonach Glück klingen kann.

Irgendwann öffne ich die Augen, bin bereit, die Erinnerungen im Herzen zu behalten, meinen Alltag mit ihnen vereint fortzuführen.

»Geht es dir gut?«, fragt Zack nach einer Weile. Der Raum ist stockduster. Der Beamer rauscht über unseren Köpfen. Winzige Staubkörner tanzen in seinem Licht.

Ich lege die Hände um sein Gesicht, streiche über seine Wangenknochen. Sachte lehne ich meine Stirn an seine. Sein Atem nähert sich meinen Lippen, und ich bin mir sicher, dass er in Versuchung schwebt, mich zu küssen, doch vorher flüstere ich: »Ich liebe dich.«

Mein Herzschlag bollert mir in den Ohren. Für jeden anderen wären diese Worte voreilig, durch eine Welle an Emotionen hinausgerutscht. Doch für uns kommen sie verspätet. Mit fünf Jahren Verzögerung. Daher wundert es mich nicht, dass Zack erwidert: »Habe es immer getan.«

48

NELLY

ES IST NOCH FRÜHER MORGEN, als ich vorsichtig unter Zacks Armen hervorkrieche und in die Küche schleiche. Sammys Köpfchen erhebt sich, als ich die Tür zuschließe, und er trottet in dem Wissen auf mich zu, gleich sein Frühstück zu bekommen. Schon rein aus Routine betätige ich den Hebel der Lichterkette unseres Mangelexemplar-Weihnachtsbaums und erfülle die Wohnung mit nachweihnachtlicher Stimmung.

Heute ist Silvester. Der letzte Tag des Jahres. Paradox. Schließlich hatte ich meinen Neubeginn bereits wenige Tage zuvor.

Ich schiele auf die Wanduhr. In New York ist es gerade vier Uhr nachts. Doch einen Versuch ist es wert. Daher tippe ich auf den Chat mit meiner Tante Karen.

Nachtschicht?

Überraschenderweise erscheint ein *Online* unter ihrem Namen. Sekunden später ihre Antwort:

Du kennst doch meinen Dienstplan, wie immer eine nett gemeinte Katastrophe.

Ist es gerade ruhig? Kann ich anrufen?

Noch bevor ich überhaupt in Erwägung ziehen kann, den Anruf zu tätigen, vibriert mein Handy und wirft mir ein Bild meiner Tante von meiner Highschool-Abschlussfeier entgegen. An diesem Tag hat sie sich so schön zurechtgemacht. Habe ich ihr das je gesagt? Vermutlich nicht, schließlich war ich damit beschäftigt, mich unter ihrer Zuwendung zu ducken, als würde sie Gift versprühen.

»Hey«, begrüße ich sie.

»Selber hey! Du klingst so … fröhlich. Warst du letzte Nacht unterwegs?« Das vertraute Ziehen in meiner Brust beweist, dass ich ihre Stimme viel zu lange nicht mehr gehört habe. Die Frau, die keine Sekunde gezögert hat, mich nach dem Tod meiner Eltern zu sich zu nehmen.

»Ich bin brav in meinem Bettchen geblieben.« Ich verkneife mir die Bemerkung, dass ›brav‹ nicht die treffende Umschreibung ist, mit einem Grinsen. »Sag mal, kannst du dir vorstellen, das E-Piano in den nächsten Monaten herzuschicken?«

»Das E-Piano?«, vergewissert sie sich verblüfft. »Ja … klar. Ich werde mich danach erkundigen.«

»Danke! Du bist sicher müde, ich will dich gar nicht aufhalten …«

»Nein, es ist toll, von dir zu hören, Eleanor. Hattest du ein schönes Weihnachten?« Sie klingt besorgt. Meine Absage zu ihrer Einladung nach New York hat sie wahnsinnig aufgewühlt.

»Ja, das hatte ich«, erwidere ich. »Sehr sogar. Nächstes Jahr komme ich wieder zu euch, versprochen.«

»In Ordnung. Sag mal …« Sie räuspert sich. »Hast du etwas dagegen, wenn ich das Klavier begleite? Also metaphorisch gesehen. Schließlich kann es nicht neben mir im Passagierflugzeug sitzen, das wäre ja absurd.« Sie lacht verlegen. Wie immer, wenn Karen nicht mit der Sprache herausrücken will, verhaspelt sie sich in wirren Worten. »Eigentlich wollte ich fragen, ob ich dich besuchen kommen darf. Vielleicht in deinen Semesterferien?«

»Natürlich!«, rufe ich und halte mir gleich darauf die Hand vor den Mund, da ich die Lautstärke meiner Stimme unterschätzt habe. »Du kannst kommen, wann immer du willst, Karen. Ehrlich, ich freue mich.«

Einen Moment ist es still in der Leitung. Höre ich etwa ein gerührtes Wimmern? »Okay, Kleines. Dann sehen wir weiter, wenn ich mich bei den Fluganbietern erkundigt habe, ja?«

»Ist gut. Hab einen ruhigen Dienst.«

Als ein Rauschen in die Leitung tritt und ich das Handy sinken lasse, fühle ich mich seltsam befreit. Ich stütze mich auf die Lehne unseres Sofas und öffne das Dachfenster einen Spalt, um den anbrechenden Morgen zu sehen, zu riechen und zu hören.

Als die Sonne über die Dächer hinweg in unsere Wohnung strahlt, erhebe ich mich und erhitze Milch in einem kleinen Topf. Nebenbei krame ich alles hervor, was ich für meine Pancakes benötige. Als das Kakaopulver in die weiße Flüssigkeit rieselt, öffnet sich die Tür zu meinem Zimmer. Zack tritt aus dieser, das Gesicht zerknirscht von der Nacht, mit nichts weiter bekleidet als seiner Unterhose. Krampfhaft versuche ich, meine Augen von seiner nackten Haut zu lösen, und werfe einen schnellen Blick auf die Uhr. »Es ist noch vor zwölf an einem freien Vormittag, und Zack Burley verlässt das Bett? Bist du gesund? Soll ich Fieber messen?«

Bewaffnet mit einem frechen Grinsen und einem Schneebesen rühre ich die Schokoladennote unter und spüre gleich darauf Zacks Hände, die sich quälend langsam um meine Hüften legen.

»Der Duft hat mich aus dem Schlaf gerissen«, murmelt er in

mein Ohr. »Und seitdem ich dich kenne, macht mich der Geruch von heißer Schokolade auf seltsame Art und Weise an.« Um seine Worte zu unterstreichen, zieht er meinen Unterkörper an seinen. Als ich seine Erregung an meinem Hintern spüre, schnappe ich scharf nach Luft.

»Ist das so?«, frage ich möglichst desinteressiert und drehe die Temperatur der Herdplatte herunter. Sein Atem wandert über meine Halsbeuge. Ich erschaudere und spüre schon jetzt, dass meine Beine an Halt verlieren. Warum musste ich auch darauf verzichten, mir etwas überzuziehen? Das Zittern wird ihm kaum verborgen bleiben. Mit einer fixen Bewegung hat er meinen Körper gedreht, sodass meine Brust an seiner aufkommt.

Seine Hände wandern hinauf zu den Rundungen meiner Brüste, während seine Lippen sich meinen nähern und sie schlussendlich für sich erobern. Als unsere Berührungen sich intensivieren, hebt er mich an den Hüften empor auf den Küchentresen. Die Utensilien für den Teig schieben wir achtlos beiseite. Das Scheppern der Schüssel auf dem Fußboden lässt mich laut auflachen, während seine Berührungen mich Sekunden darauf zum Seufzen bringen.

Als seine Lippen sich von meinen lösen und stattdessen meinen gesamten Körper hinabwandern, kommt mein Hinterkopf vor Erregung an einem Hängeschrank auf. Seine Finger, mit denen er das Billy-Joel-Shirt hochschiebt, sind warm und forschend.

Er macht sich nicht die Mühe, mir den Slip von den Beinen zu ziehen, sondern streicht den Stoff zur Seite, um den Punkt zu erreichen, der ein ungewöhnlich lautes Stöhnen aus mir herauskitzelt. Jede seiner Berührungen ist geübt wie die Bewegungen eines Pianisten. Er spielt meinen Körper, entlockt mir Sinfonien mit seinen Händen, seinen Lippen. Mein finaler Akt endet in einem intensiven Schaudern und bunten Lichtern, die vor meinen Augen tanzen. Alles in mir pulsiert, als Zack sich aufrichtet und mich atemlos küsst. Seine Finger vergraben sich in meinem Haar, meine bohren sich in seinen Rücken. Ich hätte ewig so weitermachen können. Wer braucht schon ein Feuerwerk zum neuen Jahr, wenn er diese Gefühlsexplosion erleben darf?

Doch dann fällt eine Tür ins Schloss und eine Tasche zu Boden.

Aus unserem Moment gerissen lösen wir uns voneinander und winden die Köpfe in die Richtung unserer Mitbewohner, die wie schockgefroren vor der Wohnungstür stehen. Becca umklammert Austins Arm mit einer Stärke, die rote Flecken auf seiner Haut hervorruft. Sie werfen sich stumme Seitenblicke zu, während Zack und ich um Worte ringen.

»Macht … einfach weiter, und wir reden später darüber, ja?« Becca hebt ihre Tasche vom Boden und stiehlt sich rücklings in ihr Zimmer. »Lasst euch bloß nicht von uns stören.«

Austin hingegen scheint ihren Wink nicht verstanden zu haben, denn er bleibt angewurzelt auf der Stelle und verkneift sich erfolglos sein Grinsen.

»Austin!«, zischt seine Freundin hektisch und streckt einen Arm nach ihm aus, sodass er, ohne den Blick von uns abzuwenden, hinterhertrottet. Als ihre Zimmertür sich schließt, hört mit Sicherheit sogar die alte Mrs Reagan im Erdgeschoss ihr Kreischen.

Erschöpft lasse ich meine Stirn gegen Zacks sinken.

»Das war so nicht geplant«, stelle ich beschämt fest.

»Wir hätten daran denken können, dass sie heute zurückkehren«, stimmt Zack mir zu, ehe seine Mundwinkel sich heben.

»Findest du das lustig?«, frage ich gespielt vorwurfsvoll, ehe auch ich zu prusten beginne. Die überkochende Milch lässt mich aufschrecken und mit einem »O Scheiße!« zum Herd sprinten. Die heiße Schokolade wirft bereits Blasen, als ich den Topf von der Platte ziehe und seufzend den Kopf in den Nacken lege. »Ich glaube, wir sollten Frühstück vorbereiten. Das wird ein langes Gespräch.«

Als der Tisch eingedeckt ist mit Pancakes, Rührei und Bacon – dessen Zubereitung glücklicherweise Zack übernommen hat –, klopfe ich an Beccas Zimmertür. »Habt ihr Lust, mit uns zu frühstücken?«

Ich höre ihr aufgedrehtes Murmeln auf der anderen Seite der

Pforte. Dann öffnet sie sich einen Spalt, und ich erblicke Beccas dunkle Augenpartie. »Und wie wir Lust haben.«

Ihr Grinsen geht von einer Wange zur anderen, als sie händereibend ins Wohnzimmer spaziert. Austin folgt ihr und beugt sich unter die Tischplatte, wo Sammy es sich bequem gemacht hat und auf unsere Überreste wartet.

Möglichst beiläufig fülle ich ihre Tassen mit Kaffee und meine – eine in der Form eines Pinguins – mit heißer Schokolade auf.

»Du benutzt mein Weihnachtsgeschenk also doch.« Becca umfasst den Pinguin mit beiden Händen und betrachtet ihn von allen Seiten. »Austin hat mir versichert, dass sie in irgendeiner Ecke unserer Küche verstauben wird.«

»Ich bin doch keine Tierquälerin«, erwidere ich im Spaß, doch merke gleich, dass meine Stimme wankt. *Das mit der Gleichgültigkeit war eigentlich mal dein Ding, Harlow.*

Zack lässt sich neben mir nieder. Er hat sich ebenso wie ich schnell Shirt und Jeans übergezogen.

Beccas Blick gleitet flink zwischen uns beiden hin und her.

»Wie war euer Weihnachten?«, fragt Zack nach einer Weile unangenehmer Stille.

»Super«, erwidert Austin und schnappt sich einen Pancake. »Meine Großtante hat am ersten Weihnachtstag ihren hundertsten Geburtstag gefeiert. Die ganze Familie war da.«

»Und ich hätte niemals gedacht, dass eine Frau in diesem Alter noch ein ganzes Guinness in unter zehn Minuten trinken kann«, fügt Becca lachend hinzu.

Austin zuckt die Schultern. »Von irgendjemandem muss ich mein Talent ja geerbt haben.«

»Und eure Feiertage?« Becca beugt sich vor, verschränkt die Finger vornehm vor der Brust. Ich merke, dass sie sich bemüht, ihr wissendes Schmunzeln zu unterdrücken.

Unsicher werfe ich Zack einen Seitenblick zu. Vielleicht hätten wir uns vorher absprechen müssen. Doch allein der Gedanke an dieses Gespräch, das die Krone auf mein Lügenmärchen setzen wird, hat dazu geführt, dass mein Kopf blockiert.

»Nicht besonders gut, ehrlich gesagt. Ich war bei meinen Eltern, und es war … chaotisch. Also bin ich schon am ersten Weihnachtstag nach Averston zurückgekehrt und habe El in der Stadt getroffen, als sie einen Weihnachtsbaum gesucht hat.« Er deutet mit dem Daumen auf unseren ramponierten Baum, der Becca und Austin ein amüsiertes Lachen entlockt.

Zack ist kein großer Lügner, war er nie. Man sieht ihm seine Gefühle stets auf der Haut an, in Form von Stressflecken, die sich schon bei Notlügen seinen Hals emporkämpfen. Diesmal können wir es wenigstens auf seine Scham schieben.

»Warum warst du nicht in New York?«, fragt Becca mit gerunzelter Stirn und einem Hauch Empörung.

»Mein Flug wurde gecancelt, der nächste wäre erst wieder am zweiten Weihnachtstag gegangen. Also habe ich beschlossen, mein Weihnachten mit Sammy zu verbringen, bis ich Zack getroffen habe.«

Verblüfft schließe ich den Mund und lasse unser Schauspiel sacken. Dass unsere Geschichten sich wie Puzzleteile ineinanderfügen, hätte ich nicht erwartet.

»Ihr wart hier? Die ganzen Feiertage?« Die Augen meiner besten Freundin überschreiten ihren Normalzustand an Größe.

Wir nicken im selben Takt.

»Also …« Austin schluckt ein Stück Pancake runter und räuspert sich. »Schlaft ihr zwei nur miteinander, oder ist da mehr?«

Im Augenwinkel sehe ich, wie Zacks Mund aufklappt. Er wirft mir einen scheuen Blick zu, ehe er zu Worten ansetzt, doch ich schreite ein, bevor er die erste Silbe ausgesprochen hat: »Es ist mehr.«

Ich ergreife Zacks Hand, froh, zum ersten Mal die reine Wahrheit sagen zu können. Er drückt meine Finger, offenbar selbst davon überrascht, dass ich in diesem Punkt so offen zu meinen Gefühlen stehe. Als ich Becca ansehe, finde ich Feuchtigkeit um ihre Iris. Ihre Nasenflügel blähen sich auf, als sie tief einatmet und die Hand zu mir ausstreckt. Ich ergreife sie, ebenfalls unter Rührung.

»Ich freue mich so sehr für euch, ich könnte platzen.«

»Dito«, erwidert Austin, der sich einen weiteren Pancake auf den Teller hebt. »Was?«, fragt er verdutzt, als er Beccas skeptischen Gesichtsausdruck wahrnimmt. »Wenn ich glücklich bin, muss ich immer essen.«

Unser Lachen erfüllt die Dachgeschosswohnung mit Wärme. Als die Bombe geplatzt ist, sacken Zack und ich in unseren Stühlen zurück. Doch ein Großteil der Anspannung ist in meinen Muskeln zurückgeblieben. Weil es wieder nicht die Wahrheit war, die ich ihnen verkauft habe. Weil ich wieder eine Rolle gespielt habe, die fernab meiner Realität liegt. Dass ich ihnen nun gegenübersitzen kann, ohne zu überspielen, dass mein Herz bis zum Rand mit Liebe gefüllt ist, ist gut. Aber dennoch nicht richtig.

»Wisst ihr was? Wir gehen heute nicht ins *Scrabbles*! Lasst uns den Abend hier verbringen. Wir haben schließlich etwas zu feiern«, ruft Becca euphorisch, als wir das Geschirr vom Tisch räumen.

»Das klingt gut. Ich will meinen Jahreswechsel so oder so mit niemand anderem als euch verbringen«, bestätige ich und lehne mich in Zacks Arm zurück.

Austin blinzelt verdutzt, die Messer klimpern, als er sie auf den Tresen fallen lässt. »Wo ist Eleanor, und was hast du ihr angetan?«

Ich wünschte, ich könnte ihm sagen, dass sie gerade erst zurückgekehrt ist.

49

NELLY

ICH KANN mich nicht daran erinnern, wann das Leben das letzte Mal so unbeschwert gewesen ist wie an diesem frühen Abend. Becca und ich plündern alle Vorräte aus unseren Schränken, die wir auf irgendeine Weise für ein Silvesteressen nutzen können. Die restlichen Utensilien stauben wir bei einer Tour durch die Nachbarschaft ab. All die Jahre habe ich nie mehr als ein Wort mit den Bewohnern unter uns gewechselt. Heute weiß ich sogar, wie ihre Vorratskammer aussieht.

»Unser Abendmahl ist ziemlich passend zu dem Weihnachtsbaum«, scherzt Becca und deutet auf die Tanne, deren Nadeln sich bereits auf dem Parkett verteilen.

»Zusammengewürfelt?«, erwidere ich fragend.

»Korrekt.«

Trotzdem essen wir vegetarischen Shepherd‘s Pie, bis unsere Bäuche schmerzen, und verbringen den Abend mit Gesellschaftsspielen, mit denen man mich Monate zuvor noch hätte jagen können. Nicht nur einmal lassen Austin oder Becca einen Kommentar darüber fallen, dass sie mich kaum wiedererkennen, und ich schlucke die Bestätigung herunter. *Ich auch nicht. Und das ist gut so.*

Kurz vor dem Jahreswechsel beschließen wir, nach draußen zu gehen. Bewaffnet mit einer Flasche Sekt und Wunderkerzen stellen wir uns auf den Bürgersteig vor dem Klinkerhaus. Einige Eltern heben ihre Kinder auf die Schultern, damit sie einen besseren Blick auf das Feuerwerk aus der Stadtmitte haben, Studenten liegen sich schon jetzt vor Vorfreude und Trunkenheit in den Armen. Laute Musik wummert aus den Wohnungen und Pubs, die uns umgeben, und der Himmel ist wolkenlos. Er gibt freie Sicht auf die kleinen Lichter, die das nächtliche Firmament gar nicht mehr düster wirken lassen.

Sie sind da. Irgendwo zwischen den Sternen. Jeden einzelnen halten sie dort oben aufrecht, damit ich nach ihnen suchen kann, wenn ich mich erneut verliere.

Zack stützt sein Kinn auf meinen Hinterkopf. Er haucht einen Kuss auf mein Haar und schlingt die Arme um meine Taille.

Becca tritt zu uns und umfasst mit vor Rührung glänzenden Augen meine Hand. »Ich kann nicht glauben, dass ihr beide so plötzlich zueinandergefunden habt. Ehrlich gesagt habe ich es mir immer gewünscht, aber damit gerechnet habe ich nie.«

Ihr Strahlen ist ehrlich. Jedes ihrer Worte, jede ihrer Geschichten entspricht der Wahrheit. Sie hat mir nie etwas vorgemacht, sich nie versteckt oder zurückgehalten. Wie konnte ich ihr all die Jahre diese Lügen erzählen? Wie kann ich es heute noch immer tun?

»Becca.« Ihr Name schießt aus meinem Mund, bevor ich meine Handlungen überdenken kann. Zeitgleich treten Tränen in meine Augen, da ich weiß, wie wackelig mein Gerüst ist. Dass sie unsere Freundschaft beenden kann, hier und jetzt, für alles, was ich ihr verschwiegen habe. Es wäre mehr als gerechtfertigt.

Dennoch rieselt die Mauer in mir zu Boden, als hätte eine verfrühte Neujahrsexplosion den Beton durchdrungen. Endlich. Nach fünf Jahren luftdichter Umzingelung.

»Zack und ich haben uns nicht in Averston kennengelernt.«

Ihre Mundwinkel sinken verwundert. »Was?«

An Zacks angespannten Muskeln spüre ich, dass er ahnt, was gleich aus mir heraussprudeln wird.

»Austin?«, ruft er und winkt ihn zu uns heran.

Als mein bester Freund sich mit einem breiten Grinsen zu uns gesellt, die geöffnete Flasche Sekt bereits in der Hand, rede ich weiter: »Zack und ich sind quasi zusammen aufgewachsen. Ich komme ursprünglich aus New York, das ist richtig, doch ich habe eine Weile hier in Irland gelebt, bis …« Ich presse die Lippen aufeinander, kämpfe gegen die Flut an Gefühlen an. Becca umklammert meine Hand fester und gibt mir damit den Halt, den ich benötige, um weiterzusprechen. »Bis meine Familie bei einem Unfall ums Leben gekommen ist.«

Becca neigt den Kopf. »Aber Karen ist deine …«

»Patentante. Sie ist nicht meine Mutter.«

Meine Kehle ist eng, als die Stadt zum Countdown des abklingenden Jahres ansetzt. *Zehn, neun, acht …*

»Okay«, erwidert Becca ruhig, fast zu leise, um durch die Lautstärke durchzukommen. »Ich weiß nicht, was ich sagen soll.«

Ich nicke schnell, wische die Tränen auf meinen Wangen mit dem Handrücken fort. »Das verstehe ich. Ich habe euch angelogen, aber das hat nie auch nur eine Sekunde an euch gelegen, sondern an mir. Ich konnte mit der Trauer weder umgehen noch leben, also habe ich mir eingeredet, sie einfach aus meiner Gegenwart ausschließen zu können. Es tut mir leid.«

Mein Gesicht muss dem Anblick eines Wasserfalls gleichen, so viel Sorge liegt in den Augen meiner Freundin, als sie mir die Strähnen aus der Stirn streicht. Ihre Mundwinkel heben sich zu einem traurigen Lächeln. »Denkst du wirklich, ich bin dir böse, nach dem, was du mir gerade erzählt hast?«

Zögernd schiele ich zu Austin, dessen Kieferpartie ungewöhnlich angespannt ist. Er legt eine Hand auf meine Schulter und sagt sanft: »Wie wär's, wenn du uns erst mal den Rest eurer Geschichte erzählst.«

Während das neue Jahr das vorherige ablöst und sich bunte

Lichter über unseren Köpfen ausbreiten, gestehe ich meinen Freunden alles. Von Zacks und meiner Begegnung in jener Nacht, von dem Unfall, dem Loch in meinem Herzen, als ich nach New York zurückkehren musste. Von meinem Schauspiel all die Jahre, weil ich es nicht ertragen konnte, mit der Trauer leben zu müssen. Sie hören zu, ignorieren die feierliche Stimmung der Leute auf den Straßen, das Hupen der Autos, die laute Musik. Sie schenken mir ihre volle Aufmerksamkeit, und die Worte sprudeln aus mir heraus, als hätte ich Angst, auch nur ein Detail zu vergessen.

Als mein Mund sich schließt, ist mein Gesicht nass vor Tränen, meine Glieder zittern vor abgefallener Anspannung, doch meine Freunde sind da, um jedes meiner Atome vor dem Zusammenfall zu bewahren. Sie halten, nein, umklammern mich. Beschützen mich vor dem Sturz. Sie kehren mir nicht den Rücken zu, jetzt, da sie die schreckliche Wahrheit kennen. Und so verbringen wir die ersten Minuten im neuen Jahr.

Als die frühen Morgenstunden die meisten Feierwütigen in ihre Bleibe verscheuchen, lassen wir uns auf den kühlen Treppenstufen des Klinkerhauses nieder und heben die Köpfe in den Himmel. Die Luft ist verqualmt und verströmt den Duft von Neubeginn. Vom Loslassen und vom Wiederfinden. Mein Kopf liegt auf Zacks Schulter, und seine Finger streichen meine Wange, die vor Aufregung noch immer glüht. Becca hält meine Hand, Austin meine andere.

»Gar nicht mal so übel, dieser Doppeldatekram«, winselt Austin. Sein Atem wirft kleine Wölkchen in den Nachthimmel.

»Hab ich dir doch gesagt!«, ruft Becca siegessicher.

»Ich könnte mich daran gewöhnen«, bestätige auch ich und stoße meiner besten Freundin den Ellbogen in die Seite.

»Und ich erst«, flüstert Zack, als wären die Worte nur für mich bestimmt. Ich wende mich ihm zu, sodass unsere Nasenspitzen aneinanderstoßen. Sein Atem ist im Gegensatz zur frischen Januarluft warm, als unsere Lippen sich finden.

Eine Explosion kann bewundernswert sein, malerisch. Sie kann Mauern brechen, von denen wir nie glaubten, sie je niederzwingen zu können. Sie kann Kunstwerke in den Himmel zaubern und Wunder unter den Sternen vollbringen.

Diese Explosion, gekleidet in einen Mantel aus Vollkommenheit, wird mich auch das gesamte Jahr wärmen. Mit meiner eigenen kleinen Familie an meiner Seite und einer Schatztruhe voller Erinnerungen im Herzen.

50

NELLY

»Gott, Dachgeschoss und Sonne sind der Endgegner. Bleibt das jetzt bis November so?«, nörgelt Zack erschöpft und lässt eine Kiste mit Ordnern, Büchern und sämtlichem anderen Bürokram auf den Boden sinken. Seine Stirn ist von Schweißperlen gezeichnet, was angesichts der angestauten Sommerluft unter dem Dach kein Wunder darstellt.

»Noch kannst du es dir überlegen«, ruft Becca ihm in Erinnerung, während sie das Schuhregal nach ihren Besitztümern abscannt.

»Klingt eher so, als würdest *du* noch überlegen, Babe.« Austin sitzt neben seiner Freundin und scheucht Sammy mit einem kunterbunten Staubwedel durch die Gegend. Becca lächelt schief und schleudert ihm ein weiteres Paar Sandalen entgegen, das er in den dunklen Müllbeutel neben sich stopft. »Keine Sorge, so schnell wirst du mich nicht mehr los.«

Die letzten Monate war unsere kleine Mietwohnung belebter denn je. Weder ich noch Zack hielten es für notwendig, dass er abends in sein Wohnheimzimmer zurückkehrte, also wurde er schleichend zu etwas wie unserem dritten Mitbewohner. Austin ließ nicht lange auf sich warten, was die Badnutzung am Morgen die vergangene Zeit über um einiges erschwerte. Als wir hörten, dass die Wohnung unter uns frei wird, war ausgerechnet Becca es, die die Umzugsplanung in Gang setzte. Sosehr wir die gemeinsamen Abende, das Lernen am Esstisch und den permanenten Kaffeeduft im Wohnbereich liebten: Der Kühlschrank platzte aus allen Nähten, und die Wände ließen wenig Raum für Zweisamkeit, was für Becca der ausschlaggebende Punkt war. Auch wenn sie und Austin heute den gesamten Vormittag damit verbracht haben, einen Plan für Haushaltsregeln zu erarbeiten. Ich musste grinsen, als ich gesehen habe, dass ›nur drei Kerzen pro Raum‹ ganz oben auf der Liste steht.

»Hast du gehört? Noch hast du die Chance zu fliehen.« Mein Grinsen ist frech, als ich auf Zack zugehe und von hinten meine Arme um seinen Oberkörper schlinge. Mittlerweile ist der Duft seiner Kleidung so vertraut, dass ich ihn in mich aufsauge, als könnte er jede Krankheit der Welt heilen.

Er verschränkt seine Hände mit meinen und schaut mich über die Schulter hinweg an. »Dann wäre ich ganz schön blöd, weißt du?«

»Das musst du mir nicht sagen.« Schließlich war ich diejenige, die uns für etwas die Schuld gegeben hat, das nie in unserer Macht stand. Da ich nun ein Leben sowohl mit als auch ohne ihn kenne, ist die Vorstellung, unserem jetzigen Glück entkommen zu wollen, absurd. Ich lege meine Schläfe auf sein Schulterblatt und genieße den Strudel an Glücksgefühlen, der seit Dezember nicht mehr zum Stillstand kommt.

Dann vibriert sein Handy an meinem Unterbauch. Ich ziehe es ihm aus der hinteren Hosentasche und halte es vor seine Brust. Mit einem »Ja?« nimmt er den Anruf an. »Gut, wir kommen runter.«

Ich löse meine Hände von ihm und schaue ihn fragend an. »Meine Eltern und Karen stehen unten.«

Mein E-Piano ist im Gegensatz zu einem Klavier, geschweige denn zu einem Flügel, leicht und transportfähig. Das glaubte ich zumindest, bis ich mich dazu entschieden habe, es in meine

Wohnung in den fünften Stock zu verfrachten. Als William, Becca, Zack und ich das schwere Instrument neben meine Zimmertür sinken lassen, brennen meine Arme, und ein spitzer Stich schießt beim Atmen durch meine Lunge. Froh, dass ich mit meiner Erschöpfung nicht alleine bin, klopfe ich auf die geschlossene Haube und sage »Danke euch« in die Runde.

»Soll es hier stehen bleiben?«, fragt William und stemmt die Hände auf die Oberschenkel. Anfangs war es ein ungewohnter Anblick, ihn so häufig in Jeans und mit Arbeitshandschuhen zu sehen. Mittlerweile bin ich der Meinung, dass er nie besser ausgesehen hat. Seine aufgesetzte Maske ist ihm vom Gesicht gefallen. Sie versteckt nicht mehr das Lächeln, das er, wie Zack nun weiß, vollkommen ehrlich meint.

Ich mustere die Wand, an der der Rücken des E-Pianos anliegt. Sie wird geschmückt von Rahmen in verschiedenen Farben und Größen. Eines haben sie alle gemeinsam: Sie bewahren das Leben meiner Familie. Statt die Erinnerungen tief in meinem Herzen für mich zu behalten, zieren sie nun mein tägliches Blickfeld. Damit ich immer gedenke, dass sie da waren. Dass sie ein Leben geführt haben, das vor Liebe und Glück sprühte. Dass ihr Ende zu früh kam, aber das, was sie hinterlassen haben, immer bleiben wird.

»Ja, hier ist es super«, sage ich mehr zu mir als zu William und erforsche die Bilder wie so häufig, als würde ich sie zum ersten Mal betrachten. Eines zeigt Mom, Dad, Phoebe und mich vor unserem Haus in Irland. Die Umzugskartons stapeln sich um uns wie kleine Türme. Dad trägt meine Schwester auf seinen Schultern, Mom hält mich in ihrem Arm. Ihr Lächeln trieft vor Stolz. Heute weiß ich, dass es dabei nicht bloß um unsere neue Bleibe ging.

Wenn ich von nun an auf meinem Klavierhocker sitze, den Blick von den Tasten löse und aufschaue, werde ich es genau in meinem Sichtfeld haben. Sie sind die einzigen Zuhörer, die ich je gebraucht habe.

»Ich habe da noch eines.« Meine Tante tritt an mich heran, die Stimme leise, als wollte sie mich nicht aus meinen Gedanken herauswerfen. Ich treffe ihren Blick, die Augen so dunkel wie meine. Als ich bei ihr in New York lebte, konnte ich ihre Ähnlichkeit zu meiner Mutter kaum ertragen. Heute bietet sie eine Vertrautheit, die mein Herz höherschlagen lässt.

Sie hält mir ein weiteres Bild hin. Meine Finger umklammern den Rahmen aus dunklem Holz, als ich den Blick über die Erinnerung schweifen lasse. Ein Bild aus dem Krankenhaus, am Tag von Phoebes Geburt. Mom sitzt auf einem Krankenhausbett, das Gesicht noch von vergangener Anstrengung gerötet, doch in ihrem Strahlen zeichnet sich all ihre Liebe ab. Dad ist gleich neben ihr, schaut auf das kleine Wunder in den Armen seiner Frau. Das kleine Wunder, dem eine Miniaturversion meiner selbst einen vorsichtigen Kuss auf die Stirn haucht.

»An diesem Tag wurde unsere Familie komplett«, murmele ich.

Karens Hand legt sich um meinen Oberarm. »Und sie wächst Stück für Stück. Mit jedem Menschen, den du in dein Leben lässt.«

Ihre Worte bewirken ein Glühen in meinem Herzen. Ich presse die Scheibe des Bildes auf meine Brust, wie ein Pflaster, das die Wunden, die gerade noch verheilen, vor jeder Gefahr bewahrt. Karen streicht mir über die Wange, ehe sie sich Caroline widmet, die sie darum bittet, ihr beim Anrichten ihres Soufflés behilflich zu sein.

Es sind so viele Menschen auf so wenig Raum, doch habe ich in diesem Moment das Gefühl, allein mit meiner Familie zu sein. Als wäre es nicht diese Momentaufnahme, die in meinen Armen liegt, sondern ihre Personen.

Irgendwann legt sich eine Hand auf meinen Rücken, und ich entdecke Zacks wissenden Blick.

»Das passt perfekt.« Er deutet auf die freie Fläche inmitten unserer Bilderwand. Ich halte es dort an und nicke bestätigend. »Das fehlende Teil unseres Mosaiks.«

»Weiß Enya schon, dass ihre Klavierstunden ab nächster Woche hier stattfinden?«

Ich grinse vorfreudig. »Sie ist völlig aus dem Häuschen. Alma wird sie begleiten, wenn es dir nichts ausmacht.«

»Natürlich nicht«, erwidert er. »Ich lasse mich gern von ihr beim Rommé über den Tisch ziehen.«

»Das ist etwas, woran du dich gewöhnen musst.« Ich lache in dem Bewusstsein, dass es kein Spiel gibt, in dem ich Mrs Franklin je habe schlagen können. Auch wenn unsere Nachmittage mittlerweile eher aus stundenlangem Plaudern und Spaziergängen bestehen.

»Das Dessert ist fertig«, ruft Caroline aus der Küche. Ihre Hände sind gehüllt in Beccas mit Schneemännern bedeckte Ofenhandschuhe. Ein wahrhafter Kontrast zu dem gelben Sommerkleid, das lebendig um ihre Hüften schwingt. Gemeinsam lassen wir uns am Esstisch nieder. Ich kann mich nicht erinnern, wann er mal von so vielen Menschen zur gleichen Zeit genutzt wurde. Selbst Sammy hat es sich auf Austins Schoß bequem gemacht, vermutlich, weil er sich von ihm die meisten Leihgaben seiner Speisen erhofft. Er konnte den großen Kulleraugen meines Hundes noch nie widerstehen.

»Ich kann nicht glauben, dass du heute Nacht nicht mehr hier schlafen wirst«, flüstere ich meiner besten Freundin zu, als mein Löffel den dunklen Teig aufnimmt.

»Ich auch nicht«, erwidert Becca seufzend. »Aber wie heißt es so schön? Ich bin nur einen Anruf entfernt?« Sie kickt mir ihren Ellbogen in die Seite. »Bei uns ist es bloß ein Stockwerk.«

Während wir den Nachmittag bei Musik von Dads Plattenspieler, Carolines süßem Gebäck und ein paar Gläsern Wein ausklingen lassen, hallen mir Karens Worte im Kopf: *Und sie wächst Stück für Stück. Mit jedem Menschen, den du in dein Leben lässt.*

Ich sehe mich im Raum um, begegne den vertrauten Augen meiner Tante, die immer alles darangesetzt hat, mir das Gefühl von einem Zuhause zu geben. Ich bewundere William und Caroline, die sich zu Bonnie Tylers *Total Eclipse of the Heart* in den Armen liegen und ihre Liebe verkörpern, wie meine Eltern es einst getan haben. Becca und Austin, meine besten Freunde, sitzen umschlungen auf dem Sofa, als würde ihnen erst jetzt bewusst werden, dass heute eine neue Etappe ihrer Beziehung beginnt.

Tränen treten mir in die Augen, noch bevor sich Zacks Arme um mich legen. »Sie singt, dass die Ewigkeit heute Nacht beginnt. Ganz schön kitschig.«

Ich schließe die Augen und horche den Klängen des alten Songs, der an manchen Stellen durch den Altersverschleiß des Vinyls leiert.

»Das ist wirklich kitschig«, erwidere ich mit einem Grinsen. Dann lehne ich mich in seinem Arm zurück. Sein Gesicht vergräbt sich in meiner Halsbeuge, und er wiegt uns sanft zu den Melodien. »Denkst du, unsere Ewigkeit beginnt heute?«

Als sich die Klänge des Songs mit dem Gemurmel unserer Gäste und Zacks warmer Stimme vereinen, weiß ich endgültig, was das Wort *Familie* beschreibt. Menschen, die mich halten, wenn ich zu zerbrechen drohe, die mir den Rücken stärken, mich auf meinem Weg begleiten. Die meine Tränen trocknen und mein Lachen bekräftigen.

Ich habe viel verloren, doch das hat mein Leben nie davon abgehalten, mir meine kleine, selbst erwählte Familie zu schenken. »Ich glaube, das ist längst geschehen.«

EPILOG

ZACK

Der Saal wird erfüllt von aufgeregtem Gemurmel, den tapsenden Schritten der Kinder, die ihre Wartezeit mit Fangspielen überbrücken, und dem vereinzelten Klicken der Kameras. Ich trage meine mit einem Band um den Hals, bereit für den Moment, in dem ich deren Linse auf die Bühne richten darf.

Irgendwann erklingen hektische Schritte in dem Korridor vor der Eingangstür des Saals, und ich entdecke Austin und Becca, die auf mich zulaufen.

»Sind wir zu spät?«, fragt Becca aufgeregt. In ihren Händen befinden sich das Programm des Abends und eine Thermoskanne. »Das Baby hat einen Heidenspaß daran, auf meine Blase zu treten. Wir mussten auf der Strecke viermal anhalten.«

»Ihr kommt genau passend, sie bereitet sich noch vor«, erwidere ich und drücke Becca an mich. Sie trägt einen dunkelroten Einteiler mit gepolsterten Schultern. Eines ihrer ersten selbstdesignten Kleidungsstücke in der Umstandsmode, soweit ich weiß. Nellys beste Freundin bestätigt die These, dass Frauen in ihrer Schwangerschaft strahlen.

»Hey Mann. Lange nicht gesehen.« Austin hält mir eine Hand hin, in die ich einschlage und ihn in eine halbe Umarmung ziehe.

»Ist sie aufgeregt?«, fragt er.

»*Aufgeregt* ist die Untertreibung des Jahrhunderts.«

»Sie wird die Leute umhauen! Sagst du ihr das, bevor sie auf die Bühne geht? Ich glaube, ich sollte mich hinsetzen.« Becca umfasst ihren Bauch mit einem entschuldigenden Blick.

»Natürlich. Schön, dass ihr es hergeschafft habt.«

Ich schaue ihnen hinterher, mustere all die Menschen, die heute den Weg angetreten sind, um Nelly bei ihrem Debütkonzert zu bejubeln. Die gesamte Familie Franklin sitzt in der ersten Reihe. Kein Wunder, Enya und Sloan sind schließlich Nellys größte Fans. Neben mir natürlich. Und Alma, auch wenn sie das niemals zugeben würde.

Meine Mutter begrüßt alle Gäste mit einem Glas Champagner. Als unsere Blicke sich kreuzen, lächelt sie mir ermutigend zu. Ob sie sich wundert, dass das Konzert nicht längst wie nach Plan begonnen hat? Ich hebe die Schultern, was sie mit einem Nicken kommentiert.

Nelly wird dann auf die Bühne gehen, wenn sie es für richtig hält. Ihr Druck zu machen oder sie gar zu drängen, würde keinem von uns einfallen. Schließlich war es allein ihr Wunsch, ihr allererstes Einzelkonzert im Musiksaal des *Burley*-Hotels zu spielen.

Irgendwann vernehme ich ihre Stimme aus dem Flur vor dem Saal und erblicke sie an der Seite von Steven, der einen Arm über ihre Schultern gelegt hat. »Wenn du dich verspielst, täusche ich einfach einen gigantischen Hustenanfall vor. Das habe ich früher für Zack gemacht, wenn er sich bei Referaten versprochen hat.«

Ich gehe den beiden entgegen.

»Deal.« Nelly kichert. Sie trägt ihr Haar an der einen Seite zurückgeflochten, über ihrer rechten Schulter breiten sich jedoch ihre Locken aus. Ihr Kleid ist dunkelblau, tailliert, aber nicht enganliegend. ›Damit mir Raum zum Atmen bleibt‹, hat sie gesagt und ein schnelles ›Und später zum Essen‹ hinzugefügt. An ihrem rechten Handgelenk schimmert der silberne Armreif, den sie in ihrer

Erinnerungsbox aufbewahrt und nur zu besonderen Anlässen herausholt.

Ich kann meine Augen nicht von ihr lassen, was ihr, dem scheuen Lächeln nach zu urteilen, nicht entgeht.

»Ich sehe dich dann auf der Bühne«, ruft Steven mit einem aufmunternden Lächeln und hält seine geballte Hand in die Höhe, um zu demonstrieren, dass er ihr die Daumen drückt. Dann betritt er den Saal.

»Wie geht's dir?«, frage ich sie.

»Mal abgesehen davon, dass ich glaube, mich gleich übergeben zu müssen? Prima.« Ihre Stimme wankt, und ihre Schultern beben. Das Lachen, das auf mein neckendes Zwicken in ihre Seite folgt, klingt beinahe hysterisch. »Siehst du das?« Sie hält mir ihre Hände hin. »Sie zittern. Wie soll ich spielen, wenn meine Finger außer Kontrolle geraten?«

Ich umfasse sie, spüre die Nervosität in unserer Berührung.

»Nelly, du spielst nicht mit deinen Händen.« Ich führe unsere sich umklammernden Finger an ihre Brust. »Du spielst mit dem Herzen.«

Sie schließt die Augen, atmet durch die Nase ein, durch den Mund aus. »Okay.«

»Okay?«, erwidere ich überrascht. »Bedeutet, es kann losgehen?«

Sie nickt ungläubig. »Möglicherweise werde ich als die erste Pianistin in die Geschichte eingehen, deren Debütkonzert nicht einmal zwei Sekunden gedauert hat. Aber einen Versuch ist es wert, oder?«

»Wenn es so sein sollte, fertige ich dir dafür einen Pokal an. Aber das wird nicht passieren. Du wirst sie umhauen.« Als ich sie in meinen Arm ziehe, bete ich, dass sie nicht die kleine Box ertastet, die ich heute früh in die Tasche meines Jacketts geschoben habe. Der Drang, sie schon jetzt zu fragen, hämmert in meiner Brust. Aber dieser Moment gehört ihr allein. Unserer wird kommen, sobald der Saal leergeräumt ist, das Mondlicht durch die Rundglasfenster scheint und wir wie vor Jahren die einzigen Besucher sind, die die Schönheit des Saals zu würdigen wissen.

»Sie sind hier, ich spüre es so sehr«, flüstert sie an meine Schulter.

»Als würden sie sich das entgehen lassen.«

Unsere Stirnen liegen aneinander, als wir gemeinsam gegen ihre Aufregung anatmen. »Ich sollte jetzt auf die Bühne, oder?«

»Solltest du. Auch wenn ich nichts dagegen hätte, dich weiter bei mir zu haben.«

Als wir uns küssen, scheint ihre Aufregung für eine Sekunde erloschen zu sein. Ihre Finger verschränken sich um meinen Nacken, während ich ihre Wange streichle, vorsichtig darauf bedacht, ihre Aufmachung nicht zu ruinieren.

»Darf ich dich ankündigen, Eleanor?«, fragt mein Vater, der bereits ein Mikrofon in der Hand hält. Nelly wirft mir einen unsicheren Blick zu, ehe sie nickt.

»Danke, Dad«, sage ich mit einem Lächeln, das gleich von ihm gespiegelt wird.

Ich begleite sie in den Musiksaal, den wir einst aufsuchten, als das Leben uns zu schwer wurde. Damals war der Raum unter der Kuppel wie ausgestorben, heute feiern wir in ihm das Leben.

»Guten Abend. Es freut mich zu sehen, dass so viele von Ihnen sich versammeln, um der jungen Pianistin Eleanor Harlow bei ihrem ersten Konzert zu lauschen.« Dad steht auf der kleinen Bühne und lässt den Blick durch die Menge schweifen. Ihn wieder im Anzug zu sehen ist surreal. Sein Alltagsoutfit besteht mittlerweile aus der Arbeitskleidung der Hotelgärtnerei.

Nellys Griff droht meinen Arm zu zerquetschen. »Ich habe Eleanor bislang nicht spielen hören, doch eines kann ich Ihnen mit Sicherheit sagen: Sie besitzt das Talent ihrer Mutter, das Köpfchen ihres Vaters und das Herz ihrer Schwester Phoebe. Bitte begrüßen Sie mit mir Irlands Nachwuchsmusikerin Eleanor Harlow!«

Der Saal bricht in tosenden Applaus aus. Ihre Hand gleitet aus meiner Armbeuge, als sie entlang des Seitenganges auf die Bühne zugeht, die kleine Treppe hinaufsteigt und die Umarmung meines

Vaters annimmt. Sie lässt sich vor dem schwarz glänzenden Flügel nieder. Als die Lautstärke des Publikums verstummt, legen sich Nellys Finger auf die Tasten. Fast in Zeitlupe lässt sie die Lider sinken, strafft die Schultern. Dann gibt das Instrument die ersten Töne von sich, und schon jetzt weiß ich, dass ich mein Herz an ihre Melodien verloren habe. Ich erinnere mich an den Abend in diesem Hotel, als sie genau dort saß, die Wangen tränenüberströmt, und murmelte: ›Es ist alles noch da.‹ Und wie es das ist. Das beweisen schon die ersten Sekunden, die ich nur in Trance erlebe.

Eines Nachts fragte ich sie, warum man Sinfonien nachsagt, Geschichten zu erzählen. Schließlich tragen sie keine Worte in sich, sondern eine Abfolge von Klängen. Daraufhin lachte sie, legte meine Hand über ihr Herz und flüsterte: ›Mein Herz schlägt eine eigene Tonfolge, richtig?‹ Ich nickte. ›Es ist etwas zu schnell, weil es mich noch immer ein wenig nervös macht, neben dir in der Dunkelheit zu liegen. Gleichzeitig ist es mit Liebe gefüllt, weil ich mein Glück kaum fassen kann. Es erzählt dir eine Geschichte meiner Gefühle. Worte geben Handlungen und Emotionen vor. Musik tut es nicht. Sie bewirkt in jedem Zuhörer eine eigene Geschichte.‹ Als ich einschlief, glaubte ich, eine Ahnung zu haben, wovon sie sprach. Doch erst jetzt wird mir bewusst, welche Bedeutung ihre Worte trugen.

Hier und jetzt in dem beschaulichen Musiksaal innerhalb des Hotels, das ich einst verachtet habe, erzählt sie die Geschichte ihres Lebens. Ihr erster Satz ist schnell, so, wie wir das Leben einmal wahrgenommen haben. Unsere Jugend, die wir verbrachten, als würde unsere Zukunft schon irgendwo auf uns warten. Als wäre all die Zeit davor belanglos. Dann verlangsamt sich ihr Tempo, ihre Gesichtszüge verhärten sich. Verlust und Trauer gliedern sich in ihre Melodien ein. Sie bewirken, dass meine Arme eine Gänsehaut überzieht.

Hoffnungslosigkeit, Angst, Müdigkeit.

Dann hält ihr Spiel inne. Als würde sie eine Grenze zwischen zwei Welten ziehen. Ich beobachte ihre Lippen, wie sie den Atem ausstoßen, als ihre Finger sich weiterbewegen. Sie produzieren

Klänge, die vor Sehnsucht triefen, vor gewollter Liebe, gesuchtem Glück.

Sie spielt für ihre Familie, die verlorene und die neugewonnene.

Erst jetzt wird mir klar, dass ich während ihres gesamten Spiels die Kamera ausgeschaltet um meinen Hals getragen habe. Das Stativ, auf dem ich sie platzieren wollte, liegt zusammengefaltet auf dem Boden. Ohne den Blick von ihr abzuwenden, schalte ich sie ein und richte die Linse auf die Bühne. Als hätte sie meine Handlung von dort aus bemerkt, öffnen sich ihre Augen, als erwachte sie aus einem entfernten Traum. Dann neigt sie den Kopf, wendet sich von den Tasten ab und schaut in meine Richtung. Unsere Verbindung ist intensiver denn je und legt sich in ihre Musik nieder.

Geborgenheit, Liebe, Hoffnung.

Sie spielt den Satz für mich. Fast automatisch greife ich in die Tasche meines Jacketts und umfasse den Verlobungsring mit geballten Fingern. Ihre Mundwinkel heben sich verträumt.

Sie weiß es.

Haben wir je Worte gebraucht?

Unsere Geschichte wurde nicht in Sprache verfasst. Sie ist eine Tonfolge bestehend aus Zuneigung, Verlust, Trauer und Vergebung. Vom Einander-Verlieren und Wiederfinden. Von Enden und darauf folgenden Neuanfängen.

ENDE

DANKSAGUNG

Nellys Geschichte zu schreiben hat mir erneut verdeutlicht, dass nichts im Leben selbstverständlich ist.

Mama, Papa, Basti – danke, dass ihr meine Heimat seid. Mein Ort, an den ich zu jederzeit zurückkommen kann. Danke, Mama, dass du neben dem Mama-Sein noch beste Freundin, Trösterin und Superheldin bist – wie viele Stunden hat deine Woche eigentlich?

Danke Felix, weil du immer an mich glaubst, besonders an Tagen, an denen ich es nicht kann.

Anka, Anna und Toni – meine WG-Mädels. Wisst ihr eigentlich, dass viele Szenen dieses Buches noch in unserer Dachgeschosswohnung entstanden sind? Auf unserer roten Couch, während unsere WG-Playlist lief, Anna jedem ein Glas Rotwein eingoss und der Regen auf das Dachfenster prasselte (zumindest habe ich es so nostalgisch in Erinnerung). Ihr wart lange Zeit mein Zuhause, und auf irgendeine Art lebt mein Herz noch immer mit euch zusammen. Danke für jede Tasse Kaffee, jedes ermutigende Lächeln und die ablenkenden WG-Abende, wenn nichts lief, wie es sollte.

Rose, du hast ein Talent dafür, mich jeden Tag daran zu erinnern, was ich kann. Danke für all deine Weisheiten, deine Hilfe und Unterstützung in jederlei Hinsicht.

Danke an den Zeilenfluss Verlag für diesen unkomplizierten und liebevollen Weg zur Veröffentlichung. Danke für die vielen lieben Nachrichten, den Austausch und dieses wunderschöne Cover! Ich hätte mir kein schöneres Zuhause für Nelly und Zack und ihre verletzlichen Seelen vorstellen können.

Dieses Buch wäre nie entstanden, wenn uns Instagram nicht zueinander geführt hätte.

Leandra, du hast mir gleich geschworen, dass diese Geschichte irgendwann das Licht der Buchwelt erblicken wird. Auf irgendeine Art findest du immer die richtigen Worte. Danke, dass du nie müde wirst, mich daran zu erinnern, warum ich schreibe und dass meine Geschichten es wert sind, gelesen zu werden. Jede Sprachnachricht (oder jeder Mini-Podcast?) ist eine Inspiration, eine Ermutigung und eine Umarmung zugleich. Manche Begegnungen sind eben doch Schicksal.

Danke, Jojo, für deinen ansteckenden Optimismus und all die Erlebnisse, die wir miteinander teilen. Wir haben unseren nächtlichen Spaziergang durch Frankfurt überlebt, was kann uns also noch stoppen?

Carina – ein Danke reicht vermutlich nicht aus. Danke für dein immer offenes Ohr, für deinen Mutzuspruch, deine künstlerischen Kommentare neben der Rohfassung der Geschichte (ich wünschte, ich könnte welche hier einfügen). Danke für diese wunderschöne Illustration, die du von Nelly und Zack angefertigt hast. Ich könnte sie jeden Tag anschauen und werde sie bestimmt bis zum Ende meiner Tage als Hintergrundbild haben. Du bist eine Künstlerin durch und durch.

Danke, dass wir diese Achterbahnfahrt des Autorinnen-Daseins gemeinsam auf uns nehmen. Danke, dass ihr bei den Tiefs an meiner Seite seid und bei den Hochs mitklatscht. Ich hasse Achterbahnfahren, aber mit euch ist es gar nicht so übel.

Was wäre eine Autorin ohne ihre Testlese-Crew? Zarah, Kenza, Mounia & Margarita. Ihr habt schon an die Geschichte geglaubt, als eine Veröffentlichung noch in den Sternen stand. Ihr habt mit euren Kommentaren die Geschichte nicht nur besser gemacht, sondern mich auch dazu ermutigt, ein Zuhause für sie zu suchen.

Danke Mounia, dass du mein Buch mit deinen wunderschönen Worten geschmückt hast. Das bedeutet mir so viel!

Nun danke ich auch euch, liebe Leser*innen. Ich weiß, dass diese Geschichte an vielen Stellen nicht leicht zu lesen ist. Beim Schreiben habe ich häufig darüber nachgedacht, ob sie zu traurig sein könnte. Ob Nelly mit all den Päckchen in ihrem Rucksack eine zu negative Protagonistin ist. Aber ich habe mich entschieden, über all diese ›zu's‹ hinwegzusehen, weil es mir wichtig war, ihre Geschichte mit all ihren Seiten zu erzählen. Danke, dass ihr dieses Buch gelesen habt. Manchmal fällt es mir noch immer schwer zu glauben, dass es Menschen dort draußen gibt, die sich für meine Geschichten interessieren und einsetzen. Womit habe ich euch verdient?

Vielen Dank an jede Person, die mir auf diesem Weg zur Seite stand. Egal ob mit Handlungen, Worten oder guten Gedanken. Ich behalte all das im Herzen.

Danke, dass ihr meine kleine, selbsterwählte Familie seid.

Clara

ÜBER DIE AUTORIN

Clara Blais wurde 1999 im idyllischen Sauerland geboren und lebt seit ihrem Studium in Paderborn. Sie arbeitet dort als Sozialpädagogin und investiert jede freie Sekunde in ihre Buchprojekte.

Schon in der Grundschule schrieb Clara in Freundschaftsbücher, dass ihr Traumberuf Autorin sei. Diesen Wunsch hat sie sich seither nie aus dem Kopf geschlagen und veröffentlichte im Jahr 2020 ihren Debütroman „Dort, wo die Sterne im Wasser leuchten".

Clara schreibt über Liebe, das Leben und versucht in ihren Büchern Themen eine Plattform zu geben, über die in der Gesellschaft zu wenig gesprochen wird.